LARROUSSE

VOTRE MÉMOIRE

BIEN LA CONNAÎTRE, MIEUX S'EN SERVIR

LAROUSSE

VOTRE MÉMOIRE

BIEN LA CONNAÎTRE, MIEUX S'EN SERVIR

Sous la direction
du Dr Bernard Croisile

LAROUSSE

Direction de la publication
Carola Strang

Direction éditoriale
Carole Bat

Coordination éditoriale
Antoine Caron
avec la collaboration de **Rupert Hasterok**

Lecture correction
Annick Valade
assistée de **Chantal Barbot-Pagès, Madeleine Biaujeaud, Henri Goldszal, Françoise Mousnier, Édith Zha**

Direction artistique
Emmanuel Chaspoul
assisté de **Cynthia Savage**

Mise en page
Olivier Caldéron

Conception graphique
Jean-Yves Grall

Couverture
Laurence Lebot
sous la direction de **Véronique Laporte,**
assistée de **Michel Delporte**

Iconographie
Nathalie Bocher-Lenoir, Valérie Perrin, Nane Dujour

Illustrations
Sylvie Rochart, Laurent Blondel

Conception des exercices
Scientific brain training, Larousse et les auteurs, sous la direction du Dr Croisile

Mise au point des textes et rédaction
Rupert Hasterok, Delphine Berdah, Pierre Kanter

Fabrication
Annie Botrel

L'éditeur remercie pour leur collaboration

Gérard Chaveau, Marie Tikova, Léna Garabedian, Lucien Arizzi,
David Elmkies (casino Lucien-Barrière, Enghien), **Agnès Gualtieri**
et l'**association France Alzheimer**

Distributeur exclusif au Canada : Messageries ADP, 1751 Richardson, Montréal (Québec)

ISBN : 2-03-560345-5
Larousse, Paris

Cet ouvrage a été réalisé sous la direction du

Dr Bernard Croisile

neurologue des hôpitaux, Laboratoire de neuropsychologie, hôpital neurologique de Lyon

avec le concours de

Hervé Allain

neurologue, professeur de pharmacologie, Laboratoire de pharmacologie expérimentale et clinique, faculté de médecine, Rennes

Michel Billiard

professeur de neurologie à la faculté de médecine de Montpellier

Dr Laura-Ilaria Bonora-Adès

psychiatre des hôpitaux de Paris, psychothérapeute

Dr Jean-Marie Bourre

directeur de recherches INSERM, membre de l'Académie de médecine, Paris

Joël Candau

anthropologue, professeur des universités, Nice

Dr Dominique Décant-Paoli

pédopsychiatre, psychanalyste, haptopsychothérapeute, Paris

Odile Hibert

psychologue, Centre de rééducation et d'études des activités mnésiques, Tassin-la-Demi-Lune

Olivier Kœnig

professeur de psychologie, Laboratoire d'étude des mécanismes cognitifs, Lyon

Bruno Lasalle

docteur vétérinaire au Museum national d'histoire naturelle, Paris

Bernard Laurent

professeur de neurologie, Saint-Étienne

Alain Lieury

professeur de psychologie cognitive, directeur du Laboratoire de psychologie expérimentale, université de Haute-Bretagne - Rennes

Dr Florence Mahieux-Laurent

neurologue, praticien hospitalier, hôpital Charles-Foix, Ivry-sur-Seine

Maud Milliery

psychologue, Laboratoire de neuropsychologie, hôpital neurologique de Lyon

Pascale Piolino

maître de conférences, Laboratoire de psychologie clinique et psychopathologie, université René-Descartes, Paris

Hervé Platel

maître de conférences, U.F.R. de psychologie, Caen

Bruno Poyet

cofondateur de IM! Impact Mémoire, président de ClimatsMédias

Dr François Sellal

neurologue des hôpitaux, Strasbourg

Dr Caroline Tilikete

neurologue, hôpital neurologique de Lyon

Marc Trillet

professeur émérite, université Claude-Bernard, Lyon I, médecin honoraire des hôpitaux de Lyon

Anne Truche

neuropsychologue, Centre de rééducation et d'études des activités mnésiques, Tassin-la-Demi-Lune

Alain Vighetto

professeur de neurologie, hôpital neurologique, Lyon

Connaître votre mémoire

Explorer votre mémoire

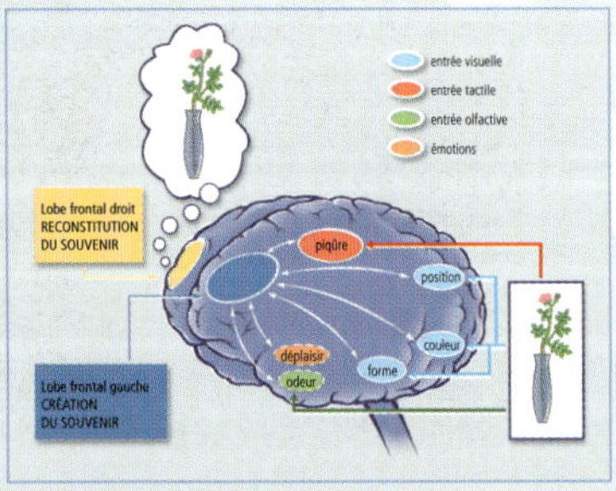

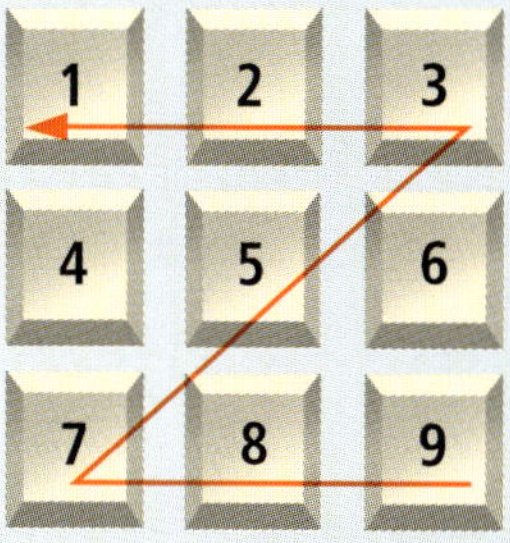

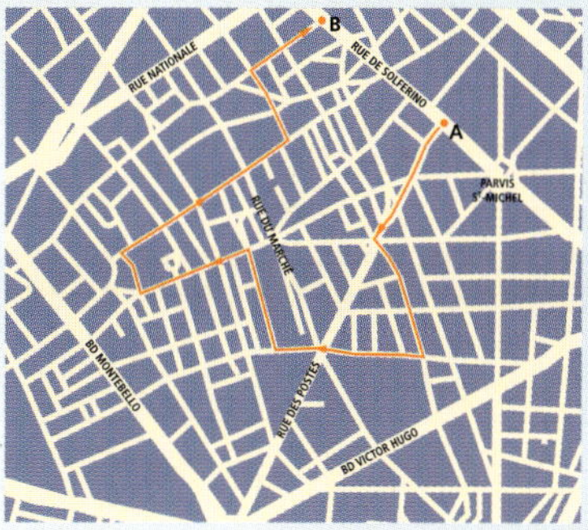

Exercer votre mémoire

Informations médicales

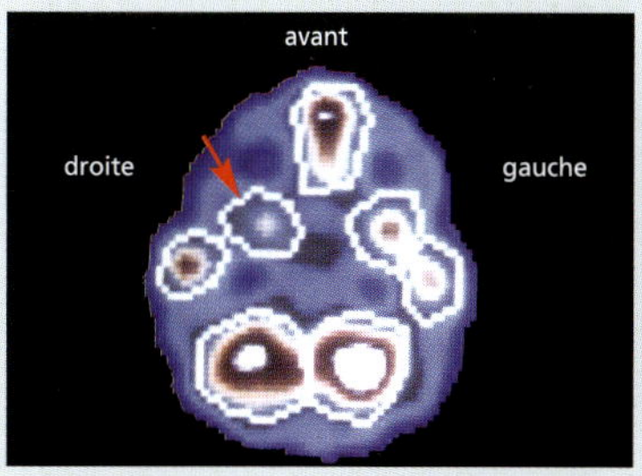

Connaître
votre mémoire

Avant-propos

Pourquoi tenons-nous tant à notre mémoire ? Est-ce uniquement pour retrouver des clés égarées ou un numéro utile ? Pas seulement. Notre identité, notre personnalité et l'ensemble de nos compétences intellectuelles se sont construits, au fil de la vie, autour d'une somme d'expériences que nous voulons préserver. Nous mettons en fait en permanence notre mémoire à contribution dans notre vie quotidienne – sans en avoir toujours conscience. Et au moindre « trou de mémoire », le doute nous envahit.

Avec l'âge, ces inquiétudes vont grandissant, aggravées par le spectre de la maladie d'Alzheimer. Un drame qui touche un nombre toujours croissant de personnes, mais que l'on diagnostique mieux qu'auparavant.

En effet, les progrès survenus ces dernières années dans les domaines de la neurologie et des sciences cognitives ont complètement révolutionné nos connaissances du cerveau, de son fonctionnement et de ses dysfonctionnements. Les scientifiques donnent aujourd'hui un nouvel éclairage aux véritables troubles de la mémoire comme à ses petits travers qui empoisonnent notre quotidien. Or, bien souvent, quand la mémoire nous joue des tours, cela n'a rien de pathologique.

Un jour ou l'autre, tout le monde se plaint d'avoir la mémoire qui « flanche », mais ce n'est pas une fatalité ! Ainsi, pour être complètement rassuré, mieux vaut être bien informé. Et c'est d'abord en comprenant bien comment « travaille » la mémoire que l'on peut mieux tirer parti de ses étonnantes capacités.

C'est le propos de VOTRE MÉMOIRE, un ouvrage de référence, réalisé sous la direction du Dr Bernard Croisile avec le concours d'une vingtaine de spécialistes, médecins, neurologues, neuropsychologues, cliniciens et chercheurs... qui expliquent, dans un langage clair, précis et accessible à tous, les mécanismes complexes de la mémoire. Pour répondre à toutes les questions, VOTRE MÉMOIRE aborde tous les aspects du sujet : psychologie, biologie, santé, médecine...

Mais VOTRE MÉMOIRE est aussi et surtout une encyclopédie active : des applications vous permettront de tester immédiatement les informations livrées au fil du texte ; des conseils pratiques et des méthodes vous aideront dans votre vie quotidienne. Les nombreux exercices proposés n'ont pas pour but de vous transformer en « champion hypermnésique » car la mémoire n'est pas un muscle... En revanche, ces activités, à la fois ludiques et pédagogiques, vous encourageront à développer vos propres stratégies, tout en progressant à votre rythme et selon des objectifs ciblés.

Autrement dit, à bien connaître votre mémoire et à mieux vous en servir.

L'ÉDITEUR

Questions de mémoire

Une chose est certaine : la mémoire des uns diffère de celle des autres. Mais qu'est-ce que la mémoire exactement ? Notre histoire personnelle, notre savoir et nos savoir-faire sans doute ; des mécanismes cérébraux complexes - notre santé aussi. Au-delà des idées reçues, le Dr Bernard Croisile nous invite à cette découverte...

Comment définir la mémoire ?

La mémoire n'existe pas en tant que processus unique ; il existe en fait plusieurs mémoires. Le sens le plus commun donné à ce terme recouvre la capacité d'apprendre, de mémoriser de nouvelles informations. Mais, lorsqu'en avançant en âge on se plaint de sa mémoire, on fait davantage référence à l'oubli de connaissances anciennes. La réalité biologique est donc plus complexe que ce terme assez flou de « mémoire ».

Une première façon de concevoir la mémoire est d'analyser la chronologie de la mémorisation : une mémoire sensorielle très éphémère, puis une mémoire à court terme d'une vingtaine de secondes, et une mémoire à long terme constituée des différents stocks d'informations (souvenirs personnels, faits culturels...).

Le terme de mémoire est également employé pour faire référence à trois processus dynamiques : apprendre de nouvelles informations, les conserver dans des espaces particuliers du cerveau, puis les retrouver en cas de nécessité.

Enfin, pour beaucoup d'entre nous, la mémoire est envisagée dans un contexte quasi scolaire d'apprentissage volontaire, alors qu'en pratique la vie quotidienne nous met dans des situations de mémorisation involontaire, de « mémorisation incidente » comme disent les scientifiques : c'est cette mémoire appliquée au quotidien qui nous permet de retenir la couleur de la robe de notre voisine, sans avoir vraiment cherché à l'apprendre. Cette mémoire est un des éléments fondamentaux de notre fonctionnement mental naturel.

Qu'est-ce qu'une « bonne » ou une « mauvaise » mémoire ?

Comme il existe plusieurs mémoires, opposer une « bonne » et une « mauvaise » mémoire, c'est aborder le problème de l'efficacité du déroulement des processus mnésiques : apprenons-nous bien, conservons-nous bien les informations apprises, est-il aisé de les rappeler ? On comprend que plusieurs situations se dessinent et que le type de plainte n'est pas le même d'une personne à l'autre.

Autre point important : chez tel individu la vie facilite le développement de certaines capacités de mémorisation et de certains stocks d'informations, alors que chez une autre personne ce sera dans un autre domaine. On ne peut donc vraiment parler de « bonne » ou de « mauvaise » mémoire. Le sentiment d'efficacité est très subjectif : il varie d'un individu à l'autre, d'un domaine à l'autre, d'un âge à l'autre. D'ailleurs, en médecine, ce que nous recherchons, c'est surtout s'il existe un déficit important dans des situations de tests très élémentaires. Les neurologues et les psychologues peuvent déterminer s'il existe un trouble de mémoire, mais il leur est très difficile, pour ne pas dire impossible, d'apprécier l'étendue réelle de la mémoire, des mémoires d'une personne.

Avoir une bonne mémoire, est-ce une question d'âge ?

Il faudrait poser cette question de façon différente : y a-t-il un âge où les performances pour apprendre sont optimales ? Et la réponse est alors : oui. C'est jusqu'à l'âge de 30 ans environ que l'on peut faire preuve de capacités de mémorisation exceptionnelles : il est plus facile de se concentrer, et l'on apprend bien plus vite. Plus tard, apprendre devient plus difficile. Mais cela n'a rien d'insurmontable ! Il faut juste plus de temps pour parvenir à un résultat comparable. À l'âge de 15 ans, on apprend une poésie en trois fois. À 50 ans, on est obligé de consacrer davantage de temps à l'analyse et au traitement de l'information, et on est plus sensible aux interférences, aux bruits : il faudra alors plus de temps et plus d'essais pour retenir la même poésie. Un lycéen révise ses leçons en écoutant de la musique, tandis qu'une personne de 40 ans a besoin de calme pour se concentrer.

En revanche, l'âge constitue un atout lorsqu'il s'agit de récupérer un savoir ou de le compléter, puisqu'une personne plus âgée dispose d'un stock de souvenirs et d'expériences beaucoup plus important. Prenons un exemple : si vous êtes un jeune journaliste et si vous travaillez sur un sujet précis, vous en connaissez sûrement plus que votre rédacteur en chef. Mais lui pourra peut-être vous dire qu'un article très intéressant a déjà été publié sur ce sujet dix ans auparavant dans tel journal. C'est sa mémoire-expérience qui intervient et celle-ci est le reflet des connaissances et des souvenirs accumulés au fil du temps. Si vous me faites apprendre un texte médical, je le retiendrai mieux parce que je dispose d'un grand nombre de connaissances dans ce domaine qui m'aideront à retenir les nouvelles informations ; à l'inverse, si c'est un texte juridique, je dois beaucoup plus solliciter la mémoire du « par cœur », ce qui est bien plus difficile pour moi désormais.

Vaut-il alors mieux apprendre une langue étrangère quand on est jeune ?

Pour les langues étrangères, il vaut mieux s'y prendre tôt, car il s'agit de connaissances très précises. La constitution du vocabulaire d'une langue, l'apprentissage des accents se font à un âge précoce. Jusqu'à l'âge de 5 ans, un enfant peut apprendre toutes les fréquences vocales des différentes langues ; bien plus tard, il aura sélectionné celles qu'il aura déjà entendues. Ainsi, un enfant très jeune maîtrisera différents accents grâce à des petites chansons en anglais, en allemand…

Pour un adulte, cette tâche relèvera beaucoup plus d'une mémoire du « par cœur » et sera donc bien plus difficile à accomplir. N'oublions pas cependant que tout ce que je viens de dire fait référence à des moyennes statistiques ! Il y a toujours des exceptions individuelles. Un de mes anciens patrons a appris l'espagnol et l'italien à sa retraite, et il a atteint un excellent niveau. Pour d'autres personnes, cet exercice peut se révéler plus difficile.

La capacité de mémorisation est-elle une question de génétique ?

On peut penser qu'il existe des différences génétiques qui expliqueraient des capacités de mémorisation inégales. Même si l'éducation joue un rôle important, on constate que certaines personnes, qui n'ont pas bénéficié de longues études dans des établissements réputés, ont néanmoins une bonne mémoire ; à l'inverse, d'autres, qui ont fréquenté de bonnes écoles, n'en ont pas. Les différences dans nos capacités d'apprentissage ne sont donc pas seulement dues à l'influence de l'éducation.

Cependant, aucun chercheur n'a encore trouvé de gène responsable d'une mémoire extraordinaire ! On a parlé de la découverte d'un gène de l'oubli et d'un

autre gène, de mémorisation, chez certains animaux. Mais, jusqu'à présent, ce sont plutôt des hypothèses formulées dans des cadres expérimentaux très particuliers et difficiles à extrapoler au fonctionnement naturel de la mémoire humaine. Pour résumer, la mémoire exprime certainement un mélange d'inné et d'acquis, de génétique et d'éducation.

Hommes et femmes mémorisent-ils de la même manière ?

La réponse n'est pas simple. Même si une grande partie de l'identité sexuelle est liée à l'éducation, il est démontré que la génétique est un facteur qui entre en compte... par le biais des sécrétions hormonales. C'est ainsi que la présence plus ou moins forte de certaines hormones, responsables de la formation des caractéristiques sexuelles, a également une influence sur de nombreux processus mentaux et en particulier sur le fonctionnement de la mémoire. Cette intervention peut se faire soit lors du développement de l'enfant, ce qui détermine des compétences différentes chez le garçon et la fille, soit lors de la vie adulte avec, chez la femme, des différences d'efficacité lors des variations de sécrétions hormonales du cycle au cours du mois.

On a pu observer que les femmes sont en général plus performantes lorsque le langage entre en jeu, alors que les hommes se révèlent plus efficaces quand il faut recourir à une vision spatiale des choses. Pour mémoriser un itinéraire par exemple, les femmes tendent à retenir des repères verbaux (« à la pharmacie, je tourne à droite »), alors que les hommes feront davantage attention à un changement de direction dans l'espace.

Mais ces résultats sont statistiques, valables lorsque l'on compare de grands groupes de personnes ; ils n'excluent pas que des individus d'un sexe donné aient de bonnes performances mnésiques ou cognitives dans le secteur de prédilection du sexe opposé.

Quel rôle joue la culture personnelle ?

À la base, c'est la mémoire qui nous permet de constituer notre culture personnelle, puisque la culture, ce sont les connaissances que l'on a apprises : le fait qu'Henri IV a été assassiné à Paris le 14 mai 1610 ou que Dublin est la capitale de l'Irlande, mais aussi le nom de votre professeur d'histoire de quatrième ou celui du réalisateur de votre film préféré. Et il est vrai que l'apprentissage sera d'autant plus facile que les informations nouvelles pourront se rattacher à des souvenirs plus anciens, à ce qui est déjà connu. C'est notre culture personnelle qui nous aide à faire ce lien. On peut ainsi décrire un cercle quasi vertueux : ma mémoire me permet de constituer un stock de connaissances, mais celles-ci m'aident à mémoriser de nouvelles informations dans le même domaine.

Ainsi, un avocat ou un acteur seront en général plus « performants » qu'un jardinier si on leur demande d'apprendre un texte. L'avocat remarquera, par exemple, tout de suite qu'un texte est divisé en quatre parties, dont la deuxième lui rappellera un argumentaire qu'il a déjà lu ailleurs, et ainsi de suite. En revanche, un jardinier ou un chasseur mémoriseront sans doute plus facilement un itinéraire. Bref, plus vous exercez une activité spécialisée, professionnelle ou autre, plus vous développez la compétence de votre mémoire dans ce domaine particulier.

Une bonne mémoire est-elle une question d'intelligence ?

La mémoire a, bien sûr, des liens avec l'intelligence. Il est même indéniable qu'elle participe au fonctionnement de l'intelligence. Mais l'une des premières choses que l'on a découverte sur la mémoire chez des patients atteints du syndrome de Korsakoff, c'est qu'ils oubliaient beaucoup tout en conservant leur intelligence. En 1888, le Dr Korsakoff, un médecin russe, a ainsi noté que ses patients amnésiques pouvaient gagner une partie d'échecs mais, deux minutes plus tard, ne savaient plus qu'ils l'avaient gagnée !

Tout dépend cependant de ce qu'on entend par « intelligence » ; les psychologues ont d'ailleurs remplacé ce terme par celui de « cognition » ou « processus cognitifs ». Si l'intelligence est définie comme la capacité à résoudre des problèmes ou à s'adapter à des situations nouvelles, elle est considérablement handicapée en l'absence de connaissances anciennes ou sans souvenir des éléments du problème à résoudre. L'intelligence progresse en effet au fur et à mesure des expériences vécues, et l'expérience, c'est de la mémoire.

Notre cerveau mémorise-t-il en permanence ?

Tant que vous ne dormez pas, votre cerveau perçoit des informations : vous entendez, vous voyez... mais vous pouvez être plus ou moins attentif et donc retenir plus ou moins ces informations. Pendant que vous êtes en train de vous concentrer sur la lecture d'un texte, quelqu'un dans la pièce à côté écoute la radio. Vous ne vous en rendez peut-être pas compte ou vous ne l'entendez pas... jusqu'au moment où la lecture ne retient plus votre attention et où votre esprit commence à vagabonder à cause de cette musique parasite. Heureusement, l'intention, la motivation, la conscience (« je veux apprendre ») peuvent filtrer cette perception parasite et focaliser notre attention et notre mémorisation. Et, puisque la mémoire c'est mémoriser ce qui se passe dans le monde extérieur, on pourrait penser que notre cerveau ne cesse d'enregistrer des informations.

Mais retient-on tout ce que l'on perçoit ? Tout est-il stocké ? Pourrait-on tout se rappeler ? Ce sont là des questions difficiles. Si toutes les perceptions impriment des traces dans notre cerveau, certaines s'effacent, d'autres se modifient : les informations de peu d'intérêt ou inexploitées auront tendance soit à disparaître, soit à s'enfouir dans une sorte de néant. En tout cas, il est possible que l'on mémorise plus de choses qu'on ne le croie. Mais si notre rêve secret est de récupérer tous ces souvenirs, il faut aussi se demander si cela est vraiment utile...

Risque-t-on de « saturer » sa mémoire ?

Il semble que l'on ne puisse jamais saturer les stocks de mémoire et que l'on puisse toujours apprendre quelque chose de plus. Sauf en cas de maladie, une personne de 80 ou de 90 ans est tout à fait capable d'apprendre encore de nouvelles choses.

S'il n'y a pas saturation au cours de la vie, le mécanisme d'apprentissage, en revanche, arrive à saturation au bout d'un certain temps d'étude : entre 45 minutes et deux heures, en moyenne. Or, si vous êtes astucieux, vous aurez noté que vous pouvez apprendre pendant six heures d'affilée, à condition de changer de sujet de temps à autre. Pendant mes études de médecine par exemple, j'apprenais un peu de pneumologie pendant une heure, puis de la neurologie pendant une heure et de l'hématologie pendant une heure, plutôt que de passer trois heures sur la neurologie. Il vaut en effet mieux apprendre par petites tranches pour qu'il n'y ait pas d'interférences entre des informations trop proches. Vous n'aurez pas tout appris, mais vous maîtriserez bien le peu que vous aurez appris. Bien sûr, au bout d'un certain temps, il faut se reposer... ou alors changer de domaine ! En changeant de sujet, vous stimulez à nouveau le système d'apprentissage, car la nouveauté encourage.

Peut-on localiser la mémoire dans le cerveau et comment ?

La mémoire est distribuée dans tout le cerveau. D'un point de vue anatomique, il existe un système (et des régions cérébrales spécifiques) pour apprendre, un autre pour retrouver les souvenirs, ceux-ci étant de leur côté entreposés dans d'autres zones. Ces traces mnésiques se trouvent stockées dans l'ensemble du cerveau, mais en particulier dans la partie postérieure, sensorielle du cerveau.

Ce sont les neurones et leurs connexions qui forment des « réseaux » ou des « cartes » neuronales. Cela a la forme d'une toile d'araignée reliant de façon synchronisée tous les éléments sensoriels rattachés à un même événement. Quand un neurone apprend, il produit des activités électriques particulières, il sécrète des protéines et créera des connexions avec d'autres neurones. Les neurones conserveront ensuite le souvenir de cette trace électrique et de cette synthèse de protéines chaque fois qu'ils referont la même chose. Ainsi, plus un tel circuit est utilisé, plus il persistera dans le cerveau.

Quand vous voulez vous rappeler ce que vous avez fait le week-end dernier, vous essayez de retrouver cette carte neuronale et, avec elle, tout ce qui y était lié, les odeurs, les sons, les émotions... Se rappeler, c'est simplement reconstituer cette carte en rassemblant les souvenirs dispersés en fonction de leurs traces sensorielles.

... comme dans l'épisode de la madeleine décrit par Marcel Proust ?

En effet, en trempant la madeleine dans son thé, le narrateur de *la Recherche du temps perdu* retrouve un des éléments gustatifs et olfactifs liés au contexte du souvenir. Mais ce processus n'est pas instantané. Cela commence par une idée du type « ça me rappelle quelque chose », puis « c'est agréable ». Proust décrit très bien ce rôle de l'émotion : il y a un élément sensoriel, le goût, puis l'élément émotionnel et, enfin, la réminiscence qui surgit soudainement et tout le reste est retrouvé. La description de Proust est tellement précise, si vivante, qu'il est presque possible au scientifique de se représenter le cheminement de l'influx nerveux, circulant d'abord dans les régions cérébrales spécifiques aux sensations gustatives et olfactives, puis dans les régions dites amygdaliennes participant à la gestion émotionnelle des souvenirs et, enfin, toute la carte neuronale est réactivée d'un seul coup...

On se plaint de sa mémoire, mais quand doit-on s'inquiéter ?

On sait que 50 % des gens âgés de 50 ans, et 70 % des personnes âgées de plus de 70 ans expriment des plaintes de mémoire. Mais ces plaintes ne correspondent pas obligatoirement à des troubles. En l'absence de maladie, il n'y a pas de trouble ! Très souvent, les personnes qui se plaignent de leur mémoire commettent en réalité des erreurs d'inattention, et les résultats des tests de mémoire sont tout à fait « normaux ». Dans d'autres cas, les plaintes sont plus inquiétantes dans la vie quotidienne. Les proches d'une personne raconteront par exemple qu'elle répète vingt fois la même question, qu'elle se perd régulièrement dans la rue, qu'elle ne se rappelle pas ce qu'elle a fait dix jours auparavant alors que c'était l'anniversaire de sa petite-fille. Et, si les tests montrent effectivement des anomalies, on soupçonnera l'existence d'une réelle maladie.

Comment se déroule une consultation de mémoire ?

Il est d'abord nécessaire de rassurer les personnes qui viennent à une consultation de mémoire, de les mettre en confiance. Il faut également savoir qu'examiner toutes les mémoires prend du temps, de une à trois heures environ. Pour identifier un trouble précis, il faut tester les différents aspects de la mémoire : la mémoire visuelle, la mémoire verbale, les connaissances, l'histoire personnelle... Enfin, on ne se contente pas de tester la mémoire mais aussi l'attention, le langage, le raisonnement...

Les tests pour examiner la mémoire dite épisodique (voir p.19), par exemple, consistent en un apprentissage de listes de mots, d'histoires ou de figures géométriques, simples ou complexes. Une fois que la personne aura mémorisé une liste de mots, on lui demandera d'en réciter les éléments (rappel immédiat), puis de faire la même chose au bout de deux, cinq ou dix minutes (rappel différé). Le rappel sera parfois facilité par un indice : « Rappelez-vous qu'il y avait le nom d'une fleur sur la liste. » On demande aussi de retrouver parmi les mots d'une deuxième liste ceux qui figuraient sur la première, c'est-à-dire de faire un rappel « par reconnaissance ».

Et si les résultats ne sont pas normaux ?

Si le bilan est normal, l'examen s'arrête là. Lorsque les tests indiquent un trouble de mémoire, les médecins peuvent demander d'autres examens qui relèvent de l'imagerie médicale. Un scanner ou une IRM (imagerie par résonance magnétique) permettent alors de savoir si ce dysfonctionnement est dû à une tumeur ou à une attaque cérébrale, ou à une atrophie des régions de la mémoire comme dans la maladie d'Alzheimer. Un bilan biologique est parfois utile pour dépister certaines maladies.

Pourquoi retient-on certaines choses et pas d'autres ?

Dans la mémoire personnelle, les émotions, les sentiments et la motivation jouent des rôles importants. Mémoriser une information, ce n'est pas seulement apprendre cette information, c'est aussi apprendre le contexte dans lequel elle se présente, c'est-à-dire le lieu et le moment, mais aussi les émotions ressenties. On sait par exemple que le plaisir stimule le système d'apprentissage. Et lorsque le plaisir fait défaut, on retient moins bien. La sélectivité de notre mémoire est ainsi forcément liée à notre motivation, à notre personnalité, à notre histoire personnelle, à ce que nous savons déjà, ainsi qu'à des éléments inhérents au contexte. Les personnes anxieuses, par exemple, sont moins aptes à mémoriser des informations qui sortent de leurs préoccupations, parce que leur attention est « dévorée » par leur anxiété.

Pourquoi oublie-t-on ?

Parmi nos innombrables souvenirs, certains ont sans doute été « mal appris » ou ont perdu un peu de leur utilité et sont moins souvent réutilisés. Avec l'âge, la motivation et la capacité à rappeler certains souvenirs changent. On apprend moins bien parce qu'on est plus fatigué, moins motivé et que la concentration faiblit. Certaines informations deviennent banales, et le processus de recherche s'avère plus difficile et demande davantage de concentration. C'est pourquoi les personnes âgées se rappellent mieux les choses anciennes, qui ont été mieux fixées, plus souvent réapprises et plus fortement marquées d'émotions.

Cette difficulté à retrouver certains souvenirs se manifeste dans deux autres phénomènes bien connus. Le premier est celui du « mot sur le bout de la langue », caractérisé par une difficulté à rappeler une information, un nom par exemple, alors qu'on sait qu'il est là, dans notre mémoire. D'ailleurs, cette information revient souvent à l'esprit quand on réussit à se souvenir du contexte dans lequel on l'a rencontrée pour la première fois.

Le deuxième est lié à la « source » d'un souvenir : on se souvient de quelque chose, mais on ne sait plus très bien où et quand c'était - et il n'est pas question ici d'une maladie. Il nous arrive, par exemple, de raconter la même anecdote plusieurs fois de suite à la même personne : nous nous souvenons de l'anecdote, mais nous avons oublié le moment de notre vie où nous avons déjà raconté cette histoire.

Pourquoi déforme-t-on certains souvenirs ?

Pour une raison très simple : un souvenir n'existe pas comme une entité autonome. Un souvenir n'est pas un livre que vous allez chercher sur le rayon d'une bibliothèque. Ou si l'on garde cette image, c'est plutôt comme un livre que vous reconstituez chaque fois en récupérant les pages dispersées.

Autrement dit, un souvenir n'est jamais photographique. Vous ne retenez pas une image, vous retenez les éléments d'une image : cela veut dire que le pro-

cessus qui vous permet de vous rappeler quelque chose est une reconstitution de l'image ou de la situation. Dans ce processus, vous ne pouvez reconstituer que – disons – 80 % du souvenir, et une autre personne qui a assisté au même épisode retiendra elle aussi 80 %. Mais les éléments retenus ne sont pas les mêmes. À la longue, certains éléments disparaîtront donc pour toujours ou auront été déformés par des interférences résultant d'autres souvenirs, plus récents. Vous pouvez ainsi croire que votre cousine Ophélie était venue vous voir pendant les vacances de 1986, alors que c'était en 1989, surtout si vous avez passé ces vacances au même endroit. Un faux souvenir peut ainsi se glisser dans vos réminiscences.

Pourquoi perd-on parfois ses clés ?

Notre vie quotidienne est remplie de situations très automatiques. Quand vous posez vos clés quelque part, vous ne faites pas toujours attention. À cela s'ajoute que le geste de poser les clés se confond dans vos souvenirs avec d'autres, similaires, répétés des centaines de fois. Il faut comprendre que notre cerveau ne peut pas tout retenir ou retrouver de façon consciente. Pourquoi est-ce qu'on retiendrait tout ? Ce serait terrifiant. On fait beaucoup trop de choses ! Notre cerveau facilite le rappel de certains souvenirs et en occulte d'autres, ce qui nous permet de nous mettre en « roue libre » pour certaines activités et de réserver notre énergie pour d'autres, plus intéressantes. C'est donc plutôt un avantage de posséder ces automatismes. Gardons notre mémoire pour retenir des informations plus importantes que celles de savoir où nous avons mis nos clés ! Et, s'il nous arrive trop souvent d'avoir à les chercher, utilisons des aide-mémoire, comme le vide-poche, pour les poser toujours au même endroit.

Est-ce qu'on peut améliorer sa mémoire ?

On peut entraîner sa mémoire et l'améliorer, mais uniquement dans le domaine dans lequel on s'entraîne. Si vous entraînez votre mémoire pour retenir des textes, vous ne retrouverez pas mieux vos clés, mais deviendrez de plus en plus efficace dans la mémorisation de textes. On peut entraîner sa concentration, mais la mémoire des noms propres n'en sera pas meilleure. Enfin, si certaines performances peuvent s'améliorer au fil des exercices, le point majeur est d'en transposer les bénéfices dans la vie quotidienne : il ne sert à rien de développer l'exploration visuelle lors d'un exercice si l'on ne fait pas l'effort de transférer cela dans la vie de tous les jours. Les exercices doivent être source de plaisir, d'intérêt, faute de quoi leur impact sera limité, voire responsable de réactions anxieuses. Ce qui signifie que la meilleure des stimulations c'est la poursuite d'activités variées dans la vie quotidienne : lire, rencontrer des amis, voyager… toutes situations qui stimulent et entretiennent naturellement l'esprit. Une bonne hygiène de vie est également fondamentale : éviter les troubles du sommeil, agir contre le stress, le surmenage, l'anxiété, qui sont tous des facteurs néfastes à l'attention.

Y a-t-il des vitamines qui « dynamisent » la mémoire ?

En cas de fatigue, la vitamine C rendra un peu plus attentif. Mais, l'effet de différents produits censés améliorer la mémoire est plutôt d'ordre psychologique. Ce sont des placebos. D'un point de vue de la diététique du cerveau, il est par ailleurs conseillé de manger du poisson gras deux fois par semaine. Cela ne veut pas dire pour autant qu'en mangeant du poisson, votre mémoire atteindra des performances exceptionnelles. Simplement, on ne saurait trop insister sur l'importance d'une bonne hygiène de vie – une alimentation équilibrée, assez de sommeil, un bon état de santé général – pour le fonctionnement de la mémoire.

Comment peut-on exercer sa mémoire ?

Dans ce livre, vous trouverez toute une série d'exercices ludiques. Leur objectif n'est pas d'apprendre à collectionner les bonnes réponses mais de faire comprendre une technique pour résoudre un certain type de problème. S'il s'agit d'un exercice qui met en jeu la mémoire des chiffres, l'important n'est pas de trouver la réponse exacte, c'est de retenir la façon dont il faut procéder. Et la prochaine fois que vous serez confronté à des chiffres dans votre vie quotidienne, vous disposerez déjà d'une bonne méthode…

Mais toute situation de la vie qui demande notre attention favorise la mémorisation. Ainsi, en parcourant ces lignes, vous avez sollicité – sans le savoir – votre mémoire procédurale (méthode de lecture). En même temps, vous avez utilisé votre mémoire sémantique (vos connaissances) pour comprendre le sens de cette phrase, que vous avez par ailleurs retenue le temps de l'appréhender dans son ensemble, grâce à votre mémoire à court terme. Peut-être vous rappelez-vous déjà, sous l'effet de votre mémoire épisodique, certaines réponses amusantes ou surprenantes ? Pour les consolider dans votre mémoire sémantique à long terme, rien de tel que de prendre du plaisir à la lecture et relecture de cet ouvrage…

Définitions des différentes formes de mémoire

Mémoires sensorielles	Les mémoires sensorielles maintiennent très brièvement les informations apportées par les organes des sens. Leurs durées sont très courtes : quelques centaines de millisecondes pour la mémoire sensorielle visuelle, une à dix secondes pour la mémoire sensorielle auditive. Intégrées au processus de perception, ces étapes sont préalables au stockage transitoire de la mémoire à court terme.
Mémoire à court terme ou mémoire de travail	La mémoire à court terme permet la rétention temporaire d'un nombre limité d'informations (entre 5 et 9) pendant un temps très court (20 à 90 secondes). Son rôle est de permettre la répétition immédiate de ces informations (un numéro de téléphone, une adresse) ou leur analyse (les comprendre, les comparer à d'autres informations déjà connues) pour un stockage définitif dans la mémoire à long terme. Dans certains cas, ces informations peuvent être manipulées, comme lors d'un calcul mental, ce qui justifie le nom actuel de mémoire de travail.
Mémoire à long terme	La mémoire à long terme permet de conserver les informations de façon permanente, pour des durées qui se comptent en jours, en mois, en années. Elle correspond à différents stocks d'informations : mémoires épisodique, sémantique et procédurale. La capacité de stockage semble illimitée, mais la récupération des informations est parfois malaisée car il faut les retrouver parmi des millions d'autres.
Mémoire épisodique	La mémoire épisodique conserve les événements, les épisodes vécus par une personne à un moment précis et en un lieu donné. La mémoire épisodique constitue une partie importante de la mémoire autobiographique. Les souvenirs les plus anciens sont habituellement les mieux retrouvés, mais avec le temps certains souvenirs peuvent être déformés. Les événements personnels sont d'autant mieux retenus et retrouvés qu'ils ne peuvent être confondus avec d'autres et qu'ils ont été vécus dans un contexte émotionnel marqué.
Mémoire sémantique	La mémoire sémantique stocke les connaissances, aussi bien celles du langage (noms, sens des mots, orthographe) que les faits culturels (historiques, géographiques...), ou des informations personnelles (le nom de l'école que l'on a fréquentée). Ces faits sont conservés indépendamment de la date et du lieu de leur acquisition. Ils ont été également appris plusieurs fois.
Mémoire procédurale	La mémoire procédurale acquiert et conserve les habiletés manuelles apprises de manière répétée et dont l'utilisation devient automatique, inconsciente. Cette mémoire des habitudes nous permet de conduire, faire du vélo, attacher nos lacets... Certaines stratégies peuvent également être utilisées de façon automatique (règles de jeu...).
Mémoire déclarative	La mémoire déclarative correspond à la mémoire des informations qui sont décrites et évoquées par le langage. Elle est organisée en mémoire épisodique et en mémoire sémantique. On peut l'assimiler à la mémoire explicite, qui permet d'apprendre et de rappeler consciemment les faits.
Mémoire non déclarative	La mémoire non déclarative est celle des informations qui se démontrent ou s'utilisent sans les mots, mais au moyen de réponses ou de comportements moteurs automatiques inconscients.

E R

La mémoire
au fil de la vie

La mémoire n'est pas une fonction figée et immuable. Elle évolue, souvent malgré nous, à chaque minute de notre vie, selon notre âge, nos activités, nos rencontres et autres centres d'intérêt. Ces modifications perpétuelles forgent notre identité, notre caractère, notre culture personnelle et toutes nos compétences.

Mais s'il n'y a pas deux mémoires identiques, nous partageons toutefois certaines caractéristiques aux différentes étapes de la vie. Et pour bien comprendre les changements qui s'opèrent avec le temps et qui, à un certain âge, peuvent inquiéter, il faut reprendre depuis le début.

Peut-on parler de mémoire chez l'enfant à naître ? Quels sont les souvenirs d'un nourrisson qui s'éveille au monde ? La scolarité, qui met vivement la mémoire à l'épreuve, utilise-t-elle des outils adéquats ? Les hommes et les femmes ont-ils le même type de mémoire ? Quelles particularités pour tel ou tel corps de métier ? Et quels changements pour la mémoire des seniors ?...

Autant de questions qui trouvent des réponses claires, précises et scientifiques dans les pages qui suivent.

DANS CE CHAPITRE...

Mémoire : les premières années

Déjà le fœtus mémorise des informations qui lui parviennent au travers du corps de sa mère. Puis, après sa naissance, l'enfant découvre peu à peu le monde, développant en même temps ses capacités d'apprendre et de se rappeler.

Nous façonnons notre mémoire, autant qu'elle nous façonne. C'est au cours de la petite enfance que ce « travail » consistant à développer le cerveau biologique et à construire le psychisme connaît sa phase la plus active. Au fil du temps, l'interaction de ces processus se modifiera considérablement. Mais c'est pendant cette période initiale que la mémoire prend forme pour modeler toute une vie, même si, fort heureusement, bien des paramètres tempéreront ou stimuleront certains aspects de son développement.

▲ C'est à travers la voix de sa mère et grâce à des gestes simples et répétés que le bébé découvre le monde.

Dès avant la naissance

On sait aujourd'hui que la vie du fœtus est riche d'impressions et de sensations qui laissent de nombreuses traces et qu'il est sensible aux conditions biophysiologiques et affectives de sa mère pendant la grossesse. La formation et le développement du futur enfant est un programme complexe qui aboutit à la création d'un nouvel être : il met en œuvre des facteurs génétiques, neuroendocriniens (des hormones agissent sur le système nerveux), biochimiques et affectifs ; mais il subit aussi, de façon indirecte, via le placenta et la mère, une forte influence de l'environnement extérieur.

Que perçoit le fœtus ?

Le fœtus perçoit beaucoup de choses : les pulsations rythmées et bruyantes du cœur de sa mère, éventuellement le goût de certains aliments qu'elle consomme, les contractions dues à une mauvaise posture, mais aussi, dès le sixième ou le septième mois, la musique et les voix qu'il pourra reconnaître à la naissance.

Les nouveau-nés suceront plus énergiquement leur tétine en entendant une comptine déjà perçue plusieurs fois lors des six dernières semaines de grossesse, à la différence d'une comptine inconnue. On observe le même type de réaction s'agissant de la voix maternelle, qu'ils distinguent de celle d'une autre femme. Sur un choix multiple d'odeurs, des nouveau-nés de quelques jours préfèrent l'odeur de l'anis lorsque leur mère en a consommé au cours de la grossesse. Ils mémorisent donc très tôt ce qui anime leur confort et leur mouvement, ce qui leur fait du bien ou ce qui, au contraire, leur est désagréable.

Déjà une communication

L'importance de ce que la future mère vit pendant sa grossesse pour ce que va en vivre – et donc retenir – le bébé est au centre d'approches, comme l'haptonomie, qui favorisent le bien-être maternel et la communication précoce entre les parents et l'enfant. Dans la tendresse de leurs échanges prénataux tactiles, l'enfant se déplace dans le ventre de la mère de façon active vers la source de plaisir : « l'autre », qui n'est pas encore reconnu comme tel, est à l'origine de multiples impressions ; elles transforment sa motricité en rencontre et en ébauche de ce qui deviendra ensuite sentiment. Il mémorise ainsi les premiers fondements du plaisir de vivre et de communiquer. Ce plaisir sera un atout pour toute son existence, si celle-ci continue de lui sourire, et une assise déjà solide lorsqu'il sera confronté à l'adversité.

Le bouleversement de la naissance, qui est un véritable « déménagement écologique » (l'enfant change d'environnement de façon radicale), n'est pas nécessairement traumatisant. Mais, pour cela, la mère doit être bien soutenue tant par son compagnon que par l'équipe médicale au moment de l'accouchement. Ainsi, le lien affectif avec son enfant sera préservé et ce rapport de confiance sera mémorisé préalablement à toutes les situations. Elle pourra l'accompagner en toute sécurité à venir au monde, dans ce qui est parfois de part et d'autre un véritable exploit sportif…

Le développement progressif du cerveau

Le poids du cerveau d'un bébé se multiplie à peu près par quatre entre la naissance et l'âge de 2 ans, pour enfin atteindre 1 400 g vers l'âge de 20 ans. Cette croissance du cerveau correspond à des phénomènes de maturation et de développement des connexions entre neurones. En fonction des sollicitations, certains circuits neuronaux disparaissent alors que d'autres sont remodelés et se développent. Le « câblage » cérébral est réalisé progressivement, surtout durant les deux premières années : chaque neurone peut avoir jusqu'à 10 000 contacts avec ses neurones voisins, et le nombre total de connexions avoisine ainsi le million de milliards de synapses ! La maturation des circuits s'accompagne également d'un « enrobage » progressif des neurones par une gaine de myéline (c'est-à-dire de lipides) qui facilitera le passage de l'influx nerveux.

La « plasticité cérébrale »

L'organisation des circuits synaptiques représente ainsi l'infrastructure de tous les apprentissages dans un maillage étonnamment complexe. Cette capacité ne s'exprime pas seulement lors de l'enfance, elle est présente à tous les stades de la vie : sinon, comment Victor Hugo aurait-il écrit *l'Art d'être grand-père* à 75 ans ? Pour désigner la capacité biologique qu'ont les neurones de s'adapter à de nouvelles situations et d'apprendre de nouvelles informations, les neurologues parlent de « plasticité cérébrale ».

Le développement de la mémoire à long terme

L'enfant développera progressivement trois stocks (ou capacités) de mémoire à long terme :

- *tout d'abord, il commence par augmenter ses capacités de mémoire procédurale en maîtrisant la direction des gestes, la marche, la prononciation des sons du langage ;*
- *un peu plus tard, il commence à acquérir des capacités de mémoire sémantique : langage (noms des objets, sens des concepts) et informations culturelles ;*
- *enfin débute un troisième temps pendant lequel l'enfant voit s'accroître peu à peu ses capacités de mémoire épisodique.*

Trois étapes de développement

Du point de vue de la formation de la mémoire, on peut distinguer trois étapes entre la conception de l'enfant et le moment où il quitte l'école maternelle, vers l'âge de 6 ans. Le travail de la mémoire commence en effet dès le « giron maternel », pendant la grossesse. Après la naissance, et jusqu'à la marche, il passe peu à peu, jusqu'à l'âge de 3 ans, de la « création du monde », à l'occasion de sa découverte, à celui des apprentissages dans un esprit de « récréation », où domine le principe de plaisir. Puis advient la « re-création » continue par la mémoire des souvenirs au contact des expériences vécues au fil de l'existence. Entre réalité et fiction, surtout chez le petit enfant, c'est un processus sans fin, travail psychique et cognitif nécessaire à l'accès à la réalité.

De la naissance à la marche

Cette période est celle de la répétition régulière des gestes quotidiens, des expériences motrices et sensorielles. À cet âge, le respect des rythmes propres à l'enfant garantit que celui-ci conserve dans sa mémoire le souvenir de liens affectifs fiables avec sa mère, qui, à leur tour, favorisent la régulation de l'appétit et du sommeil et de toutes les grandes fonctions

Les souvenirs des tout-petits

Les bébés peuvent-ils se souvenir ? Une équipe de chercheurs réunis autour de la psychologue Carolyn Rovee-Collier a montré que les bébés conservaient le souvenir de la possibilité de faire bouger avec leur pied un mobile suspendu au-dessus de leur berceau. À l'âge de 2 mois, le bébé retient ce lien pendant vingt-quatre heures ; un mois plus tard, un nourrisson se souvient de ce conditionnement pendant une semaine. Six mois après sa naissance, la trace mnésique persiste pendant deux ou trois semaines. On peut ainsi « créer » une sorte de souvenir épisodique, mais celui-ci n'est pas longtemps conservé.
En revanche, à partir de l'âge de 2 ou 3 ans, l'enfant est capable de créer des souvenirs qu'il pourra évoquer des dizaines d'années plus tard. Le maintien prolongé de ces souvenirs est facilité par la maîtrise que l'enfant acquiert du langage et de l'écoulement du temps. Chez l'adulte, les souvenirs seront toutefois plus nombreux pour la période d'après l'âge de 10 ans.

neurovégétatives. Se posent ainsi, par-delà les différences innées, les fondements d'une bonne mémoire : attention et motivation, puis plaisir de l'évocation.

La répétition sécurisante des actions et des perceptions ainsi que la survenue progressive de changements au sein de cette régularité sont essentiels pour réussir une bonne organisation de la mémoire dans un contexte rassurant de plaisir. La sécurité tissée de la voix et du geste ainsi que la tranquillité de l'amour des parents rendent possible la découverte graduelle du monde environnant par l'enfant.

L'amnésie infantile

Au plan de la mémoire, comment expliquer le phénomène de « l'amnésie infantile », c'est-à-dire l'absence chez l'adulte de souvenirs personnels des épisodes vécus par lui avant l'âge de 2 à 5 ans. Faut-il conclure au bienheureux oubli lié au refoulement cher à Freud ? Doit-on plutôt envisager le défaut naturel de maturation biologique des circuits anatomiques de la mémoire épisodique ? On sait que cette dernière ne se développe que peu à peu à partir d'un certain âge, développement probablement lié au langage. Mais la question reste ouverte.

Cependant, l'incapacité d'une personne adulte à se souvenir de sa petite enfance ou la rareté de tels souvenirs ne signifie pas une absence totale de souvenirs chez les tout-petits, qui sont tout à fait capables de mémoriser certaines informations pendant des périodes courtes (voir l'encadré ci-contre).

Lorsqu'un enfant est en bonne santé, il a très naturellement un intérêt et une préférence pour les situations et les objets nouveaux qui sollicitent son attention. Cela développe sa vision et son sens de l'observation, sa psychomotricité, son esprit d'entreprise et ses capacités de motivation. L'exécution réussie d'une tâche pousse naturellement le bébé à en découvrir une autre et à se donner ainsi un nouveau défi, avec le plus grand plaisir. Mais sans un « autre », entourant et souriant, pas de partage stimulant, pas de babil précurseur du langage, pas d'éveil moteur ou sensoriel dans le plaisir et l'amusement.

La « deuxième enfance » : jusqu'à l'âge de 3 ans

Il est facile de comprendre que plus un enfant découvre le monde extérieur en sécurité, dans l'attention de parents qui l'aiment, mieux il en trouve le sens et en mémorise la découverte. Et plus cela stimule sa curiosité et son appétit pour de nouvelles explorations...

L'enfant ne doit pas se cantonner à des expériences corporelles concrètes, mais il doit également en développer d'autres, abstraites, nécessaires à sa pensée. La mémoire affective et ses souvenirs favorisent et stimulent l'intelligence, tandis que des souvenirs négatifs répétés et trop intenses le découragent ou l'inhibent. Et l'on sait qu'une personne optimiste retiendra plus facilement les souvenirs heureux et qu'à l'inverse, un pessimiste aura tendance à ne se rappeler que ce qui l'a fait souffrir.

Jouer, imiter, inventer, vivre l'explosion du langage dans toute sa capacité créative et imaginative ; découvrir la différence des sexes et traverser la période caractérisée par le complexe d'Œdipe ; souffrir de la jalousie que provoque la naissance d'un petit frère ou d'une petite sœur ; faire le début de ses apprentissages en maternelle... On ne saurait mesurer l'intensité et la force affective des souvenirs de cette période et leur importance plus tard dans le choix ineffable d'une relation d'amour. Ils donnent aussi ses couleurs à toute la palette relationnelle ultérieure, dans les contacts socioprofessionnels en général. En parallèle se réalise un gigantesque saut biologique par sélection et stabilisation synaptique qui s'effectue dans le cerveau à ce moment de la vie.

La « re-création » : de 3 à 6 ans

Autant dire que la construction du psychisme humain est un formidable chantier sans cesse en remaniement tout au long de la vie ! L'espèce humaine est la seule à posséder un cerveau capable de concilier les nécessités de la répétition et du changement, de permettre à la fois la stabilité d'un sentiment subjectif de continuité de soi et la créativité nécessaire pour s'adapter à l'immense variété des événements, ainsi qu'à l'inexorable accélération de l'évolution technique et scientifique du monde moderne.

Prenons pour exemple le coucher des petits enfants, où, pour affronter la peur de la nuit et du noir, et le passage de la veille au sommeil, les parents lisent souvent une histoire à leur enfant. Combien est nécessaire alors que la lecture soit fidèle à la virgule et à l'intonation près ! Combien ce rituel est apaisant, alors même que, très vite, le même enfant va manier avec dextérité la souris de l'ordinateur et supporter sans fatigue, et voire avec plaisir, le « zapping » de la publicité et mémoriser les musiques qui les signalent.

Dans un langage « psy », on dirait qu'un enfant de 5 ans est en perpétuel remaniement mnésique afin de grandir et progresser en testant ses hypothèses sur le monde et les êtres, au contact de la réalité. Il est partagé entre les codes symboliques de son milieu d'origine, sa logique encore très égocentrique et non rationnelle et les productions de son imaginaire.

Une mémoire de plus en plus performante

Les capacités de la mémoire à court terme, ou mémoire de travail, ne cessent de s'améliorer tout au long de l'enfance. Ainsi, l'empan numérique direct – la capacité de retenir une suite de chiffres – est de deux chiffres à 3 ans, de quatre chiffres à 5 ans, de cinq chiffres à 6 ans, de six chiffres vers 8 ou 9 ans, et c'est entre 12 et 15 ans que l'enfant-adolescent parvient à un empan numérique équivalent à celui de l'adulte, c'est-à-dire de sept chiffres.
Pour apprendre de façon efficace, il est nécessaire de bien maîtriser différentes stratégies de mémorisation (autorépétiton, organisation des informations par catégories, etc.). Entre l'âge de 7 et 12 ans, l'enfant prend conscience que sa mémoire n'est pas infaillible et apprend à en évaluer et à en contrôler les capacités – les psychologues parlent de « métamémoire ». Il se rend compte qu'il a besoin de stratégies pour apprendre. L'école y joue un rôle essentiel, car elle offre aux enfants le cadre d'apprentissages explicites qui leur montrent leurs réussites mais aussi leurs échecs.

▲ Raconter ou lire à l'enfant une petite histoire l'aidera dans l'apprentissage de la langue, mais aussi à mémoriser.

Vérifier le témoignage d'un enfant peut s'avérer très hasardeux. Il est en effet difficile d'y démêler la part d'imaginaire, par exemple quand il vient réveiller ses parents « parce qu'il y a quelqu'un de caché sous son lit », et qu'il y croit fermement. L'influence affective forte de la personne qui lui posera des questions peut aussi être à l'origine d'une distorsion des souvenirs (voir aussi p. 135).

Une mémoire pour la vie

Et après cette période très particulière qu'est l'enfance ? La plasticité cérébrale et la souplesse psychique demeurent longtemps actives pour peu que la personne garde, au fil de sa vie, des centres d'intérêt et soit bien entourée sur le plan familial et social. Si « un vieillard est un bébé à l'envers » (selon l'expression de la psychothérapeute Catherine Dolto), la joie de vivre, la sécurité et la confiance acquises dans la mémoire de la petite enfance sont des graines semées pour toute une vie et en particulier pour la qualité du troisième, sinon du quatrième âge, tant les progrès de la médecine nous promettent de vivre longtemps.

La mémoire à l'école

Comment enseigner ? La question continue de susciter de vifs débats. Voici un passage en revue des techniques modernes et traditionnelles à la lumière des recherches menées sur le fonctionnement de la mémoire.

Selon une conception populaire que l'on retrouve parfois chez certains pédagogues, les apprentissages à l'école sont dus à la nature sensorielle de nos mémoires. Tel élève acquiert son savoir grâce à une mémoire visuelle « photographique », tel autre apprend par cœur grâce à sa mémoire auditive. Après plus d'un siècle de recherches, la mémoire apparaît beaucoup plus variée et complexe.

La mémoire « photographique » : un mythe

Les travaux scientifiques montrent que les mémoires sensorielles existent bien, mais qu'elles sont de courte durée : environ un quart de seconde pour la mémoire visuelle, par exemple. Par ailleurs, notre œil a la particularité physiologique de ne permettre une bonne acuité visuelle que dans un tout petit angle : 2 à 4 degrés, soit la taille d'un mot de quatre ou cinq lettres dans un livre. Autant dire qu'il nous est impossible de « photographier » la page d'un livre.

En revanche, les mémoires sensorielles servent d'entrées à d'autres mémoires : lexicale, sémantique, imagée. La mémoire imagée, par exemple, stocke des informations portant sur les choses (objets, animaux, plantes). Elle est d'une grande puissance pour conserver de façon durable des informations complexes : selon une expérience menée aux États-Unis, nous sommes capables de reconnaître 90 % de quelque 2 500 photographies lorsque nous les revoyons une semaine plus tard ! Cette mémoire n'est cependant pas la mémoire « photographique » évoquée parfois pour expliquer les prouesses d'un prodige de la mémoire. Lorsque nous avons – de bonne foi – l'impression de voir mentalement la page d'un manuel de cours, il s'agit en fait non pas d'une représentation exacte, comme pourrait l'offrir une photographie, mais d'une image composée, virtuelle et synthétique. Et nous serions incapables d'y indiquer l'emplacement exact d'un mot précis qui figure sur cette page.

La mémoire auditive est-elle plus efficace ?

Quand on compare notre capacité de rappeler à court terme une séquence de lettres ou de mots, on constate que nous retenons ces informations un peu mieux lorsque nous les entendons que lorsque nous lisons une présentation écrite. Mais, dès que le rappel est retardé ne serait-ce que d'une dizaine de secondes, cet avantage relatif (de 20 % environ) de l'oreille sur l'œil disparaît : les deux modes de présentation, oral et écrit, sont alors équivalents. Qu'elles soient d'ordre visuel ou auditif, les informations sont en effet rapidement fusionnées dans un code symbolique supérieur : la mémoire lexicale (du grec *lexis,* « mot »).

▲ Les recherches menées depuis plus d'un siècle ont bien changé nos idées sur l'apprentissage à l'école.

De la mémoire de travail aux mémoires spécialisées

Un tel rappel dans un bref délai s'effectue grâce à une forme de mémoire particulière : la mémoire à court terme, ou mémoire de travail. Cette mémoire est parfois comparée à la mémoire vive d'un ordinateur, qui peut stocker de façon temporaire des données lui parvenant d'un support de stockage permanent (disque dur, cédérom, etc.) ou sous forme d'informations saisies (à l'aide d'un clavier, d'un scanner, etc.), afin de les assembler ou de les arranger différemment. Certains chercheurs estiment même que cette mémoire de travail est à la base de tout raisonnement. Elle a une contenance très limitée, d'environ sept éléments à la fois, ce qui fait que nous ne pouvons maintenir à l'esprit à un moment donné qu'un nombre limité d'informations. Et même pour les retenir au-delà de quelques secondes dans cette mémoire vite surchargée, il est nécessaire de les répéter (un numéro de téléphone que nous souhaitons garder en mémoire afin de pouvoir le noter).

De l'intérêt de faire des plans

Fort heureusement, la mémoire de travail est reliée aux différentes mémoires spécialisées : la mémoire lexicale, où les mots sont stockés sous leurs formes sonore et graphique, la mémoire sémantique (du grec *sêmantikos,* « qui signifie »), où sont conservés les concepts classés par associations (abeille-miel) ou par catégories (mésange dans oiseau, et oiseau dans animal), et la mémoire imagée déjà évoquée. En recourant à ces mémoires spécialisées, la mémoire de travail peut procéder à des regroupements : en apprenant les mots merle, canari, aigle et pie, ceux-ci seront rattachés à une catégorie déjà présente dans la mémoire sémantique (« oiseau »), ce qui nous permet de mémoriser une seule unité au lieu de quatre. Ce mécanisme d'apprentissage très puissant repose donc sur l'organisation des informations à mémoriser. C'est la raison pour laquelle les plans de cours, les résumés, les fiches de lecture et d'autres façons de structurer les informations à apprendre sont en général d'une grande efficacité pour maîtriser et retenir un savoir.

Première de la classe : la lecture !

Le progrès technologique ne débouche pas toujours sur de nouveaux outils pédagogiques plus performants. C'est pourquoi il vaut parfois mieux en rester à certaines vieilles méthodes plutôt que de les remplacer sans discernement. Une bonne solution consiste souvent à laisser cohabiter l'ancien et le nouveau, qui offrent chacun leurs avantages propres. C'est ce qu'a montré, entre autres, une expérience menée auprès d'une centaine d'élèves d'un collège par une équipe française de chercheurs autour du psychologue Alain Lieury. Le but était de comparer l'efficacité de différentes façons d'apprendre.

Une expérience sur différentes façons d'apprendre

En partant du verbal et de l'imagé, les deux grands types de représentation que l'on trouve dans la mémoire (et qui ne doivent pas être confondus avec l'auditif et le visuel), on aboutit à des modes très divers dans lesquels présenter des connaissances. On peut en effet distinguer, d'une part, trois types de connaissances (le mot, le mot et l'image, l'image seule) et, d'autre part, trois manières de présenter ces connaissances : le visuel, l'auditif et l'audiovisuel, qui utilise les deux manières précédentes. Il en résulte sept combinaisons possibles : la lecture d'un simple texte ; un manuel scolaire ou un documentaire télévisé sans son, pour le visuel ; un cours oral ou un documentaire télévisé avec son, pour l'auditif ; ou bien un cours oral avec utilisation du tableau ou un documentaire télévisé avec des sous-titres, pour l'audiovisuel (voir tableau page 28). Les documentaires télévisés visionnés par les participants ont porté sur des sujets aussi divers que la poussée d'Archimède ou la perception auditive chez l'homme. Les résultats ont été mesurés à l'aide d'un questionnaire à choix multiples.

Trop souvent oubliée : la mémoire procédurale

Pour apprendre à écrire ou à dactylographier, à se servir d'un ordinateur ou à jouer d'un instrument de musique, ou bien à exercer une activité sportive, les conseils exprimés de façon verbale, par le langage, ne sont pas d'une grande aide. La maîtrise nécessaire des gestes liés à nos facultés motrices s'acquiert au prix de centaines, voire de milliers de répétitions.

Pour les enseigner, on recourt plus souvent à une démonstration qu'à une explication. Une fois appris, ces gestes deviennent en général des automatismes : nous les exécutons sans en prendre conscience. Leur apprentissage et leur rappel sont le fait d'une mémoire particulière, appelée mémoire procédurale.

Lecture contre documentaire télévisé

Lors d'une expérience, les élèves d'un collège ont été examinés sur les connaissances qu'ils avaient acquises par le biais de différents modes de présentation : lecture, manuel, cours oral avec et sans recours au tableau, documentaire télévisé sans son, avec son et avec des sous-titres. Les résultats (en pourcentage de réussite à un questionnaire à choix multiple) montrent que la lecture et l'utilisation d'un manuel offrent les meilleures conditions d'apprentissage, tandis qu'un documentaire télévisé visionné sans son conduit à un échec de mémorisation.

	Connaissances verbales	Connaissances verbales et imagées	Connaissances imagées
Présentation visuelle	Lecture : 38 %	Manuel : 31 %	Documentaire télévisé sans son : 0 %
Présentation audiovisuelle	Cours oral + tableau : 27 %	Documentaire télévisé avec sous-titres : 20 %	
Présentation auditive	Cours oral : 21 %	Documentaire télévisé : 11 %	

Alors qu'un dessin seul, lorsqu'il représente un sujet familier, peut être d'une grande valeur pédagogique, la télévision « muette » n'a donné naissance à aucune information qui ait pu être utilisée lors du test ultérieur. En revanche, la lecture et le recours au manuel, qui relèvent pourtant, eux aussi, d'un mode de présentation visuel, ont produit les meilleurs scores. Comment expliquer cette divergence ?

Comme l'ont montré d'autres études, l'image n'est un moyen de mémorisation efficace que si elle est recodée mentalement sous une forme verbale. Les psychologues parlent alors d'un « double codage », terme introduit par le psychologue canadien Alan Paivio, il y a une trentaine d'années. C'est en effet ce double codage qu'exigent la lecture ou l'utilisation du manuel. Par ailleurs, elles offrent également la possibilité de se familiariser avec l'orthographe difficile de certains termes ou noms propres et, surtout, de choisir le rythme auquel on apprend le mieux. À la différence de la lecture, le téléspectateur ne peut en effet ni réguler la vitesse des images qui lui sont présentées, ni opérer des retours en arrière.

Pour augmenter l'efficacité pédagogique du documentaire, il faudrait donc au moins accompagner les images de sous-titres qui introduisent les mots nouveaux ou, mieux encore, donner à l'élève la possibilité de le parcourir à son propre rythme, par exemple, en remplaçant le poste de télévision par un ordinateur…

La clé du rappel : les indices de récupération

L'objectif de tout apprentissage et de pouvoir restituer les informations acquises à un moment ultérieur. Or, de toutes les informations enregistrées dans la mémoire à long terme, la plupart ne peuvent rester dans la mémoire à court terme : il y a l'oubli. C'est ici qu'interviennent les indices de récupération. Si, par exemple, l'on fait apprendre à un groupe de person-

▲ Malgré les progrès techniques, la lecture et la prise de notes restent parmi les façons les plus efficaces d'apprendre.

nes une longue liste de mots regroupés en vingt catégories, présenter les catégories (telles que « oiseaux », « poissons », « écrivains ») au moment du rappel favorisera la restitution de ces mots en plus grand nombre. De tels indices sont efficaces sous des formes très variées, allant d'indices phonétiques (par exemple, la première syllabe d'un mot dont il faut se rappeler) jusqu'à la photo de l'album qui fera resurgir des souvenirs oubliés.

Dans le cadre scolaire, ces indices ont une longue tradition et se présentent souvent sous la forme de phrases clés ou « plans de rappel ». Pour se rappeler les noms des planètes du système solaire, depuis la planète la plus proche du Soleil jusqu'à la plus éloignée, les élèves ont depuis longtemps eu recours à la phrase suivante : « Me Voici Tout Mouillé, Je Suis Un Nageur Pressé ». Elle permet en effet de retrouver les initiales de ces noms dans le bon ordre : Mercure, Vénus, Terre, Mars, Jupiter, Saturne, Uranus, Neptune et Pluton.

Un cas particulier d'indice est l'information elle-même, mot ou image. On parle alors de reconnaissance. Son taux de réussite est spectaculaire : de 70 à 90 % des informations apprises. L'une des applications pédagogiques est le questionnaire à choix multiples (QCM), dans laquelle la personne testée doit choisir sa réponse parmi plusieurs propositions.

Un schéma vaut mieux qu'un long discours

Le schéma constitue un excellent moyen d'apprendre et de restituer des informations complexes. Son avantage réside dans le fait de présenter ces informations en même temps que de les structurer. Un tel schéma peut prendre des formes très diverses (diagramme, organigramme, etc.), dont l'une des plus courantes est la carte géographique.

Lors d'une expérience menée par une équipe réunie autour d'Alain Lieury, un groupe d'étudiants a dû apprendre, au cours de trois séances, des informations sur le système fluvial du Nil à partir d'un documentaire télévisé de dix minutes, tiré d'un reportage de Nicolas Hulot sur le « mystère des sources du Nil ». Mais seule la moitié d'entre eux se sont vu montrer, à la fin du documentaire, une carte schématique représentant les lacs et rivières du système fluvial. Tous ont participé ensuite à un test, conçu pour vérifier les connaissances acquises à trois niveaux différents, allant des grands thèmes du documentaire (niveau 1) jusqu'aux détails portant sur la variété des lacs et rivières intermédiaires (niveau 3).

Trucs et astuces autour de l'école

« C'est assez, dit la baleine, j'ai le dos fin, je me cache à l'eau ! » Qui ne se souvient de cette formule destinée à rappeler les noms des mammifères vivant dans l'eau : cétacé, baleine, dauphin, cachalot ? Mais les collégiens d'aujourd'hui sont assez loin de ces trucs mnémotechniques. Cette astuce et bien d'autres appartiennent en effet à la pédagogie telle qu'elle était pratiquée jusqu'au XIXe siècle. Pour inculquer aux élèves rétifs les notions élémentaires du savoir, on n'hésitait pas à mettre ces dernières en vers ou en images, en particulier pour enseigner l'orthographe et la grammaire. On eut ainsi recours au « pêcheur à la ligne qui porte souvent un chapeau, à la différence du pécheur qui transgresse la loi divine », ou bien aux « scies qui n'aiment pas les raies », pour rappeler qu'il n'y a pas de conditionnel après la conjonction « si ». De tels procédés mnémotechniques – et ludiques – firent aussi le miel des poètes, comme Alphonse Allais :

Ah ! race d'avocats, pour vous pas de cas laids !
(Arras, Pas-de-Calais)
Ni sole, ni turbot, halles peu maritimes !
(Nice, Alpes-Maritimes)

ou d'autres adultes à l'esprit plaisantant :

Comme Convenu, Si Je Bois Modérément,
Mon Cher Foie Revivra.

On reconnaîtra les initiales des dix crus du Beaujolais : Chénas, Chiroubles, Saint-Amour, Juliénas, Brouilly, Morgon, Moulin-à-Vent, Côtes-de-Brouilly, Fleurie et Régnié.

De façon générale, les étudiants ont obtenu de meilleurs scores quand ils ont bénéficié auparavant de la présence de la carte. Mais, en outre, ils ont réussi à dégager les grands thèmes dès la première séance, alors que ceux qui n'avaient pas eu accès à cette carte, y sont parvenus seulement de façon progressive. Le rappel des propositions de niveau 2 a également été supérieur pour ceux qui ont pu s'appuyer sur une carte. La différence a même été spectaculaire lorsqu'il s'agissait de rappeler des détails sur les lacs et les cours d'eau secondaires (niveau 3), une tâche que les étudiants du groupe « sans carte » n'ont pas été en mesure d'accomplir de façon satisfaisante.

Mémoire et littérature,
aux sources de l'inspiration

Littérature sans mémoire ? Certes non ; encore ne faut-il pas confondre mémoire et souvenir, en conservant à celui-ci son caractère aléatoire, conscient ou non, parfois image, parfois écran.

Autobiographies, confessions, journaux intimes et mémoires : appartiennent-ils à la littérature ? De 1694 à 1723, Saint-Simon tient, dans ses *Mémoires*, l'agenda de la cour de Louis XIV et du Régent, Philippe d'Orléans ; il n'en est pas pour autant un écrivain. Proust en est un, et sa *Recherche du temps perdu* un roman, car le souvenir s'y colore de la psychologie de l'auteur et de ses personnages pour, dit-il, « nous faire connaître un univers de plus ». « J'aurais pu appeler ce livre faux souvenirs. », écrit le metteur en scène anglais Peter Brook dans la phrase qui ouvre *Oublier le temps* (2003). Jacques Laurent, pour qui « la mémoire sait être aussi folle que l'imagination », avait déjà renchéri *(Du mensonge,* 1994). Se souvenir et imaginer, imaginer en se souvenant, n'est-ce pas la marque du créateur ?

L'Odyssée des souvenirs

Dès l'aube des littératures, les aventures d'Ulysse – de la fin de la guerre de Troie jusqu'à son retour à Ithaque, son île natale – reflètent les diverses modalités de notre mémoire. Sa composante biographique, insérée dans le contexte affectif de l'événement, conditionne tout le déroulement de ce long poème antique. Sa modalité pratique, instrumentale, permet au héros de construire une embarcation pour quitter l'île où la nymphe Calypso le retient dans l'espoir d'en faire son époux. Sa dimension sociale et biologique de filiation est représentée par son fils Télémaque, et par les ombres des enfers qui réclament le souvenir des vivants : Ulysse, pour réussir son retour, doit se rendre aux portes d'Hadès, où il rencontre les héros morts à Troie, mais aussi sa mère. N'oublions pas non plus

▲ Léon Tolstoï écrit que, sans *la Chartreuse de Parme* (1839), il n'aurait pu décrire dans *Guerre et Paix* (1868) les scènes de combat de la bataille de Borodino. Or, pas plus que Tolstoï à Borodino, Stendhal n'assistait à Waterloo. Il avait en revanche participé à… Borodino, dans la Grande Armée de Napoléon, et transposé ses souvenirs de l'une à l'autre. Ce ne fut pas le cas de Victor Hugo qui se livra à une enquête minutieuse pour décrire la bataille de Waterloo dans *les Misérables* (1862).

l'aède (poète chanteur de la Grèce antique) redoutant la survenue d'un « trou » dans sa récitation… Il est vrai que cette mémoire est fragile, toujours sous la menace : d'un état dépressif pendant le long séjour auprès de Calypso ; de diverses substances toxiques – celles maniées par Circé, qui transforme en cochons les compagnons d'Ulysse, et par Hélène, qui dispose d'un philtre faisant oublier tout chagrin ; menace aussi de la sénilité chez le père d'Ulysse, qui, pour être convaincu de l'identité de son fils, a besoin que celui-ci évoque ses souvenirs d'enfance.

Se pose ainsi la double question : revient-on comme on est parti et qu'est-on devenu dans le souvenir des autres ? Seul Argos, le chien d'Ulysse, reconnaît d'emblée son maître ; il faut une cicatrice à sa nourrice, et le lit conjugal à son épouse…

▲ « Homère, Ô père de toute littérature », s'exclamait Raymond Queneau. Composé au VIIIe siècle av. J.-C., *l'Odyssée* a inspiré d'innombrables œuvres artistiques, comme ce tableau de Gustave Moreau (1826-1889), intitulé *Ulysse et les Sirènes*.

Personne ne demande : « Raconte ! »

Pour apaiser à jamais la colère du dieu de la Mer Poséidon, Ulysse devra encore une fois repartir, une rame sur l'épaule, le poids des regrets sur l'autre… Ce poids des regrets, de nombreux auteurs le ressentent, au premier rang desquels les émigrés. Leur nostalgie, mieux traduite par l'angoisse du retour que par le mal du pays, est bien exprimée par Milan Kundera dans *l'Ignorance* (2003). Deux émigrés tchèques qui ont refait leur vie ailleurs – Irena, en France, et Josef, au Danemark – reviennent dans leur pays natal après plus d'une vingtaine d'années. Or, au moment où ils reprennent contact avec leurs anciens amis, aucun de ces derniers ne s'enquiert sur leur « vie là-bas », aucun ne leur demande : « Raconte ! »

Le même désarroi, né de la confrontation des souvenirs propres à différents personnages, est le thème d'un autre écrivain exilé, Ismaïl Kadaré, dans *le Dossier H* (1989). Deux Irlandais de New York arrivent un jour à N…, petite ville du nord de l'Albanie. Pendant que gravitent autour d'eux divers personnages, ils tentent d'enregistrer les épopées récitées par les rhapsodes (poètes chanteurs comme Homère) pour y déceler les secrets de leur transmission. Leur but est de découvrir si *l'Iliade* et *l'Odyssée* sont bien une création originale ou si Homère n'a été qu'un simple compilateur de légendes albanaises.

« Ton souvenir en moi luit comme un ostensoir »

Avec les *Fleurs du mal* (1857), dont ce vers est extrait, Charles Baudelaire nous offre un florilège où scintille le souvenir teinté par l'affectivité et modelé par l'imagination – que la réminiscence soit agréable, amoureuse ou esthétique :

« Charme profond, magique, dont nous grise
Dans le présent le passé restauré ! »

(*le Parfum*)

« Je sais l'art d'évoquer les minutes heureuses,
Et revis mon passé blotti dans tes genoux. »

(*le Balcon*)

De Villon à Hugo en passant par Ronsard et Lamartine, jusqu'à Verlaine, Apollinaire, Eluard…, les poètes n'en finissent pas de disperser leurs souvenirs.

« – Te souvient-il de notre extase ancienne ?
Pourquoi voulez-vous donc qu'il m'en souvienne. »

(Verlaine, *Colloque sentimental*)

« Ma mémoire bat les cartes
Les images pensent pour moi
Je ne peux pas te perdre
C'est la fleur du secret »

(Eluard, *l'Amour de la poésie*)

Et, si Louis Aragon rend hommage à l'oubli (« Dieu garde l'homme d'oublier d'oublier »), il n'en perd pas moins la mémoire dans *les Yeux d'Elsa* (1945) :

« Fontaine du rêve où meurt la mémoire
Où tournent les couleurs du beau monde volant
Doux mentir de tes eaux poésie ô miroir. »

(*Contre la poésie pure*)

Au travail, des mémoires spécialisées

Certains métiers semblent requérir de meilleures performances de mémorisation que d'autres, au point de frapper parfois nos esprits. Mais les secrets de ces mémoires professionnelles sont souvent différents de ce que l'on soupçonne...

Pour les scientifiques qui étudient son fonctionnement, la mémoire se présente sous forme de plusieurs sous-systèmes, compartiments qu'ils explorent en concevant des tests appropriés. Dans la vie courante, les divers processus – souvenirs personnels, capacité de se rappeler une action à effectuer, connaissances acquises à l'école, etc. – s'enchaînent et se combinent « naturellement », échappant à l'analyse rigoureuse des chercheurs.

Pour éclaircir les mécanismes de la mémoire à l'œuvre dans un domaine aussi quotidien que le monde du travail, commençons donc par changer de perspective : à partir de témoignages ou de l'observation de la mémoire en action que constatons-nous ?

Marie, comédienne et metteur en scène (58 ans)

« Quand je travaillais comme actrice, je n'apprenais jamais un texte à l'avance. J'essayais de cerner le comportement du personnage, de le construire au fil des répétitions, le texte à la main. À partir de là, le texte devient une espèce de logique qui s'inscrit dans la continuité d'un mouvement, d'un sentiment, d'une émotion et, au bout d'un moment, on n'a même plus besoin de l'apprendre : il est là comme une évidence, c'est une sorte de mémoire affective.

Bien sûr, lorsqu'on a affaire à un long monologue, on est obligé de l'apprendre « par cœur », comme à l'école, mais cela vient après le travail de construction du personnage. Par contre, le lendemain de mes dernières représentations, j'avais oublié tout le texte. C'était un moyen de se défaire du personnage !

Maintenant, mon travail de mémoire en tant que metteur en scène est complètement différent. Je suis incapable de mémoriser les textes, je n'ai que des repères visuels dans l'espace. J'invente les mouvements des acteurs, puis je les oublie. Après, je suis toujours dans la spontanéité pour voir si les choses fonctionnent justement. J'ai en mémoire toute ma mise en scène avec les divers moments où interviennent les lumières, le son... C'est une mémoire complètement visuelle mais aussi émotive, car si, à un moment, une lumière ne s'allume pas comme on l'attend, ça ne « résonne » pas.

Depuis que je suis metteur en scène, ma mémoire quotidienne est moins bonne que lorsque j'étais actrice. Je pense que la mémoire s'entretient : plus l'on pratique, plus l'on mémorise. La seule chose que je n'aie jamais réussi à mémoriser, ce sont les chiffres ! »

Des experts en analyse !

Comme Marie, la plupart des acteurs reconnaissent ne pas vraiment apprendre par cœur les textes de leur rôle. Ils se glissent plutôt dans la peau du personnage qu'ils doivent interpréter dans le but de le comprendre et d'en reconstruire les motivations et les caractéristiques. Une fois qu'ils ont mémorisé les sentiments, les paroles seront plus faciles à prédire. Selon la psychologue américaine Helga Noice, qui a étudié de près la mémoire des acteurs, ceux-ci ne sont pas experts en mémorisation, mais en analyse !

Maîtriser un long monologue exige, bien entendu, de l'acteur qu'il y consacre un certain temps pour l'apprendre par cœur. Lorsqu'il s'agit des tirades en vers du théâtre classique, leurs rimes et leur métrique facilitent la mémorisation, en créant une mélodie qui leur est propre. La mémoire des acteurs n'est pas cependant infaillible, et leur terreur du « trou de mémoire » est bien connue.

Le plus intéressant dans le témoignage de Marie est le passage décrit d'une mémoire à caractère verbal à une mémoire imagée et visuelle. La première prédominait du temps où elle était actrice, pour céder la place

▲ Contrairement à une idée reçue, les acteurs ne sont pas forcément des champions de l'apprentissage par cœur. Pour mémoriser, ils analysent plutôt le rôle et tentent de se glisser dans la peau du personnage qu'ils vont interpréter.

à la seconde, liée aux déplacements des acteurs dans l'espace de la scène, depuis qu'elle exerce sa nouvelle fonction de metteur en scène. Cette « autre » mémoire évoque la méthode dite des lieux et des images, un procédé mnémotechnique qui consiste à imaginer un espace virtuel que l'on parcourt mentalement, d'abord pour y déposer en divers endroits une image de ce que l'on souhaite retenir, puis pour la retrouver au moment du rappel.

Danièle, psychiatre pour enfants (45 ans)

« J'ai environ vingt-cinq patients par semaine. Certains reviennent très régulièrement, plusieurs fois par semaine, d'autres, une fois par mois. Je prends beaucoup de notes pendant les entretiens, surtout lors des premières consultations. Puis je les relis souvent entre les premières visites. Mais, par la suite, le visage et l'histoire de chaque enfant sont très présents dans ma mémoire. Il est rare que j'oublie une anecdote liée à un patient. Si ça m'arrive, cela signifie que je dois travailler sur mes oublis !

Je note systématiquement tous mes rendez-vous et réunions sur mon agenda. Je le regarde tous les matins pour avoir une bonne vision d'ensemble de ma semaine. Si je n'ai plus mon agenda sous la main, j'en garde une assez bonne mémoire visuelle. D'une manière générale, j'ai une bonne mémoire professionnelle. Quant aux sorties entre amis, je n'ai pas du tout besoin de les noter : je n'ai aucun risque de les oublier !

En revanche, dès qu'il s'agit de faire des courses, il vaut mieux que je me fasse une liste détaillée. Sinon, j'oublie toujours quelque choses ou bien je colle des

Post-it comme pense-bêtes. Je dois vraiment avoir tendance à oublier tout ce qui est contraignant. »

Savoir organiser les informations

À la différence d'un médecin généraliste qui reçoit en moyenne une trentaine de patients par jour, qu'il ne revoit pas forcément très souvent, Danièle a de la chance : elle n'en voit que vingt-cinq par semaine, car l'entretien psychiatrique est long, et sa bonne mémoire des détails évoqués au cours d'un tel entretien doit sans doute beaucoup au fait que ses jeunes patients viennent en consultation plusieurs fois par semaine. Danièle s'appuie en outre sur des notes qu'elle prend et révise, d'autant plus s'il s'agit d'un nouveau patient, et sur un agenda qu'elle consulte tous les jours. Un apprentissage plus intense au début, des répétitions régulières, des informations bien organisées… autant de facteurs qui contribuent à une mémorisation efficace. Enfin, en cas d'oubli, elle se dit même prête à faire un effort supplémentaire…

Aller directement à l'essentiel

Des recherches menées sur la mémoire des médecins ont parfois débouché sur des résultats d'apparence paradoxale. L'une des expériences a eu ainsi pour but d'étudier si les médecins mémorisent mieux des informations médicales en rapport avec un diagnostic selon qu'ils sont plus ou moins qualifiés. Et, alors que les médecins d'une compétence moyenne ont rappelé un nombre plus grand d'informations que leurs confrères novices, leurs performances ont été également supérieures à celles des médecins les plus expérimentés ! En fait, il semble que ces derniers aillent directement à l'essentiel, avec pour conséquence de porter une moindre attention aux détails qu'ils estiment moins pertinents pour retenir le diagnostic final.

Léna, propriétaire d'un café tabac (57 ans)

« La plupart du temps, je retiens tout dans ma tête et je traite les commandes au fur et à mesure. Bien sûr, ça m'arrive parfois de me tromper, de servir un café crème au lieu d'un expresso. Mais on s'arrange ; je le refais. C'est parce que je parle toujours avec les clients. On s'amuse, ils se détendent… Je suis là quinze heures par jour. Alors il faut bien se faire plaisir !

▲ Pour mémoriser les boissons commandées, les serveurs les classent par catégories, plus faciles à retenir. Dans le cas des habitués, ils s'aident des connaissances acquises sur le client et stockées dans la mémoire sémantique.

Lorsque j'ai des grandes tablées, je désigne un « secrétaire de table » à qui je remets du papier et un crayon. C'est lui qui est chargé de noter l'ensemble des commandes. Comme ça, je gagne du temps et je peux m'occuper des autres clients.

Quand j'ai vraiment beaucoup de monde, j'ai la chance de pouvoir m'en remettre au secours spontané de l'un de mes habitués. Il est nonvoyant et particulièrement attentif aux sons et à tout ce qui se passe. Et, lorsque je passe fréquemment du comptoir du tabac à la salle, il m'arrive de ne plus savoir ce que je devais apporter. Alors j'entends sa voix qui me souffle discrètement : " Léna, tu as oublié ça... "

J'ai beaucoup d'habitués. Je sais parfaitement ce qu'ils consomment, mais je leur redemande toujours. Ils ont le droit de changer ! Parmi eux, certains viennent surtout pour parler, pour trouver une ambiance ; d'autres viennent pour travailler. On est amené à pratiquer beaucoup de métiers différents dans un café. »

Interférences et saturation

Pour retenir une commande, Léna utilise ce que les spécialistes appellent sa « mémoire de travail », c'est-à-dire une mémoire servant à maintenir à l'esprit des informations pendant un bref laps de temps. Or, cette mémoire à court terme est très sensible à toute forme d'interférence. Cela explique que Léna puisse se tromper si, après avoir pris une commande, elle se met à discuter avec un autre client. Il est aussi compréhensible que la gestion simultanée du tabac et du café aboutisse à quelques « ratés ». Certes, Léna peut mettre à profit la mémoire encyclopédique qu'elle a des boissons favorites de ses habitués. Mais c'est surtout sa mémoire en action face à de nouvelles demandes qui risque de saturer. Alors, pour la soulager, elle délègue parfois la prise des commandes à un convive et s'appuie occasionnellement sur un client nonvoyant, qui lui rappelle ce qu'elle a oublié...

Les serveurs de café ou de restaurant font presque tous preuve d'un remarquable savoir-faire pour retenir des commandes. Il est d'ailleurs rare que les premiers notent les boissons que les clients leur réclament. Lorsque le nombre de boissons ne dépasse pas cinq ou six, elles sont mémorisées, le bref temps nécessaire, dans la mémoire de travail. Gare toutefois aux interférences : aux heures de pointe, les interpellations venant de différentes tables se multiplient et risquent de perturber le rappel.

Classer pour mieux retenir

Pour ne pas se tromper et pour ne rien oublier, certains serveurs recourent à des astuces mnémotechnique. Par exemple, en classant mentalement les boissons selon leurs caractéristiques. Il est en effet plus facile de se souvenir d'une série quand on sait qu'il s'agit de trois boissons non alcoolisées, de deux autres peu alcoolisées et d'un alcool fort. Les classer selon le type de verre (forme, taille) dans lequel elles sont servies peut aussi aider les serveurs : en plaçant d'abord sur le comptoir tous les verres, on aura plus de chance de les remplir ensuite l'un après l'autre avec la boisson correspondante.

Les serveurs de restaurant notent presque toujours les commandes. Mais ils se font souvent un devoir de retenir celle passée par chaque convive. Pour cela, ils les mémorisent en prenant comme repère l'un des clients, puis passent aux autres dans le sens des aiguilles d'une montre, par exemple. Cette technique réussit en général..., sauf si les convives changent de place : au moment d'être servis, ils ne se verront peut-être pas présenter le bon plat !

Des champions du classement

Le psychologue américain K. Anders Ericsson a étudié de près la façon dont un certain J. C. parvenait à retenir jusqu'à vingt menus complets. Alors que des étudiants, à qui il avait demandé la même tâche, avaient appris les différents menus sous la forme d'une longue liste où se succédaient les mets, J. C. procédait d'abord à un regroupement des plats : entrées, viandes, salades, entremets...., avant de les mémoriser sans erreur. C'est là un procédé qui apparaît d'autant plus efficace lorsqu'on pense au grand nombre de menus complets résultant de la combinaison des divers éléments proposés : 600 !

Gérard, collectionneur de timbres (61 ans)

« Je collectionne les timbres depuis environ l'âge de 10 ans. C'est ma mère, qui était employée comme receveuse aux PTT, qui avait commencé nos collections à la naissance de ma sœur aînée. Elle achetait systématiquement 4 timbres identiques, pour elle et ses 3 enfants. En les glissant dans les pages de nos albums, les dimanches après-midi, elle nous racontait les histoires des personnages célèbres, des blasons ou des monuments reproduits sur les timbres. C'était passionnant !

L'un des premiers timbres que j'avais reçu, celui qui m'avait le plus impressionné, était un timbre à l'effigie de Pétain. C'était un grand timbre marron, pas très joli, d'environ 4 cm sur 5. Je me rappelle avoir été marqué par le fait de posséder l'un des rares timbres à avoir perdu son pouvoir d'affranchissement (à cause de la représentation de Pétain dans la France d'après-guerre) !

Aujourd'hui, je possède des milliers de timbres de France, et tout autant d'enveloppes, mais chacune de ces pièces est parfaitement classée dans ma mémoire. Par exemple, cela ne m'est jamais arrivé d'acheter un timbre en double sans l'avoir fait exprès !

Je trouve que la philatélie est un excellent enrichissement culturel au travers des thématiques que l'on développe en vue des expositions : moi, par exemple, je m'intéresse en ce moment aux coléoptères, et je recherche aussi bien les timbres les reproduisant que toutes les pièces s'y rapportant. On est toujours en quête de nouveaux spécimens qui enrichiront notre collection ! »

Une mémoire aux compétences restreintes, mais d'une très haute performance

Le témoignage de Gérard est celui d'une mémoire encyclopédique dans un domaine très restreint, où il a développé une très haute performance. On retrouve ce type de mémoire chez tous les collectionneurs qu'ils soient philatélistes, numismates ou œnologues. Dans leur domaine de compétence, leur mémorisation incidente – sans effort volontaire et conscient – est souvent d'une efficacité équivalente à la mémorisation intentionnelle. Ils apprennent et rappellent en outre plus vite les informations.

La mémoire de l'expert collectionneur est caractérisée par un meilleur classement des éléments de sa collection, des relectures ou révisions plus fréquentes de cette collection, une motivation supérieure et, enfin, l'utilisation de structures de rappel soit spontanées, car naturellement fournies par leurs domaines, soit relevant d'un effort délibéré d'organisation.

Les structures de rappel sont des formats établis au préalable, qui facilitent la mémorisation et le rappel. Elles correspondent, par exemple, chez les médecins à une réorganisation des informations médicales dans le format standard des signes des maladies (symptômes, signes, examens...). De leur côté, quel que soit l'ordre de commande des convives, certains serveurs se souviennent systématiquement des plats selon la disposition des personnes autour de la table.

Lucien, chauffeur de taxi (56 ans)

« Quand j'ai voulu devenir chauffeur de taxi, il y a quatorze ans, j'ai dû retourner à l'école à plein temps pendant trois mois, pour apprendre non seulement les règles de sécurité liées à ce métier, mais surtout les itinéraires types établis par la préfecture de police de Paris. Il s'agissait de retenir une cinquantaine de trajets théoriques, rue après rue.

Pour m'aider à les mémoriser, je sortais ma voiture tous les week-ends et je prenais bien le temps de visualiser ces différents itinéraires. Le jour de l'examen, on tirait au sort deux de ces parcours, qu'il fallait réciter par cœur et noter sur une feuille.

Il y avait aussi une autre épreuve à laquelle je m'étais bien entraîné : il fallait compléter des noms de rue sur des plans vierges des arrondissements parisiens. J'avais reproduit moi-même ces cartes pour m'entraîner des dizaines de fois. J'avais vu tous les types de plan possibles, je savais tout par cœur. Après, le repérage dans Paris, ça devient une habitude, à force de faire ça tous les jours...

Quant aux clients, vous faites parfois le trajet sans même savoir qui est dans votre véhicule : les gens téléphonent ou bien vous êtes fatigué, vous n'avez pas envie de parler... Mais lorsqu'il s'agit d'une personnalité, alors là je m'en souviens ! Sinon, quand je travaille, j'écoute beaucoup la radio, les émissions sportives surtout, ou bien des débats intéressants. »

De l'intérêt de s'entraîner

Lucien fait preuve d'une double compétence pour exercer son métier : grâce à la mémoire verbale, il maîtrise les règles de sécurité, et sa mémoire visuo-spatiale lui permet de mémoriser les itinéraires. Il a en outre bien compris l'intérêt d'un entraînement régulier et de l'imagerie mentale pour visualiser les parcours. Au fil du temps, l'habitude se développe : il devient alors facile d'écouter en même temps un client qu'il conduit ou la radio...

Un cerveau plus volumineux

Pour obtenir une licence de taxi « Tout Londres », il faut acquérir le « Savoir » (the Knowledge), qui consiste à mémoriser le nom et l'emplacement de quelque 25 000 rues, de même que les restaurants, ambassades, hôpitaux..., situés dans un périmètre de 10 km autour de Charing Cross, au centre de Londres, ainsi que les routes directes qui les relient ! Cela demande au moins deux ans de préparation : après avoir réussi une épreuve écrite, les candidats ont le droit de passer le test oral, barrière que les plus heureux franchissent après dix présentations. Les cabbies londoniens sont donc des maîtres ès navigation. Une équipe de recherche sous la direction de la neurologue Eleanor Maguire a étudié leur cerveau : leur hippocampe droit – partie du cerveau qui rend possible l'apprentissage d'un itinéraire – est en effet plus déve-

▲ Apprendre les principaux itinéraires d'une grande ville – et les sites qui les longent – exige un grand effort de mémorisation : un entraînement intensif est indispensable. Une fois acquis, ce savoir relève bientôt de la routine…

loppé que chez des conducteurs non professionnels, c'est-à-dire plus volumineux de quelques millimètres !

Mais ne se pourrait-il pas alors que seuls les plus doués en navigation urbaine deviennent chauffeurs de taxi ? Non, affirme Eleanor Maguire, car ce développement s'accentue chez les chauffeurs de taxi, au fil des années passées au volant.

Interrogé par la BBC, un membre du London Cab Drivers' Club s'est dit surpris par ces résultats : « Je ne me suis jamais rendu compte qu'une partie de mon cerveau augmentait de volume – on se demande ce qui se passe avec le reste. »

Nul n'est parfait !

Au travail, l'acquisition des savoirs est double : les connaissances spécifiques au domaine de compétence augmentent peu à peu au fil de la pratique jusqu'à atteindre parfois une dimension encyclopédique. L'apprentissage comme le rappel deviennent ainsi de plus en plus faciles et rapides. La répétition de situations similaires y est évidemment pour beaucoup de choses.

Toutefois, même une mémoire spécialisée peut faillir. C'est ainsi que Léna, la propriétaire du café tabac, confond ou oublie parfois des commandes lorsque sa mémoire est surchargée. Mais, surtout, dès que les limites du domaine de compétence sont franchies, la mémoire spécialisée ne procure plus aucun avantage : Marie, l'actrice et metteur en scène, a du mal à retenir les chiffres, et Danièle, la psychiatre, a besoin d'une liste pour faire ses courses – ce qui est, tout de même, rassurant pour nous qui sommes parfois si impressionnés par les performances de certains professionnels… Les mémoires professionnelles de Lucie et de Gérard sont des mémoires encyclopédiques qui permettent de très hautes perfomances, mais dans un seul domaine et au prix d'une révision permanente et régulière par la pratique.

Mémoires d'homme, mémoires de femme

Tout le monde s'accorde pour dire que les performances intellectuelles des hommes et celles des femmes diffèrent quant à certains aspects. Qu'on invoque la biologie ou la culture pour expliquer ces différences, il faut avant tout éviter les stéréotypes.

La controverse scientifique comme le débat de société concernant les différences intellectuelles des hommes et des femmes portent sur deux questions : quelles sont ces différences et dans quelles mesures sont-elles dues à l'éducation, à la société, à l'histoire ou, au contraire, à l'anatomie, à la génétique, aux caractéristiques biologiques des deux sexes ?

Les hommes savent où aller, les femmes, où elles se trouvent

« Les filles ne sont pas douées pour les maths. » – « Les hommes ne savent pas anticiper et sont mal organisés. » Pour en savoir plus sur ce type de questions, les psychologues et neurologues ont multiplié les expériences, développé toute une panoplie de tests et observé que les hommes et les femmes présentaient des différences cognitives significatives. Voici quelques résultats de leurs études.

Quand on demande à un groupe d'hommes et de femmes de raconter leur passé personnel, les femmes sont plus nombreuses à fournir un récit plus long, plus détaillé, plus cohérent et davantage chargé en émotions. En général, une épouse a un plus grand nombre de souvenirs de vie commune et retient mieux les détails et la date des événements sociaux qui ont marqué le couple. Et les premiers souvenirs d'enfance des femmes précèdent en moyenne de six mois ceux des hommes.

Lorsqu'il faut mémoriser un texte court ou une liste de mots, les femmes, plus souvent, s'en rappelleront mieux. Interrogés sur le contenu d'un roman qu'ils ont lu des années auparavant, hommes et femmes parviennent toutefois à des résultats comparables. Les femmes retiennent toujours mieux les noms et visages de leurs anciens camarades de classe, mais chacun se souvient plus facilement des camarades de même sexe. En revanche, les hommes préservent en général mieux leurs connaissances en algèbre et apprennent plus vite un itinéraire, grâce à sa géométrie (sa forme, les directions à prendre…) ; les femmes s'orientent, quant à elles, davantage à l'aide de repères verbaux (« tourner à droite devant la boulangerie, puis à gauche devant la poste… »).

Ainsi, pour certains types de mémorisation, il semble exister une réelle supériorité de l'un des deux sexes ; en revanche, dans d'autres cas, une simple lenteur est compensée par l'octroi d'un temps supplémentaire pour réaliser la tâche.

Deux sexes, deux cerveaux ?

Du point de vue de l'anatomie, les cerveaux masculin et féminin ne se distinguent guère. Les principales différences découvertes se situent à l'échelle microscopique. Chez les hommes, les facultés liées au langage semblent plus ancrées dans l'hémisphère gauche du cerveau, alors que les femmes se serviraient davantage des deux hémisphères pour traiter certaines composantes du langage. Cela pourrait expliquer leur compétence supérieure lors de tests qui cherchent à évaluer la mémorisation de mots ou de textes.

Une affaire d'hormones ?

Certaines hormones (la testostérone, les œstrogènes, la progestérone) jouent un rôle clé dans le développement sexuel (organes génitaux, caractères sexuels secondaires) et dans les processus biologiques liés à la reproduction (production des spermatozoïdes chez l'homme, cycle menstruel chez la femme, etc.). Leur taux dans le sang, que l'on peut mesurer, varie, bien sûr, d'un sexe à l'autre, mais aussi, dans une moindre mesure, entre individus de même sexe et chez un même individu d'une période à l'autre. Plusieurs expé-

▲ Dans la vie quotidienne, les différences entre hommes et femmes sont légion et les performances intellectuelles n'y échappent pas. Simples stéréotypes ou réalité scientifique ? Les neuropsychologues livrent leur réponse.

riences ont donc été menées en vue d'établir un lien entre ces taux d'hormones et les performances cognitives, ou intellectuelles, observées chez les deux sexes. La testostérone (hormone androgène, ou mâle), sécrétée en forte dose chez l'homme avant et juste après la naissance ainsi qu'au moment de la puberté, aurait ainsi une influence favorable sur les aptitudes mathématiques et spatiales. De façon analogue, on a pu constater que les fluctuations dans la concentration d'œstrogènes au cours du cycle menstruel s'accompagnaient de performances inégales dans des domaines aussi variés que l'aisance du langage, la mémoire verbale et la dextérité manuelle. Une diminution modérée des capacités de mémoire pendant et après la ménopause pourrait être due aux changements hormonaux qui la caractérisent, diminution à laquelle un traitement hormonal substitutif peut en partie remédier.

Et l'éducation ?

Comment interpréter ces données ? Il est fort probable que certaines capacités de notre mémoire dépendent de facteurs biologiques, dont ceux liés à notre identité sexuelle. Mais elles résultent également de l'influence de facteurs éducatifs, sociaux, culturels... L'éducation peut ainsi favoriser certains comportements « masculins » ou « féminins ». Certains jouets destinés en premier lieu aux garçons les incitent, par exemple, à explorer le monde physique et à développer certaines aptitudes, d'autres réservés surtout aux filles peuvent les pousser vers la découverte et la maîtrise du monde social. De cette façon, la motivation et la fréquence des situations rencontrées renforcent souvent des différences d'ordre biologique ou, au contraire et peut-être plus rarement, les compensent.

Avant de trancher en faveur de l'un ou l'autre facteur ou de tirer des conclusions hâtives, il faut veiller à ce que les arbres ne cachent pas la forêt. En matière de mémoire, les ressemblances dans le fonctionnement de la mémoire entre les deux sexes l'emportent dans une large mesure sur les différences. De plus, les études citées mettent en évidence des valeurs moyennes statistiques : une femme peut donc tout à fait réussir dans un domaine où la mémoire « masculine » domine, y être meilleure que la plupart des hommes – et inversement.

La publicité,
un laboratoire pour la mémoire

La recette d'une bonne publicité : attirer l'attention et rester dans les mémoires, parfois à l'insu des consommateurs. Pour ce faire, les annonceurs ont développé des stratégies efficaces, indispensables au lancement d'une campagne.

Seul un téléspectateur sur cinq déclare regarder les spots de publicité, les autres affirment qu'ils changent de chaîne, discutent ou s'absentent pour aller aux toilettes, descendre les poubelles, faire la vaisselle… Il va donc de soi qu'un message publicitaire doit attirer l'attention, d'autant plus que personne ne fait un effort délibéré pour le retenir ! Originalité et innovation sont donc parmi les principes souvent appliqués.

Attirer l'attention par tous les moyens…

Et si le message laisse d'abord perplexe ? Tant mieux ! Car un message qui sollicite un raisonnement pour être compris, en mobilisant des informations déjà stockées dans le cerveau, aura plus de chances de rester en mémoire. Et plus un message est riche en images, sons, expressions et scènes, mieux on s'en souviendra. Un spot publicitaire diffusé à la télévision ou au cinéma peut ainsi jouer sur tous les registres là où une page publicitaire dans un magazine, une affiche dans la rue ou une pub à la radio doit se contenter d'une seule dimension, visuelle ou auditive.

Autre atout d'une bonne publicité : mettre en branle les émotions, puisque tout ce qui nous touche sur le plan affectif est mieux retenu. Qu'elles soient plaisantes (grâce à un personnage sympathique, une mélodie agréable, une ambiance de fête ou de vacances…) ou déplaisantes (la scène d'un accident pour

▲ Dans le quartier commerçant de Shinjuku, à Tokyo, les annonceurs rivalisent d'artifices pour attirer le regard des passants. Enseignes lumineuses géantes, films sur grand écran, innovations technologiques… tous les sens sont sollicités pour qu'une publicité ne passe pas inaperçue au milieu de cette forêt d'instruments marketing.

vendre un produit d'assurances), voire choquantes, n'y change rien, à condition qu'elles soient fortes. Si les créateurs de publicités aiment choquer (par un corps dénudé, par des juxtapositions incongrues...), c'est qu'ils connaissent la valeur de cette stratégie pour améliorer la mémorisation.

... et même un peu à l'insu du consommateur

Pour gagner encore en efficacité, les publicitaires peuvent aussi s'appuyer sur les vertus des effets d'amorçage : nous enregistrons en effet, à notre insu, nombre d'informations qui peuvent conditionner notre futur comportement, sans que nous nous en rendions compte. Le fait de voir le logo d'une marque, une vache rouge souriante par exemple, dans un message publicitaire nous fera ainsi repérer un fromage portant ce logo parmi plusieurs dizaines d'autres lorsque, quelques jours plus tard, nous parcourrons les allées d'un hypermarché. En outre, chaque fois que nous verrons ce logo ou une image similaire, notre mémoire pourra réactiver, de façon tout à fait involontaire, le message publicitaire et renforcer par là sa mémorisation.

L'amorçage subliminal : une idée reçue

En 1957, James Vicary, un psychologue spécialiste du marketing, annonce qu'il a réussi à augmenter de façon spectaculaire les ventes d'un soda bien connu et de pop-corn dans une salle de cinéma à Fort Lee, dans le New Jersey. Pendant les séances, il avait passé à l'écran de très brèves séquences « subliminales », c'est-à-dire d'une durée inférieure au seuil de perception consciente, affichant des phrases comme « Buvez du soda X » et « Faim ? Mangez du pop-corn ! » Le principe d'un tel « amorçage subliminal » est aussitôt repris dans nombre de publicités diffusées à la radio et à la télévision. Face aux inquiétudes des citoyens, le Congrès américain finit par étudier deux projets de loi, en 1958 et en 1959, visant à bannir ces pratiques, mais ils ne seront jamais votés. En effet, aucune des nombreuses recherches menées par la suite n'a jamais pu confirmer l'efficacité du procédé. Défié par le président d'une association nationale de psychologie de répéter son expérience, Vicary lui-même, en 1962, admet avoir faussé les résultats de son expérience.

La diffusion du message : une étape cruciale

Même un message publicitaire conçu selon les règles de l'art ne fera pas son effet s'il n'est pas diffusé dans de bonnes conditions. Aussi faut-il s'assurer qu'il soit vu ou entendu à plusieurs reprises (affiches publicitaires réparties sur toute la ville, présentation répétée de l'encart ou du spot dans les médias...) et selon un bon rythme.

Mais, comme tous les annonceurs adoptent cette stratégie, la réussite n'est pas garantie : lorsque plusieurs messages publicitaires se rapprochent trop, par leur contenu (les images ou sons utilisés) ou dans le temps ou l'espace (sur les panneaux publicitaires, dans les pages d'un magazine, à la radio ou à l'écran), la confusion guette. C'est pourquoi le message doit être bien distinct, et sa position au sein d'une série d'autres messages, concurrents et similaires, est d'une importance capitale : les premiers et les derniers messages d'une telle série seront en général mieux retenus. Placer un spot au début ou à la fin d'une plage de télévision réservée à la publicité coûte donc bien plus cher. Pour éviter qu'un message soit noyé dans la masse, une campagne est parfois bâtie sur des messages différents, mais qui partagent certains traits – les publicitaires parlent de « saga ». Chaque fois qu'un nouveau message apparaît, il est alors susceptible de rappeler les messages précédents.

Mais rien n'est jamais gagné

Cependant, la formule miracle n'existe pas et les ratés sont légion en matière de publicité. Bien des campagnes font parler d'elles, et les images ou scènes qu'elles présentent sont dans toutes les mémoires... mais presque personne n'a retenu le nom de la marque ou du produit promu ! C'est là un échec total que les publicitaires désignent par le terme de « défaut d'attribution ».

Or, même avec une image positive gravée dans la mémoire des personnes ciblées, l'affaire n'est pas encore gagnée. Pour que celles-ci passent à l'acte d'achat, il faut que le produit soit disponible, voire mis en valeur, dans les lieux de vente et qu'il ne se trouve pas concurrencé par un produit similaire bénéficiant d'une campagne sur place ou d'un prix plus attractif. Car, bien souvent, c'est le compte en banque du consommateur qui décide...

La mémoire à la retraite ?

Il faut sans doute avoir atteint un certain âge pour s'interroger sur le bon fonctionnement de sa mémoire. Au-delà des préjugés et des inquiétudes, qu'est-ce qu'on sait aujourd'hui sur la mémoire des seniors et quels conseils donner ?

La mémoire est une fonction du cerveau sur laquelle on compte beaucoup, sans toujours se rendre compte à quel point elle est complexe, reliée aux autres capacités intellectuelles, à l'histoire de vie, les expériences, les centres d'intérêt. Ses immenses possibilités de fonctionnement automatique amènent à perdre de vue à quel point elle est dépendante de la volonté et de la motivation, ce qui est pourtant rassurant pour ceux qui ont l'énergie de la développer.

Les âges de la mémoire

L'enfance est l'âge de l'enregistrement. Le cerveau se comporte alors presque comme une « éponge qui absorbe » – pas toujours dans l'ordre – toutes les expériences vécues par l'enfant, de façon à constituer le socle de son fonctionnement futur : acquisition automatique du langage familial, des habitudes de vie, des règles sociales, de la manipulation d'appareils courants... Plus le temps passe, plus les apprentissages deviennent complexes et doivent être organisés. L'enfant, puis l'adolescent et le jeune adulte s'entraîneront à ordonner leur savoir de façon à l'enregistrer, puis à le récupérer plus aisément.

L'âge adulte est celui de l'utilisation des savoirs acquis et de leur insertion dans des réseaux multiples. Selon le métier pratiqué et les intérêts personnels, l'apprentissage d'informations nouvelles et, en parallèle, l'utilisation de stratégies se raréfie...

L'adulte senior sort du monde du travail, avec son rythme imposé et ses routines. Dès lors, il doit s'habituer à une vie qui a pour centre le domicile, une vie telle qu'il ne l'a en général connue que pendant les vacances. Les seniors qui ont poursuivi une ou plusieurs activités secondaires pendant leurs années de travail tirent souvent profit de ce temps libéré pour s'y consacrer. Pour les autres, c'est le moment de reprendre une activité de loisir abandonnée ou d'exercer, enfin, une nouvelle occupation dont ils avaient quelquefois rêvé pendant des années. Alors il arrive que les choses ne se passent pas tout à fait comme on l'avait imaginé. En fait, un temps d'adaptation est nécessaire, et cette période « entre deux vies » est parfois délicate à traverser.

Qu'est-ce qui change vraiment avec l'âge ?

Au fur et à mesure que nous vieillissons, notre mémoire, comme les autres facultés mentales et physiques, voit ses performances diminuer. Toutefois, cette diminution est en général mineure et ne tend pas à s'aggraver, sauf en cas de maladie. Elle a déjà commencé bien avant l'âge de la retraite ! Mais elle est aussi individuelle : elle varie d'une personne à l'autre, en fonction, bien sûr, de l'état de santé général et des capacités développées jusque-là. Enfin, les différentes activités mentales n'évoluent pas de la même façon ni à la même vitesse.

Des oublis plus fréquents, des difficultés pour se concentrer...

Avec l'âge, on trouve plus difficile de faire plusieurs activités en même temps. C'est la raison pour laquelle, il devient banal de « perdre » ses clés ou ses lunettes. Il suffit de les avoir posées quelque part alors que l'esprit était occupé à autre chose : le geste de la main, à l'arrière-plan de la conscience, n'est alors plus enregistré, empêchant de s'en souvenir plus tard, quand il le faut.

En outre, davantage d'efforts sont nécessaires pour rester longtemps concentré sur une même activité, sans que l'esprit n'aille batifoler ailleurs. On n'apprend plus aussi vite que dans sa prime jeunesse.

▲ Les modifications qui affectent la mémoire n'apparaissent pas brutalement dès le jour de la retraite : elles s'installent très progressivement et de façon différente pour chacun. Et on peut ralentir les effets du vieillissement.

Les plaintes concernant la difficulté à rappeler des noms propres sont parmi les plus fréquentes. Il s'agit, en fait, d'un des très rares apprentissages que l'on est obligé de faire tout au long de sa vie, et aucune stratégie n'est facile à mettre en œuvre dans ce domaine. C'est donc le cas où les « baisses de forme » sont les plus visibles.

Ce premier constat mérite cependant d'être nuancé. De nombreux facteurs concourent à l'évolution de nos capacités de mémorisation. Certains sont physiologiques, d'autres tiennent à l'histoire personnelle ou à l'environnement social, mais d'autres encore relèvent de la volonté et de la motivation de chacun.

... et pour enregistrer

Une fois que les années d'études sont loin, on oublie trop souvent que les apprentissages de la jeunesse n'étaient pas aussi automatiques qu'on ne le pense. On croit, à tort, par exemple, que lire une seule fois ou deux un texte difficile suffira pour l'enregistrer. En fait, ce sont plutôt les habitudes d'apprendre que l'on a perdues : la façon d'organiser les informations, les répétitions indispensables, divers trucs et astuces qui facilitent la mémorisation, etc. Il en résulte une moindre capacité à mettre en relation une notion nouvelle avec une connaissance déjà acquise ainsi qu'une moindre aptitude à créer, ou à évoquer, des images mentales : celle du magasin où l'on fait ses courses, celle du contenu de sa table de nuit, celle du visage de ses proches ou encore celle d'un lieu imaginaire décrit dans un livre.

Or, une information mal enregistrée est plus laborieuse à récupérer. En revanche, une fois qu'elle a été stockée dans le cerveau, elle ne subit aucune dégradation particulière qui serait liée à l'âge. La courbe de l'oubli est la même quel que soit l'âge d'une personne.

En fait, ce que l'on peut en général observer est plutôt une capacité de mémorisation qui devient inégale avec l'âge. La mémoire est bien préservée, voire excellente, dans les domaines de compétence tandis que les plaintes concernent presque toujours des oublis ou des difficultés en relation avec des choses pour lesquelles on n'a que peu d'intérêt.

Des souvenirs ou connaissances qui interfèrent

Par ailleurs, le nombre des souvenirs et connaissances augmente au fil des années. Certains se ressemblent ou partagent au moins une caractéristique : des noms propres à la même consonance, des lieux où l'on a

Michel, un « jeune » étudiant de 67 ans

« J'ai pensé à retourner à l'université pour reprendre mes études quelques années avant ma retraite. Le projet me tenait à cœur car malgré mon âge, j'ai conservé une certaine curiosité d'esprit et m'intéressais à l'histoire de l'art, découverte à partir de livres, d'émissions télé et de conférences au musée du Louvre. Mon but était d'avoir une activité « prenante » et différente une fois à la retraite. Ma démarche pouvait surprendre, car je travaillais dans un tout autre domaine : les sciences expérimentales.
Pour relever ce défi, je voulais étudier dans un contexte suivi et bien défini, car j'ai besoin d'avoir des comptes à rendre. C'est un stimulant ! Je me suis donc inscrit à l'université en tant qu'étudiant et non comme auditeur libre. J'ai dû ainsi passer des examens, présenter des exposés, des oraux... cela paraissait complètement nouveau. Je redoutais de me retrouver dans un milieu jeune. Allais-je pouvoir m'intégrer ? Je me demandais aussi si effectivement j'allais avoir une mémoire suffisante.
Je n'ai pas éprouvé de difficultés notables pour apprendre de nouvelles choses. J'ai dû apprendre des dates, des noms, des lieux comme tous les autres étudiants. Mon expérience m'a certainement rendu service, notamment pour relier des informations. Plus difficile, le rythme : je n'y étais plus habitué. Quant à la vivacité d'esprit, je ne pouvais pas rivaliser avec les meilleurs, c'est certain, mais je n'étais pas non plus à la traîne. Je n'avais pas de problème d'attention, car je m'appliquais à prendre des notes le plus exactement possible. Cela nécessite une concentration et une analyse constante.
Au fil des examens, je me suis rendu compte que ma mémoire fonctionnait bien. Ce qui était très réconfortant. En revanche, pour moi, tous les jeunes étudiants se ressemblaient et je n'arrivais pas à reconnaître certains avec qui j'avais discuté quelques jours auparavant. Les motivations ne sont pas les mêmes...
Aujourd'hui, 10 ans après ma retraite, j'ai une licence de cinéma et je suis en thèse d'archéologie. J'ai dû me mettre à l'informatique et m'y suis attelé progressivement, en usant de beaucoup de patience. En ce cas, ce n'est pas une question de mémoire mais de pratique, car l'informatique est un outil avant tout. Un outil qui me permet aussi de communiquer par e-mail avec ma fille qui vit en Australie.
Ma mémoire serait-elle aussi bonne sans cette expérience aujourd'hui ? »

séjourné, des dîners que l'on a organisés avec des amis... Dans ces cas, un souvenir récent peut faire écran à d'autres, plus anciens, ou, au contraire, le premier, qui a laissé une marque affective plus grande, empêche les souvenirs ultérieurs d'être récupérés et de devenir conscients.

Mais aussi des atouts à exploiter

Au-delà des différences individuelles, il semble exister une forme de mémoire pour laquelle les performances tendent à s'améliorer avec l'âge ! C'est, dans le langage des psychologues, la « mémoire prospective », celle de ce que nous devons faire dans le futur : téléphoner demain matin à la tante Marie, passer cet après-midi à la pharmacie, sortir la poubelle ce soir vers 19 heures... Plusieurs expériences ont montré que des personnes plus âgées réussissaient mieux à se rappeler de ces actions que leurs cadets. Plus une personne est jeune, plus elle tend à faire confiance à ses capacités, qui, pourtant, ne sont pas toujours à la hauteur des attentes. En revanche, les seniors ont appris à se servir d'aides externes (carnet, pense-bête...), pour assurer efficacement le rappel.

Les grands principes de la mémoire

– La mémoire fonctionne en trois temps : enregistrement, stockage et rappel.
– On se rappelle d'autant mieux que l'on se retrouve dans des conditions, un contexte qui sont proches de celles de l'enregistrement. Ces conditions, ce contexte fournissent des indices servant d'« étiquettes » aux souvenirs.
– Utiliser la même stratégie pour le rappel que pour l'enregistrement est plus efficace.
– Pour enregistrer volontairement une information, il faut « l'accrocher » à quelque chose que l'on sait déjà.
– La répétition consolide le souvenir.
– La mémoire visuelle (ou imagerie mentale) est plus efficace que la mémoire verbale seule.
– Il n'y a pas d'apprentissage sans effort.

Que peut-on faire pour préserver sa mémoire ?

Avancer en âge signifie en général que l'on dispose de moins de réserves et que l'on se sent plus vite fatigué. Les capacités de mémorisation ne constituent pas une exception. Quels en sont alors les garants ?

Veiller à une bonne hygiène de vie

Passé un certain âge, l'état de santé général devient souvent moins bon, et un problème de santé peut entraîner des difficultés à mémoriser. Par ailleurs, certains médicaments, en particulier les somnifères, exercent un effet négatif direct sur les capacités de mémorisation et de remémoration. Tous les efforts faits pour conserver une bonne santé, par une prévention adéquate et une bonne hygiène de vie, contribuent ainsi à garder la mémoire « en forme ».

Il n'existe pas de « régime miracle » qui stimule le cerveau ou préserve la mémoire. En revanche, une alimentation bien équilibrée aide à prévenir les maladies cardio-vasculaires, cancéreuses et peut-être même dégénératives. Ses principes sont aujourd'hui bien connus : peu de sel, des légumes ou fruits à chaque repas, du poisson (en particulier ceux, bleus, des mers froides, riches en acides gras non saturés, réputés pour participer à la prévention anti-oxydante), un usage modéré du vin (un ou deux verres tout au plus et pendant les repas seulement)...

Garder bon pied, bon œil et rester curieux

Une gêne supplémentaire est parfois due à un simple vieillissement des organes des sens. Quand la vue s'affaiblit ou, plus encore, quand l'ouïe laisse à désirer, la perception incomplète du monde extérieur rend plus difficile, voire empêche de mémoriser certaines informations. En outre, une telle déficience va souvent de pair avec un retrait de la vie sociale, isolement peu propice au bon fonctionnement de la mémoire.

Un environnement social ou familial stimulant exerce en effet une influence bénéfique sur les facultés de mémorisation. De même, la pratique d'activités de loisirs a été corrélée, lors d'une étude « en population », à de meilleures performances à des tests de mémoire, et celles-ci sont d'autant meilleures que ces activités sont nombreuses et diversifiées.

Si les ressources cognitives que l'on a développées plus jeune constituent un « capital » sur lequel il est possible de compter plus tard, une curiosité vivante et toujours en éveil est un atout pour préserver et entretenir ses capacités intellectuelles et donc sa mémoire.

Et qu'est-ce qui vous intéresse au fond ?

La mémoire ne s'use-t-elle que si l'on ne s'en sert pas ? On dit souvent que lorsque l'on vieillit, on se rappelle mieux de sa jeunesse que de ce que l'on a fait la veille.

▲ La motivation joue un rôle-clé dans la préservation d'une bonne mémoire. Pour être pratiquées de manière durable et régulière, les activités choisies doivent correspondre aux centres d'intérêt, qu'ils soient ludiques ou utilitaires.

Mais cela dépend des gens ! Multiplier les occasions d'exercer sa mémoire ne signifie pas s'astreindre à pratiquer une « gymnastique » cérébrale déconnectée de nos goûts, de nos envies et de notre vie quotidienne. En effet, une bonne, voire excellente mémoire dans un domaine qui nous passionne aura en général peu d'effet sur les autres domaines dans lesquels on a du mal à retenir les choses. Il est rare que les méthodes qui se sont révélées efficaces pour un apprentissage particulier (par exemple *les Fables* de La Fontaine) se laissent « transposer » pour un apprentissage différent (une liste de courses). Cependant la vie courante comporte d'innombrables occasions de faire un effort de mémorisation utile : retenir le code confidentiel d'une carte bancaire ou simplement celui de la porte d'entrée de son immeuble, ou encore accomplir une formalité administrative. Pourquoi alors ne pas en profiter pour inventer des astuces ou des stratégies, permettant d'entraîner sa mémoire ?

Et, bien sûr, au-delà de ces activités utiles ou nécessaires, il en existe bien d'autres parmi lesquelles on peut choisir celles que l'on préfère. Car beaucoup reposent sur une bonne motivation. Rien n'est plus difficile à apprendre et à retenir que ce qui a l'air de ne servir à rien, comme les noms de tous les chefs-lieux de sous-préfecture. Inutile de se lancer dans l'apprentissage d'une langue étrangère si l'on n'a pas l'intention de faire un séjour dans le pays en question. Apprendre « l'informatique » pratique (écrire ses souvenirs, faire une base de données généalogiques, etc.) est quasiment impossible si l'on n'envisage pas de projet et une utilisation régulière ultérieure. De même, on ne retient pas grand-chose après une seule conférence ou la lecture d'un seul livre. Il faut en effet approfondir si le sujet nous intéresse.

Autrement dit, pour qu'une activité améliore les capacités de mémorisation, elle doit être pratiquée de façon répétée et sur une période longue. Mieux vaut donc en choisir une qui correspond à ses centres d'intérêt personnels, pour lesquels on est prêt à fournir les efforts nécessaires et qui offriront une satisfaction directe.

Partager des souvenirs : la mémoire collective

De l'histoire familiale à l'histoire nationale, en passant par d'innombrables traditions : simple accumulation de souvenirs individuels ou véritable partage ? La mémoire collective, si souvent évoquée, soulève bien des questions...

La notion de mémoire collective, que l'on doit au sociologue français Maurice Halbwachs (1877-1945), suppose le partage des souvenirs d'un passé commun par les membres d'un groupe ou d'une société. Elle repose toutefois sur une hypothèse fragile. En effet, seule la mémoire individuelle est une faculté attestée.

Les multiples modalités de la transmission

Hormis les cas pathologiques, chaque individu est capable de se remémorer les grands événements qui ont jalonné sa vie depuis la petite enfance, ce qu'il a fait la veille et ce qu'il a à faire dans un futur immédiat. Les membres d'une famille, d'un groupe, voire d'un pays tout entier peuvent-ils partager ce type de souvenirs ?

Répondre à cette question revient à considérer les cadres sociaux de la transmission des informations. Le constat qui s'impose est celui d'une très grande diversité : transmission formelle ou informelle, orale ou écrite, consciente ou non, verbalisée ou pas, occasionnelle ou systématique. Elle peut se faire par reproduction, contagion, imitation, diffusion. Elle véhicule des croyances, des normes, des valeurs, des savoirs, des manières de faire, d'être, de sentir. Elle passe par des objets, des corps, des noms, des institutions, des discours.

Réactiver des souvenirs

Au terme de la transmission, deux cas de figure sont à envisager. Le premier est celui d'un partage mémoriel effectif entre au moins deux individus. En permanence, nous procédons à des tris, des ajouts et des éliminations dans les informations que nous mémorisons. Ceci se traduit par un renforcement ou par un affaiblissement des relations synaptiques entre les neurones qui constituent physiquement la trace mnésique correspondant au stockage de l'information enregistrée (voir p. 58).

Comment s'établissent des souvenirs communs ?

Dans ses travaux, le neurobiologiste Jean-Pierre Changeux rend compte du processus qui permet à notre cerveau de devenir une représentation du monde. Grâce à la plasticité des neurones, explique-t-il, l'encéphale de chaque individu accumule les traces de son environnement. Pour une part – une part variable mais importante –, cette empreinte est partagée avec d'autres individus qui, selon des trajectoires diverses, ont été exposés au même monde physique et social. À la fin d'un repas, par exemple, les membres d'une famille qui regardent ensemble leur album de photographies réactivent un certain nombre de souvenirs communs : la pluie diluvienne lors du mariage des cousins de Lorraine, le grand oncle éméché à chaque réveillon de Noël, les vacances d'été en Vanoise, etc. Sans la réactivation régulière de cette mémoire collective, favorisée par les cadres sociaux (ici, familiaux), le partage des souvenirs est hasardeux, comme l'atteste la divergence des témoignages oraux relatifs à un même événement.

Qu'est-ce qui est mémorable ?

Certaines des informations transmises parviennent mieux que d'autres à être mémorisées, partagées, puis en quelque sorte « stabilisées » au sein d'un groupe d'individus. Elles doivent cette propriété au fait d'entrer en résonance avec des structures innées de l'esprit-cerveau. Par exemple, lors de la transmission d'une œuvre musicale, nous partageons plus facilement son souvenir si elle est mélodieuse que s'il s'agit d'un morceau de musique concrète. Ce qui vaut pour les formes musicales vaut également lors de la transmission de certaines formes narratives : nous mémorisons plus aisément le récit du Petit Poucet que celui des cours de la veille à la Bourse. De même pour certaines formes géométriques : nous partageons mieux le souvenir de la figure d'un cercle que celle d'un polygone irrégulier, etc. Beaucoup d'objets de pensée ont ainsi la particularité d'être « attracteurs d'attention », mémorables et aisément transmissibles.

Commémorer : un partage revendiqué

Le second cas de figure résultant de la transmission est celui d'un partage mémoriel revendiqué. Ainsi, chaque 11 novembre, devant tous les monuments aux morts de France, il est d'usage de célébrer la mémoire nationale. Cependant, les enquêtes sociologiques montrent que les participants à ces cérémonies sont loin de tous partager les mêmes souvenirs et la même représentation des événements commémorés. Dans ce cas, le fait de revendiquer l'existence d'une mémoire collective est confondu, à tort, avec son existence effective. Cette confusion, toutefois, a une fonction importante : elle fait entrer dans les mémoires individuelles la croyance dans des racines et un destin communs. Ce phénomène est suggéré par Auguste Comte (1798-1857) dans son *Calendrier positiviste*. La commémoration, selon lui, développe au sein d'une génération « le sentiment de continuité ». Cette revendication par la parole d'une mémoire partagée a, comme tout langage, des effets sociaux extrêmement puissants : elle nourrit l'imaginaire des membres du groupe en les aidant à se penser comme une communauté. Du même coup, elle contribue à modeler un monde social singulier où le partage mémoriel atteint une certaine réalité. On devine là une différence essentielle entre la mémoire collective et l'histoire : alors que la première a vocation à être universelle, la seconde est toujours plus ou moins appropriée par des groupes particuliers.

Une notion floue... et bien pratique

En définitive, la notion de mémoire collective est à la fois floue et bien pratique. Floue, elle l'est parce qu'il est impossible d'affirmer avec une garantie absolue qu'un ensemble d'individus partagent des souvenirs identiques en leur donnant la même signification. Qui peut dire avec précision, par exemple, quelle mémoire de la Révolution française ou de la Guerre d'Algérie partagent effectivement les 60 millions de Français ? Elle est par ailleurs pratique, car on ne voit pas comment désigner autrement que par ce terme certaines formes de conscience du passé apparemment partagées par plusieurs personnes. Toutefois, il ne faut jamais négliger ce que les membres d'un groupe ou d'une société partagent le mieux : la part d'oubli de leur passé commun. La mémoire collective est sans doute davantage la somme des oublis que la somme des souvenirs, car ceux-ci sont avant tout le résultat d'une élaboration individuelle alors que ceux-là ont en commun précisément le fait d'avoir été oubliés.

▲ En 1902, à l'occasion du centenaire de la naissance de Victor Hugo, les pouvoirs publics organisent une cérémonie au Panthéon pour célébrer en grande pompe la mémoire du grand poète, défenseur de l'idéal républicain.

MÉMO
La mémoire au fil de la vie

- La vie du **fœtus** est déjà riche d'impressions et de sensations qui laissent de nombreuses traces. Entre la naissance et l'âge de deux ans, le poids du cerveau d'un **bébé** se multiplie à peu près par quatre. La mémoire à long terme se développe peu à peu : **mémoire procédurale** puis **mémoire sémantique** et enfin **mémoire épisodique**.
- Chez l'adulte, l'**absence de souvenirs** personnels remontant à l'enfance **avant l'âge de 2 à 5 ans** est tout à fait normale. Ce phénomène s'appelle l'**« amnésie infantile »**.
- Les **apprentissages scolaires** font appel à tous les types de mémoire. Une idée reçue suggère que les mémoires « photographiques » sont les plus performantes. Or ce type de mémoire n'existe pas.
- Les supports pédagogiques sont aujourd'hui très variés. Mais au cours de tests comparatifs, c'est toujours la **lecture** et l'utilisation d'un manuel qui obtiennent les meilleurs scores car elles font intervenir un **double codage, visuel et verbal**. Le recours aux **schémas** constitue un excellent **moyen d'apprendre et de restituer** des informations complexes.
- Dans un **cadre professionnel**, les mémoires se spécialisent : les acteurs peuvent retenir de longs monologues, les médecins connaissent tous leurs patients, les serveurs se souviennent de plusieurs commandes en même temps, les philatélistes ont des milliers de timbres en mémoire et, enfin, les taxis londoniens doivent mémoriser près de 25 000 rues pour obtenir leur licence !

- En matière de **capacités cognitives**, les **hommes** et les **femmes** présentent des **différences**. Par exemple, les hommes apprennent plus vite un itinéraire grâce à sa géométrie tandis que les femmes s'appuient davantage sur des repères verbaux. Quoi qu'il en soit, il faut avant tout éviter les stéréotypes.
- Avec l'âge, les **diminutions des performances cognitives** sont mineures, sauf en cas de maladie, et très variables d'une personne à l'autre. Pour les **préserver**, il faut veiller à son **hygiène de vie** et multiplier les occasions d'**exercer sa mémoire** selon ses goûts et ses envies et par des **activités diversifiées**.

music has been
occasion
Wednesday night
has announced
taken from
deliver,
in fee
shall
and assig
them, or
these pres
For
County
services for John
on Tuesday after
from
Rev. Rex A. Barron
the residence
born 62 years ago on
the classifica
set.
the American Legion Auxiliary
Mr. and Mrs. Harry Bell figured
hit by a truck

Voyage au cœur des neurones

La mémoire fait intervenir l'intégralité de notre corps car elle sollicite tous nos sens. Mais c'est dans le cerveau que ces données sont centralisées pour y être traitées et stockées. Les circuits qu'elles empruntent ensuite sont complexes, car la mémoire n'est pas limitée à une seule zone du cerveau : portes d'entrée multiples pour les différentes formes de mémoire et les émotions, salles réservées à un seul type de sensation, péages obligatoires à la création du souvenir, plus un tour de piste pour le consolider...
Mais le périple ne s'arrête pas là. Car l'exploration peut se poursuivre au-delà de l'anatomie du cerveau, à une échelle microscopique. En effet, les neurones avec leurs étonnantes caractéristiques alliant biochimie et phénomènes électriques ne sont pas que de simples relais : ils sont capables d'enregistrer des modifications à court et à long terme, prémisses à toutes les fonctions cognitives. Pendant longtemps, seul un esprit aussi imaginatif que celui de Jules Verne aurait pu concevoir un tel voyage au cœur des neurones. Aujourd'hui, les progrès de la neuroimagerie nous autorisent à entrevoir et à suivre les circuits de la mémoire.

Dans ce chapitre...

Anatomie de la mémoire

De par leur complexité, le cerveau et l'ensemble du système nerveux sont longtemps restés *terra incognita*. Les moyens d'exploration modernes ont cependant permis aux neurobiologistes d'entamer un voyage au cœur de la mémoire.

Une fonction aussi complexe que la mémoire se devait d'utiliser un support extrêmement élaboré. C'est l'ensemble du système nerveux qui est mis à contribution, aussi bien pour véhiculer les informations sensorielles et les traiter que pour gérer nos émotions et des comportements sophistiqués comme le langage, la personnalité ou la créativité qui participent tous à la construction des souvenirs.

Bien comprendre le système nerveux

Le système nerveux est composé de deux grands ensembles : le système nerveux périphérique et le système nerveux central. Le premier comprend le réseau de nerfs qui dessert toutes les parties du corps (peau, muscles, articulations), mais aussi tous les organes, glandes ou vaisseaux. Les nerfs informent ainsi le cerveau des signaux du monde extérieur (visuels, auditifs...) et du corps, et lui permettent d'agir en retour au moyen des mouvements. Mais les signaux sensoriels doivent être décodés et les mouvements doivent être organisés, et c'est le rôle du cerveau, qui n'est pas, comme on pourrait le croire, le seul constituant du système nerveux central.

Le cerveau, organisateur central

Le système nerveux central est formé de la moelle épinière (localisée dans un canal de la colonne vertébrale) et de l'encéphale. Ce dernier est enfermé dans la boîte crânienne et comporte le cervelet, le tronc cérébral et le cerveau. Situé en arrière du cerveau, le cervelet est un centre de contrôle de la motricité. Le tronc cérébral, qui se trouve dans le prolongement de la moelle épinière, est également un lieu vital, car il contient les centres régulant la circulation, la respiration, l'éveil, la température.

Le cerveau est divisé en deux hémisphères cérébraux, droit et gauche, réunis par une structure dénommée corps calleux. L'hémisphère droit reçoit les sensations tactiles et contrôle les mouvements de la moitié gauche du corps, alors que l'hémisphère gauche reçoit les sensations tactiles et contrôle les mouvements de la moitié droite du corps. Chaque hémisphère analyse de façon élaborée les informations sensorielles et organise les comportements sophistiqués. Chacun joue également un rôle dans certains comportements spécialisés (voir p. 131) : par exemple, l'hémisphère gauche est prépondérant pour le langage alors que l'hémisphère droit intervient dans l'analyse de l'espace et des visages.

Quand les sensations aboutissent au cerveau

La surface de chaque hémisphère cérébral est parcourue de nombreuses circonvolutions séparées par des sillons. Les circonvolutions sont regroupées en cinq régions principales, ou lobes : occipital, pariétal, temporal, frontal et l'insula. Le lobe de l'insula est caché dans la profondeur d'un grand sillon (la scissure de Sylvius). L'insula intervient dans la régulation des informations végétatives et sensorielles.

Les lobes occipital, pariétal et temporal constituent la partie postérieure des hémisphères cérébraux. Chacun de ces lobes est spécialisé dans une ou plusieurs fonctions sensorielles : la vision pour le lobe occipital, les perceptions tactiles pour le lobe pariétal, enfin, l'audition, la gustation et l'olfaction pour le lobe temporal. Bien sûr, des liens entre ces différents lobes permettent d'échanger, de comparer et de modifier leurs informations respectives.

Dans la partie antérieure, le lobe frontal, qui constitue 40% du cerveau total, se consacre à l'action. Ces régions frontales sont en effet des aires spécialement dédiées aux comportements élaborés : elles gèrent la personnalité, le comportement, la créativité, et les opérations cognitives sophistiquées telles que la planification, la stratégie, l'organisation, l'anticipation.

À chaque forme de mémoire ses régions cérébrales

Selon qu'il s'agit de mémoriser une information nouvelle ou de retrouver un souvenir, de rappeler des faits, personnels ou culturels, ou des gestes répétés, des sensations ou des émotions, les zones sollicitées et les circuits empruntés par la mémoire ne sont pas les mêmes.

La mémoire de travail

Chaque composante de la mémoire à court terme peut être associée à des régions cérébrales distinctes : la boucle phonologique (voir p. 87) est sous la dépendance des régions pariétale et frontale de l'hémisphère gauche, le calepin visuo-spatial est localisé dans les régions postérieures et, enfin, l'administrateur central serait en relation avec le lobe frontal de l'hémisphère gauche.

La mémoire déclarative

L'apprentissage et la consolidation d'une information nouvelle ont lieu dans les deux circuits de Papez, dont l'un est situé dans l'hémisphère gauche, et l'autre, dans l'hémisphère droit. Ces circuits sont constitués d'éléments qui se trouvent à la surface interne du cerveau (hippocampe et gyrus cingulaire) et dans sa profondeur (corps mamillaire et thalamus). Ces structures appartiennent au système dit limbique, responsable de la « gestion » des émotions. Autrefois, on considérait d'ailleurs ce circuit comme celui des émotions, mais ce sont en fait les circuits amygdaliens qui

Le cerveau et le système nerveux

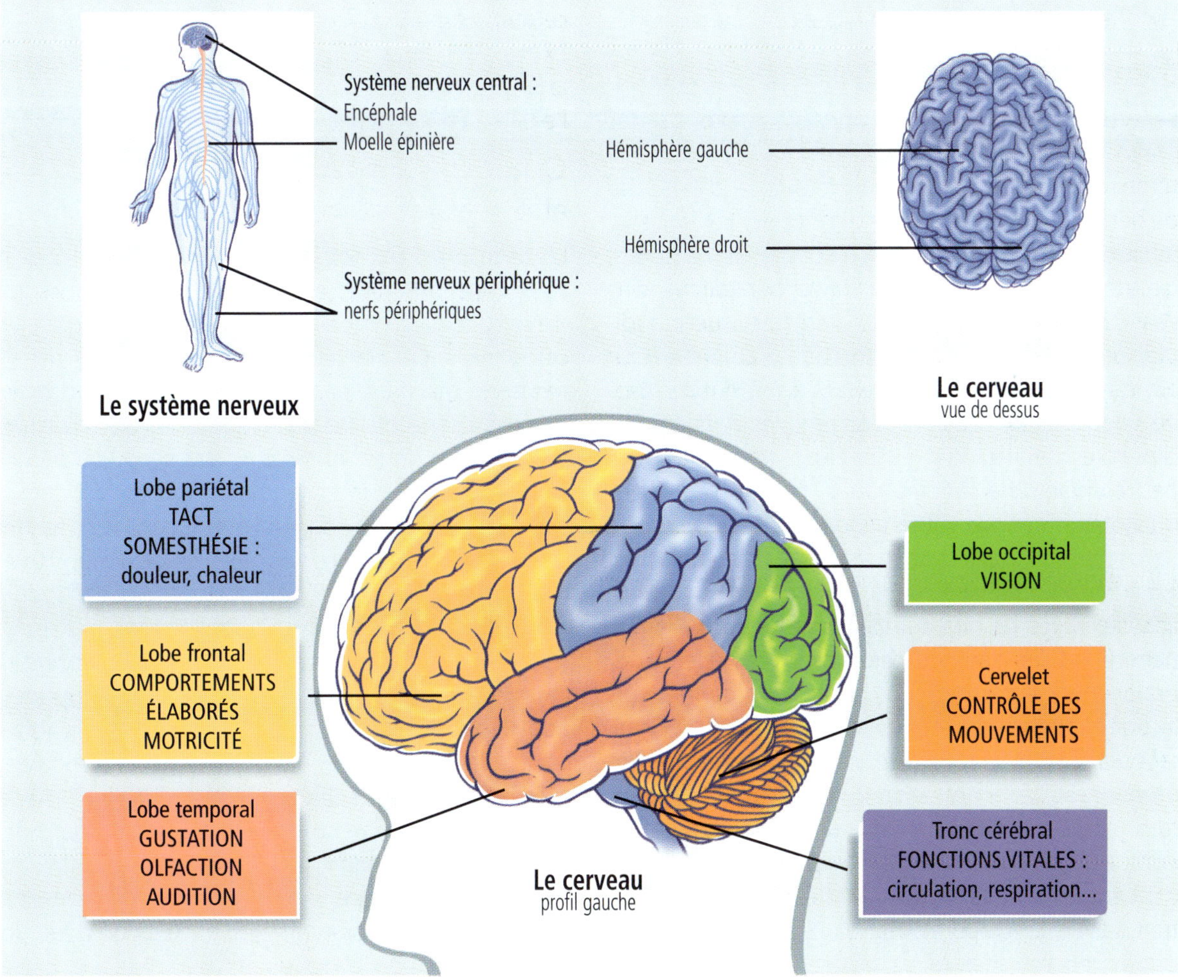

▲ On distingue le système nerveux périphérique et le système nerveux central qui comprend la moelle épinière et le cerveau avec ses deux hémisphères volumineux. Chaque partie du cerveau est associée à une fonction précise.

Anatomie du circuit de Papez

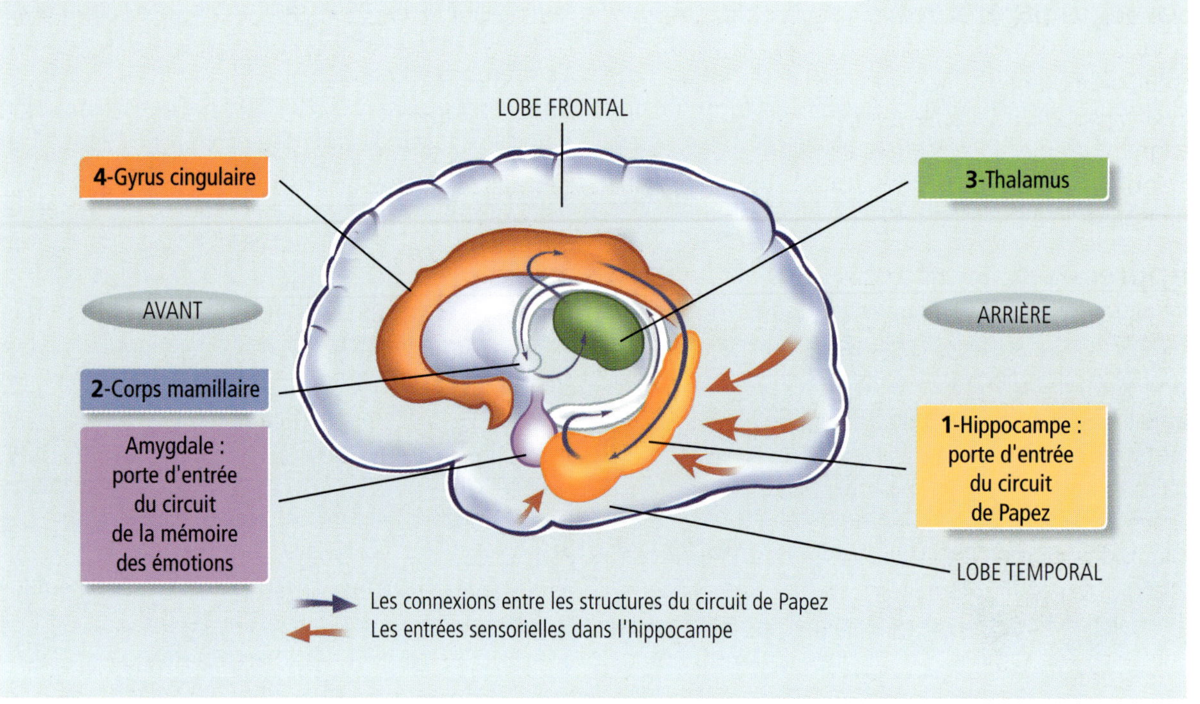

▲ Partie interne d'un hémisphère cérébral montrant les quatre structures du circuit de Papez et leurs interconnexions. Ce circuit est impliqué dans l'apprentissage d'informations nouvelles.

donnent au souvenir sa charge émotionnelle ou affective. Le circuit de Papez de l'hémisphère gauche sert à mémoriser des informations apportées par le langage (mots ou phrases lus et entendus). Quant au circuit de l'hémisphère droit, il sert à mémoriser des informations spatiales (itinéraires, dessins abstraits…). Cependant, les deux circuits sont reliés de façon à permettre une étroite coopération.

La restitution des souvenirs passe par des circuits bien différents, car, à chaque souvenir, correspond un réseau qui lui est spécifique. Une question fournit ainsi un indice de rappel, qui donne accès à l'information stockée et à une représentation consciente du souvenir. Mais ces processus restent mal connus sur le plan anatomique. Les indices relatifs au lieu et à la date de l'événement vécu seraient conservés dans le lobe frontal. La récupération du souvenir se ferait en deux temps : le souvenir est d'abord reconstruit grâce à une activation des régions frontales et temporales, puis maintenu par les régions postérieures. Une lésion du système temporo-frontal gauche peut en effet rendre difficile l'accès aux connaissances générales ; celle du système correspondant à droite, une perte de l'accès aux souvenirs personnels.

Les mémoires procédurales

Les actions, habitudes et savoir-faire que nous avons acquis lors d'apprentissages répétés constituent une forme plus élémentaire et plus primitive de la mémoire, qui n'est pas accessible à la conscience. L'apprentissage des habiletés motrices a lieu, entre autres, grâce au renforcement des liens entre trois grandes zones qui interviennent, de façon indirecte, dans le contrôle des fonctions motrices : le cervelet, des régions profondes du cerveau (striatum et thalamus) et certains secteurs des lobes pariétal et frontal.

Le circuit des émotions

Une signification émotionnelle est attribuée à chaque souvenir, ce qui permet de générer des comportements adaptés à une situation précise. Cette « coloration » affective est assurée par un circuit particulier, le circuit amygdalien. C'est lui qui provoque, lorsque l'on voit par exemple une araignée, le sentiment de peur et les comportements comme les cris, la fuite ou la défense. L'amygdale, qui constitue la porte d'entrée de ce circuit des émotions, est en relation avec de nombreuses autres zones du cerveau : elle reçoit des informations de toutes les régions sensorielles, mais elle est aussi connectée avec l'hypothalamus qui gère les instincts tels que la faim, la soif, le désir, le plaisir. Enfin, l'amygdale est reliée aux régions du tronc cérébral qui contrôlent le système nerveux autonome, dont le rôle est de moduler le fonctionnement du cœur, des poumons ainsi que les réactions de la peau. Ceci explique pourquoi la peur ou le plaisir s'accompagnent d'une accélération de la fréquence cardiaque, d'une respiration plus rapide, d'une transpiration excessive et d'une rougeur de la peau.

Apprendre une information nouvelle

La porte d'entrée du circuit de Papez est l'hippocampe : c'est en effet vers cette partie interne du lobe temporal que convergent les informations sensorielles lorsqu'elles ont été décodées dans les différents lobes. De l'hippocampe, les informations transitent par le corps mamillaire, puis par le thalamus. Grâce à ces deux régions cérébrales, la mémoire peut mieux situer un souvenir dans le temps. Puis le passage par le gyrus cingulaire, situé à la partie interne du lobe frontal, permet de comparer une nouvelle information à d'autres connaissances déjà mémorisées. Mais cette aire joue surtout un rôle dans la motivation : plus on s'intéresse à une information, mieux on la retiendra. Enfin, les informations ainsi traitées peuvent revenir vers l'hippocampe, pour y être consolidées, ou sont acheminées vers des régions de stockage, qui ne font plus partie du circuit de Papez.

Le circuit de Papez a ainsi pour fonction d'indexer les différents éléments qui constituent la trace mnésique d'un événement : les composantes visuelles, auditives, olfactives... ainsi que le lieu et le moment. À cela s'ajouteront les caractéristiques émotionnelles. Le résultat est une « carte neuronale » qui garde la trace du lien entre tous ces traits, stockés chacun dans une région cérébrale différente. On dit ainsi que le souvenir est « distribué ». Le circuit de Papez n'est donc pas utilisé pour le stockage définitif des souvenirs. Il n'intervient pas non plus dans la mémoire à court terme, ni dans la mémoire procédurale. Une lésion de l'hippocampe ou du circuit de Papez affectera ainsi uniquement la formation de souvenirs déclaratifs.

Consolider une information apprise

Pour consolider une information stockée, le cerveau peut s'appuyer sur un nouvel apprentissage ou même une simple remémoration : réciter un poème, par exemple, équivaut à un nouvel apprentissage. Lors de ces répétitions successives, le circuit de Papez joue un rôle important, car le lobe temporal interne renforce peu à peu les connexions entre les différents éléments d'une trace mnésique, distribués dans le cerveau.

Informations sensorielles et circuit de Papez

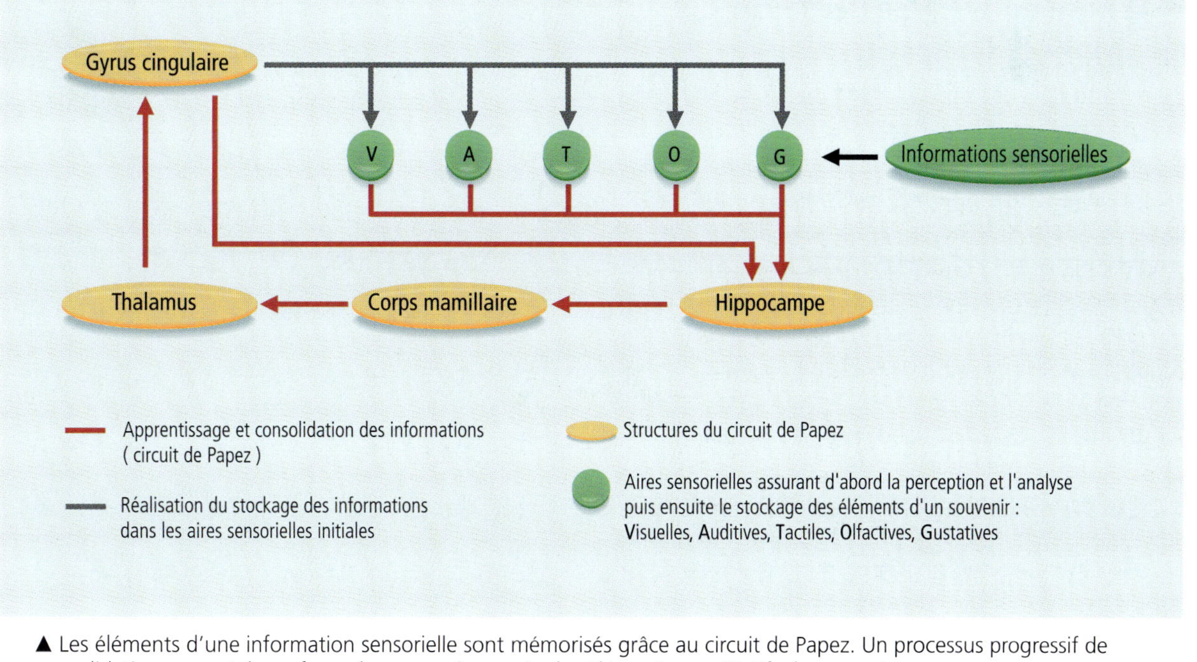

▲ Les éléments d'une information sensorielle sont mémorisés grâce au circuit de Papez. Un processus progressif de consolidation permet de renforcer les connexions entre les éléments constitutifs du souvenir.

Les neurones, cellules de la mémoire

Les capacités du cerveau humain à stocker des informations ne tiennent ni à la surface des aires cérébrales, ni au nombre de ses cellules, dont les plus importantes sont les neurones, mais au nombre et à la nature des connexions entre ces derniers.

Le système nerveux est constitué de milliards de neurones ayant des fonctions différentes. Les neurones sensoriels transmettent une information venant de la périphérie du système (vue, ouïe, goût, odorat, toucher) vers le cerveau, alors que les neurones moteurs l'acheminent dans le sens inverse, pour commander les muscles. Le cerveau lui-même est un réseau complexe de neurones servant à intégrer les informations sensorielles et à décider d'une réponse motrice ou d'un comportement.

Pour décrire les mécanismes physiologiques et biochimiques sur lesquels repose la mémoire, il faut comprendre comment fonctionne un neurone, comment il véhicule les informations et quelle est la nature de ses connexions avec d'autres neurones.

À la base du système nerveux : neurones et synapses

Le neurone est une cellule d'un type particulier, capable de générer, de transmettre et de recevoir des impulsions électriques ou plutôt bioélectriques (puisque ces phénomènes électriques se produisent dans les êtres vivants). C'est la transmission de ces impulsions, appelées potentiel d'action ou influx nerveux, au sein d'un neurone, puis entre les neurones qui est à la base du fonctionnement du système nerveux. Et, pour une bonne réactivité, le message nerveux se doit d'être véhiculé à vive allure, certaines fibres nerveuses pouvant assurer une transmission à près de 150 mètres par seconde.

Tous les neurones sont constitués d'un corps cellulaire, qui contient le noyau, et de prolongements : les dendrites, sortes de fibres ramifiées, et l'axone (voir figure ci-contre). Ce dernier, un prolongement unique d'une longueur variant entre 1 mm et 1 m, se termine par plusieurs branches, chaque terminaison formant un petit bouton depuis lequel le potentiel d'action est transmis aux récepteurs situés à la surface d'un autre neurone. Cette zone de « jonction » entre deux neurones est appelée synapse (du grec *sun*, « avec », et *apsein*, « joindre »). Selon la fonction qu'il remplit, chaque neurone est ainsi relié à d'autres par quelque 1 000 à 100 000 synapses.

La structure du neurone

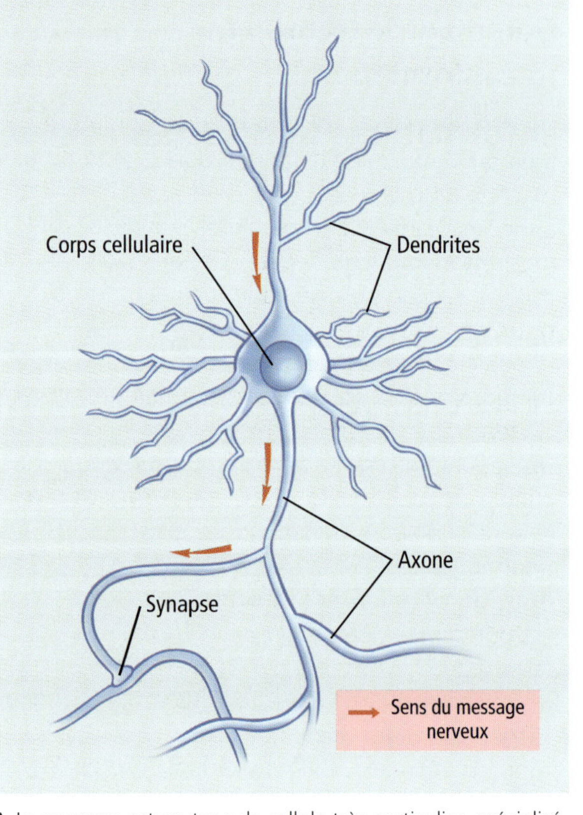

▲ Le neurone est un type de cellule très particulier, spécialisé dans la transmission du message nerveux.

La structure de la synapse

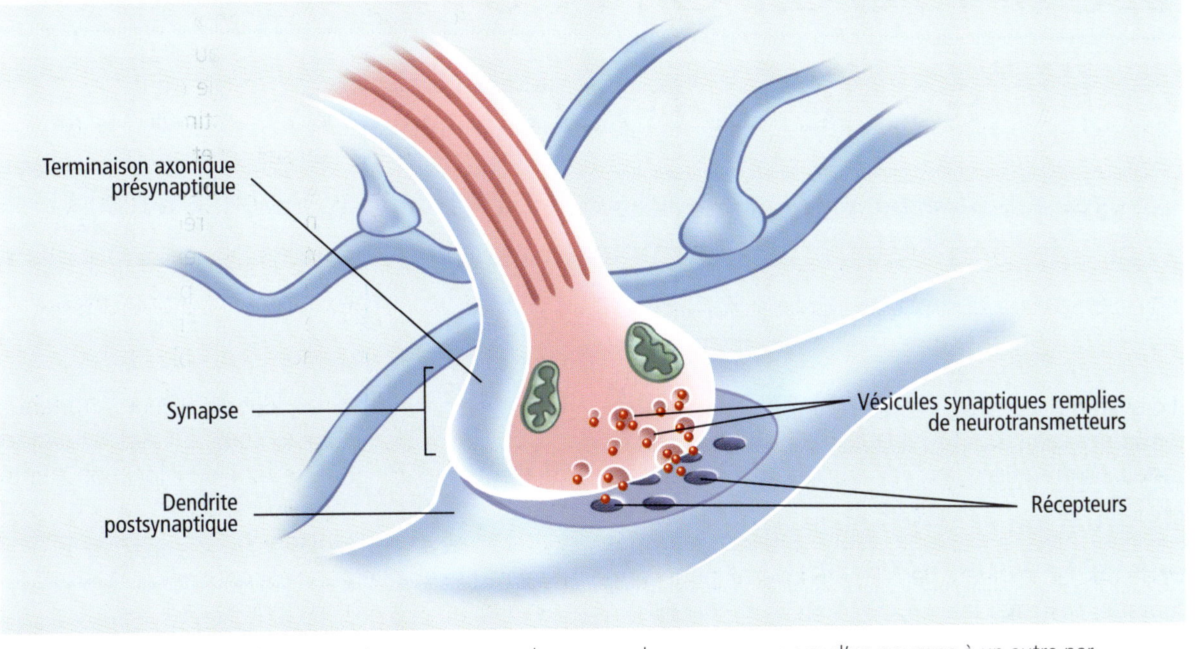

▲ Située à l'extrémité d'un axone, la synapse assure le passage du message nerveux d'un neurone à un autre par l'intermédiaire d'agents chimiques spécialisés : les neurotransmetteurs.

Comment se transmet une information ?

Dans toute cellule, il existe de part et d'autre de la membrane qui la délimite une polarisation ou différence de potentiel électrique (d'environ –70 millivolts), appelée potentiel de repos : l'extérieur de la cellule est positif, son intérieur, négatif. Certaines cellules dites cellules excitables, telles que les neurones, sont en outre capables de créer un potentiel d'action, une impulsion bioélectrique correspondant à une inversion temporaire de la polarisation : en quelques millièmes de seconde et sur une surface minuscule de la membrane, un afflux de sodium (ion positif) entre dans la cellule et, pendant un laps de temps très court, change la polarité, l'intérieur devenant positif, l'extérieur négatif.

Tout ou rien : coder l'information

Les potentiels d'action ont toujours la même amplitude (environ 100 mV). C'est leur fréquence qui est modulée pour transmettre une information : plus un stimulus est intense, plus les potentiels d'action se rapprochent dans le temps, à l'instar d'un langage Morse simplifié, composé d'un seul type de signal et de pauses, ou comme le langage binaire des informaticiens qui n'utilise que des 0 et des 1.

Transmettre d'un neurone à un autre

Un potentiel d'action naît en général à la surface des dendrites et se propage ensuite tout le long de la membrane jusqu'au corps cellulaire, puis vers l'extrémité de l'axone. C'est là que se termine le neurone. Le message doit donc passer du neurone à un autre neurone par l'intermédiaire d'une synapse.
Quand le potentiel d'action arrive au renflement de l'axone présynaptique, il provoque la libération de molécules chimiques, les neurotransmetteurs. Ces molécules, contenues dans de petits sacs, les vésicules synaptiques, sont alors déversées dans l'espace synaptique, entre les deux neurones. Les neurotransmetteurs se fixent ensuite sur les récepteurs (protéines) situés sur la membrane du neurone suivant – dit postsynaptique – à la manière d'une clef dans une serrure. Ils y provoquent une cascade de réactions chimiques qui peut déclencher, ou favoriser, un potentiel d'action dans le second neurone (transmission synaptique excitatrice) ou, au contraire, l'empêcher (transmission synaptique inhibitrice).
Par ailleurs, une même synapse peut libérer plusieurs types de neurotransmetteurs. On en connaît à ce jour plus d'une centaine. Le glutamate, le GABA (acide gamma-amino-butyrique) et l'acétylcholine seraient impliqués dans les processus liés à la mémoire.

Les mécanismes cellulaires de la mémoire

À la naissance, un être humain possède environ 40 milliards de neurones, reliés entre eux par de multiples synapses, en particulier dans le cerveau. Ce réseau de connexions se modifie au cours de la vie : certaines connexions seront renforcées (par un apprentissage par exemple), d'autres, éliminées. C'est pourquoi on parle de la « plasticité » du neurone et du cerveau.

La complexité du système nerveux humain est cependant telle qu'elle ne permet pas d'étudier les mécanismes cellulaires de la mémoire. La majorité des recherches dans ce domaine portent donc sur le système nerveux plus simple d'animaux invertébrés ou de certains mammifères.

Habituation et sensibilisation : une sorte de mémorisation

Le système nerveux de certaines limaces de mer appelées aplysies est parmi les plus étudiés. Il est composé de quelque 20 000 neurones répartis sur dix ganglions. La taille de ces neurones (jusqu'à 1 mm de diamètre) et leur pigmentation facilitent leur identification, leur manipulation et leur observation.

Lorsqu'on touche le « siphon » d'une aplysie, un petit embout d'évacuation situé au-dessus de la branchie, il se contracte et la branchie est retirée sous le « manteau ». En répétant ce stimulus, la réponse motrice – contraction du siphon et retrait de la branchie – diminue avec le temps (habituation) et la branchie est de moins en moins retirée... de la même façon que, chez l'homme, la sonnerie d'un nouveau téléphone fait d'abord sursauter, puis provoque de moins en moins une telle réaction. En appliquant, lors d'une deuxième expérience, une faible décharge électrique sur la queue de l'animal en même temps que l'on touche le siphon, on peut augmenter les réponses motrices de la limace (sensibilisation) : elle retirera de plus en plus souvent sa branchie.

La PLT, une mémoire « électrique »

Les changements observés chez cette limace persistent pendant une période de quelques minutes à plusieurs heures après la séance d'apprentissage, voire de plusieurs semaines à la suite d'une série de séances espacées sur quelques jours. À l'échelle microsco-

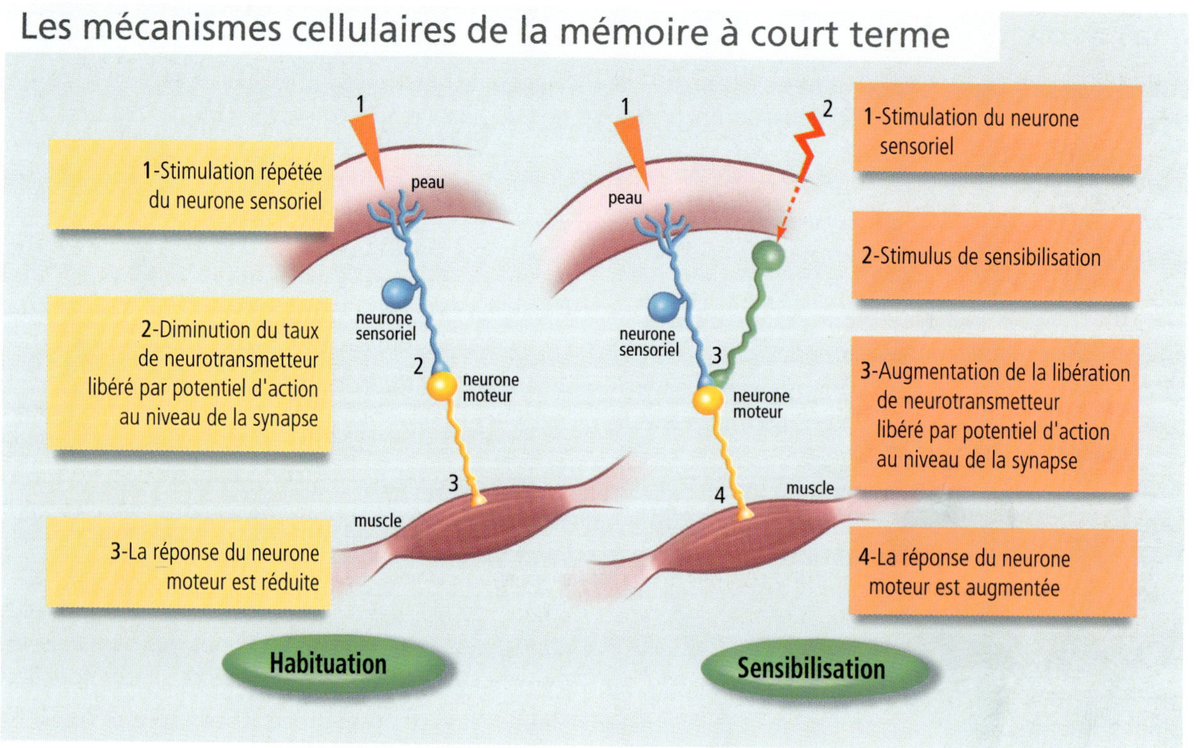

▲ Les études menées sur un petit invertébré (une limace de mer) ont mis en évidence deux types d'adaptation : l'habituation, engendrée par la stimulation répétée du neurone sensoriel, et la sensibilisation, qui survient quand une stimulation électrique est couplée à la stimulation du même neurone.

pique, des modifications s'opèrent dans les mécanismes physiologiques, électriques et biochimiques de la synapse. Ils affectent essentiellement l'excitabilité des neurones : on parle de potentialisation (ou de dépression) à long terme, ou PLT, le qualificatif « long terme » étant relatif à la durée d'excitabilité des neurones et non au type de mémoire.

Dans le cas de la sensibilisation par exemple, deux neurones présynaptiques sont stimulés en même temps. Le neurone postsynaptique peut alors voir augmenter son excitabilité (potentialisation) ou, au contraire, la voir diminuer (dépression).

Des phénomènes similaires ont été observés dans certaines régions du cerveau de mammifères, notamment dans l'hippocampe et le cervelet. Or l'hippocampe est directement impliqué dans la mémoire, le cervelet dans l'apprentissage moteur.

La mémoire à court terme : des changements biochimiques

Ces modifications bioélectriques de la synapse pourraient donc constituer les bases de la mémoire à court terme. Et ces phénomènes trouvent une explication à une échelle encore inférieure, celle de la molécule.

Dans le cas de l'habituation, on peut en effet observer que le taux de neurotransmetteurs libérés par le potentiel d'action diminue avec le temps ; en revanche, au cours d'une sensibilisation, ce même taux augmente. La mémorisation se traduit donc notamment, au niveau d'une synapse, par une variation adaptée du nombre de vésicules contenant les neurotransmetteurs. Ce type de modification est directement associé à une variation du taux de calcium intracellulaire. Les processus biologiques tels que la PLT sont extrêmement sophistiqués et complexes : les chercheurs ont en effet découvert plusieurs dizaines de molécules servant d'intermédiaires ou de régulateurs dans ces mécanismes (récepteurs AMPA et NMDA, protéines G, protéines kinases, etc.).

La mémoire à long terme : des changements anatomiques

Si des changements bioélectriques peuvent être impliqués dans la mémoire à court terme, comment peuvent être stockés les souvenirs « définitifs » ? Comment est consolidé le souvenir au niveau du neurone ? À long terme, les seules modifications bioélectriques, transitoires et réversibles, ne suffisent pas : c'est la génétique qui entre en scène. En effet, la sollicitation répétée d'un neurone entraîne l'activation de

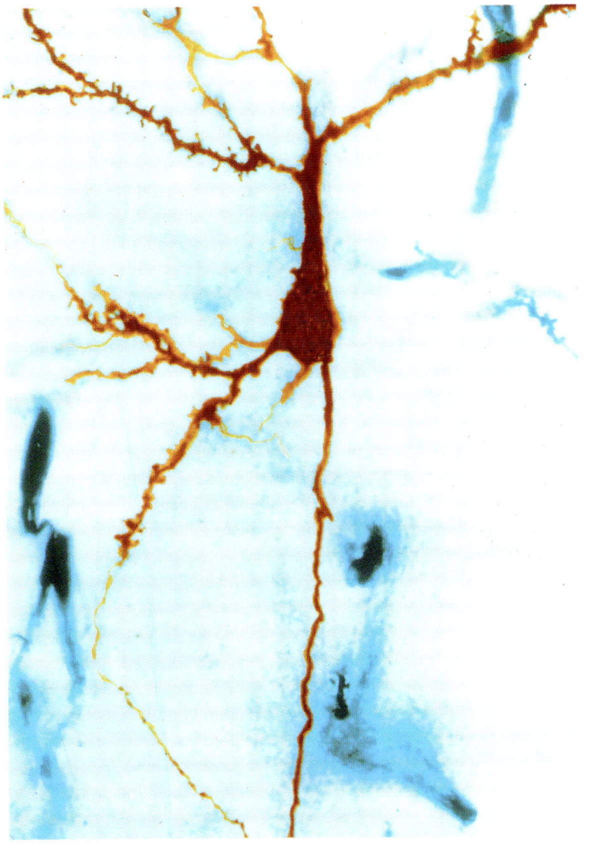

▲ Les mécanismes cellulaires de la mémoire à long terme. Sur cette photographie en microscopie, on observe une croissance des dendrites du neurone, consécutive à une stimulation répétée.

certains gènes spécifiques situés dans le noyau. Un véritable « usinage » va alors s'enclencher.

Dans un premier temps, ces gènes vont induire une production massive de protéines servant à la construction des récepteurs et de tous les éléments qui permettront de renforcer durablement la transmission du message nerveux.

Dans un second temps, toujours sous l'influence d'une stimulation répétée, les gènes vont produire de nouvelles protéines qui, cette fois, participeront à la croissance même du neurone. Ces protéines vont d'abord former de petites épines à l'extrémité des dendrites (voir photo ci-dessus). En s'allongeant, elles créent de nouvelles arborescences et de nouvelles connexions avec d'autres neurones, formant ainsi un nouveau réseau spécialement dévolu à une fonction ciblée, utile et durable, fonction qui, à l'origine, n'était que ponctuelle et transitoire. Ces modifications structurelles du neurone pourraient représenter les bases cellulaires de la mémoire à long terme.

Du chien de Pavlov
à la mémoire d'éléphante

Des abeilles aux oiseaux migrateurs, en passant par les éléphants, les exemples ne manquent pas pour évoquer la grande capacité de mémoire dont peuvent faire preuve les animaux.

Même aux organismes les plus primitifs comme les éponges, les biologistes reconnaissent aujourd'hui une mémoire, capable d'enregistrer des modifications dans l'environnement. À l'autre extrémité de l'échelle, les vertébrés supérieurs présentent une aptitude à utiliser leur mémoire, que l'on a parfois comparée à celle de l'homme. Quiconque côtoie un animal au quotidien, comme le propriétaire d'un chien ou d'un chat, en a d'ailleurs une démonstration permanente. Quant à l'exploration scientifique de la mémoire animale, elle a fait d'énormes progrès depuis une centaine d'années.

Des expériences étonnantes

Les célèbres expériences du physiologiste russe Ivan Pavlov (1849-1936), prix Nobel en 1904, ont montré qu'un chien pouvait être conditionné en associant un stimulus à une réponse : si une sonnerie accompagne l'arrivée du repas, il suffit, après quelque temps d'entraînement, de déclencher la sonnerie pour faire saliver le chien. De nos jours, de telles expériences semblent bien banales et inutiles.

Un perroquet qui ne fait pas que répéter

Le meilleur oiseau parleur à l'heure actuelle est un perroquet gris du Gabon du nom d'Alex. Bien sûr, il sait répéter les mots qu'il a appris. En outre, en une vingtaine d'années, il a non seulement mémorisé le nom d'une cinquantaine d'objets, mais aussi des catégories, comme les formes ou les couleurs, pour les décrire et pour les comparer. Si l'on présente à Alex deux triangles en bois, l'un vert et l'autre bleu, et qu'on lui demande ce qui est semblable, il répond « la forme », puis rajoute « le matériau ».

Une proie toute désignée pour les otaries

Pour démontrer que les otaries gardent en mémoire pendant longtemps l'image de leurs proies les plus rares, deux biologistes de l'université de Californie ont entraîné et testé une femelle otarie, surnommée Rio, pendant une dizaine d'années. Au cours de l'année 1991, Rio a ainsi appris à reconnaître un symbole, une lettre ou un chiffre, qui lui a été présenté sur une carte ; chaque réussite a été accompagnée d'un poisson en guise de récompense. L'entraînement s'est poursuivi avec d'autres symboles. Une décennie plus tard, au cours de nouveaux tests, on a remontré à Rio le symbole original qu'elle n'avait pas vu depuis. Pourtant, elle s'en souvenait et le distinguait d'autres symboles avec lesquels elle avait été familiarisée entre-temps. L'explication de cette étonnante faculté de mémoriser ? Selon les biologistes, les otaries rencontrent, au cours des saisons, une grande variété de proies qu'elles doivent toutes reconnaître…

La mémoire animale dans la nature

Les chercheurs qui se sont spécialisés dans l'éthologie, l'étude du comportement des animaux dans leur milieu naturel, n'ont pas limité leurs investigations à des animaux isolés. Ils se sont également interrogés sur les possibilités et sur les modalités de transmission d'un savoir acquis d'un animal à l'autre.

Un savoir-faire spécialisé chez les primates

D'esprit plutôt grégaire, les chimpanzés vivent en groupes qui peuvent atteindre une centaine d'individus. Ces « sociétés » ou « communautés » peuvent se spécialiser dans la fabrication de certains outils : des tiges sans feuilles d'un certain format, par exemple, avec lesquelles ces primates captent des termites, tandis que tel autre groupe se perfectionne dans la pêche aux fourmis. Casser des noix ou des fruits à coque épaisse à l'aide d'une pierre ou d'un morceau de bois est un autre savoir-faire que l'on peut observer au sein d'une communauté, alors qu'il est absent d'une autre. Dans

▲ La mémoire collective d'un groupe d'éléphants est portée et transmise par les vieilles femelles, qui éduquent leurs descendantes. Elles conservent des informations sur les itinéraires empruntés par le groupe lors de ses migrations, sur les endroits sûrs et sur les zones dangereuses.

les années 1970, les éthologues ont constaté qu'une nouvelle technique, consistant à laver des tubercules dans la mer afin d'enlever le sable et d'améliorer leur goût, s'était répandue comme une traînée de poudre parmi les membres d'une population de macaques du Japon. Enfin, des observations répétées ont fait état d'un usage de plantes à vertus médicinales : ainsi, une femelle chimpanzé souffrant de diarrhée a consommé de l'écorce d'*Albisia*, qui contient un antiparasitaire, pendant que le reste de sa communauté ignorait ce végétal amer et coriace. S'agit-il d'une « spécialisation médicale » ? En tout cas, le savoir est mémorisé et transmis au sein du groupe.

« De mère en fille » : éléphants et baleines

Chez les éléphants ou les baleines, la transmission du savoir mémorisé se fait « de mère en fille ». Les vieilles éléphantes d'une famille font ainsi connaître aux jeunes la géographie, c'est-à-dire les itinéraires de plusieurs milliers de kilomètres parcourus pendant leurs migrations, les endroits sûrs, les zones dangereuses... De même, une baleine âgée se souvient des bateaux « à risque » – les baleinières – et s'approche sans crainte d'autres navires, inoffensifs.

Les chercheurs estiment à une centaine d'années la période sur laquelle porte la « mémoire collective » d'une cellule familiale d'éléphants : de la naissance des femelles adultes jusqu'à la mort de leurs plus jeunes rejetons. Pour les éléphanteaux, une vieille éléphante est donc une véritable encyclopédie de survie dans leur environnement... à moins qu'un chasseur mette un terme précoce à cette source de transmission.

Dresser un chien... grâce au jeu

Les aptitudes du chien, notre compagnon depuis au moins 14 000 ans, ont été développées par la sélection humaine. Les dresseurs britanniques estiment que le dressage d'un chien de chasse peut se limiter à la connaissance d'un ordre, « down ! » (« couché ! »), par lequel le chien s'immobilise et se couche. L'école française encourage 5 ou 6 ordres (viens, au pied, etc.). Les chiens d'avalanches et de décombres, de recherche de drogues ou d'explosifs (ou de truffes !), d'assistance aux handicapés, de cirque... reçoivent un entraînement spécifique, qui met bien plus leur mémoire à contribution. Mais pour obtenir un résultat, le dresseur – chef de meute – doit motiver son chien en le rassurant et en lui donnant l'envie d'obéir, résultat souvent obtenu grâce au jeu. Se souvenir du sens d'un ordre ne suffit pas : la volonté de faire plaisir à son maître est indispensable.

L'imagerie cérébrale, voir et comprendre l'invisible

Les techniques d'imagerie médicale, sans cesse améliorées, lèvent le voile sur bien des mystères de notre cerveau. Un « voyage » qui aujourd'hui s'effectue, sans le moindre mal, au cœur de l'organe le plus complexe et le plus fascinant du corps humain.

Le cerveau est sans conteste le sujet de prédilection des médecins et des scientifiques utilisant l'imagerie médicale. On en a même fait une spécialité : la neuro-imagerie. Qu'elles soient fonctionnelles, morphologiques, à visée diagnostique ou encore pour la recherche fondamentale, les différentes techniques fournissent des clichés de plus en plus précis.

L'imagerie morphologique

Les techniques d'imagerie morphologique ont permis de mieux comprendre l'anatomie du cerveau. Mais, surtout, en autorisant son exploration sur une personne vivante, elles ont considérablement amélioré le diagnostic des maladies neurologiques en décelant, par exemple, une tumeur ou un accident vasculaire cérébral. Contrairement à l'imagerie fonctionnelle, l'imagerie morphologique fournit des images « statiques » au repos, c'est-à-dire non liées à une activité cérébrale particulière.

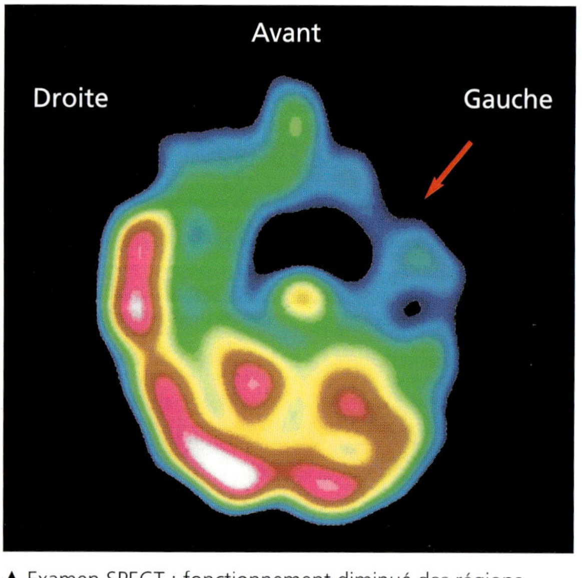

▲ Examen SPECT : fonctionnement diminué des régions temporales gauches dans le cas d'une démence sémantique.

Le scanner à rayons X (tomodensitométrie)

Le scanner à rayons X fournit des coupes horizontales très fines des organes examinés. Il permet de distinguer des éléments du corps jusqu'alors invisibles ou confondus avec d'autres sur les clichés radiographiques traditionnels. La technique du scanner repose sur l'émission de rayons X (à des doses non dangereuses) qui traversent la personne examinée et sont recueillis par des capteurs autours de la tête : la quantité de rayons X absorbée étant différente selon les tissus, un ordinateur transmet ces données sous forme d'images numériques. Le scanner cérébral met en évidence des malformations vasculaires (anévrysmes, angiomes), des lésions vasculaires (hémorragies, infarctus), des tumeurs, des abcès, les lésions d'un traumatisme crânien sévère, les atrophies liées à des pertes neuronales.

L'imagerie par résonance magnétique (IRM)

Les images obtenues en IRM sont plus précises que celles produites avec le scanner, surtout dans certaines zones comme la moelle épinière, ou dans le cas de certaines maladies vasculaires ou inflammatoires (sclérose en plaques). De plus, là où le scanner ne peut prendre que des clichés de coupes horizontales (perpendiculaires à l'axe principal du corps humain), l'imagerie par résonance magnétique donne également des images en coupes verticales et obliques.

Lors de l'examen IRM, le corps est soumis à un puissant champ magnétique qui oriente dans une même direction tous les protons des atomes d'eau présents dans les tissus du corps humain. Quand le champ magnétique est suspendu, les protons reviennent à leur position initiale en émettant à leur tour une onde électromagnétique caractéristique de la densité des tissus. Cette onde est analysée par un ordinateur qui reconstruit l'image des tissus observés.

L'imagerie fonctionnelle

Les récentes techniques de neuroimagerie fonctionnelle ont révolutionné notre compréhension de l'organisation anatomique et du fonctionnement « normal » du cerveau. Elles permettent soit d'apprécier son fonctionnement global chez les personnes atteintes de certaines maladies cérébrales, soit de visualiser les zones impliquées dans des fonctions cérébrales précises, en particulier chez des personnes en bonne santé. Dans ce dernier cas de figure, les images obtenues sont d'une qualité extraordinaire : des régions différentes « s'allument » selon que la personne examinée cherche des substantifs ou des verbes, lit un texte ou entend de la musique, recherche des souvenirs personnels ou des informations culturelles, dénomme des visages ou des outils... Largement employées pour la recherche fondamentale, ces techniques améliorent aussi le diagnostic de certaines maladies neurologiques.

La tomoscintigraphie (SPECT)

Le SPECT (acronyme de l'anglais *Single Photon Emission Computed Tomography*) détecte par une caméra spéciale les radiations émises par une substance radioactive inoffensive introduite auparavant dans l'organisme (scintigraphie). Les renseignements obtenus sont ensuite traités par ordinateur et donnent des images en coupe (tomographie) de l'organe exploré. La tomoscintigraphie permet de mettre en évidence des anomalies très localisées du fonctionnement cérébral au cours d'affections comme les démences ou les accidents vasculaires.

La tomographie par émission de positons (TEP)

La TEP (ou PET, acronyme de l'anglais *Positron Emission Tomography*) est utilisée dans trois centres de recherche en France (Orsay, Caen, Lyon) pour des études très fines de la physiologie de différents organes (cœur, reins, poumons, ...), mais surtout du cerveau. Cette technique a rendu possible de très grandes avancées dans la connaissance des neurotransmetteurs (voir p. 56) et des mécanismes d'activation du cerveau.

Hormis son importance dans de nombreux domaines de la recherche fondamentale, la tomographie par émission de positons est un puissant moyen d'investigation clinique pour l'épilepsie, la maladie de Parkinson et la maladie d'Alzheimer. La TEP repose

Si vous devez passer un examen...

Quel que soit l'examen, le patient est toujours allongé sur le dos sur une table d'examen, dans une pièce calme, les yeux fermés. Un masque ou un casque peut parfois faciliter l'isolement sensoriel. La table coulissante s'enfonce à l'intérieur d'un anneau cylindrique qui contient l'appareillage spécifique à chaque type d'imagerie. La personne devra impérativement conserver l'immobilité durant tout l'examen (20 à 30 minutes) pour ne pas fausser la qualité des images. Les examens de recherche peuvent être plus longs. Habituellement, seule la tête du sujet se trouve dans la machine mais pour certaines IRM, c'est la totalité du corps qui s'y trouve engagé, ce qui pose parfois des problèmes aux claustrophobes.

L'IRM est un examen bruyant. Son principe étant celui d'un électro-aimant, tous les objets métalliques sont laissés à l'extérieur de la pièce d'examen. L'IRM est en outre interdite chez les patients ayant un pacemaker, une angioplastie coronaire avec un stent ou un clip métallique intra-crânien car l'aimant pourrait les déplacer ou les endommager et mettre ainsi en péril leur santé.

Lors du scanner, il est parfois nécessaire d'injecter dans une veine une petite quantité d'un liquide à base d'iode. Ce liquide opacifie les vaisseaux cérébraux ce qui facilite la visualisation de certaines malformations vasculaires cérébrales telles qu'un anévrysme ou un angiome. Cette injection d'iode donne parfois une impression de chaleur dans la tête. Une injection d'un produit appelé gadolinium est parfois réalisée lors d'une IRM, là-aussi, le but est de mieux visualiser certaines lésions du cerveau.

Lors d'un examen SPECT, une injection d'une très petite quantité d'un produit radioactif à usage médical est effectuée dans une veine : ce produit bien sûr inoffensif se fixe pendant quelques instants dans le cerveau, ce qui permet ensuite de visualiser le fonctionnement des régions cérébrales.

En cas de grossesse, les injections de gadolinium, d'iode ou d'un produit radioactif sont à éviter, et scanner, SPECT et TEP sont à bannir lors du premier trimestre. Le rayonnement reçu n'excède toutefois pas celui d'une ou deux radiographies pulmonaires.

sur la détection des rayonnements associés aux positons, particules élémentaires aussi légères qu'un électron mais de charge électrique positive. Ces positons sont émis par un élément radioactif intégré à une molécule ayant des propriétés biochimiques spécifiques. Il est possible de visualiser la répartition de cette molécule dans l'organisme à l'aide d'une caméra à positons couplée à un ordinateur. On obtient ainsi des coupes tomographiques à partir desquelles l'ordinateur reconstruit une représentation du cerveau. La TEP est particulièrement adaptée à l'observation de phénomènes physiologiques tels que le débit ou le volume sanguins, la répartition de l'eau ou de l'oxygène dans les tissus, la synthèse de protéines...

L'IRM fonctionnelle (IRMf)

La technique de l'IRM est ici utilisée pour détecter en temps réel d'infimes variations de l'irrigation sanguine d'un organe. Ces mesures reflètent une modification de la consommation d'oxygène par les tissus en cas d'augmentation d'activité. L'imagerie par résonance magnétique fonctionnelle permet ainsi d'étudier, par comparaison avec une situation de repos, l'implication d'un organe dans une fonction donnée.

L'IRMf a pour principale application l'identification des zones du cerveau mises en cause dans différentes fonctions spécialisées telles que la vision, l'audition, la mémoire ou le langage. En faisant effectuer certaines tâches mentales bien précises par la personne examinée, on a pu ainsi observer les aires cérébrales en activité.

En complément d'un examen d'imagerie médicale classique, elle peut préparer une intervention chirurgicale sur une lésion cérébrale qui est trop proche d'une zone cruciale. Elle permet également de suivre le développement de circuits neuronaux « de suppléance », grâce auxquels le sujet peut recouvrer tout ou partie d'une fonction lésée (phénomène de plasticité cérébrale).

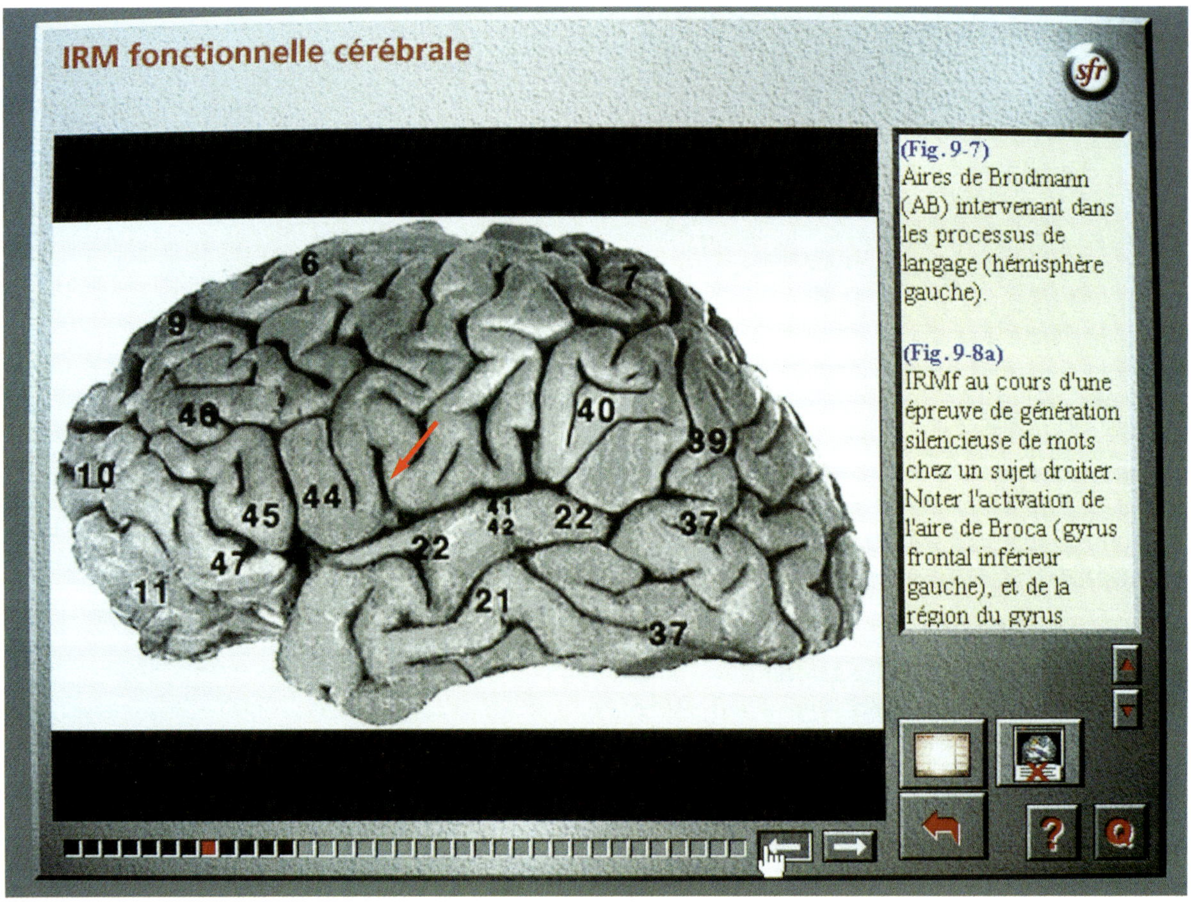

▲ L'imagerie par résonance magnétique fonctionnelle (IRMf) a révolutionné la compréhension du cerveau. L'image ci-dessus montre l'activation de certaines aires du langage (aire 44) lors de la génération silencieuse de mots.

MÉMO
Voyage au cœur des neurones

- Les nerfs informent le cerveau des signaux du monde extérieur et lui permettent de réagir en retour au moyen de mouvements. **Chaque lobe** du cerveau est spécialisé dans une ou **plusieurs fonctions sensorielles**.
- Selon le type d'information et le type de mémorisation, les circuits empruntés dans le cerveau par la mémoire ne sont pas les mêmes.
- L'apprentissage d'une information nouvelle est pris en charge par le **circuit de Papez** dont la porte d'entrée est **l'hippocampe**. La « coloration » affective attribuée à chaque souvenir est assurée par un autre circuit, dit **amygdalien**. La **restitution** des souvenirs passe par des circuits bien différents car chaque souvenir correspond à un réseau qui lui est spécifique.
- Les **neurones** sont des cellules nerveuses qui véhiculent des messages sous la forme de signaux électriques. La complexité des fonctions cognitives repose sur le nombre de jonctions entre les neurones : les **synapses**. À la naissance, un être humain possède environ 40 milliards de neurones et chaque neurone est relié à d'autres par quelque 1 000 à 100 000 synapses.
- Les synapses transmettent une information d'un neurone à l'autre par l'intermédiaire de molécules spécifiques, les **neurotransmetteurs**. Ces molécules qui permettent de moduler le message nerveux sont très étudiées pour leurs propriétés pharmacologiques.
- Les bases de la mémoire à court et à long terme peuvent s'observer à l'échelle du neurone. En effet, quand celui-ci subit des stimulations répétées, des phénomènes d'**habituation** et de **sensibilisation** apparaissent. Ces phénomènes sont liés à des modifications biochimiques appelées **« potentialisation à long terme »**.

- À long terme, l'activation de certains **gènes** induit la croissance des neurones et la formation de synapses qui participent à l'élaboration d'un nouveau réseau lié à une nouvelle fonction.
- Aujourd'hui, les techniques modernes de **neuroimagerie** ont fait considérablement progresser nos connaissances du fonctionnement du cerveau et de la mémoire. L'**imagerie fonctionnelle** permet en particulier d'identifier les zones du cerveau en relation avec les tâches effectuées. Ces techniques ont aussi amélioré le diagnostic des maladies neurologiques.

Mémoire et hygiène de vie

Une activité intellectuelle aussi complexe que la mémoire repose, nous l'avons vu, sur des supports biologiques. Or ces supports sont fragiles. Il faut les ménager et en prendre soin. Pour cela, une bonne hygiène de vie et quelques règles simples assureront le maintien d'une qualité optimale des fonctions cognitives.

La santé globale du corps, comme celle de l'esprit, est un facteur très important, mais les spécificités du cerveau appellent des attitudes bien particulières : le sommeil a ses vertus et l'alimentation peut être adaptée aux besoins de cette machine extraordinaire qu'est le système nerveux. Dans les pages qui suivent, point de recettes miracles mais un « guide d'entretien » pour la mémoire et des pièges à éviter pour la conserver.

DANS CE CHAPITRE...

Mémoire et santé, la recherche d'un équilibre

Dans les magazines, les journaux, à la télévision... la santé s'affiche partout et être bien dans son corps est une priorité pour nombre d'entre nous. Mais, si l'on connaît les règles qui permettent de bien « huiler la mécanique » de nos organes, qu'en est-il de nos fonctions intellectuelles, et en particulier de la mémoire ?

La santé est une notion relativement récente. Il y a peu de temps encore, on ne s'en souciait que lorsque le corps refusait les services qui lui étaient demandés, que lorsqu'une maladie installée entravait le cours normal de l'existence. Aujourd'hui, la santé est devenue pour chacun une préoccupation majeure. Notre société occidentale, consciente des risques liés à l'alimentation, au stress mais aussi à l'environnement, est passée de la lutte contre la maladie au souci permanent de sa prévention. Cette évolution des mentalités s'accompagne d'un changement des cadres de vie et d'une multiplication des sources d'information : chacun revendique désormais le droit de satisfaire sa curiosité en matière de santé.

Pas de recettes toutes faites

Mais qu'entend-on exactement par « être en bonne santé » ? L'OMS (Organisation mondiale de la santé) définit la santé comme « l'état de complet bien-être physique, mental et social ne consistant pas seulement en une absence de maladie ou d'infirmité ». Ce qui signifie qu'elle passe par la prise en compte de la personne dans son ensemble.

Et de cette approche globale, on retiendra qu'il est possible d'œuvrer pour la préserver en respectant un certain nombre de règles et de comportements dans la vie quotidienne.

Les bénéfices d'une bonne hygiène de vie, favorable au corps comme à l'esprit, ne peuvent s'inscrire que dans la durée et il n'est pas toujours facile de pratiquer, au jour le jour, les principes qui favorisent l'équilibre tant recherché. Il existe cependant, pour ce qui concerne la mémoire, sinon des conseils du moins des informations utiles, qui vous permettront, à partir d'une meilleure connaissance du fonctionnement du cerveau et de ses besoins, d'éviter quelques écueils. Mais sans pour autant prodiguer de solutions miracles ou de fausses promesses.

Des équilibres à privilégier...

Pour ménager sa mémoire, une bonne santé psychique est indispensable. Le stress, le surmenage, l'anxiété sont donc autant de pièges à éviter. De bonnes nuits d'un sommeil réparateur participeront en revanche à la qualité, à l'efficacité de votre mémorisation. Le sommeil et les rêves jouent en effet un rôle certain dans la consolidation des souvenirs.

Une alimentation saine et équilibrée est le garant du bon fonctionnement de nos organes. Et le cerveau n'y échappe pas car, pour assurer son métabolisme particulier, cette merveilleuse machine a besoin de substances spécifiques. Si certaines vous sont présentées dans les pages qui suivent, le propos n'est pas d'élaborer des recettes de cuisine afin d'accroître vos performances. Le but est de manger de manière raisonnée sans oublier de varier les plaisirs.

... et des écueils à éviter

Les ennemis de la mémoire (alcool, médicaments, drogues...) sont aujourd'hui bien identifiés car leur action délétère se mesure directement sur les fonctions mnésiques. Mais d'autres substances et certains facteurs physiologiques ont un rôle plus insidieux sur la mémoire. Par exemple, les accidents vasculaires cérébraux sont favorisés par l'hypertension artérielle, le diabète, le tabagisme... Ne pensons pas que nos fonctions intellectuelles soient à l'abri de ces risques qui touchent en priorité le système cardiovasculaire.

Les informations sur les troubles et maladies de la mémoire sont présentées pages 292 à 309.

La grande énigme du sommeil

Loin d'être une simple « pause » salutaire, le sommeil prendrait une part active dans les processus de mémorisation. Mais son rôle exact, et en particulier celui des rêves, reste encore mystérieux. Pour enfin saisir la clé des songes, les scientifiques mènent une enquête passionnante...

Bien dormir est capital pour entretenir une santé satisfaisante car le sommeil participe à la restauration des tissus cérébraux en permettant au cerveau de se déconnecter de l'environnement. Les besoins de sommeil sont très variables d'un individu à l'autre et sont en moyenne de 7 heures et demie chez l'adulte. Premier pas vers un sommeil réparateur, une hygiène de vie saine : il est préférable de se lever et de se coucher à heures fixes et de se lever tôt. Café, thé et tabac doivent être proscrit le soir. Certes... Mais le sommeil n'est pas une simple suspension bienfaisante de l'activité physique. Chez l'être humain, il joue un rôle actif et complexe, les rêves en étant la preuve évidente. Si l'on sait bien décrire les différentes phases dont se composent nos nuits (voir encadré p. 70), le « pourquoi » du sommeil reste encore mystérieux. Les chercheurs mènent une enquête longue et minutieuse pour traquer et définir son rôle exact dans les mécanismes de la mémoire.

Dès les années 1960, les premières hypothèses sur l'implication du sommeil paradoxal dans la fonction mnésique voient le jour : ce type de sommeil, qui est étroitement associé à la période des rêves, interviendrait dans les processus d'oubli et de désapprentissage. Or ces processus sont nécessaires au développement de nouveaux circuits de neurones dans notre cerveau, la mise en place de ces réseaux étant indispensable à la consolidation du souvenir.

Apprentissage et qualité du sommeil

C'est l'observation des comportements, aussi bien chez l'animal que chez l'homme, qui fournit un premier indice de l'importance du sommeil paradoxal. Des rats que l'on confronte à une nouvelle activité verront la qualité de leur sommeil changer. En effet, la durée du sommeil paradoxal augmente après un apprentissage, le plus souvent avec un certain délai, jusqu'à 36 heures voire plus. Enfin, au cours d'autres expériences, c'est la durée du sommeil lent qui augmente.

Chez l'homme, les choses sont encore plus complexes car la durée du sommeil paradoxal n'augmente pas toujours après un nouvel apprentissage. Par exemple, des personnes peuvent apprendre en quelques jours à ajuster leur vision si on leur fait porter des prismes déformants. La durée de leur sommeil paradoxal n'augmente pas pour autant. Les chercheurs ont également examiné de près le sommeil d'étudiants au terme d'une période intense d'examens. Les résultats sont très variables : la durée du sommeil paradoxal peut augmenter mais parfois, elle ne varie

▲ Le sommeil, une simple pause ? Derrière ce calme apparent, des processus complexes tels que les rêves participeraient à la consolidation de nos souvenirs.

Le cerveau dans tous ses états

On distingue quatre états de veille et de sommeil, caractérisés notamment par différentes activités électriques du cerveau (activité électroencéphalographique - EEG).

*• **La veille calme** (lorsqu'on est éveillé, mais que les yeux sont clos) est caractérisée par une activité EEG entre 8 et 12 Hz, une absence de mouvements oculaires et un tonus musculaire présent.*

*• **La veille active** (les yeux ouverts) se distingue par une activité EEG rapide et de bas voltage, des mouvements des globes oculaires et un tonus musculaire également présent.*

*• **Le sommeil lent** se reconnaît à un ralentissement progressif de l'activité EEG, du stade 1, proche de la veille, au stade 4, sommeil le plus profond. Mais aussi à une absence de mouvements oculaires et à un tonus musculaire toujours présent mais moins ample dans les stades les plus profonds.*

*• **Le sommeil paradoxal** est remarquable par une activité EEG proche de celle du sommeil lent léger, des mouvements oculaires rapides et un tonus musculaire aboli, à l'exception de brèves décharges musculaires des muscles du visage et des extrémités. C'est au cours de cette période du sommeil que se manifestent le plus typiquement les rêves.*

pas. Dans d'autres cas, ce sont seulement les mouvements oculaires qui s'avèrent plus nombreux au cours de cette période de sommeil.

Visiblement, l'apprentissage, une des étapes clés de la mémorisation, aurait une influence sur la qualité du sommeil, et en particulier sur le sommeil paradoxal. Mais que se passe-t-il si ce sommeil disparaît ? Cette privation aura-t-elle des conséquences sur la qualité de la mémoire ?

De l'effet du sommeil paradoxal sur la mémoire implicite

On peut priver un être humain de sommeil paradoxal en le réveillant au moment opportun ou au moyen de certains antidépresseurs afin d'éliminer le facteur stress. Des sujets ont été traités ainsi pendant des mois, voire des années... sans aucun effet négatif sur la mémoire. Cependant, les expériences de privation de sommeil paradoxal chez l'animal ont montré une diminution des performances mnésiques.

Des résultats tantôt positifs et tantôt négatifs ont donc été trouvés, ce qui complique encore l'énigme. Pourtant, le rappel de certaines tâches, surtout celles correspondant à la mémoire explicite (voir p. 90), se trouve amélioré après la première partie du sommeil, où le sommeil lent est prédominant, tandis que le rappel d'informations liées à la mémoire implicite bénéficierait surtout du sommeil de la deuxième partie de la nuit, dans laquelle le sommeil paradoxal est en plus grande proportion. Il se pourrait donc que le sommeil paradoxal ait un impact sur la mémoire implicite mais pas sur la mémoire explicite.

La piste cellulaire

L'observation des comportements liés à la mémoire et au sommeil apporte donc une première réponse mais soulève aussi beaucoup de questions. Les recherches doivent donc se poursuivre jusqu'au cœur des neurones. L'activité de ces cellules, support de la mémoire et de toutes nos fonctions cognitives, est mesurable car les messages qu'elles véhiculent sont de nature électrique. Les neurones de l'hippocampe, une structure du cerveau directement liée à la mémoire (voir p. 52), sont tout particulièrement étudiés.

Les mesures sont d'abord effectuées chez l'animal éveillé : selon sa situation dans un environnement donné, l'activité électrique des neurones correspond à un rythme et un ordre particulier. Or au cours du sommeil qui suit l'expérience, les mêmes neurones sont réactivés avec la même fréquence et dans le même ordre. Ainsi, les séquences d'activation neuronale réalisées durant la journée sont « rejouées », réexprimées au cours de la nuit. Ces observations surviennent surtout au cours du sommeil lent mais aussi pendant le sommeil paradoxal, et sont liées au phénomène de potentialisation à long terme (voir p. 58).

Aujourd'hui, les scientifiques soupçonnent que des réseaux entiers de neurones pourraient être mis à contribution dans la consolidation du souvenir au cours du sommeil, en raison d'un transfert d'information en deux temps : du cortex vers l'hippocampe au cours de la veille et du sommeil paradoxal, et de l'hippocampe au cortex au cours du sommeil lent.

Les pistes de recherches sont nombreuses, mais elles convergent toutes vers une implication, différente et complémentaire, des deux types de sommeil, lent et paradoxal. L'énigme n'est donc pas complètement résolue, mais la nuit porte conseil...

Des aliments pour le cerveau

Pour bien fonctionner, notre cerveau a besoin d'éléments spécifiques qu'il puise en partie dans l'alimentation. Point de recettes miracles pour bien mémoriser, mais des règles simples peuvent optimiser les rouages de cette merveilleuse machinerie.

Cela se saurait s'il existait des aliments, ou même des compléments alimentaires, bons pour la mémoire et réellement efficaces, sans qu'il soit fait appel à la « méthode Coué » ou à l'effet placebo. En revanche, quelques règles simples permettent d'optimiser le fonctionnement cérébral, et donc la mémorisation, comme la restitution de ce qui a été enregistré.

Pour cela, le « cerveau-machine » doit être approvisionné en énergie – ne serait-ce que pour maintenir un niveau d'éveil, de vigilance et d'alerte compatible avec la mémorisation – et entretenu, notamment au niveau de ses membranes biologiques, cellulaires et subcellulaires. Ces dernières délimitent, au sein des cellules, des régions dédiées à des activités particulières : les noyaux pour le matériel génétique, les mitochondries pour assurer la production d'énergie, les terminaisons nerveuses pour transmettre des informations. Les spécificités du métabolisme cérébral nécessitent certaines substances en absolue priorité et en très grandes quantités. Il s'agit, entre autres, de sucres lents, de certaines vitamines, de quelques minéraux, et de graisses indispensables, les acides gras oméga-3.

Des sucres lents pour fournir de l'énergie

Toute perturbation de la production d'énergie cérébrale induit des altérations de la mémoire, au minimum à travers une réduction de la vigilance. Car le cerveau exige de l'énergie, en permanence et sans à-coups, jour et nuit : du carburant (100 milligrammes par minute de glucose, qui est un sucre particulier) et du comburant (l'oxygène). Au repos, il utilise à lui seul 20 % de l'énergie alimentaire consommée et 20 % de l'oxygène respiré. Chez les enfants, ce chiffre est encore plus élevé, et il atteint même 60 % chez les nourrissons ! Or, le cerveau d'une personne adulte ne représente que 2 % du poids du corps. Il consomme donc proportionnellement dix fois plus d'énergie que les autres organes. Par conséquent, son équilibre et son efficacité dépendent de la qualité (et de la quantité) de l'énergie alimentaire absorbée

Dès le petit déjeuner...

Trois minutes sans oxygène ou glucose tuent irrémédiablement les neurones ; une réduction de ces substances les empêche de fonctionner au mieux. La redoutable hypoglycémie ne se prévient qu'avec des « sucres lents », c'est-à-dire ceux dont la distribution dans l'organisme est lente, mais régulière et efficace : céréales (dont surtout le pain), pâtes, riz, légumineuses, pomme de terre, etc.

En pratique, si l'on se passe – en suivant certaines recommandations – des morceaux de sucre et des confitures au petit déjeuner, le rôle exclusif de 40 % du pain sera de faire fonctionner le seul cerveau ! Sur une journée entière, le cerveau requiert à lui seul pas moins de trois quarts d'une baguette entière, si c'est sa seule source de glucides. Les glucides à distribution lente, et en particulier ceux du pain, sont donc obligatoires à tous les repas !

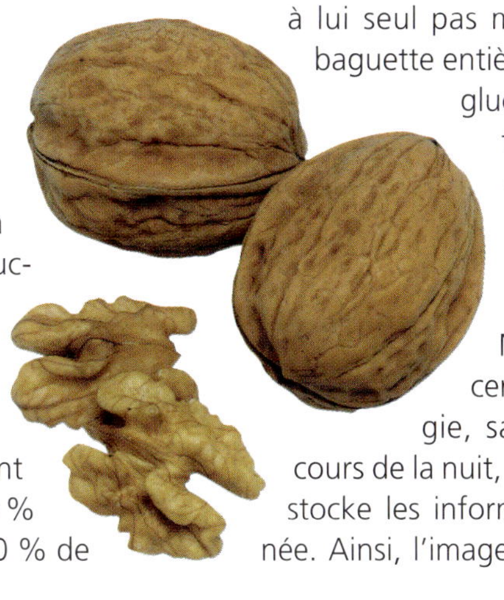

... et même avant de se coucher

Même pendant le sommeil, le cerveau exige beaucoup d'énergie, sans aucune défaillance. Au cours de la nuit, le cerveau organise, classe et stocke les informations reçues dans la journée. Ainsi, l'imagerie médicale montre que les régions cérébrales qui sont sollicitées par un apprentissage durant la journée le sont à nouveau pendant la nuit.

En utilisant une métaphore inspirée du monde de l'informatique, on peut décrire ce processus comme un classement du « fichier mémoire » ou le comparer à la « défragmentation » d'un disque dur, processus mis en œuvre par un petit programme qui regroupe en plages continues les données d'un même type, données qui ont pu être « écrites » sur le disque dur en ordre dispersé, selon les aléas de leur utilisation. Par conséquent, un mauvais sommeil dilapide l'effort intellectuel de la journée, et un sommeil léger le rend médiocre. En revanche, si le sommeil est bon, la restitution de ce qui a été appris sera excellente le lendemain.

Pendant le rêve, certaines régions cérébrales augmentent leur consommation de glucose de 20 %, et plus encore lors d'un cauchemar. Cela signifie que le repas du soir ne doit pas être trop léger et qu'il doit contenir des sucres lents. Si le dîner est loin du coucher, une poignée de pruneaux, par exemple, sera profitable pour assurer pendant la nuit une constance de la teneur en glucose dans le sang, c'est-à-dire une bonne glycémie.

Indispensables, les acides gras essentiels

Le bon fonctionnement des neurones, des autres cellules du cerveau (qui sont beaucoup plus nombreuses), et de la communication entre elles nécessite des structures performantes et adaptées. Pour cela, non seulement il existe de bonnes graisses, mais, sans elles, la vie est impossible !

Le cerveau : des graisses d'origine alimentaire !

On les a longtemps appelées vitamine F ; on sait aujourd'hui qu'il s'agit d'acides gras poly-insaturés indispensables, dénommés acide linoléique (oméga-6) et acide alpha-linolénique (ALA, oméga-3). Car les membranes cellulaires, y compris celles des neurones, sont structurées autour de graisses (ou lipides).

Ces édifices d'une complexité formidable constituent les centres vitaux des communications biologiques : ils déterminent leur identité et assurent la transmission de l'information électrique et chimique entre cellules. Il est donc logique que le cerveau, phénoménal assemblage de membranes, soit l'organe le plus riche en graisses… juste après le tissu adipeux.

Pourtant, dans le cerveau, ces graisses n'ont aucune destinée énergétique, ni aucun rôle de réserve : elles participent au contraire directement à la complexe architecture des structures. Toute forme de vie est constituée de cellules, elles-mêmes définies et séparées les unes des autres par des membranes biologiques, qui sont des films d'huile dans un milieu liquide, sous forme d'une double couche de lipides (bicouche lipidique).

Une carence aux effets insidieux

Des expériences menées chez les animaux, puis chez les nourrissons humains l'ont montré : la carence de l'un des acides gras indispensables de la famille oméga-3, l'acide alpha-linolénique (ALA), altère la structure et la fonction des membranes et génère de légers dysfonctionnements cérébraux. Elle rend les organes sensoriels moins efficaces et affecte certaines structures cérébrales, entraînant une subtile diminution du plaisir perçu. Lorsque la vision et l'ouïe baissent avec l'âge, ce phénomène est autant dû à une performance moindre des parties du cerveau qui traitent les informations sensorielles qu'à la détérioration de l'oreille interne ou de la rétine !

Une consommation insuffisante

En France, la consommation de l'acide alpha-linolénique (ALA) n'atteindrait que la moitié de la quantité recommandée, selon l'Agence française de santé et de sécurité alimentaire (AFSSA). Ce constat s'appuie notamment sur les résultats obtenus auprès de plus de 13 000 volontaires, suivis pendant 8 ans par l'Institut

scientifique et technique de la nutrition et de l'alimentation (ISTNA), lors de l'étude SU.VI.MAX (créée pour évaluer le bénéfice des vitamines et minéraux anti-oxydants : SUpplémentation en VItamines et Minéraux Anti-oXydants). La part des huiles végétales consommées reste étonnamment modeste : elles ne fournissent que 9 % de l'ALA.

Or, de façon schématique, l'on peut dire que les seuls aliments susceptibles d'apporter suffisamment de décigrammes d'ALA en France sont les huiles de colza et de noix, les noix mêmes et une variété d'œufs bien définie, les œufs oméga-3 (commercialisés sous ce nom générique ; à l'exclusion de toute autre qualité d'œuf, y compris label ou bio).

En ce qui concerne les très longues chaînes carbonées oméga-3 – EPA, avec ses 20 atomes de carbone, acronyme de eicosapentaénoique acide ; et DHA, docosahéxaénoique acide, comptant 22 atomes de carbone, dont le nom commun est acide cervonique, car découvert dans le cerveau –, aucune estimation de leur consommation en France n'a encore été publiée. En revanche, on sait que les poissons gras sauvages (saumon, thon, hareng, sardine, maquereau, truite, rouget, etc.) en sont en général très riches, comme ceux d'élevage, à la condition expresse que leur nourriture ait été satisfaisante.

En effet, la valeur nutritionnelle des poissons varie grandement selon les graisses qui leurs sont fournies en élevage. Dans certains cas, ils peuvent contenir jusqu'à 40 fois moins d'oméga-3 que leurs homologues sauvages. Avec, à leur place, des graisses non recommandables.

Manger plus ou manger mieux ?

La présence d'oméga-3 s'avère donc absolument cruciale dans la formulation des aliments destinés aux animaux élevés pour la consommation humaine, qui sont par là-même susceptibles d'influencer la santé. Ce privilège leur confère un réel intérêt de santé publique.

En d'autres termes, pour les viandes et les produits laitiers, il est conseillé de manger mieux (en sélectionnant, par exemple, les produits issus d'élevages utilisant des graines de lin), et non pas d'en manger plus, car elles apportent dans le même temps d'autres classes de graisses, notamment les graisses saturées.

Faire « phosphorer » le cerveau

Le cerveau « phosphore », grâce aux oméga-3, constituants de graisses dénommées phospholipides ! L'origine historique de cette expression populaire est quelque peu macabre. En effet, les premiers chimistes qui analysèrent le cerveau humain (notamment sur des cadavres déterrés du cimetière des Innocents, à Paris, lors de leur transfert dans les catacombes) ont observé qu'il contenait beaucoup de phosphore. De cette relation un peu simpliste entre la cause et l'effet, ils conclurent que le cerveau pense, travaille et mémorise grâce au phosphore, entre autres. Depuis lors, les aliments riches en phosphore sont évidemment préconisés pour dynamiser le cerveau, soutenir les neurones, renforcer la mémoire. Or, on sait aujourd'hui que ce phosphore n'est pas présent de façon isolée dans le cerveau ; il est en général inclus dans de très précieuses graisses aux formules chimiques complexes, dénommées phospholipides. Ce sont elles qui contiennent les oméga-3. Elles participent directement aux structures et donc aux fonctions de toutes les membranes biologiques, et de celles des neurones en premier lieu.

En revanche, il convient d'absorber beaucoup plus d'huile de colza (en substitution partielle des autres huiles) et plus de poissons gras sauvages (ou correctement nourris en élevage). La majorité des vinaigrettes doit être confectionnée avec de l'huile de colza (ou de noix, plus onéreuse), en bouteille étanche pour protéger les oméga-3 de la lumière qui les détruit, avec l'aide de l'oxygène.

Manger du poisson gras au moins deux fois par semaine est de prescription quasi médicale.

Un besoin en protéines de qualité

Le cerveau est le fruit d'une extraordinaire construction de cellules. Pour travailler, cette machinerie cellulaire exige le concours d'enzymes et de protéines qui remplissent des missions particulières. Les agents de transmission entre nos neurones sont ainsi des substances constituées – principalement, pour certaines – d'acides aminés indispensables. Ces acides aminés sont puisés dans les protéines alimentaires, de bonne qualité nutritionnelle quand elles sont d'origine animale : on les trouve dans les viandes et les poissons, mais surtout dans l'œuf et les produits laitiers.

Des vitamines pour les neurones

À leur tour, pour agir, enzymes et protéines ont absolument besoin de vitamines et de minéraux. Passons en revue les principales vitamines et leurs qualités particulières pour le cerveau.

De toutes les vitamines, la vitamine B1 est l'une des plus capitale pour le cerveau, en ce qu'elle lui permet l'utilisation du glucose, conditionnant donc sa source d'énergie. Cette vitamine, dont lentilles, jambon et foie sont riches, est sensible à l'action de la chaleur, en milieu humide, à la lumière et au pH ; les pertes à la cuisson varient selon les aliments et le mode de préparation.

Quant à la maladie provoquée par la carence en vitamine B3, elle fut dénommée autrefois « mal de la teste », ce qui témoigne de son effet psychiatrique. De manière accessoire, elle porte aussi le nom du village où vivaient les malades qui ont suscité la première description de la maladie. D'appréciables quantités de vitamine B3 sont présentes dans le foie, les rognons, la dinde et le saumon. Cette vitamine, appelée aussi vitamine PP, est stable à la chaleur, à la lumière et résistante à l'oxydation.

Mais, entre la déprime, conséquence du défaut de vitamine B1, et l'excitation provoquée par le déficit en B3, le juste équilibre ne peut être trouvé qu'avec la vitamine B2, qui assure l'utilisation harmonieuse des deux autres : le lait, les œufs, les abats en apportent, mais elle peut disparaître en partie lors de la cuisson des aliments.

La restriction en vitamine B12, elle, provoque des symptômes nerveux et psychiatriques. On trouve cette vitamine dans les huîtres, le foie et les rognons, le hareng et le jaune d'œuf.

Chez les personnes âgées, la carence en vitamine B9 (l'acide folique) réduit l'activité intellectuelle et les performances cognitives, en premier lieu la mémoire. Pour l'éviter, le cresson, les épinards, les lentilles, les brocolis sont précieux ; les œufs le sont aussi.

La vitamine C est présente en très grande quantité dans les terminaisons nerveuses. Elle participe donc à une bonne neurotransmission, et, comme chacun le sait bien, donne un coup de fouet, ce qui ne peut qu'être favorable à la mémorisation.

La vitamine E, aidée par le sélénium, protège contre le vieillissement, notamment cérébral. On la rencontre principalement dans les huiles végétales, telle celle de colza, et dans une huile résultant de la combinaison de quatre fruits et graines : tournesol, Oléisol (une variété de tournesol à haute teneur en acide oléique et en vitamine E), colza et pépins de raisins.

Oxygéner grâce au fer

La mémoire ne peut s'exercer que sur un cerveau attentif, c'est-à-dire bien oxygéné. Or, pour parvenir au cerveau, l'oxygène doit être transporté par les globules rouges qui, afin d'assurer cette fonction, doivent impérativement contenir du fer en quantité suffisante, fer qui ne peut provenir que des aliments.

Seul le fer du boudin noir et des viandes et charcuteries, auquel on peut ajouter celui de certains poissons, est bien absorbé lors de la digestion, tandis que celui des végétaux – les épinards de Popeye – s'avère presque inefficace, car peu « bio-disponible ». Nombre de fatigues ne sont que l'expression d'une carence en fer ; en France, cela concerne directement une femme sur quatre, car, du fait des pertes menstruelles, les femmes dilapident leur stock en fer en proportion du sang perdu.

Le zinc participe aux mécanismes de la perception du goût et à l'olfaction. La restriction en iode rend « crétin », terme médical utilisé pour décrire les effets d'un déficit qui ralentit les fonctions intellectuelles, dont la mémoire. Les fruits de mer en sont très riches, tout comme les huîtres et moules, ainsi que certains poissons. Le rationnement en magnésium porte, lui, sur les nerfs.

Les ennemis de la mémoire

Certains médicaments et nombre de drogues, dont en premier lieu l'alcool, peuvent perturber le bon fonctionnement de la mémoire. Des pièges à éviter et des substances à consommer avec une très grande modération...

Sur le plan pharmacologique, on en sait beaucoup plus sur les ennemis de la mémoire que sur les molécules qui conditionnent son fonctionnement normal. Parmi ces ennemis, on compte, d'une part, certains médicaments (classes pharmacologiques des benzodiazépines et des anticholinergiques), et, d'autre part, certaines drogues, dont l'alcool et la marijuana ont été les mieux étudiés. La nocivité de ces substances pour la mémoire a été démontrée par des expériences et par l'observation clinique.

Les benzodiazépines

Cette classe pharmacologique comprend presque tous les tranquillisants et la majorité des somnifères. L'effet des benzodiazépines a d'abord été observé par les anesthésistes. Au cours des années 1960, ils cherchaient un médicament bien toléré susceptible à la fois d'être tranquillisant et de faire oublier au patient sur le point d'être opéré les moments préparatoires de l'intervention chirurgicale. L'amnésie temporaire était donc un effet recherché et obtenu grâce à l'administration du médicament par voie intraveineuse.

Un « trou » de mémoire de quelques heures après une prise isolée

Par la suite, un effet comparable, mais cette fois-ci indésirable, a été décrit chez des personnes non anxieuses (et qui ne sont pas des consommateurs habituels de benzodiazépines) après une prise par voie orale, par exemple un comprimé avalé dans le cadre d'un vol transatlantique afin de pouvoir dormir. Si cette personne est réveillée alors qu'elle est sous l'emprise d'une benzodiazépine (ce qui est souvent le cas compte tenu de la brièveté des vols par rapport à la durée d'action du médicament), son comportement est tout à fait normal et adapté, mais elle ne mémorise pas les événements en train de se produire. C'est surtout le lendemain qu'elle – et son entourage – seront frappés de constater qu'elle aura oublié tous ces événements, même les plus marquants (par exemple, une sortie en gare de transit, un repas, etc.).

Les benzodiazépines engendrent en effet une « amnésie antérograde » de quelques heures, dont la durée varie selon la molécule utilisée. La mémoire ancienne est parfaitement accessible, et le raisonnement et les capacités de concentration sont préservés, ce qui explique le comportement normal. Mais les épisodes vécus sous l'emprise du médicament sont oubliés, sans que la personne en ait conscience. Le lendemain, il ne reste qu'une amnésie lacunaire (un « trou » de plusieurs heures), alors que la mémoire des faits récents a recouvré son fonctionnement normal.

Un effet bénéfique chez les personnes anxieuses

Cependant, il faut savoir que cet effet néfaste (et confirmé par des expériences) reste assez rare dans la vie quotidienne. Il s'atténue fortement avec une prise répétée du médicament : l'organisme s'y habitue. Par ailleurs, les benzodiazépines sont presque toujours prescrites à des personnes anxieuses. Dans ce cas, l'anxiété est elle-même une source de troubles de la mémoire (voir p. 304) : en la levant, ce tranquillisant s'avère alors bénéfique pour la mémoire. Si une personne anxieuse ou déprimée, qui suit un traitement de longue durée avec des benzodiazépines, se plaint de sa mémoire, il est toujours hasardeux de vouloir imputer d'éventuels troubles mnésiques observés aux médicaments.

Les anticholinergiques

Comme le suggère leur nom, les médicaments de cette classe contiennent des molécules qui s'opposent au fonctionnement de l'acétylcholine, un neurotransmetteur (voir p. 57) qui joue, entre autres, un rôle primordial dans les processus de mémorisation. Parmi ces médicaments, on distingue deux groupes : ceux qui sont purement anticholinergiques (prescrits contre les troubles urinaires, le tremblement de la maladie de Parkinson ou en traitement adjuvant – complémentaire – des neuroleptiques) et ceux qui ont une action anticholinergique accessoire (un grand nombre d'antidépresseurs de la première génération).

L'effet des anticholinergiques a été bien mis en évidence de façon expérimentale chez des volontaires en bonne santé. Les molécules qu'ils contiennent engendrent une amnésie antérograde de plusieurs heures, assez proche de celle décrite pour les benzodiazépines, avec une relative préservation de l'accès aux souvenirs anciens, ainsi que des capacités d'attention-concentration et de raisonnement. Dans la pratique médicale, cet effet a surtout été décrit de façon spectaculaire chez des patients fragilisés, présentant un début insidieux d'une maladie d'Alzheimer ou d'une maladie à corps de Lewy. Ces deux affections se caractérisent par une diminution de la concentration d'acétylcholine du cerveau, qui s'accompagne de troubles de la mémoire. Lorsque la maladie est encore à un stade précoce, peu évident pour l'entourage, l'administration de médicaments anticholinergiques peut précipiter les troubles, voire rendre le malade confus. C'est la raison pour laquelle tous les médicaments ayant des effets anticholinergiques sont désormais utilisés avec parcimonie et prudence chez les personnes âgées.

L'alcool

L'effet de l'alcool relève de deux principaux mécanismes. D'une part, il agit sur le fonctionnement des mêmes neurones que ceux ciblés par les benzodiazépines. Il n'est donc pas surprenant qu'alcool et benzodiazépines aient en commun beaucoup d'effets cliniques : effets tranquillisant et décontracturant musculaire, mais aussi effet sédatif, incoordination motrice et effet amnésiant. Une forte dose d'alcool en prise unique peut tout à fait produire une amnésie antérograde massive de plusieurs heures, qui laissera le lendemain une amnésie lacunaire, ou « trou noir » : la personne affectée ne sait absolument plus ce qui s'est passé pendant son intoxication. Cet effet s'amplifie lorsque s'ajoute celui des benzodiazépines ; leurs effets se renforcent en effet mutuellement.

Par ailleurs, l'alcoolisme chronique est source de dénutrition et entraîne en particulier une carence de certaines vitamines, à la fois par défaut d'apport et par une mauvaise utilisation des vitamines par l'organisme. C'est le cas de la vitamine B1 (ou thiamine), contenue essentiellement dans les céréales, les abats et la levure de bière, qui intervient dans le métabolisme des sucres. Sa carence retentit sur le fonctionnement des cellules nerveuses (qui utilisent largement un sucre, le glucose) et de celles du cœur. Lorsque la carence en vitamine B1 est majeure, on assiste à une nécrose hémorragique des corps mamillaires, qui jouent un rôle fondamental de relais pour les circuits de la mémoire. Elle conduit au syndrome de Korsakoff (voir p. 292), qui consiste en une amnésie antérograde massive, une amnésie rétrograde variable, des fausses reconnaissances, des confabulations et une totale inconscience des troubles. Ces dysfonctionnements sont en règle générale définitifs : il est donc crucial de les prévenir chez le patient alcoolique par une supplémentation vitaminique systématique, et en évitant de forts apports en glucose, qui augmentent les besoins en vitamine B1.

Le cannabis

De nombreuses études sur les effets de la marijuana et de son principe actif, le delta(9)-tétrahydrocannabinol (THC), sur la mémoire ont abouti à des résultats qui font désormais l'objet d'un consensus parmi les chercheurs. Que l'on considère le cannabis fumé ou l'administration du THC par voie orale, les effets sont en effet comparables et d'autant plus importants que la dose absorbée est forte. Chez l'animal, que ce soit chez le rat, la souris ou le singe, les performances sont altérées par le THC dans tous les tests de mémoire, majoritairement ceux de mémoire spatiale.

Chez un consommateur occasionnel, les effets subjectifs du cannabis et la perturbation de la mémorisation qu'elle provoque sont très proches de ceux obtenus avec l'alcool ; les performances lors de tâches qui sollicitent la mémoire explicite (apprendre une liste de mots par exemple) se dégradent à mesure que la dose absorbée augmente. De surcroît, la capacité de se concentrer se trouve réduite : les personnes sous l'influence de cette drogue ont tendance à répondre plus vite aux stimulations, mais de façon inadaptée, et ils mettent plus de temps à effectuer une opération mentale complexe. Chez les consommateurs habituels, cet effet délétère reste flagrant et ne touche pas que la mémoire mais aussi la vivacité intellectuelle. L'action pernicieuse du cannabis sur la mémoire s'expliquerait par la richesse des récepteurs aux cannabinoïdes dans l'hippocampe et l'amygdale, dont le rôle dans la mémoire est bien connu.

MÉMO
Mémoire et hygiène de vie

- Le cerveau est un **organe fragile** sur lequel il faut veiller. Un état de santé général satisfaisant assurera le maintien de ses capacités.
- Le **sommeil** intervient dans les processus de mémorisation. Les deux types de sommeil, le **sommeil lent** et le **sommeil paradoxal** (lié à la période des rêves) seraient impliqués de manières différentes et complémentaires. Les besoins de sommeil sont en moyenne de 7 heures et demi chez l'adulte. Il est préférable de se coucher et de se lever à heures fixes et de se lever tôt.
- Le cerveau a besoin d'éléments spécifiques qu'il puise dans **l'alimentation**. Les sucres lents (pâtes, pain, riz) lui fournissent, en premier lieu, de l'énergie.
- La structure cellulaire des neurones se construit principalement autour des graisses. Or, certains **acides gras essentiels**, tels que les oméga-3, semblent jouer un rôle majeur car leur carence provoque des dysfonctionnements cérébraux. On les trouve notamment dans les **poissons gras**.
- Les neurotransmetteurs, les diverses enzymes et autres protéines concourent à la bonne transmission du message nerveux. Ils sont constitués d'**acides aminés** indispensables que l'on pourra puiser dans les **protéines alimentaires** d'origine animale. Pour fonctionner, ces protéines neuronales ont besoin de **vitamines** (B1, B2, B3, B12, C et E).
- Le cerveau doit être bien **oxygéné**. C'est le **fer** des globules rouges du sang qui assure cette fonction. Le fer ne peut provenir que de l'alimentation, et seul celui des **viandes** et de la charcuterie (boudin noir) est bien absorbé lors de la digestion.

- Les tranquillisants et les somnifères à base de **benzodiazépines** réduisent la concentration. Associés à l'alcool, ils peuvent avoir des effets indésirables, dont une « amnésie antérograde ». Les **anticholinergiques** prescrits contre les troubles urinaires, le tremblement de la maladie de Parkinson, etc., ont des effets similaires.
- L'**alcool à forte dose** peut aussi provoquer une **amnésie antérograde massive** (le « trou noir »). Les carences en vitamine B1 en cas d'alcoolisme chronique conduisent à une amnésie sévère, le syndrome de Korsakoff. La consommation de **cannabis** a, quant à elle, des effets néfastes sur la **mémoire spatiale**, la **mémoire explicite** et sur la **concentration**.

Explorer
votre mémoire

Les différentes formes de mémoire

Que l'on cherche à retrouver le nom d'un ami d'enfance, la capitale d'un pays, un numéro de téléphone que l'on vient d'entendre ou encore la façon de s'y prendre pour faire du vélo quand on n'a pas enfourché une bicyclette depuis longtemps, c'est toujours à la mémoire qu'on fait appel. Mais s'agit-il vraiment de la même mémoire dans tous les cas ? À l'évidence, non !

La mémoire ne fonctionne pas de manière unique. Elle procède de façons singulières selon le type d'information à retenir ou à restituer. On envisage donc différentes formes de mémoire. Cependant, chacune de ces mémoires ne « travaille » pas de manière isolée et les liens qui les unissent confèrent une grande cohérence à nos activités cérébrales.

Pour bien comprendre le fonctionnement de sa mémoire, il est donc indispensable d'en connaître toutes les facettes.

DANS CE CHAPITRE...

« Parfois je trouve la réponse à une question en deux secondes. En revanche, quand je me mets à chercher, j'ai souvent besoin d'indices. »

Jérémy, 35 ans, électricien

Les trois étapes-clés de la mémoire

Apprendre, stocker, restituer : ce sont là les trois étapes essentielles de la mémoire. La première permet de mémoriser des informations nouvelles ; la deuxième consiste à les conserver le plus longtemps possible ; et la troisième a pour objectif de les récupérer lorsque cela est nécessaire.

1. Apprendre

Le cerveau ne fonctionne pas comme une caméra ou un magnétophone. Il est rare en effet qu'une information nouvelle soit enregistrée à la façon d'une photographie ou d'une bande sonore. Pour mémoriser les informations captées par les organes des sens, le cerveau doit créer des traces durables au moyen de différents procédés qui donnent une signification approfondie à ces informations. Il établit ainsi un lien entre l'information et le contexte dans lequel elle a été perçue : on se rappelle mieux ses vacances lorsque l'on revient sur leur lieu ou un événement quand il s'est accompagné d'une émotion forte... mais une sensation de stress intense peut, au contraire, empêcher la mémorisation.

FACE À UN PROCESSUS NATUREL QUI NOUS FAIT OUBLIER CE QUE NOUS AVONS APPRIS, IL EST NÉCESSAIRE DE « RENFORCER » LES INFORMATIONS ACQUISES.

2. Stocker

Les informations acquises ne sont pas stockées dans le cerveau à la manière des objets déposés dans un grenier ou un magasin. Les traces qu'elles ont laissées dans le cerveau ont besoin d'être « consolidées ». Face à un processus naturel qui nous fait oublier ce que nous avons appris, il est nécessaire de « renforcer » les informations acquises pour augmenter leur chance d'être conservées le plus longtemps possible. Apprendre à plusieurs reprises une même information contribue ainsi à la fixer de manière plus solide et à en prolonger le souvenir.

3. Restituer

L'intérêt est, bien sûr, de pouvoir se rappeler les informations apprises et stockées. Parfois, nous les rappelons sans peine. À d'autres moments, l'information est au bout des lèvres, mais il nous faut un indice pour être capables de l'évoquer. Enfin, il arrive que nous nous souvenions d'une information seulement après qu'elle nous a été présentée une nouvelle fois. Il existe en effet trois façons de « récupérer » des informations.

Le rappel libre ou spontané

C'est le plus difficile. Dans la vie courante, il se présente, par exemple, sous la forme d'une question ouverte : « Quel dessert avez-vous pris hier soir ? » De même, lors d'une consultation de mémoire, le médecin ou le psychologue demandera à la personne testée : « Dites-moi les quatre mots que vous avez appris tout à l'heure. »

Le rappel facilité

Il peut s'appuyer sur une aide, qui réduit le nombre de réponses possibles. À la question évoquée ci-dessus s'ajoute alors une information complémentaire : « C'était un dessert à base de pommes. » Le médecin testeur livrera ici des indices : « Il s'agissait d'un arbre, d'un oiseau, d'un instrument de musique et d'un fruit. »

Le rappel par reconnaissance

Dans ce cas, la réponse est choisie parmi plusieurs possibilités. Dans la vie quotidienne, cela correspond à une question posée sous une forme fermée : « S'agissait-il d'une tarte aux pommes, d'une tarte Tatin ou d'une compote de pommes ? » Dans le cadre d'un test, on donnera pour instruction : « Retrouvez ces quatre mots parmi les huit suivants : cigogne, prune, tambourin, hêtre, merle, harpe, bouleau, ananas. »

Ces processus sont-ils toujours conscients ?

Il faut garder à l'esprit que le mot « information » prend ici un sens très large. Il peut s'agir d'images et de sons, comme ceux d'un film, d'une émotion vécue comme le plaisir d'une conversation, d'un geste difficile comme frapper une balle de golf ou encore d'un système de règles abstrait que l'on apprend pour jouer, par exemple, aux cartes.

Mémoire volontaire et involontaire

La mémorisation elle-même peut se dérouler de façon volontaire ou involontaire. En suivant un cours ou une conférence par exemple, nous nous efforçons de retenir les informations présentées. Or, il existe de nombreuses situations dans la vie où des informations, parfois peu pertinentes, sont acquises à notre insu : sans avoir cherché à l'apprendre, nous pouvons évoquer, par exemple, la couleur de la robe d'une femme que nous venons de croiser dans la rue. Dire le nom de cette couleur relèvera toutefois d'un mécanisme conscient de rappel.

Un rappel devenu automatisme

Mais ce rappel peut lui aussi être inconscient : nous apprenons les gestes d'une activité sportive (le vélo, la natation, le ski…) de manière consciente, par des efforts répétés, mais, à force d'une pratique régulière, nous finissons par exécuter les mouvements sans en prendre conscience, comme des automatismes. Seule l'amélioration de nos performances témoigne, de façon indirecte, d'un meilleur rappel.

Avoir bonne mémoire

grâce à des stratégies efficaces

Plutôt que d'apprendre des informations à l'état « brut », mieux vaut d'abord les analyser. On peut procéder de plusieurs façons.

- Pour apprendre une liste de mots par exemple, on les regroupera selon qu'ils appartiennent ou non à une même catégorie (fruits, légumes, boissons) : pomme, orange, banane, puis radis, carottes, navets et, enfin, eau, vin, jus de fruit.
- On pourra aussi rapprocher une nouvelle information de connaissances déjà acquises (il est plus facile de garder en mémoire la date de naissance d'une personne quand cette date tombe le 14 juillet, jour de la fête nationale). On la retiendra si on l'a rattachée à l'événement correspondant.
- Visualiser une image permet de mieux retenir un mot difficile lorsqu'il est lu (tout comme un enfant s'aidera d'une image pour apprendre à lire).
- On peut également recourir à des astuces mnémotechniques (pour mémoriser la liste des conjonctions de coordination de la langue française, on les apprendra dans un ordre qui la rend facile à réciter : « mais ou et donc or ni car »).
- Pour conserver ensuite ce qui a été acquis, on ne négligera pas de l'apprendre à nouveau ou de le répéter après un certain laps de temps.

Peut-on en améliorer les performances ?

Il est bien plus facile de rappeler une information qui a été apprise dans de bonnes conditions, puis consolidée de façon efficace. La plupart des stratégies destinées à favoriser la mémorisation portent donc sur la première et la deuxième étape, c'est-à-dire l'apprentissage et le stockage. Certaines de ces stratégies sont très simples (voir l'encadré ci-dessus), et leurs principes sont bien connus, parfois depuis l'Antiquité. Vous trouverez bon nombre d'exemples, d'astuces et de conseils dans le chapitre « Développer des stratégies ». Par ailleurs, il faut noter qu'un bon sommeil favorise l'ancrage dans la mémoire de ce qui a été appris dans la journée.

« *Lorsque je suis en train de saisir le montant des factures dans le logiciel de comptabilité, je suis souvent dérangée. Alors je me trompe et j'introduis des erreurs...* »
Bernadette, 47 ans, comptable

Les mémoires temporaires, un passage obligé

Le cerveau ne peut créer de souvenir de façon directe et immédiate. Avant de constituer des traces permanentes, il lui est nécessaire de passer par deux étapes temporaires. Dans un premier temps, il conserve pendant un très court instant dans les mémoires sensorielles les informations provenant des différents organes des sens. Puis il les traite dans la mémoire à court terme, ou mémoire de travail, pour les transformer et, si nécessaire, les préparer au stockage définitif. Les capacités limitées des mémoires temporaires constituent une contrainte majeure pour notre fonctionnement intellectuel.

Les mémoires sensorielles : une « émulsion » transitoire

Les organes des sens transmettent des informations à certaines zones cérébrales spécifiques où elles seront analysées. Il s'y crée une sorte d'« émulsion », c'est-à-dire des traces mnésiques de si courte durée qu'elles échappent à la conscience : entre 250 et 500 millisecondes pour une perception visuelle, et entre 2 et 3 secondes en général, pour une perception auditive, mais parfois jusqu'à 10 secondes, pour ne citer que les mémoires sensorielles les plus sollicitées.

Comment cette différence de durée entre les mémoires sensorielles visuelle et auditive s'explique-t-elle ? Imaginons un instant que nous ne puissions lire qu'un seul mot par seconde. La lecture serait bien lente ! En revanche, pour comprendre une phrase parlée un peu longue, plusieurs secondes ne paraissent pas de trop. En effet, les éléments visuels que nous percevons autour de nous en déplaçant le regard, et même la tête ou le corps, sont si nombreux que l'on aboutirait vite à un mélange d'images et à une saturation du cerveau. La mémoire sensorielle visuelle (appelée aussi mémoire iconique) en tient compte en créant des traces furtives qui ne persistent pas au-delà d'une fraction de seconde. La mémoire sensorielle auditive (ou mémoire échoïque) est, elle, confrontée à une perception le plus souvent moins dense, mais qui peut nécessiter un temps d'analyse prolongé.

La mémoire à court terme est très sensible à tout ce qui diminue l'attention. La moindre distraction, tel un bruit gênant, nuit parfois à son bon fonctionnement.

La mémoire à court terme

Une amie vous indique son numéro de téléphone. Vous le répétez plusieurs fois, à voix haute ou mentalement sans le prononcer, afin de pouvoir le consigner dans votre agenda. Une fois le numéro noté, votre amie vous parle de nouveau et… pfutt ! Le numéro disparaît de votre tête.

Cet exemple est une parfaite illustration de la façon dont fonctionne la mémoire à court terme : elle maintient une information pendant un bref laps de temps, avant de la perdre aussitôt que survient une nouvelle information ou un événement perturbateur. Mais, entre-temps, cette mémoire a permis de traiter l'information – de la préparer pour faciliter sa conservation durable ou, dans le cas présent, de la noter et de rendre superflu son stockage à long terme.

Une mémoire fugace
Tout comme les mémoires sensorielles, la mémoire à court terme ne conserve les informations reçues que pendant un bref laps de temps : 20 à 30 secondes en moyenne, et jusqu'à 90 secondes s'il le faut. Contrairement à une idée reçue, elle ne sert donc pas à mémoriser ce qui relève du passé récent, les dernières heures ou les derniers jours, mais à stocker très brièvement.

Une mémoire finie
De même, elle ne retient qu'un nombre limité d'éléments : entre 5 et 9 (soit 7 +/– 2). Ce nombre varie selon les individus et avec l'âge (entre 5 et 9 vers l'âge de 20 ans, entre 4 et 7 vers 70 ans). Pourquoi les informations disparaissent-elles si vite de la mémoire à court terme ? Il semble qu'elles ne soient pas tant effacées que plutôt « chassées » par l'arrivée de nouveaux éléments qui les remplacent ou se confondent avec elles.

Une mémoire fragile
La mémoire à court terme est très sensible à tout ce qui diminue l'attention. La moindre distraction, tel un bruit gênant, nuit parfois à son bon fonctionnement. Son efficacité peut en outre être affectée par le stress, le surmenage, l'anxiété, une dépression et certaines maladies, ou réduite par l'alcool et certains médicaments (les tranquillisants, les neuroleptiques et certains antidépresseurs).

Comment la tester ?
L'une des façons les plus simples de mesurer la capacité de la mémoire à court terme d'une personne consiste à lui demander de retenir des séries de chiffres de plus en plus longues, puis de les répéter dans l'ordre (voir l'encadré ci-dessous). Les psychologues

Testez votre mémoire à court terme pour les chiffres

Faites-vous lire à haute voix, l'une après l'autre, les séries de chiffres ci-dessous, à raison de un chiffre par seconde.

Une fois que vous avez entendu une série, répétez-la dans le bon ordre, puis passez à la série suivante.

Lorsque vous n'arrivez plus à reproduire sans erreur deux séries de même longueur, vous avez atteint les limites de la capacité de votre mémoire à court terme.

3 CHIFFRES	3	7	1						
	2	6	9						
4 CHIFFRES	5	3	7	6					
	9	5	2	6					
5 CHIFFRES	3	1	4	7	5				
	8	5	3	6	2				
6 CHIFFRES	1	4	2	7	5	9			
	9	5	1	3	2	7			
7 CHIFFRES	2	5	1	9	7	4	3		
	7	2	9	5	8	1	4		
8 CHIFFRES	4	3	7	1	8	2	5	9	
	6	1	4	9	5	2	8	3	
9 CHIFFRES	5	9	3	8	1	7	2	0	6
	7	4	8	1	9	0	3	6	2

◀ Plusieurs études ont mis en évidence que la capacité de la mémoire à court terme plafonnait, en moyenne, à sept éléments. Ce chiffre plafond se retrouve dans toutes les expériences.

Répéter, regrouper, relier
pour mieux retenir

Face aux limites de la mémoire à court terme, nous avons développé des stratégies pour la rendre plus efficace. Il nous arrive de les appliquer de façon inconsciente, mais, quand ce n'est pas encore le cas, rien n'empêche de les adopter pour améliorer les performances de notre mémoire de travail.

■ **Répétez plusieurs fois de vive voix ou de façon silencieuse ce que vous souhaitez garder à l'esprit.**
Quand un interlocuteur au téléphone se présente, répétez son nom jusqu'au moment où vous pouvez le noter sur un calepin.

■ **Regroupez les éléments à retenir lorsque leur nombre dépasse le chiffre de cinq.**
Ainsi, vous retiendrez mieux un numéro de téléphone quand les chiffres sont regroupés par deux :

01 44 39 41 81 *au lieu de* **0144394181**

■ **Reliez les informations à mémoriser avec ce que vous savez déjà.**
Il vous sera plus facile de répéter la série de lettres H S N C F G si vous avez d'abord identifié en son sein la série SNCF, sigle bien connu de la Société nationale des chemins de fer, ou bien la série de chiffres 4 1 7 8 9 3 après y avoir repéré la séquence 1789, année où éclata la Révolution française.

utilisent le terme d'empan digital direct, ou d'empan numérique direct, pour désigner le nombre de chiffres que la mémoire à court terme peut ainsi maintenir.

Mais que se passerait-il si la personne devait les répéter à l'envers (empan indirect) ? Eh bien, elle effectuera l'opération avec plus de peine et le nombre d'éléments qu'elle saura répéter sera inférieur de un ou deux chiffres à celui de l'empan direct.

La mémoire à court terme est une mémoire de travail

Conserver de façon transitoire une information n'est pas un acte passif. Pour désigner ce processus dynamique, le psychologue britannique Alan Baddeley a suggéré de remplacer le terme de mémoire à court terme par celui de mémoire de travail et, pour illustrer le fonctionnement de cette mémoire, il a imaginé un modèle en trois composantes (voir le schéma ci-contre).

L'administrateur central
Il sélectionne les informations sensorielles pertinentes et les oriente vers l'une des deux autres composantes qui se trouvent à son service, à savoir la boucle phonologique et le calepin visuo-spatial ; il contrôle et répartit la concentration ; il décide en outre d'une stratégie en vue d'accomplir une tâche mentale particulière.

La boucle phonologique
Elle remplit des tâches liées au langage, parlé et écrit. Elle est appelée ainsi parce que son fonctionnement repose sur la répétition mentale de mots, dont les sons (ou phonèmes) sont les plus petites unités – ce qui fait d'ailleurs que nous éprouvons plus de mal à retenir des lettres ou des mots qui se ressemblent sur le plan phonologique (« poule, boule, foule » est plus difficile à répéter que « poule, raison, frein »). Grâce à la boucle phonologique, nous pouvons « rafraîchir » une information, la garder à l'esprit pour l'utiliser ou pour la transformer : par exemple, taper le code d'accès d'un immeuble que nous avons relevé dans notre carnet d'adresses, ou manipuler les boutons de réglage d'un appareil électroménager dont nous venons de consulter le mode d'emploi.

Le calepin visuo-spatial
Il nous sert à résoudre des problèmes d'ordre visuel et spatial, comme s'orienter dans l'espace en suivant un itinéraire à l'aide d'un plan ou décrire les objets qui se trouvent dans une pièce familière. Lors d'un jeu ou d'un test, ses capacités s'avèrent utiles pour déplacer et tourner mentalement des images. Et, lorsque nous imaginons dans notre esprit un tableau, comme le *Sacre de Napoléon* de David, nous pouvons situer les personnages et les éléments qui y figurent.

Les fonctions de la mémoire de travail

La mémoire de travail joue un rôle clé dans notre vie quotidienne lorsqu'il s'agit de maintenir à l'esprit de façon temporaire un nombre limité d'informations et de les traiter. Elle est ainsi à l'œuvre dans de nombreuses opérations mentales.

Encoder

Afin de pouvoir être traitée ou stockée de manière définitive dans la mémoire à long terme, l'information perçue doit être encodée, ou représentée, dans un « format » qui n'est plus celui d'une simple copie sensorielle. Une suite de sons est ainsi analysée par le biais de la boucle phonologique et identifiée comme formant une phrase parlée ; une série de traits sur papier devient une phrase écrite. De même, un objet visuel est « décrypté » selon sa couleur, sa forme, sa configuration, son emplacement, etc., grâce au calepin visuo-spatial.

Reproduire à l'identique

L'information ainsi encodée peut ensuite être répétée telle quelle, par exemple un numéro de téléphone que l'on vient d'entendre et que l'on veut noter ou une adresse que l'on vient de chercher dans un agenda au moment d'envoyer une lettre.

Modifier

L'information peut aussi subir un traitement plus ou moins complexe. C'est cette fonction qui nous permet d'effectuer un calcul mental, d'épeler un mot à voix haute, de répéter à l'envers une séquence de chiffres ou de lettres, ou encore de mémoriser une série d'objets présentés sous forme d'images en répétant mentalement leurs noms.

Comparer

Maintenir à l'esprit plusieurs informations en même temps peut également servir à les comparer ou à identifier la présence d'un élément sur une liste. Dans la vie courante, nous avons ainsi la possibilité de comparer deux prix pour un même type de produits en faisant les courses dans un supermarché ou bien de rechercher un nom précis dans un annuaire téléphonique.

CONSERVER DE FAÇON TRANSITOIRE UNE INFORMATION N'EST PAS UN ACTE PASSIF.

Comment fonctionne la mémoire de travail ?

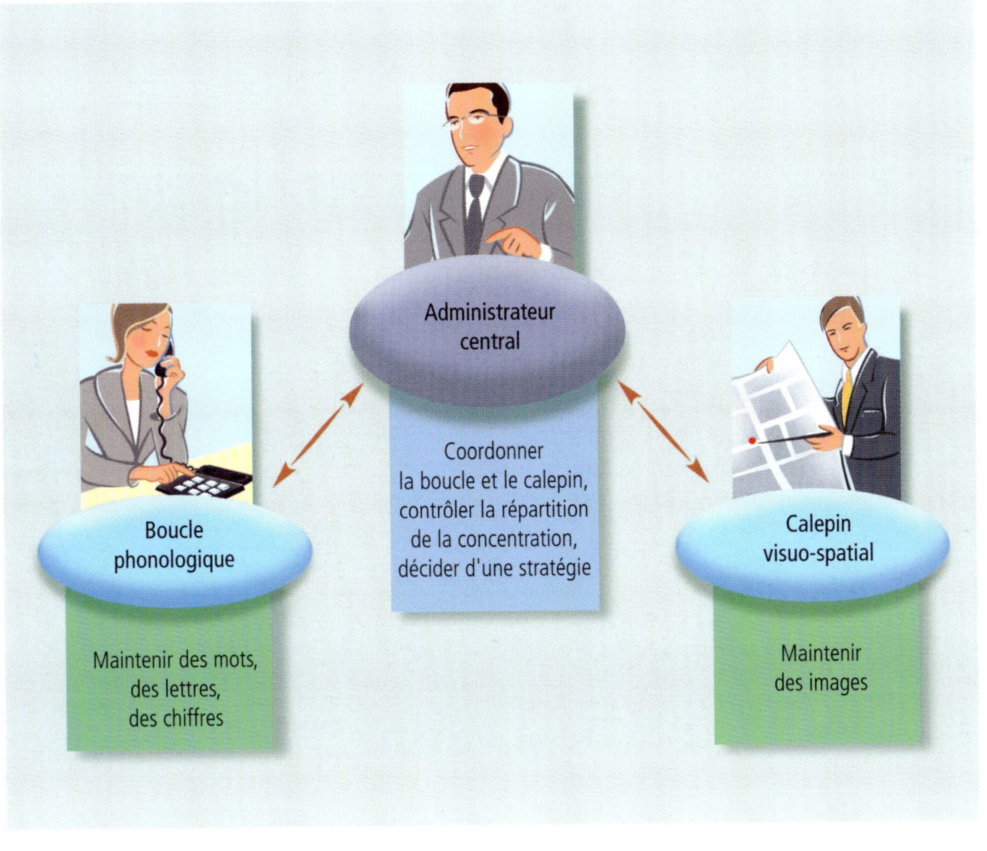

◄ Pour rendre compte des mécanismes à l'œuvre dans la mémoire à court terme, le psychologue Alan Baddeley a proposé en 1974 un modèle qu'il n'a cessé d'affiner depuis.

La mémoire

... pour la mémoire ?

La mémoire prodigieuse, est-ce un vrai talent ou plutôt une curiosité ? Comment expliquer certains exploits étonnants ? En fait, toutes les mémoires prodigieuses ne se valent pas...

De tout temps, les mémoires prodigieuses ont exercé une fascination sur les hommes. Les exemples ne manquent pas, depuis l'écrivain romain Pline l'Ancien (23-79 apr. J.-C.), qui raconte dans son *Histoire naturelle* que Cyrus, roi de Perse au VIe siècle avant notre ère, aurait connu le nom de tous ses soldats, jusqu'à la mémoire « photographique » du mathématicien Johnny von Neumann et aux exploits d'un Rüdiger Gamm, champion des jeux Olympiques de la mémoire, qui ont eu lieu en 2004.

Des mémoires spécialisées

En général, les performances d'une excellente mémoire imposent le respect. Comment en effet ne pas être admiratif devant un expert qui a un immense savoir « au bout des doigts ou de la langue » ou devant quelqu'un qui possède une culture encyclopédique ? Il est vrai qu'une telle appréciation se teinte parfois d'un étonnement incrédule, voire d'un léger mépris lorsque les informations retenues ne semblent pas « mériter » une mémorisation – question d'intérêt et d'utilité sans doute. Savoir attribuer un morceau de musique à un compositeur ou distinguer les bruits de moteur caractéristiques des modèles de voiture d'une époque particulière, par exemple, peut susciter notre estime pour une personne qui a cette connaissance ou provoquer un sourire amusé.

Nous comprenons bien cependant qu'une longue expérience professionnelle donne quelquefois naissance à une mémoire spécialisée extraordinaire.

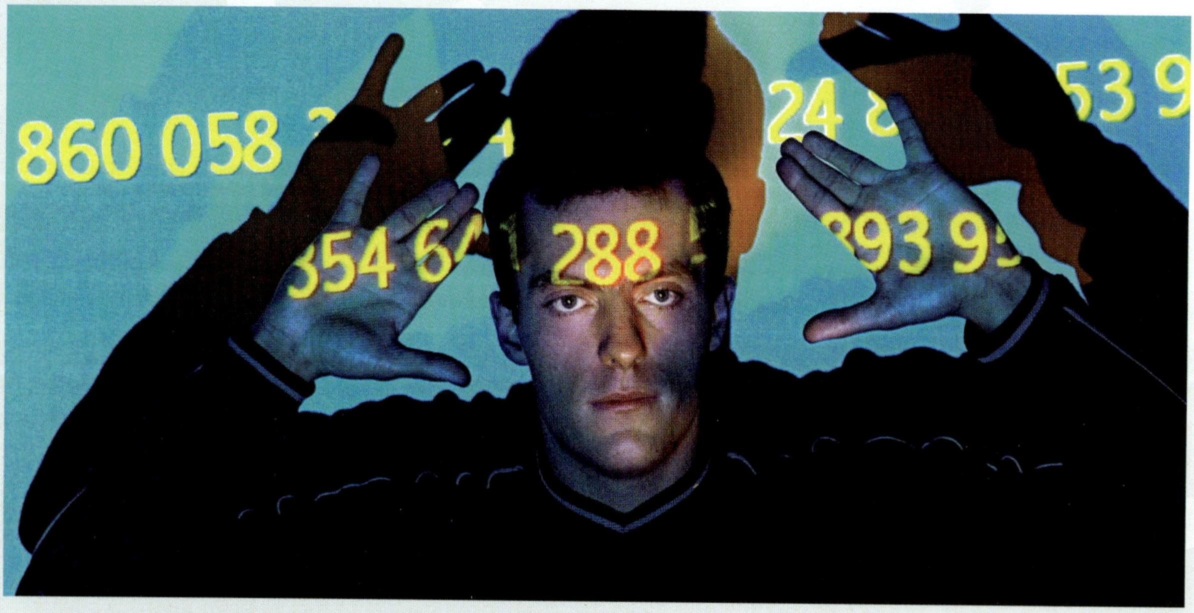

▲ La neuroimagerie a montré que le calculateur prodige Rüdiger Gamm utilise, outre sa mémoire de travail, sa mémoire épisodique pour parvenir à mémoriser et à rappeler un nombre de chiffres ou de lettres presque illimité.

De l'athlétisme mental

Mais que penser, par exemple, de Hideaki Tomoyori, ce fonctionnaire japonais qui passe ses heures de loisir à apprendre par cœur le chiffre π et qui, en 1987, a réussi à en répéter sans erreur quelque 40 000 décimales ? Ce record a d'ailleurs été battu depuis par un autre Japonais avec 42 195 décimales. Le Malaisien Sim Pohann a, lui, su en réciter 67 053 chiffres avec seulement 15 erreurs en 1999.

Un nombre croissant d'enthousiastes s'adonnent désormais à l'une ou plusieurs disciplines de « l'athlétisme mental », par simple plaisir ou avec l'ambition d'occuper un jour une place dans le livre des records ou de remporter un championnat. Nul besoin, semble-t-il, d'un talent inné ; il suffirait de bonne volonté. Dans la grande majorité des cas, ces exploits sont dus en effet à une utilisation astucieuse de méthodes mnémotechniques connues depuis l'Antiquité, comme la méthode des lieux (voir p. 146). Une fois consacrés champions, nombre de ces « prodiges » n'hésitent pas au demeurant à publier des ouvrages ou à organiser des stages, destinés à un public avide d'améliorer les performances de sa mémoire.

Le cas Veniamin

Toutefois, certaines personnes semblent être plus douées que d'autres pour mémoriser un grand nombre d'informations. L'une des mémoires prodigieuses les mieux étudiées est celle de Solomon Veniaminovitch T., connu sous le nom de Veniamin, que le neurologue et psychologue russe Alexandre Luria (1902-1977) a suivi entre les années 1920 et 1950. En quelques minutes, Veniamin mémorisait de longues listes de mots ou de chiffres (parfois jusqu'à 400 éléments) qu'il retenait ensuite pendant des années ! À côté de dons exceptionnels, il recourait à des stratégies mnémotechniques, en associant, par exemple, chaque mot d'une liste aux détails d'une rue qu'il parcourait mentalement ainsi, le premier mot était lié à une fenêtre, le deuxième à une porte, le troisième à une barrière... Puis, lors d'un nouveau parcours mental, il retrouvait les mots associés aux détails du trajet. Il lui arrivait parfois d'« oublier » : c'est qu'il ne reconnaissait pas un objet parce qu'il en confondait la forme ou la couleur, tel un œuf blanc posé devant un mur blanc. Veniamin était en effet synesthète, c'est-à-dire qu'il convertissait chaque mot et chaque son en une tache colorée indélébile. Principale ombre au tableau : ce prodige conservait à jamais le souvenir de ces listes. Pour les oublier, il lui fallait les supprimer par un effort volontaire : à cette fin, Veniamin imaginait qu'il écrivait ces listes sur un tableau puis les effaçait ou les recouvrait d'une pellicule opaque. Malgré son excellente mémoire, Veniamin n'a pas connu une carrière professionnelle fulgurante : reporter sans grand talent lorsque Luria l'a découvert, il a fini comme artiste de cabaret...

Les disciplines de l'athlétisme mental

Le premier Championnat international de la mémoire a eu lieu à Londres, le 26 octobre 1991. De nombreuses compétitions annuelles sont aujourd'hui organisées au niveau national et international. Parmi ceux qui, en 2003, détiennent un record mondial dans les différentes disciplines, on compte des Anglais, des Allemands, une Autrichienne et un Danois. Les dix épreuves sont réglementées de façon précise : tâche à effectuer, temps de mémorisation et de rappel, attribution des scores en fonction des résultats.

Les chiffres *Quatre épreuves, dont la mémorisation en 5 minutes, dans le bon ordre, de 1 000 chiffres (5, 6, 9, 3...), puis leur restitution pendant 15 minutes.*

Les mots *Deux épreuves : une liste de 400 mots aléatoires à retenir en 15 minutes, puis à restituer dans le bon ordre en 30 minutes ; un poème sans rime (non publié) à apprendre par cœur en 15 minutes, puis à réciter.*

Les jeux de cartes *Deux épreuves, dont deux tentatives de 5 minutes chacune, pour mémoriser l'ordre dans lequel se suivent les cartes d'un jeu bien mélangé, puis le restituer.*

Les dates *Quatre-vingts dates, entre les années 1000 et 2099, associées à des événements fictifs ou généraux (signature d'un traité de paix), à retenir en 5 minutes, puis identifier pour chaque événement la bonne date.*

Les noms et les visages *En 15 minutes, apprendre à associer le prénom et le nom de 99 personnes à des photographies en couleurs, puis restituer ces liens en 30 minutes.*

Le record mondial pour le nombre de dates retenues est de 60, et un champion confirmé, comme le Britannique Andi Bell, réussit à mémoriser 100 jeux de cartes et à répondre sans se tromper à la question : « Quelle est la 32e carte du 65e jeu ? »

« Je fais rarement les choses sans y penser. Mais, à l'inverse, trop y penser engendre le doute. Par exemple, fermer sa voiture à clé : si je me concentre sur le geste, je vais me demander dix minutes plus tard si je l'ai bien fait. »

Amélie, 29 ans, infographiste

Stocker et restituer, les mémoires permanentes

Les scientifiques ont établi une distinction entre trois types ou systèmes de mémoire : la mémoire épisodique, la mémoire sémantique et la mémoire procédurale.

Pour conserver les informations au-delà du bref temps qu'elles restent dans la mémoire à court terme, il est nécessaire de les transférer dans un autre système, plus permanent. Cette mémoire à long terme a une capacité que l'on considère presque illimitée. Elle permet de restituer une information – le souvenir d'une rencontre, une formule mathématique ou un mouvement de natation – aussi bien plusieurs heures ou jours plus tard qu'après des années, voire parfois après plusieurs décennies.

Énoncer ou agir ? Deux façons de se souvenir

Rares sont les personnes qui se lamentent d'avoir oublié comment monter un escalier, se lever d'une chaise ou se brosser les dents. La plupart des plaintes quotidiennes sur la mémoire portent en revanche sur l'impossibilité soit d'évoquer un nom ou un mot, soit de rappeler un souvenir récent. C'est dans le domaine de ses souvenirs personnels qu'une personne souffrant de troubles amnésiques éprouvera ses plus grandes difficultés. Pour mieux rendre compte de telles observations, des psychologues comme Endel Tulving et Larry Squire ont distingué deux types de mémoire.

La mémoire déclarative

« Quelle ville avez-vous visitée l'année dernière ? » – « Qui est l'actuel ministre de l'Agriculture ? » – « Comment s'appelle l'auteur du *Cid* ? » « En quelle année est mort Jules César ? » À toutes ces questions, on peut répondre par un mot ou par une phrase. Bien sûr, on pourrait aussi noter la réponse par écrit ou, dans certains cas, faire un dessin, pointer un élément sur une photo ou une carte… Mais, en principe, la réponse reposera toujours sur un rappel conscient et intentionnel de ce qui a été vécu ou appris et pourra être énoncée de façon verbale. C'est pourquoi on parle de mémoire déclarative. On emploie aussi le terme de « mémoire explicite », car la réponse est précisée de manière consciente.

La mémoire non déclarative

Manipuler les boutons d'une télécommande, se servir d'un robot de cuisine, faire du vélo, nouer ses lacets de chaussures ou tout simplement marcher… Rien n'exige que l'on se souvienne de façon consciente des gestes ou mouvements qu'il faut exécuter pour accomplir ces tâches. Même si l'on peut avoir le souvenir de les avoir appris un jour, ces gestes peuvent se passer de la conscience. Le plus souvent, nous ne pouvons d'ailleurs les décrire que de façon assez sommaire, et il nous est plus facile de les montrer : pour expliquer les mouvements des jambes lors du crawl, un maître nageur réalisera ces mouvements plutôt que de les expliquer longuement par des paroles. Pour cette raison, cette forme de mémoire est qualifiée de non déclarative ou d'implicite.

De l'événement vécu à la routine quotidienne

Se souvenir d'être allé à New York le 11 avril 1993, connaître l'auteur de *Roméo et Juliette*, faire du vélo… tous ces exemples montrent la mémoire en action. Seul le premier réfère à un événement unique vécu, les autres ne semblent plus liés au contexte particulier d'une expérience singulière. Et, bien que nous employions dans le langage courant des expressions comme « apprendre à faire du vélo », lorsqu'il est question d'« apprendre », nous pensons plutôt à un savoir acquis à l'école qu'à une activité physique. Y aurait-il donc différentes mémoires pour différentes choses ?

Ce que l'intuition nous suggère, les expériences faites par les chercheurs et l'étude de certains troubles de la mémoire le confirment. Ces derniers, par exemple, n'affectent pas au même titre les différentes activités évoquées. Certains amnésiques n'oublient que des souvenirs personnels nouveaux, d'autres des connaissances culturelles anciennes, et d'autres encore seulement la mémorisation de gestes spécialisés. Pour ces raisons, les scientifiques ont établi une distinction entre trois types ou systèmes de mémoire : la mémoire épisodique des événements survenus à un moment donné et en un lieu précis, la mémoire sémantique (pour stocker nos connaissances générales) et la mémoire procédurale (pour accomplir des tâches physiques et mentales répétées et en quelque sorte standardisées).

« Je me souviens de… » : la mémoire épisodique

Certaines informations que notre mémoire a enregistrées correspondent à des situations

Les différents types de mémoire

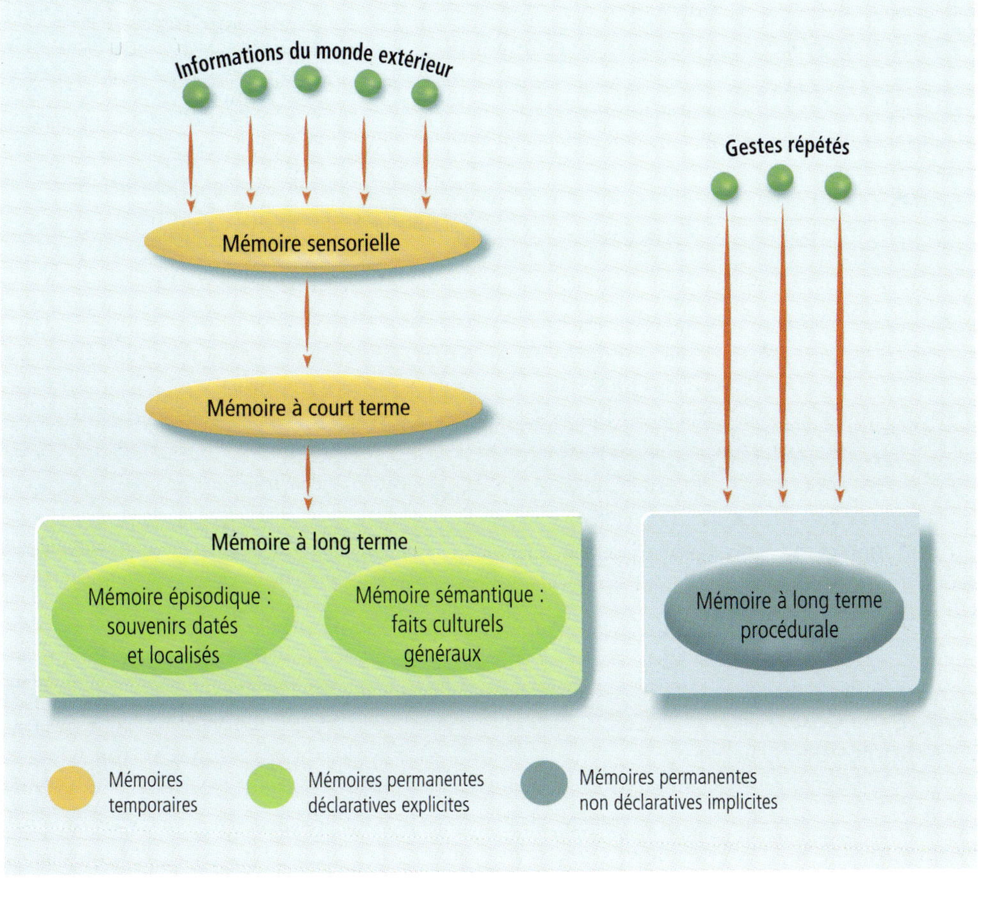

◄ Pour décrire le fonctionnement de la mémoire, les psychologues en ont distingué plusieurs aspects, représentés par un modèle spatial, à l'instar du plan d'une maison dont les pièces remplissent différentes fonctions. La présentation de ces schémas varie d'un auteur à l'autre. Certains chercheurs préfèrent situer les différentes formes de mémoire selon leur apparition chez l'enfant ou au cours de l'évolution de l'homme.

uniques et précises que nous avons vécues en un lieu donné et à un moment déterminé : se rappeler un film que nous avons vu la semaine dernière ou ce que nous avons fait l'été précédent. Ces épisodes auxquels nous avons participé ou assisté forment une grande partie de notre mémoire épisodique.

En nous souvenant d'un dîner avec des amis, nous nous rappelons en même temps de l'éclairage, des bruits, des odeurs, des goûts... que nous avons perçus au cours de la soirée.

Naissance d'un souvenir...

Lorsque nous mémorisons ces épisodes, nous retenons l'événement même, mais aussi le contexte dans lequel il a eu lieu. En nous souvenant par exemple d'un dîner avec des amis, nous nous rappelons en même temps de l'éclairage, des bruits, des odeurs, des goûts... que nous avons perçus au cours de cette soirée. En outre, nous gardons en mémoire la source ou l'origine d'un souvenir. Au moment de son rappel intentionnel, nous sommes donc en mesure de le situer de façon plus ou moins précise dans le déroulement de notre vie : « Vendredi soir, j'ai vu au Grand-Théâtre une superbe représentation de *Turandot*, en compagnie de Bernadette, Anne-Marie, Gilbert, Daniel et Jacques. » Enfin, la mémorisation d'un tel événement préserve aussi son caractère affectif et émotionnel. Et, comme l'observait déjà Voltaire : « Ce qui touche le cœur se grave dans la mémoire. »

Si le souvenir conserve ainsi l'événement dans la plupart de ses aspects, il ne correspond pas pour autant à une trace mnésique unique et figée, située dans un lieu bien défini du cerveau. Les processus biologiques à l'œuvre ne ressemblent donc en rien à l'analogie utilisée depuis l'Antiquité pour évoquer la mémoire : un « grenier » dans lequel seraient emmagasinés les souvenirs, chacun rangé à sa place, et que l'on « ira retrouver » au moment où l'on en a besoin.

À chaque aspect, son aire cérébrale ; à chaque souvenir, son réseau neuronal

Que se passe-t-il alors dans notre cerveau lorsque se forme le souvenir d'avoir vu une rose dans un vase, un matin du mois de

Qu'est-ce qu'un souvenir dans le cerveau ?

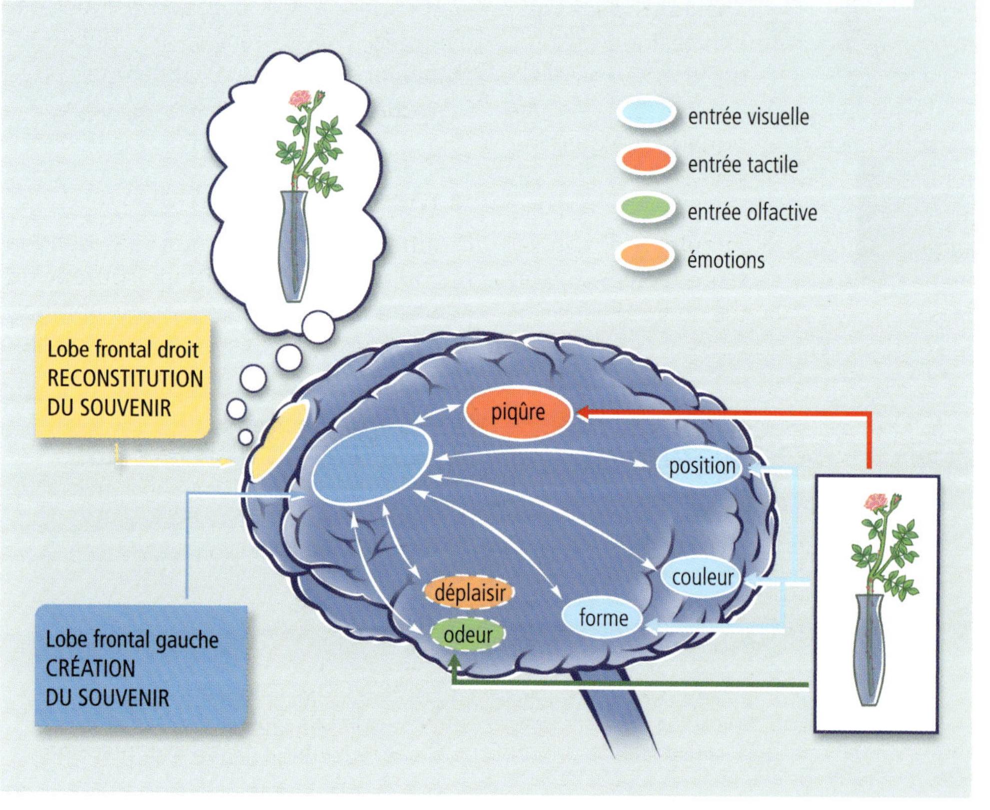

Lorsqu'un épisode est gardé dans la mémoire à long terme, ses différents aspects sont conservés dans des aires cérébrales spécifiques, leurs traces mnésiques étant reliées entre elles par un réseau de neurones activé à ce moment (voir p. 52). Pour se souvenir de l'épisode, le cerveau réactive ce réseau par l'intermédiaire des lobes frontaux. ▶

juillet ? Tout d'abord, la perception de cette petite scène sollicite nos différents sens : l'odorat pour percevoir le parfum de la rose, la vue pour enregistrer sa forme et sa couleur ainsi que sa position dans un vase placé à son tour dans une pièce. Ensuite se sont créées diverses traces mnésiques. Le parfum de la rose subsistera dans les aires olfactives du cerveau. Si nous nous sommes piqué à une des épines, la douleur ressentie sera conservée dans une autre zone cérébrale. Les informations sur le lieu et la date seront sauvegardées dans les parties antérieures du cerveau…

La liaison entre ces aires cérébrales s'effectue grâce à un réseau neuronal qui est activé à chaque fois qu'une information est mémorisée. Pour se rappeler l'épisode, le lobe frontal droit procédera à une reconstitution de la scène à partir des différentes traces mnésiques distribuées au sein du réseau neuronal qui s'est constitué lorsque cet événement a été « appris ».

À la recherche des souvenirs perdus

L'accès à un tel souvenir « distribué » est parfois long et difficile, car il faut réactiver l'ensemble du réseau neuronal qui lui est associé. En revanche, un seul indice suffit souvent pour l'évoquer dans sa totalité. Ainsi, dans la célèbre scène racontée par Marcel Proust, un morceau de madeleine trempé dans du thé réveille le monde de l'enfance du narrateur à Combray. Car il fait surgir le souvenir d'un autre morceau du même gâteau que la tante Léonie trempait dans son infusion de thé ou de tilleul avant de l'offrir au jeune garçon.

Le déjà-vu

Lors de votre première visite à Venise, vous avez l'impression d'avoir déjà vu cette église. Au cinéma, un film qui, pourtant, vient de sortir vous paraît familier. Il vous semble avoir déjà entendu les paroles d'une conversation…
Les connaissances scientifiques actuelles nous permettent de mieux comprendre ces expériences fugaces, étranges et même inquiétantes, associées parfois à un monde mystérieux, voire à des réminiscences d'une vie antérieure. En fait, c'est un tour que nous joue notre mémoire. Il s'agit bien de souvenirs réels, ou d'une portion de souvenir, mais le contexte initial dans lequel ce souvenir s'est formé échappe désormais à notre conscience bien qu'il soit toujours stocké dans notre mémoire. Nous avons oublié le reportage sur Venise que nous avons vu quelques années plus tôt à la télévision. Nous ne nous souvenons plus d'avoir lu le livre duquel le film a été tiré. Et aucun souvenir ne persiste d'une autre discussion à laquelle nous avons bien assisté et dont les fragments nous parviennent en écho…

D'autre part, le stockage décentralisé rend le souvenir plus robuste : il est rare qu'une lésion locale du cerveau conduise à la disparition totale d'un souvenir personnel. Mais, avec le temps, ses attributs se modifient ou s'effacent, altérant sa nature ou rendant plus difficile son évocation.

« Je sais que… » : la mémoire sémantique

D'autres informations stockées dans la mémoire se passent le plus souvent du contexte dans lequel elles ont été apprises. C'est le cas des connaissances générales,

Testez votre mémoire épisodique

Qu'avez-vous fait :

- hier ?
- le week-end dernier ?
- le 14 juillet dernier ?
- il y a cinq ans à la même période ?
- où étiez-vous et avec qui ?

Remémorez-vous les lieux, les décors, l'ambiance, la luminosité, les odeurs, les personnes rencontrées, la musique, les bruits… Aidez-vous d'indices et de repères (événements marquants, voyages, activités professionnelles…) pour remonter le temps avec précision.

◄ La mémoire des faits liés à une date et un lieu précis (mémoire épisodique) fait souvent appel au contexte de l'événement en question.
Retrouver ce contexte est souvent le premier pas pour un bon rappel du souvenir.

comme le nom de l'auteur de *Roméo et Juliette* ou celui de la capitale de l'Italie. Un tel savoir a été appris au cours de plusieurs expériences, et le souvenir du contexte d'apprentissage tend peu à peu à s'effacer dans la mesure où ces informations acquièrent un caractère général. Aussi est-il rare que nous nous rappelions le lieu et la date auxquels nous avons entendu pour la première fois les noms de Shakespeare ou de Rome. Parfois, les traces que nous en gardons nous aident toutefois à retrouver une information qui nous échappe sur le moment : nous nous souvenons, par exemple, que nous l'avons lue dans tel magazine et que l'information recherchée se trouvait en haut sur une page de droite.

LES CONNAISSANCES STOCKÉES PAR LA MÉMOIRE SÉMANTIQUE SONT LIÉES LES UNES AUX AUTRES, FORMANT DES RÉSEAUX COMPLEXES, OÙ LA LOGIQUE S'ALLIE AVEC L'UTILE.

Quelles informations sont stockées dans la mémoire sémantique ?

Cette mémoire dite sémantique ne se réduit pas pour autant à une sorte d'encyclopédie permettant de répondre à des questions isolées de culture générale. Elle emmagasine également des faits personnels qui portent sur une durée : pour pouvoir dire « J'habite à Lyon », nous n'avons pas besoin de connaître la date de notre dernier déménagement ; pour évoquer les noms de nos camarades de classe d'antan, il n'est pas nécessaire que nous nous souvenions d'un

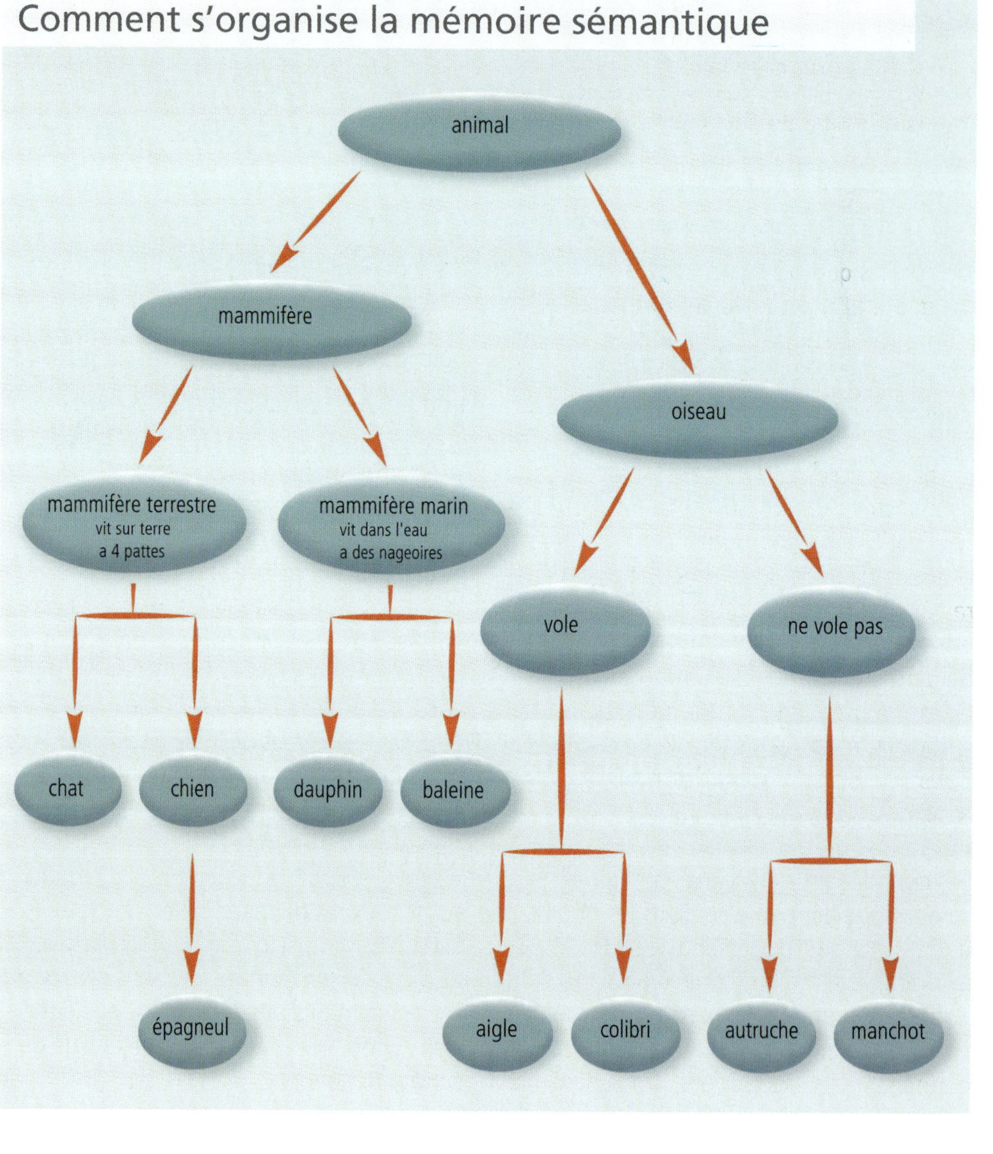

Dans la mémoire sémantique, les informations sont stockées sous forme d'arborescences. Pour chaque catégorie, il existe en général un exemple-type (par exemple, le dauphin pour les mammifères vivant dans l'eau). ▶

Testez votre mémoire sémantique

Le vocabulaire

Prenez une feuille de papier et inscrivez les mots qui vous sont demandés. Pour chaque question, vous pouvez répondre soit en deux minutes, soit en temps illimité en vous arrêtant quand vous avez trouvé un nombre de mots suffisant à votre avis. Donnez le plus grand nombre de noms :

- de poissons
- d'oiseaux
- de mammifères
- d'insectes
- de mollusques et de crustacés
- d'animaux commençant par un C
- d'animaux de genre féminin
- d'animaux de genre masculin
- d'animaux de la ferme
- d'animaux d'Afrique
- de femelles d'animaux
- de petits d'animaux

Les connaissances

Les faits culturels relèvent également du domaine de la mémoire sémantique. Voici quelques exemples :

- Quelle est la capitale de l'Australie ?
- Quelle est la date de la bataille de Marignan ?
- Quelle est la signification des initiales O.N.U. ?
- Que s'est-il passé le 10 mai 1981 ?
- Qui était Alfred Nobel ?
- Comment s'appellent les habitants de Béziers ?
- Quelles sont les Sept Merveilles du monde ?

Solution p. 278

◀ Les mots du vocabulaire sont un des constituants de la mémoire sémantique. Chercher les mots d'une catégorie déterminée permet de parcourir le vocabulaire en stimulant également la concentration et la mise au point de stratégies d'exploration.

jour précis que nous avons passé avec eux à l'école. Et, comme le nom de cette mémoire le suggère – le mot « sémantique » vient du grec *sêmantikos,* « qui signifie » –, elle porte aussi sur le sens des mots. Grâce à elle, nous pouvons nommer les objets et les classer dans une catégorie plus vaste (le marteau, le tournevis ou la scie dans celle des outils) ou, à l'inverse, citer des exemples pour une catégorie générale (la fourmi, la coccinelle, l'abeille, etc., pour celle des insectes). Aussi, lorsque nous devons, par exemple, mémoriser une liste de mots qui se suivent pêle-mêle, nous trouverons cette tâche plus facile à accomplir si nous rangeons d'abord les mots à retenir dans des catégories déjà familières.

Un savoir bien organisé

Les connaissances stockées par la mémoire sémantique sont en effet liées les unes aux autres, formant des réseaux complexes, où la logique s'allie avec l'utile (voir schéma ci-contre). Quand nous évoquons un mot comme « éléphant », d'autres concepts et connaissances (sa couleur, son anatomie, des légendes ou faits historiques en rapport avec cet animal) se trouvent activés en même temps : « Un éléphant est massif, sa peau est grise ; il a de grandes oreilles, une trompe et deux défenses. Il peut peser jusqu'à six tonnes. Sa mémoire est réputée. Au IIIe siècle avant notre ère, Hannibal a traversé les Alpes avec des éléphants… »

L'organisation des connaissances pratiques prend parfois une forme différente lorsqu'il s'agit de situations familières caractérisées par une suite de séquences standardisées : préparer son petit déjeuner, faire les courses, organiser une réunion… Pour ces activités routinières de la vie quotidienne, où les différentes étapes se succèdent selon une logique bien établie, la mémoire sémantique fait appel à un « schéma », ou « script ». Pour préparer le petit déjeuner, il suffit souvent de faire le premier geste (par exemple, remplir d'eau la machine à café) afin de déclencher les gestes suivants qui n'exigeront dès lors presque aucune attention ; pendant ce temps, on est libre de penser à autre chose !

Les effets d'amorçage
illustrés par deux tests

Les deux expériences suivantes ont été conçues pour être réalisées auprès d'une personne de votre entourage. Dites-lui qu'il s'agit d'un jeu, mais pas qu'il s'agit d'un test de mémoire.

L'amorçage sémantique

Recopiez la liste de mots suivante et montrez-la à la personne testée. Demandez-lui de la lire avec attention et de déclarer en même temps lesquels de ces mots sont féminins ou masculins.

peuplier, corbeille, quilles, tabouret, soucoupe, hautbois, cigogne, sécateur, chaumière, espadon, lavabo, chocolat

Après un délai de une minute environ, soumettez-lui les groupes de lettres suivants, que vous aurez écrits sur une autre feuille, en lui demandant de les compléter.

HAU... **COR...** **TAB...**

Il y a de fortes chances que les mots complétés figurent sur la première liste, car ils viendront plus « naturellement » à l'esprit.

L'amorçage de répétition

Récitez lentement et à haute voix les mots suivants devant votre volontaire en lui demandant de les compter.

chêne, girafe, avion, gobelet, tambour, brouette, ananas, lentille, muguet, vitrier, toupie, brique

Après un délai de une minute environ, demandez-lui de vous citer au hasard le nom d'un fruit et le nom d'un animal. Il est fort probable que l'on vous réponde alors « ananas » et « girafe », deux noms qui sont pourtant loin de représenter « typiquement » ces deux grandes catégories. Mais le fait de les avoir entendus juste quelques minutes plus tôt aura suggéré ce choix...

« Je sais faire... » : la mémoire procédurale

Un troisième type d'informations mémorisées échappe souvent et dans une large mesure à la conscience. Faire du vélo, jouer au tennis ou du piano, mais aussi effectuer un calcul mental, maîtriser la grammaire de sa langue maternelle ou encore savoir appliquer les règles d'un jeu de cartes... ce sont là des activités qui reposent en général sur une mémorisation inconsciente et dont il est difficile de donner une description détaillée. Leur apprentissage a souvent été lent, au prix de nombreux exercices et répétitions ; en revanche, il est rare que l'habileté motrice ou mentale qui en résulte se perde (« Le vélo ne s'oublie pas ! »). Certaines activités complexes demandent toutefois à être entretenues : en l'absence de répétitions, le jeu virtuose d'un pianiste risque de souffrir ; à défaut d'un entraînement régulier, un sportif de haut niveau perdra son savoir-faire technique et verra ses performances baisser, etc.

Des tâches routinières...

Ces « automatismes » jouent un rôle capital dans notre vie quotidienne. Grâce à eux, nous pouvons accomplir des tâches complexes routinières alors que notre cerveau reste disponible pour faire face à des situations imprévues. Au volant d'une voiture par exemple, nous manipulons la direction, l'accélérateur, les clignotants, etc., sans trop y prêter attention jusqu'au moment où une situation exceptionnelle – un enfant tentant de traverser la route devant nous – requiert toute notre concentration et met fin au « pilotage automatique ».

... à nos habitudes et préférences

Ces procédures inconscientes sont aussi à l'origine de beaucoup de nos préférences et habitudes. Ainsi, nous avons tous mémorisé une échelle des prix qui nous sert de référence pour évaluer si un produit particulier – un kilogramme de pommes dans un hypermarché – est cher ou, au contraire, bon marché. Quand nous ne pouvons plus l'appliquer de manière directe, à cause d'un changement de la monnaie ou lors d'un séjour à l'étranger, nous éprouvons le plus grand mal à adapter nos jugements. Bien que l'introduction de l'euro remonte au début de l'année 2002, nous continuons encore souvent à « penser » en francs, en particulier pour le prix de biens qui ne relèvent pas du quotidien, comme celui d'une maison ou d'une voiture.

Le conditionnement classique

Lorsqu'il nous est arrivé de tomber malade après avoir consommé un aliment particulier (des huîtres, par exemple), la seule vue du mets peut dès lors provoquer une nausée... à l'instar du son de cloche qui, dans l'expérience du physiologiste russe Pavlov, faisait saliver les chiens qui avaient appris à associer ce stimulus neutre avec l'arrivée prochaine de nourriture. Il est difficile de trouver chez l'être humain des situations naturelles qui reproduisent le conditionnement classique des chiens de Pavlov. Elles sont parfois liées à l'apprentissage de la peur ou du plaisir, inspirés d'un contexte particulier. Ainsi, si l'on a été une fois mordu par une vipère, le cœur peut se mettre à battre très fort, ou l'on peut ressentir une certaine angoisse, dès que l'on se retrouve dans un lieu certes éloigné de celui de l'accident, mais qui lui ressemble par la présence des mêmes espèces d'arbre ou des mêmes odeurs.

« Il me semble que... » : les effets d'amorçage

Il nous arrive aussi d'enregistrer dans notre mémoire, sans chercher à le faire, une information (par exemple, la couleur de la cravate d'un interlocuteur). Lorsque, à un moment ultérieur, nous avons besoin d'elle, nous la trouvons alors plus vite ou avec plus de facilité, mais parfois sans avoir la même certitude que pour une information que nous avons apprise de façon consciente (« Il me semble que votre cravate était rouge. »).

Pour décrire ces phénomènes, les scientifiques parlent d'effets d'amorçage. En remplissant les cases d'une grille de mots croisés, la solution à une définition (par exemple, « Fabrique ou vend du mobilier de luxe ») nous vient ainsi tout de suite à l'esprit, parce que nous venons de rencontrer le mot recherché (« ébéniste ») ou un mot apparenté (« menuisier » ou le nom d'un autre métier) dans un contexte peut-être tout à fait différent. Quelquefois, une telle mémorisation inconsciente nous joue un « tour » : l'idée de génie que nous croyons avoir trouvée tout seul nous est en fait venue par le biais d'un article de presse, que nous avons oublié avoir lu.

GRÂCE AUX « AUTOMATISMES » DE LA MÉMOIRE PROCÉDURALE, NOUS POUVONS ACCOMPLIR DES TÂCHES COMPLEXES ROUTINIÈRES ALORS QUE NOTRE CERVEAU RESTE DISPONIBLE POUR FAIRE FACE À DES SITUATIONS IMPRÉVUES.

Testez votre mémoire procédurale

LECTURE EN MIROIR

Monsieur Pickwick avait ressenti quelque inquiétude
en constatant l'absence inhabituelle de ses deux amis,
et en se rappelant leur conduite mystérieuse
pendant toute la matinée.

Tentez de lire le plus vite possible le texte reproduit ci-dessus en miroir.

DESSIN EN MIROIR

Placez votre livre face à un miroir de façon à ne voir que le reflet des dessins ci-dessus. Retracez-les sur une feuille le plus vite possible en suivant leur contour avec un crayon.

◀ Lire ou dessiner sont deux activités que nous réalisons sans difficulté grâce à notre mémoire procédurale.
Les difficultés surviennent quand on procède différemment, par exemple en lisant ou dessinant en miroir.

Échecs ou football : une affaire d'experts

Performances mentales contre performances physiques ? À première vue, rien ne rapproche un champion d'échecs d'un footballeur professionnel. Pourtant, ils utilisent leur mémoire d'une façon étonnamment similaire.

Grands maîtres contre novices

Nul doute que ce sont les étonnantes performances des joueurs d'échecs qui ont incité les chercheurs à faire de ce jeu un domaine privilégié pour étudier la façon dont « fonctionne » la mémoire d'un expert. Parmi les nombreuses expériences, celle menée en 1965 par le psychologue Adriaan de Groot est l'une des plus connues : 5 grands maîtres et 5 joueurs novices se sont vu présenter une série de configurations provenant de parties d'échecs, chacune pendant cinq secondes ; puis on leur a demandé de replacer les pièces sur un échiquier vide. Au premier essai, les grands maîtres ont su remettre à leur place 90 % des pièces, contre 40 % pour les novices. Cependant, lorsque les pièces avaient été disposées de façon aléatoire sur l'échiquier, tous ont obtenu des résultats identiques.

Mieux qu'un novice, un grand maître sait donc apprendre, reconnaître et rappeler telle ou telle configuration de pièces d'échecs, à condition toutefois qu'elle obéisse à une logique, c'est-à-dire qu'elle ait pu résulter d'une partie jouée. On estime en effet qu'un grand maître emmagasine dans sa mémoire à long terme entre 10 000 et 100 000 configurations ou regroupements cohérents – les chercheurs parlent de *chunks*, mot anglais qui signifie « gros morceaux ». De même, un tel expert retient mieux les déplacements qui peuvent résulter d'une configuration donnée, ainsi que les éventuels avantages qu'il pourra en tirer pour prendre le contrôle du jeu. En regroupant un nombre plus grand de pièces d'un seul coup d'œil, il analyse en moins de temps qu'un novice la situation sur l'échiquier. Et, tandis qu'un ordinateur programmé pour jouer aux échecs devait évaluer, il y a quelques années encore, jusqu'à plusieurs milliers de positions possibles à chaque coup (en dehors des ouvertures et des fins de partie bien connues), un joueur expert repère vite, parfois en quelques secondes, celles qui sont déjà connues en vue d'en tirer une conclusion victorieuse... Une faculté que les pro-

Un champion d'échecs comme Garry Kasparov connaît plusieurs milliers de combinaisons de jeu sur le bout des doigts. Cette faculté, acquise après des années d'expérience, lui permet d'analyser chaque étape d'une partie en quelques secondes. ▶

▲ « Zidane s'élance, s'infiltre dans la défense, repère une ouverture entre deux arrières, tire… et marque ! » L'exploit n'est pas seulement physique. Pour un footballeur professionnel expérimenté, l'analyse rapide du jeu est un atout majeur permettant de mettre au point une stratégie victorieuse.

grammeurs ont réussi à imiter en partie pour Big Blue, l'ordinateur qui a vaincu Garry Kasparov.

Comment fait Zidane ?

Face à une photographie reproduisant une situation de jeu, les footballeurs et leurs entraîneurs ne réagissent pas de la même façon que des novices lorsqu'on leur demande de proposer la meilleure action pour le joueur détenant le ballon : le passer, le garder ou bien tirer au but ? Une fois encore, les experts font des propositions plus pertinentes et répondent plus vite. C'est ce qui ressort d'une expérience menée en 2003 par une équipe de trois chercheurs toulousains (Debû, Zoudji et Thon). Les situations de jeu qui figurent sur les photographies correspondent en effet à des *chunks*, situations stéréotypées auxquelles les footballeurs experts peuvent se référer, alors que les novices s'y trouvent confrontés pour la première fois. Mais les experts apprennent aussi de façon plus efficace. Lorsqu'on leur montre une même photographie une deuxième fois, après un certain intervalle, les experts donnent leur réponse plus vite, ce qui montre qu'ils l'ont inconsciemment enregistrée la première fois. Et ces professionnels du ballon rond s'avèrent également plus efficaces lorsque leur mémoire de travail est perturbée, à savoir quand on leur demande d'effectuer en même temps des tâches verbales et visuelles.

Acquérir une mémoire d'expert

À l'instar des footballeurs, les joueurs experts d'autres sports collectifs l'emportent ainsi toujours sur les novices lorsqu'il faut se souvenir de séquences de jeu, qu'il s'agisse de l'emplacement initial des joueurs sur le terrain ou de leurs déplacements. Et patineurs et gymnastes – mais aussi les journalistes sportifs qui commentent leurs performances – retiennent avec plus d'aisance les figures exécutées. Mais, comme dans le cas des joueurs d'échecs, leur supériorité est limitée aux séquences de jeu ou aux configurations cohérentes du sport qui est le leur.

Comme tout expert, ces sportifs ont développé un savoir-faire qui repose sur une compétence commune : la constitution d'une base de *chunks* au prix d'années de travail. Grâce à un entraînement régulier, ils se concentrent mieux sur ce qui est spécifique à leur expertise et font preuve d'une plus grande aptitude pour le « manipuler » sur le plan mental. Ces capacités ne peuvent toutefois être transférées à des domaines étrangers à leur expertise : la mémoire d'un expert n'est impressionnante que dans son domaine.

« *Chaque fois que je mange du pain d'épices, je pense à ce séjour que j'ai fait à Noël chez ma tante Pauline, près de Strasbourg, il y a 50 ans.* »

Jules, 58 ans, menuisier

Les sens et la mémoire

VOIR EST UNE ACTIVITÉ DU CERVEAU QUI NOUS EST SI FAMILIÈRE QUE NOUS OUBLIONS PARFOIS LE RÔLE-CLÉ QUE LA VISION JOUE DANS LES PROCESSUS DE MÉMORISATION.

Nos souvenirs se constituent à partir des messages sensoriels que le monde extérieur nous fait parvenir. Nos cinq sens – la vue, l'ouïe, le toucher, l'odorat et le goût – sont donc les portes d'entrée majeures de notre mémoire. Mais ce qui est perçu par les sens n'est jamais mémorisé tel quel, à l'instar d'une photographie ou d'une bande sonore. À peine perçues par le cerveau, les informations sensorielles sont analysées en profondeur, puis associées entre elles, comparées à d'autres et affectées de marqueurs émotionnels, topographiques (le lieu de l'apprentissage) et temporels (la date). Ces processus sont en principe les mêmes chez tout le monde, mais tous les sens ne semblent pas égaux devant la mémoire.

Spécialisation et compensation

Physionomistes employés dans un casino, musiciens à « l'oreille absolue », « nez » en parfumerie... Tout le monde connaît ou a entendu parler de personnes qui « ont » une mémoire (plutôt) visuelle, auditive ou olfactive, parce que leurs compétences sont supérieures à la moyenne dans l'une ou l'autre de ces modalités sensorielles de la mémorisation. Il est bien plus rare de trouver des gens qui font valoir une spécialisation dans les modalités tactile ou gustative. Certains coiffeurs disent toutefois reconnaître instantanément leur paire de ciseaux personnelle dès qu'ils l'ont en main. Sinon, une compétence extraordinaire paraît souvent liée à la privation d'une autre modalité sensorielle.

Ainsi, les aveugles de naissance développent leurs facultés de façon à réussir des performances en mémoire spatiale, auditive et tactile supérieures à celles des voyants. Mais la privation d'une des modalités de perception n'est pas synonyme d'absence : la lecture, tactile, du braille active, par exemple, des aires visuelles du cerveau, sans doute parce qu'elles participent à la gestion de certaines composantes du langage.

Les pages qui suivent visent à donner un aperçu de la relation entre la vue, l'ouïe et l'odorat, d'une part, et notre mémoire, de l'autre, sans entrer dans de longues explications, en particulier sur l'anatomie de nos organes de sens.

Les mémoires visuelles

Dans son roman *Kim,* l'écrivain britannique Rudyard Kipling (1865-1936) décrit comment le héros, l'adolescent Kim, s'entraîne sans relâche à mémoriser des objets disposés sur une table pour retrouver ensuite celui qui manque. À force de s'exercer ainsi, le futur espion de Sa Majesté acquiert un prodigieux savoir-faire qui lui permettra plus tard de ne rien oublier de ce qu'il aura vu pour en faire le rapport détaillé.

La mémoire des images

Dans le cadre d'une expérience, une équipe de chercheurs a présenté à des volontaires une série de plus de 2 500 diapositives, à raison de une image toutes les dix secondes. Dans un second temps, ces mêmes diapositives étaient associées chacune à une nouvelle image, et les personnes testées devaient désigner dans chaque paire l'image qui leur était familière, parce qu'elles l'avaient déjà vue auparavant. Les résultats ont été surprenants : plus de 90 % des images ont été reconnues quelques jours plus tard, et un fort pourcentage encore après un intervalle de plusieurs semaines ! Une expérience similaire faite avec 10 000 diapositives a confirmé la remarquable efficacité d'une reconnaissance visuelle.

Une activité si familière

Voir est une activité du cerveau qui nous est si familière que nous oublions parfois le rôle clé que la vision joue dans les processus de mémorisation, d'abord comme une des principales modalités d'entrée de nouvelles informations, puis dans leur traitement et leur stockage, qui ne recourent pas au langage. Pour expliquer le fonctionnement de notre mémoire de travail, les neuropsychologues opposent ainsi une mémoire visuelle, ou plutôt visuo-spatiale, à une mémoire verbale. La première nous permet en particulier d'interpréter et de « manipuler » dans la tête des dessins abstraits ou des itinéraires, alors que la seconde s'appuie sur le langage pour comprendre des paroles entendues bien sûr, mais aussi toutes sortes d'informations visuelles.

Il importe en effet de ne pas confondre informations visuelles et mémoire visuelle. Nombre des premières sont traitées également de façon verbale, selon le principe du double codage : le mot écrit accompagne un dessin ou une photographie, ou encore un objet réel. Au cours de nombreuses expériences, les psychologues ont démontré l'intérêt d'un tel double codage qui combine des informations imagées (forme, taille, disposition) et verbales (« c'est un arbre »).

Un sens aigu pour les détails : la mémoire des autistes

On recourt parfois à la métaphore de la mémoire photographique pour évoquer la grande précision typique de la mémoire visuelle des autistes.

L'autisme est un trouble du développement qui empêche un enfant de manifester une réciprocité sociale, une réponse émotionnelle et un langage interactif. Ces dysfonctionnements sévères s'accompagnent en revanche parfois d'une mémoire musicale prodigieuse ou d'une mémoire visuelle dite « photographique ». Cette dernière permet aux autistes de dessiner de mémoire une figure complexe dans ses moindres détails, de repérer sans difficulté un objet manquant parmi d'autres ou encore de compter sans hésitation un grand nombre d'éléments, comme le fait le personnage joué par l'acteur Dustin Hoffman dans le film *Rain Man*.

Pour expliquer ces performances spontanées et phénoménales, les neuropsychologues parlent d'une « mémoire de surface », qui ne tenterait pas de dégager le sens global ou la forme générale d'une figure à reproduire, mais s'attacherait aux plus petits détails pour en créer une « photographie mentale ». Alors que, face à un dessin, la

Ne plus reconnaître le visage de ses proches

La prosopagnosie (du grec ancien prosôpon, *«personne »,* et agnôsia, *« ignorance ») est un syndrome rare mais très troublant pour l'entourage du malade, qui perd sa capacité de reconnaître des visages familiers. Il s'agit uniquement des traits élémentaires d'un visage puisque le malade se rappelle sans difficulté le nom des personnes ou les informations qui les concernent. De même, il continue d'identifier une personne, sans hésiter, au son de la voix, à la démarche, à la silhouette, voire à certains attributs caractéristiques du visage tels qu'une grosse moustache ou une chevelure particulière.*

Ce curieux syndrome survient à la suite de lésions de l'hémisphère droit du cerveau, où se trouvent stockées les unités mnésiques de reconnaissance faciale qui nous permettent d'identifier à partir d'une analyse visuelle de leurs traits élémentaires les visages familiers ou bien d'autres « êtres » ou « objets ». De façon anecdotique ont été ainsi rapportés le cas d'un patient qui ne pouvait plus reconnaître les vaches de son troupeau et celui d'un ornithologue incapable d'identifier, sur un plan visuel, les oiseaux qu'il reconnaissait néanmoins immédiatement à leur chant.

Les physionomistes

Les experts aux facultés les plus impressionnantes dans le domaine de la mémoire visuelle sont les physionomistes professionnels. Ils sont employés, par exemple, dans les casinos où ils sont chargés de surveiller les clients dans le but d'identifier ceux frappés d'une interdiction de jeu. D'autres aident à assurer la sécurité lors de matchs de football en repérant les hooligans soupçonnés d'actes violents. Certains sont capables d'identifier à partir du visage une personne même vieillie de dix ou vingt ans, et cela pour un « répertoire » de quelque 5 000 à 10 000 visages ! Comment réussissent-ils cet exploit ? En fait, leur mémorisation n'est pas immédiate ; ils doivent réaliser pendant quelques minutes un effort intense de concentration afin d'enregistrer les caractéristiques d'un visage.
Comme pour toute mémorisation efficace, les physionomistes s'aident de détails ou d'indices ; un visage « banal », sans traits particuliers, est plus difficile à mémoriser. Contrairement à une idée reçue, la mémoire du physionomiste ne ressemble donc pas à une collection d'instantanés photographiques !

plupart d'entre nous, après avoir commencé par se concentrer sur la forme générale, tentent de l'enrichir de détails, les autistes juxtaposeraient d'emblée ces détails sans se laisser guider par une vision globale. Leurs performances seraient donc meilleures lors des premières étapes de traitement de l'information, étapes que d'autres personnes « brûlent » pour accéder à un sens plus général ou davantage porteur de sens, afin de faciliter la mémorisation. Certains chercheurs pensent en outre que les autistes résistent mieux aux interférences, l'une des principales sources de l'oubli pour la mémoire de travail.

Se souvenir d'un visage

Nous sommes tous des experts « naturels » dans la mémorisation des images, mais certains d'entre nous font preuve de meilleures performances dans un domaine précis : visages, bâtiments, paysages... Une telle compétence est parfois le fruit d'un entraînement, comme dans le cas présenté par Kipling dans son roman, mais il semble exister aussi un « don naturel » que l'on trouve, par exemple, chez les physionomistes.

Autant nous reconnaissons sans difficulté un visage parmi des milliers d'autres, autant il nous est très difficile de décrire un visage avec des mots. Pour le faire, nous nous en tenons en général aux attributs : lunettes, moustache, barbe, sourcils, grain de beauté... Le langage semble en effet jouer un rôle secondaire dans la reconnaissance des visages. D'ailleurs, cette capacité se développe ainsi très tôt chez l'enfant : entre 6 et 9 mois, selon certaines études, il distinguerait les visages dans son entourage avec plus de facilité qu'un adulte.

Les mémoires auditives

« Si le pianiste voulait jouer la chevauchée de la *Walkyrie* ou le prélude de *Tristan*, Mme Verdurin protestait, non que cette musique lui déplût, mais au contraire parce qu'elle lui causait trop d'impression. " Alors vous tenez à ce que j'aie ma migraine? Vous savez bien que c'est la même chose chaque fois qu'il joue ça. Je sais ce qui m'attend ! " » (Marcel Proust, *Du côte de chez Swann*).

L'émotion : une clé pour comprendre la musique

Les relations entre les émotions et la musique sont complexes. D'une part, l'écoute d'un morceau de musique ou la pratique musicale, du chant ou d'un instrument, produisent des sensations (excitation ou détente, par exemple) que nous interprétons en fonction de notre humeur présente et que nous associons désormais à la musique entendue ou jouée.

D'autre part, sur le plan mental (ou cognitif), la plupart d'entre nous sont capables de prévoir la suite d'un tel morceau : « je sais qu'après ce passage, des cuivres vont faire leur entrée dans l'orchestre » ou « le tempo va s'accélérer et les sons vont devenir plus aigus ». Or, il semble que cette faculté ne soit pas due à une formation musicale que nous aurions reçue, mais soit liée à des connaissances spontanées que nous avons de l'harmonie musicale.

Le « frisson » que déclenche parfois l'écoute d'un morceau connu dépend ainsi largement de cette activité mentale émotionnelle. En effet, les neuropsychologues ont observé que certains de leurs patients avaient perdu le plaisir d'écouter de la musique, alors que leur perception auditive – d'une mélodie, d'un rythme, d'un timbre... – était restée intacte. Ces patients expliquent eux-mêmes qu'ils « ne comprennent plus » le jeu des relations musicales entre différents instruments et qu'ils ne parviennent plus à « prédire » la manière dont un morceau va évoluer.

Des modalités d'écoute différentes

Nous n'avons pas tous les mêmes compétences musicales, certains semblent plus doués que d'autres pour retenir une mélodie ou identifier un son musical. Comment expliquer ces différences ? L'une des pistes suivies par les chercheurs est celle du fonctionnement cérébral chez les experts en musique. Ceux-ci écoutent en effet d'une façon différente : ils « voient » les notes qu'ils entendent et, pour certains d'entre eux, les notes musicales correspondent à des « mots ». L'imagerie médicale a confirmé ces hypothèses en faisant apparaître l'activation des régions cérébrales liées à des tâches visuelles ou linguistiques.

L'oreille absolue

Lorsqu'une personne parvient à reconnaître d'emblée la hauteur précise d'une note et à la nommer dans plus de neuf cas sur dix, on dit qu'elle possède l'« oreille absolue ». Quelqu'un qui a cette faculté peut ainsi accorder, sans se tromper, un instrument de musique ou chanter la note « la », dont la fréquence exacte de 440 kHz est celle de la tonalité de base de notre système téléphonique...

Tous les musiciens ou compositeurs, même les plus talentueux, n'ont pas cette oreille absolue, qu'on la trouve en revanche chez des personnes ayant peu de bagage musical. Toutefois, on peut observer qu'un apprentissage précoce de la musique – avant sept ans – semble favoriser cette compétence ; il modifierait la structure et le fonctionnement du cerveau.

Ces experts, musiciens professionnels ou amateurs, réussissent également à garder à l'esprit une mélodie là où d'autres échouent s'ils sont perturbés par un bruit alentour. Ils effectuent sans difficulté cette mémorisation, sauf lorsqu'ils entendent en même temps une autre mélodie ou les noms des notes (do, ré, mi...).

◄ Jouer du violon ne sollicite pas seulement la mémoire auditive, mais aussi les mémoires tactile et visuelle. Un accord musical peut ainsi être perçu comme un ensemble de sons, une position des doigts ou des notes superposées dans une partition.

Parfumeurs et œnologues : les « nez » au travail

Dans certains milieux professionnels, la ténacité de la mémoire olfactive marque profondément l'exercice du métier. Chez de nombreux chefs cuisiniers par exemple, le souvenir sensoriel des recettes familiales est omniprésent. Les « nez » – parfumeurs ou œnologues – insistent également sur cette dimension très personnelle de leur mémoire olfactive. Pour les premiers, tel composant d'une essence évoquera l'odeur de la cuisine maternelle, tel autre l'odeur d'un livre lu enfant ou adolescent... On trouve le même « vécu olfactif » chez les œnologues. Lors d'une dégustation, l'un associera, par exemple, l'odeur de pêche au lointain souvenir du verger familial. Tel autre rapprochera l'odeur du musc de celle du vieux linge de maison que, tout enfant, il découvrit un jour dans une malle entreposée dans le grenier de ses grands-parents.

Mémoire et répertoire musical

C'est grâce aux connaissances théoriques acquises – et stockées dans la mémoire sémantique – qu'une mélodie ou une œuvre entendue nous paraît familière ou que nous parvenons à identifier son titre, son compositeur ou son interprète. Pour ceux qui pratiquent un instrument, le répertoire se constitue au fil d'années d'études, grâce à une mémoire à long terme implicite : la mémoire procédurale, fruit d'un apprentissage surtout kinesthésique (des mouvements internes), mais également mélodique et, dans une moindre mesure, graphique.

Langage et musique : deux mémoires auditives distinctes ?

La mémoire musicale est-elle plus résistante que la mémoire verbale ? Les recherches neuropsychologiques consacrées aux relations entre paroles et musiques montrent que la mémoire des chansons associe étroitement ces deux dimensions, bien que le souvenir des mélodies tende à mieux résister au temps. Parmi les patients ayant subi une lésion cérébrale, des musiciens, incapables désormais de comprendre des paroles ou de parler, continuent néanmoins d'exercer une activité musicale. D'autres, mais c'est plus rare, ne peuvent plus mémoriser, voire reconnaître le moindre air musical tout en ayant gardé une bonne maîtrise du langage. Il se pourrait donc que la parole et la musique soient conservées dans la mémoire à long terme de manière indépendante.

Si la mémoire musicale résiste plus, c'est sans doute qu'elle s'appuie sur un encodage associant informations linguistiques et, surtout, émotionnelles. Et la présence d'une émotion (plaisante ou non) liée à un phénomène sonore (voix d'un proche, son de l'environnement, mélodie) contribue toujours à en consolider le souvenir. D'ailleurs, un tel phénomène sonore n'a pas besoin d'être perçu de façon consciente pour être stocké durablement, alors que des informations auditives « ordinaires » (numéro de téléphone à noter ou conversation à suivre) nécessitent un effort conscient, car elles sollicitent la mémoire de travail.

La mémoire olfactive

« Lors de [mes] visites à Combray, écrit le narrateur de *la Recherche du temps perdu*, je revenais toujours avec une convoitise inavouée m'engluer dans l'odeur médiane, poisseuse, fade, indigeste et fruitée du couvre-lit à fleurs [de tante Léonie]. »

Les odeurs, forteresses des souvenirs

Cette phrase de Marcel Proust, bien moins citée que le célèbre passage de la petite madeleine, résume à merveille maintes caractéristiques de la mémoire olfactive :
– sa ténacité, attestée par la description précise de l'odeur à des années de distance de la sensation originelle ;
– sa tonalité heureuse, ses liens avec le contexte de la perception ;
– ses qualités synesthésiques, à savoir sa mise en correspondance avec les autres sens.

Les odeurs sont les « forteresses » des souvenirs, en particulier lorsque les traces mnésiques datent de la petite enfance. Chacun d'entre nous, à l'âge adulte, a connu le rappel soudain d'événements parfois fort anciens provoqué par l'odeur d'un parfum, d'une chambre ou d'une vieille peluche retrouvée au fond d'une armoire.

Bonnes ou mauvaises odeurs, souvenirs heureux

La plupart des souvenirs olfactifs sont des souvenirs heureux, évoquant des événements vécus jadis « avec convoitise ». Quand c'est la mémoire qui « respire », observait le philosophe Gaston Bachelard (1884-1962), toutes les odeurs sont bonnes.

En effet, d'une enquête par questionnaire menée auprès de plus de 500 étudiants, il ressort que leurs souvenirs olfactifs sont en majorité plaisants, tant du point de vue du contenu mémorisé que du contexte qui lui est lié. Très souvent rattachés à l'enfance, ils renvoient aux vacances, aux voyages, à la nature (mer, montagne, campagne...) et à la famille (odeurs et parfums des parents et grands-parents, repas dominicaux, maison familiale...).

Curieusement, certaines personnes associent des odeurs jugées désagréables dans d'autres circonstances à des souvenirs heureux : une odeur de fosse à purin peut évoquer un séjour estival près d'une ferme, une odeur d'essence le départ en vacances, celle du chlore les jeux dans une piscine...

Comme le montrent ces associations, la mémoire enregistre en même temps que le stimulus tout son contexte sensoriel et émotionnel, phénomène bien connu désigné parfois sous le nom de « syndrome de Proust ». Plusieurs régions du cerveau participant au traitement du message olfactif – thalamus, néocortex frontal et système limbique – marquent l'odeur d'une valeur affective, réunissent diverses informations sensorielles et jouent ainsi un rôle central pour la mise en mémoire de souvenirs qui ne sont jamais purement olfactifs.

La mémoire olfactive et les autres sens

La mémoire olfactive est toujours au centre de plusieurs sensations. Les épithètes proustiennes de la phrase évoquée plus haut en rendent bien compte : « indigeste », « poisseuse », « médiane ». Elle est bien sûr en rapport étroit avec le goût qui, d'ailleurs, perdrait beaucoup de ses facultés sans les informations olfactives qui passent par la voie rétronasale lors de l'ingestion d'aliments ou de boissons.

▲ La dégustation du vin se fait en trois étapes : juger de l'aspect visuel (couleur, viscosité, etc.), des odeurs ou du bouquet (le « nez » du vin) et des saveurs, dont la reconnaissance doit beaucoup à l'odorat.

Mais d'autres sens aussi entrent en jeu. En milieu hospitalier par exemple, les odeurs évoquent la sensation d'ingestion, parfois vécue comme une agression, ou encore celle du toucher, sur le mode de l'engluement décrit par Proust. Une infirmière se souvient ainsi de son impression d'« avaler les parcelles infimes du corps » portées, selon elle, par l'odeur de certaines nécroses des patients. Une autre a en mémoire des odeurs si pénibles qu'elles « imprégnaient », se souvient-elle, ses vêtements et sa peau.

En fait, tout se passe comme s'il était difficile d'imaginer une mémoire olfactive qui n'engage pas de façon concrète à la fois notre biographie et notre corps. De cette spécificité, elle tire indubitablement une grande part de sa force.

Mozart,
une mémoire légendaire

Brahms était capable de jouer de mémoire tout Bach et tout Beethoven. Le chef d'orchestre Hans von Bülow dirigea sans partition la création de *Tristan et Isolde* de Wagner. Moritz Rosenthal interprétait de mémoire tout Chopin… Pour être bien réelle, la mémoire des musiciens rejoint parfois aussi la légende !

Mozart, par exemple, composa en 1784 la *Sonate pour piano et violon en si bémol majeur* la veille au soir du concert, à la demande de la violoniste italienne Strinasacchi. Il écrivit la partie pour violon pour que la violoniste puisse se préparer dans la matinée, puis l'accompagna lui-même lors du concert devant l'empereur d'Autriche. Lorsque celui-ci demanda à voir la partition du piano, on lui apporta une feuille blanche… En fait, cette anecdote n'a rien d'étonnant pour de nombreux musiciens, compositeurs ou interprètes, qui pourraient prétendre en faire autant. Mais, selon les biographes, la remarquable mémoire de Mozart aurait réalisé son plus grand exploit bien plus tôt, quand le compositeur n'avait que 14 ans.

Le *Miserere* d'Allegri, une œuvre entourée du secret

En décembre 1769, le jeune Wolfgang Amadeus Mozart part de Salzbourg, en compagnie de son père, pour un voyage de quinze mois à travers l'Italie. Le 11 avril 1770, les deux voyageurs arrivent à Rome, juste à temps pour Pâques. Comme d'autres touristes à l'époque, ils assistent aux matines du mercredi et du vendredi de la Semaine sainte, célébrées dans la chapelle Sixtine au son du *Miserere* de Gregorio Allegri (1582-1652). Cette œuvre musicale, interprétée en faux-bourdon par deux chœurs de quatre et de cinq voix alternant avec du plain-chant, sans accompagnement instrumental, était alors réputée dans toute l'Europe pour la beauté de son style mélodique. Elle était aussi entourée de secrets et de mystères.

L'autorité papale interdisait en effet de la chanter en dehors de la chapelle Sixtine et de la Semaine sainte et menaçait d'excommunication toute personne qui la transcrirait et la diffuserait ! Seule trois copies officielles existaient à l'époque : une première appartenait au roi du Portugal, une deuxième était en possession du Padre Giovanni Battista Martini, alors reconnu comme l'un des plus grands compositeurs et pédagogues d'Italie, et une troisième se trouvait dans la Bibliothèque impériale de Vienne.

Une partition trompeuse

L'empereur d'Autriche Léopold Ier (1640-1705), averti de l'extraordinaire beauté du morceau par des dignitaires ayant visité Rome, avait en effet demandé au pape une copie de l'œuvre et avait fini par l'obtenir. Mais l'interprétation qui en fut donnée à Vienne fut si décevante que l'empereur croyait avoir été trompé. Il se plaignit donc au pape qui licencia aussitôt le *maestro di cappella* qui avait fourni la copie. L'infortuné demanda alors une audience et expliqua au souverain pontife que la beauté de l'œuvre tenait à des techniques de chant utilisées par le chœur papal, mais qui ne pouvaient figurer sur aucune partition. Le pape l'autorisa alors à aller à Vienne plaider sa cause, ce que le maître de chapelle fit avec succès avant de retrouver ses fonctions…

« Nous ne souhaitons pas qu'il tombe dans d'autres mains…»

Pour en revenir à Wolfgang, lorsque le jeune prodige rentre à son logement romain, le mercredi, après avoir entendu le *Miserere*, il se met à le transcrire de mémoire. Le vendredi saint, il retourne une nouvelle fois à la chapelle Sixtine, le manuscrit caché dans son chapeau, pour y apporter quelques corrections. Le 14 avril, son père Léopold écrit une lettre à son épouse : «… Tu as souvent entendu parler du célèbre *Miserere* de Rome, qui est si réputé qu'il est interdit aux interprètes, sous peine d'être excommuniés, d'en faire la moindre copie et de la donner à un tiers. Mais nous l'avons déjà. Wolfgang l'a transcrit, et nous l'aurions envoyée à Salzbourg par cette lettre si notre présence n'était pas nécessaire pour son interprétation. Mais la façon de l'interpréter contribue davantage à son effet que la composition même. En outre, puisqu'il s'agit de l'un des secrets de Rome, nous ne souhaitons pas qu'il tombe dans d'autres mains… »

Wolfgang et Léopold continuent leur voyage à Naples, puis reviennent à Rome – où Wolfgang est fait chevalier de l'Éperon d'or lors d'une audience papale – et passent le reste de l'été à Bologne. Là, Wolfgang étudie avec le Padre Martini, détenteur de l'une des copies du *Miserere*. Là, il rencontre aussi le Dr Charles Burney, célèbre biographe et musicographe anglais, venu en France et en Italie en vue de réunir du matériau pour un ouvrage sur l'état de la musique dans ces deux pays. On ignore ce qui s'est passé lors de cette entrevue. Mais, à la fin de l'année 1771, après son retour en Angleterre, Burney publie un récit de son voyage ainsi qu'un recueil d'œuvres musicales interprétées lors de la Semaine sainte dans la chapelle Sixtine – et le *Miserere* d'Allegri en fait partie. Ainsi, cette publication met un terme au monopole papal, puisque la partition sera ensuite imprimée de nombreuses fois.

▲ Dès l'âge de 7 ans, Wolfgang Amadeus Mozart effectue une grande tournée à travers toute l'Europe et se fait admirer comme enfant prodige. Puis il perfectionne ses connaissances lors d'un séjour en Italie, où il aurait transcrit de mémoire le *Miserere* d'Allegri.

Une question restée en suspens…

Plusieurs hypothèses existent sur l'origine de la copie obtenue par Burney. L'aurait-il reçu du *maestro di cappella* Santarelli au Vatican ? Ou bien a-t-il consulté la transcription faite par le jeune Mozart, en la comparant peut-être avec la copie détenue par Martini, avant de publier une version expurgée de certaines improvisations du chœur ? La version de Burney diffère en effet de toutes les autres versions connues – officielles ou « pirates » – par sa plus grande richesse et sa perfection. Mais pourquoi y manque-t-il alors les *abbellimenti*, les ornementations ajoutées par les interprètes du chœur ? Serait-ce, comme il est parfois suggéré, parce que Burney voulait protéger Mozart, jeune citoyen d'un pays catholique, du danger d'une excommunication ? Aurait-il même détruit le manuscrit de Mozart ?

Toutes ces hypothèses restent permises, car la transcription de la main de Mozart ne semble pas avoir survécu. Mais son absence même rend également vaine toute spéculation sur la fidélité de cette transcription et donc sur la question de savoir si le jeune génie avait vraiment une mémoire si extraordinaire à l'âge de 14 ans…

> *« C'est de l'époque où je faisais mes études à Rennes, puis de mon premier travail que j'ai gardé le plus de souvenirs. »*
>
> **Jean-Pierre,** 67 ans, retraité

La mémoire autobiographique

Seuls quelques épisodes d'une grande importance personnelle et émotionnelle sont conservés durablement avec de nombreux détails.

Pour la plupart d'entre nous, le mot même de « mémoire » évoque en premier lieu le monde de nos souvenirs personnels. Cette mémoire autobiographique, nous l'imaginons volontiers sous forme de traces que nous avons gardées d'épisodes vécus depuis notre plus jeune âge. Cependant, une simple observation de la façon dont nous accédons à nos souvenirs révèle que cette mémoire n'est pas constituée d'une seule série d'événements vécus.

Mémoire involontaire, mémoire volontaire

Lorsque nous nous efforçons de rappeler un épisode de notre passé (par exemple, un repas précis entre amis dans une époque assez lointaine), il nous faut le plus souvent plusieurs secondes avant de pouvoir en évoquer des détails. Il nous est en effet nécessaire de passer d'abord par des souvenirs plus généraux, comme la période de notre vie à laquelle se déroulait cet épisode (nos années d'étudiant), puis par des événements génériques (les dîners entre copains de cette époque). C'est ainsi que, au prix d'un effort mental, nous pouvons susciter une représentation transitoire de l'épisode dans notre mémoire de travail. Le caractère parfois long et laborieux du processus suggère qu'il s'agit d'une « reconstitution » du souvenir à partir de la conscience que nous avons actuellement de nous-mêmes. Le souvenir peut donc être déformé. En revanche, le rappel est bien plus rapide dans le cas d'un souvenir à forte charge émotionnelle (« le jour de mon mariage ») ou fréquemment évoqué.

À cet accès contrôlé et indirect s'oppose le souvenir automatique et direct qui surgit « spontanément » dans notre conscience, mais qui est en fait déclenché par un indice particulier, présent à ce moment-là : une odeur, une saveur, une mélodie, un mot..., ou bien une pensée, une émotion ou un état d'esprit (voir schéma). C'est Marcel Proust qui en a donné la description la plus célèbre dans une douzaine de passages de son cycle romanesque À la recherche du temps perdu : la madeleine trempée dans une tasse de thé, les clochers de Martinville vus de la voiture du docteur Percepied, une odeur de renfermé dans les lavabos publics des Champs-Élysées, le bruit d'une cuillère contre une assiette... C'est également lui qui a distingué ces deux façons de se souvenir par les termes de « mémoire volontaire » et « mémoire involontaire ».

Entre mémoire épisodique et mémoire sémantique

Pour expliquer ces phénomènes, les neuropsychologues ont recours à la distinction entre mémoire épisodique et mémoire sémantique. Grâce à la première, nous pouvons revivre mentalement, parfois avec force détails, des événements particuliers situés dans le temps et dans l'espace (« ma première journée à l'école »). Ces réminiscences se font en général par des images mentales, mais nous pouvons aussi retrouver l'émotion ou l'humeur associée à l'épisode.

Dans la mémoire sémantique sont en revanche stockées des connaissances générales sur nous-mêmes (les noms de personnes de notre entourage, nos goûts, etc.) ainsi que des connaissances sur des événements génériques (nos week-ends passés à la campagne, notre vie à l'école, etc.). Vivre des événements similaires de façon répétée a en effet pour conséquence de façonner un événement générique ayant des caractéristiques communes. La transition entre les deux mémoires, épisodique et sémantique, est ainsi assurée par un processus d'abstraction.

Acteur ou observateur ?

Seuls quelques épisodes d'une grande importance personnelle et émotionnelle sont conservés durablement avec de nombreux détails ; leur rappel se caractérise alors par un fort sentiment de reviviscence, c'est-à-dire la réapparition d'états de conscience déjà éprouvés.

Dans ce dernier cas, nous tendons à revivre l'épisode en conservant le même point de vue que lors de l'événement original. Cette « perspective d'acteur » est considérée comme étant associée à un souvenir épisodique, tandis que la « perspective d'observateur » (comme si nous regardions un film) relève davantage de la mémoire sémantique.

Âge et souvenirs personnels

En général, plus un souvenir épisodique remonte dans le temps, plus les chances se réduisent qu'il soit conservé avec fidélité. Mais cette règle connaît plusieurs exceptions. Avant l'âge de 3 ou 4 ans, les souvenirs sont rares (« amnésie infantile »). En revanche, les souvenirs constitués entre l'âge de 10 et 30 ans gardent souvent leur vivacité ; ces souvenirs représentent une proportion importante dès la quarantaine : les psychologues parlent d'un « pic de réminiscence » (voir p. 110). Cette période de la vie est en effet cruciale pour la constitution de notre identité personnelle. Puis, le vieillissement a un effet délétère sur notre capacité de revivre un événement particulier (ses aspects épisodiques), mais il n'affecte pas celle de rappeler des événements généraux ou des données personnelles (aspects sémantiques), comme les noms des personnes de notre entourage.

Les événements à forte charge émotionnelle sont en général mieux conservés. Cependant, une émotion trop forte peut avoir un effet contraire. Ainsi, une dépression entraîne parfois le déclin de souvenirs

Rappeler un souvenir autobiographique

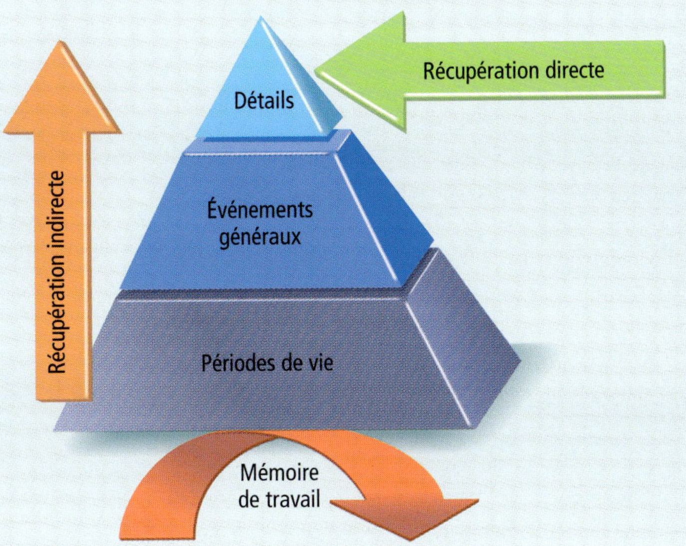

◀ Il existe deux façons de se rappeler un souvenir autobiographique : la première repose sur un déclic provoqué par un indice (flèche verte), la seconde sur une reconstitution progressive à partir des périodes de vie, puis des événéments généraux (flèche orange), sous la dépendance de notre mémoire de travail (modèle hiérarchique de la mémoire autobiographique d'après Martin Conway, 1991).

épisodiques au profit de souvenirs « sémantisés », peut-être pour éviter l'intrusion de souvenirs pénibles.

L'amnésie rétrograde

Le principal trouble de la mémoire autobiographique étudié est l'amnésie rétrograde (une amnésie des informations acquises avant la survenue d'une lésion cérébrale) dont l'apparition est liée à certaines maladies et peut affecter le sentiment d'identité. La perte des souvenirs épisodiques en est une caractéristique, alors que la mémoire sémantique reste souvent intacte. Des données anatomiques et cliniques, ainsi que celles de l'imagerie fonctionnelle, ont permis d'établir un lien entre les représentations autobiographiques et certaines régions cérébrales impliquées dans leur stockage ou leur récupération, en particulier le rôle du lobe temporal externe, du lobe frontal et des régions occipitales. Dans le rappel de souvenirs épisodiques autobiographiques, la jonction fronto-temporale antérieure droite jouerait un rôle.

Comment évalue-t-on la mémoire autobiographique ?

Plusieurs tests existent pour mesurer les performances perturbées ou préservées de la mémoire autobiographique. L'outil de diagnostic le plus répandu est le questionnaire portant sur différentes périodes de vie : par exemple, enfance et adolescence (jusqu'à 17 ans), jeune adulte (18 à 30 ans), adulte plus âgé (au-delà de 30 ans), cinq dernières années, sauf les douze derniers mois, qui sont considérés comme une période à part. Le médecin ou psychologue demande alors à la personne testée d'évoquer pour chaque période plusieurs événements personnels spécifiques et détaillés (par exemple, une rencontre marquante) et d'indiquer où et quand ils ont eu lieu. Les résultats sont ensuite comparés avec ceux d'un deuxième test et avec des renseignements obtenus auprès de la famille.

D'autres méthodes consistent à présenter à la personne testée une série de mots (« avenue, bébé, chat... ») et de lui demander de raconter le premier souvenir personnel qui lui vient à l'esprit, puis de le dater ; ou bien à évaluer la facilité avec laquelle une personne raconte une série d'épisodes autobiographiques. Plus rarement, un test recourt à des indices personnalisés (photographies ou anecdotes familiales) pour susciter des souvenirs, mais les résultats ne diffèrent guère des autres tests.

Les souvenirs autobiographiques selon l'âge

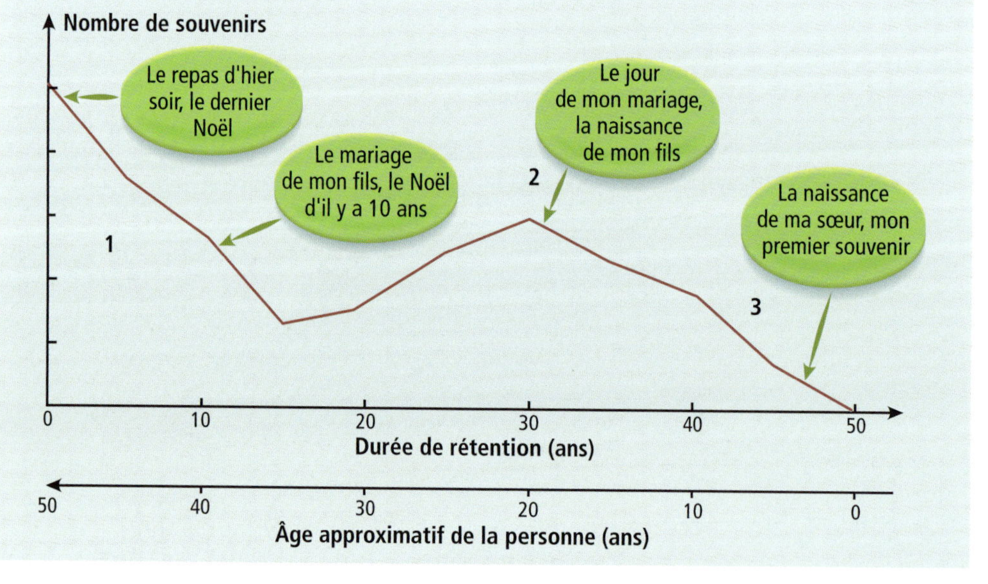

Cette courbe montre la répartition temporelle des souvenirs autobiographiques chez une personne de 50 ans (d'après Rubin et al., 1986). Elle montre le déclin du nombre de souvenirs avec le passage du temps (1), le nombre plus grand de souvenirs encodés entre l'âge de 10 et 30 ans, ou « pic de réminiscence » (2), et la quasi-absence de souvenirs personnels (3) avant l'âge de 3 ou 4 ans. ▶

> *« Je devais préparer une interrogation écrite pour le lendemain, mais, comme j'avais la tête ailleurs, j'ai complètement oublié que j'avais cela à faire. »*
>
> **Olivier,** 36 ans, instituteur

Mémoire prospective et métamémoire

Se souvenir d'un épisode vécu, se rappeler les connaissances acquises à une époque plus ou moins lointaine…, la mémoire semble par nature tournée vers le passé. Pourtant, à cette mémoire rétrospective, il faut en ajouter une autre, prospective, qui est aussi essentielle pour notre vie : elle a pour rôle de nous rappeler que nous devons réaliser une action dans le futur.

Se rappeler un événement à venir…

« Je ne dois surtout pas oublier de rapporter du pain ! » – « Il faut que je pense à poster cette lettre. » – « Il ne faut pas que j'oublie de prendre mes pilules à midi. » Exercer notre mémoire prospective revient en quelque sorte à lire notre agenda, et ce dernier est bien sûr l'outil le plus répandu pour la soulager. Tel un agenda, la mémoire prospective doit stocker deux types d'informations pour être efficace : l'action à effectuer et le moment où il faut la réaliser – et sa mise en route au bon moment. Le succès de la mémorisation ne sera confirmé qu'au moment du rappel ; alors, la motivation et le contexte sont primordiaux : il s'agit de sortir de la routine pour accomplir à un moment précis une action nouvelle, occasionnelle. Même lorsqu'on dispose d'un agenda dûment rempli, il faut penser à le consulter !

« Pourquoi ai-je fait un nœud à mon mouchoir ? »

Ce nœud proverbial symbolise bien l'importance à la fois du rôle d'un indice et de sa pertinence. Tout rappel est en effet facilité par des indices qui peuvent être externes, présents dans notre environnement, ou internes, c'est-à-dire créés par nous-mêmes (« je dois penser à… »). Si le contexte du rappel est pauvre en indices externes, la mémoire prospective repose davantage sur des indices internes.

Le simple fait de passer devant une boulangerie peut ainsi constituer un indice externe efficace pour nous rappeler que nous devons acheter du pain. Le rappel est en général bien plus facile lorsque l'acte à réaliser fait partie intégrante d'une succession d'actions reliées entre elles. Il est rare que l'on oublie d'éteindre le four au bon moment quand on a déjà passé beaucoup de temps à confectionner le gâteau en train de cuire. Acheter un gâteau représente, par contre, un acte isolé dans la journée, qui risque de devenir victime de l'oubli.

Nous pouvons aussi nous servir de certains outils, comme le minuteur pour faire la cuisine, ou bien créer nous-mêmes des indices, comme les pense-bêtes. Encore faut-il bien les choisir pour non seulement se rappeler au bon moment qu'il faut faire quelque chose, mais aussi savoir ce qu'il faut faire… et, dans ce cas, le nœud au mouchoir n'est pas vraiment explicite.

Bien connaître sa mémoire : la métamoire

La métamoire se définit comme la connaissance que nous avons de notre propre

mémoire, la conscience que nous développons à son égard et le contrôle que nous exerçons sur elle. Qu'il s'agisse de créer des indices fiables, de concevoir une stratégie optimale d'apprentissage ou de décider si cela vaut la peine de rechercher ou non une information dans notre mémoire, la métamémoire intervient à chacune des trois étapes de la mémorisation :
– apprentissage : « Je sais comment faire pour bien apprendre cette information. »
– stockage : « Je sais que je connais cette information. »
– restitution : « Je sais comment faire pour retrouver cette information. »

La date de naissance de Dalida ?

Sans doute, la plupart des gens répondront à cette question : « Je ne la connais pas » et se dispenseront de la chercher dans leur tête. C'est la métamémoire qui nous procure un degré de certitude pour juger des chances que nous avons de trouver ou non une information, ou de nous souvenir ou non d'un événement passé ou à venir. Sans elle, nous nous lancerions dans de vaines tentatives de recherche, un peu comme dans l'expérience parfois fort désagréable du mot « sur le bout de la langue » qui, dans ce cas, nous échapperait toujours.

La métamémoire n'est pas en jeu seulement quand il s'agit d'évaluer nos connaissances culturelles. Elle intervient constamment dans nos décisions, même les plus pratiques. Dois-je consulter le manuel avant de faire marcher ce nouveau lave-linge ? Vaut-il mieux revoir l'initéraire sur la carte avant de ramener ma fille à l'école ? Sera-t-il nécessaire d'aller chercher dans le dictionnaire un mot en question afin de pouvoir remplir cette grille de mots croisés ? Pour comprendre ce texte, est-il préférable que je commence par regarder le schéma ? Etc.

Une bonne appréciation de nos stratégies de mémorisation rend leur utilisation plus efficace, ce qui en retour renforce notre métamémoire, améliorant nos capacités d'apprentissage et de récupération.

Aux deux extrêmes de la vie, une métamémoire plus fragile

La métamémoire des jeunes enfants est imprécise : ils sont longtemps persuadés de ne jamais rien oublier. Jusqu'à l'âge de 7 ans environ, ils surestiment leur capacité de se souvenir. En fait, leur mémoire devient plus performante au fur et à mesure que progresse, en parallèle, leur faculté de juger de sa pertinence. Vers l'autre pôle de notre vie, à partir d'un certain âge, il devient de plus en plus difficile d'apprécier les justes limites de ses capacités de mémoire, mais cela dépend bien sûr des personnes.

Ainsi, la mémoire rétrospective nous projette dans le passé à la recherche d'informations ; la mémoire prospective nous engage dans le futur en planifiant des actions. De son côté, la métamémoire nous informe des capacités présentes de notre mémoire.

Comment fonctionne la mémoire prospective ?

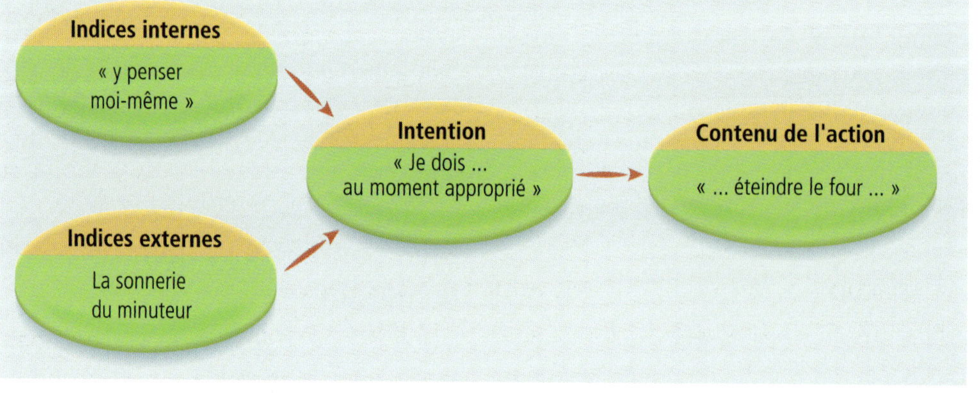

La mémoire prospective repose sur trois contraintes : se souvenir de l'action à exécuter, se rappeler le moment où elle doit l'être et, surtout, mettre en route cette action au bon moment. ▶

Mémo
Les différentes formes de mémoire

- La mémoire repose sur trois étapes-clés : **apprendre**, **stocker** et **restituer**.
- Il existe trois façons de restituer des informations :
  le **rappel libre** se fait spontanément, sans aucune aide ;
  le **rappel facilité** utilise des indices ;
  le **rappel par reconnaissance** repose sur un choix parmi plusieurs possibilités.
- La **mémorisation** peut se dérouler de façon **volontaire** ou **involontaire**.
- Les **mémoires temporaires** comprennent les **mémoires sensorielles**, très fugaces, et la **mémoire à court terme**, appelée également **« mémoire de travail »**, dont le rôle est de conserver à l'esprit une information, comme un numéro de téléphone, pendant un bref laps de temps.
- La **mémoire à court terme** plafonne, en moyenne, à **sept éléments**.
- La **mémoire à long terme** a des capacités presque illimitées. Elle peut être **déclarative**, quand la réponse est précisée de manière consciente, ou **non déclarative**, quand la réponse ne se formule pas, par exemple dans le cas des mouvements que l'on réalise sans réfléchir (**mémoire procédurale**).
- Parmi les mémoires à long terme déclaratives, la **mémoire épisodique** recense nos souvenirs datés et localisés et la **mémoire sémantique** regroupe le langage et les faits culturels généraux organisés à la manière d'une arborescence.
- Nos **cinq sens** sont les **portes** d'entrée de **notre mémoire**. Les informations sensorielles ne sont jamais mémorisées telles quelles mais sont analysées en profondeur.

- La **mémoire autobiographique** rassemble nos **souvenirs personnels**. Ils sont rares avant l'âge de 3 ans et les plus nombreux se situent entre 15 et 30 ans.
- La **mémoire prospective** permet de se rappeler un événement à venir, par exemple un rendez-vous. La **métamémoire**, quant à elle, permet à chacun de connaître l'étendue de ses connaissances et d'éviter ainsi de chercher des données que l'on ne possède pas.

ET MONT FERR II DVX
FORSE CHE SI FORSE CHE NO
CONTRA TVRCAS PVGN

Les processus de mémorisation

Les mécanismes de la mémoire ne sont pas de simples rouages fonctionnant immuablement à la même allure et de la même façon. De nombreux facteurs peuvent les influencer, comme l'attention, la répétition ou encore l'émotion et aussi le contexte. Ces facteurs servent d'ailleurs souvent de base aux différents « trucs et astuces » permettant d'améliorer la mémoire. Mais ils risquent aussi de l'entraver ou de la déformer. Pour en tirer le meilleur parti afin de développer des stratégies efficaces et d'éviter certains pièges, il est donc indispensable de bien connaître et de bien comprendre ces processus.

Existe-t-il différentes formes d'attention et que faire lorsque l'on n'est pas motivé ? L'émotion joue-t-elle un rôle facilitateur ou, au contraire, efface-t-elle certains souvenirs ? À quel rythme faut-il répéter pour enregistrer ce que l'on apprend ? Comment bien analyser les informations et établir de bonnes associations entre elles ? Quel est le rôle du contexte ? Peut-on modifier un souvenir ? Est-il normal d'oublier ? Vous trouverez toutes les réponses à ces questions dans les pages suivantes...

Dans ce chapitre...

« *J'ai besoin de calme, de silence. Je suis surtout concentré en milieu d'après-midi et, puis, je suis plus attentif l'hiver que l'été.* »

Michel, 58 ans, infirmier libéral

L'attention dans tous ses états

Savez-vous décrire – sans vérifier au préalable – l'image qui se trouve sur le recto d'un billet de dix euros ? Vous ne vous en souvenez pas ? C'est que vous n'avez sans doute jamais regardé de près un billet de cette dénomination, que vous avez dû pourtant manipuler d'innombrables fois. À quoi bon, en effet, vous en préoccuper, à moins de soupçonner un faux ou de céder à une curiosité intellectuelle un peu gratuite ? Mais cet exemple illustre bien ce qu'il faut pour mémoriser une information : une bonne perception, de l'attention et de la motivation.

C'EST SURTOUT LA MÉMOIRE À COURT TERME, OU MÉMOIRE DE TRAVAIL, QUI SE MONTRE SENSIBLE AUX DIFFICULTÉS ATTENTIONNELLES.

Une perception correcte

Un nom mal entendu au téléphone ou au cours d'une conversation est plus difficile à retenir ; la lecture incorrecte d'un mot écrit sur un tableau ou dans un document imprimé n'en facilite pas la compréhension ni la mémorisation. Lorsque l'information est mal saisie, son analyse requiert plus d'efforts et, surtout, elle risque d'être imparfaite, ce qui mettra en péril sa sauvegarde dans la mémoire à long terme.

Souvent, les conditions mêmes dans lesquelles l'apprentissage a lieu (un bruit gênant, par exemple) empêchent une perception efficace. Mais il arrive aussi que les difficultés proviennent d'une mauvaise vision ou d'une audition défaillante. Certaines défaillances lors de la mémorisation s'expliquent simplement par le refus de porter des lunettes ou une prothèse auditive.

L'attention, quand il la faut

Même perçue de façon correcte et complète par un ou plusieurs organes des sens, une information a besoin d'être repérée et, en général, traitée (analysée, comparée, etc.), avant d'être utilisée ou stockée dans la mémoire. Pour ce faire, tout comme pour restituer ce qui a été mémorisé, il faut une certaine vigilance ou concentration. Bien sûr, selon la tâche à accomplir, le même degré d'attention n'est pas nécessaire.

C'est surtout la mémoire à court terme, ou mémoire de travail, qui se montre sensible aux difficultés attentionnelles. De nombreuses plaintes de mémoire au quotidien ont d'ailleurs pour origine un manque d'attention ou de concentration, dû à un état de fatigue, de stress ou de surmenage, voire, parfois, à un état d'anxiété ou à une dépression. De même, l'alcool, certaines drogues (cannabis, ecstasy) et divers médicaments (somnifères, tranquillisants, antidépresseurs) peuvent nuire à l'attention.

La motivation : spontanée ou dirigée

À certains moments de notre vie, nous semblons mémoriser de nouvelles connaissances comme Monsieur Jourdain fait de la prose : spontanément, sans effort apparent ou sans même nous rendre vraiment compte que nous sommes en train d'apprendre. À d'autres moments, nous peinons, au contraire, à acquérir un savoir, tel qu'une matière scolaire ou universitaire qui nous est imposée. Parfois, un véritable cercle vicieux s'installe : une compétence moindre au départ peut s'avérer démotivante et inhiber le désir d'apprendre. Cela conduit à remettre toujours au lendemain la révision nécessaire, avec pour conséquence de médiocres performances et un manque de confiance en soi... qui font apparaître encore plus insurmontable la tâche qui nous attend.

Là où une motivation spontanée fait défaut, nous devons recourir à une motivation dirigée afin de mobiliser les ressources nécessaires pour atteindre un objectif qui nous intéresse peu, mais qui constitue un enjeu majeur, comme passer un examen en vue d'exercer un métier ou une profession dont on rêve. Cela implique avant tout des efforts conscients pour mettre en place des aides pertinentes, identifier des « trucs » et des astuces de mémorisation, et pour répéter davantage. Ce sont des stratégies d'autant plus faciles à employer qu'il s'agit d'une situation nouvelle et non pas de tâches routinières. Moins notre motivation est spontanée et moins nous nous intéressons à ce que nous devons apprendre, plus s'amenuisent les chances de pouvoir en créer des souvenirs robustes.

Et si la motivation n'est pas au rendez-vous ? Quelquefois, la persévérance révélera un nouvel aspect d'une discipline et, pourquoi pas, fera naître une nouvelle passion. Par exemple, l'informatique peut nous rebuter jusqu'au jour où nous découvrons un logiciel facilitant une activité qui nous tient déjà à cœur. Et, bien souvent, une récompense (une bonne note à un examen, de bonnes performances dans un sport) suffira pour nous motiver...

Différents systèmes d'attention à l'œuvre

L'attention est au cœur des activités du cerveau et ses liens avec la mémoire sont étroits. À chaque instant nous parviennent un nombre infini d'informations sensorielles sur le monde extérieur (images, sons, etc.) et sur notre monde intérieur (désirs, émotions, pensées, etc.), parmi lesquelles il nous faut trier. Pour lire et comprendre ce texte, nous devons ainsi diriger notre attention sur lui et écarter d'autres informations perçues en même temps (bruits de fond, changements de lumière, présence d'un courant d'air...). Or, cette façon de se concentrer n'est pas la seule forme d'attention.

Anatomie de l'éveil et des systèmes attentionnels

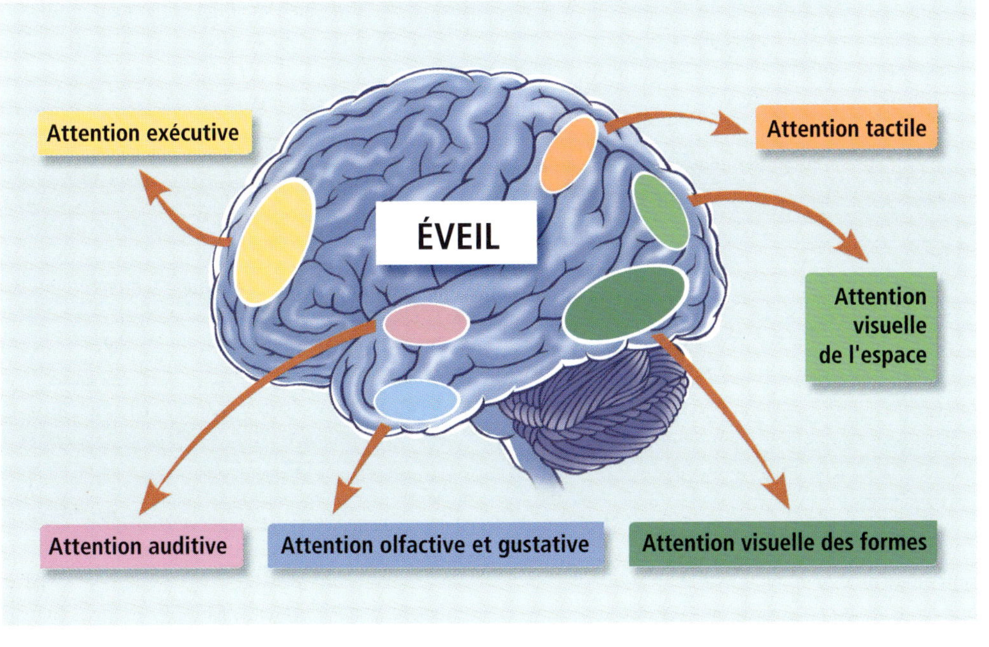

◀ L'éveil et la vigilance maintiennent le cerveau en état de réagir lorsque survient un événement rare ou inattendu. Par ailleurs, il existe une attention spécifique à chaque domaine sensoriel (on peut, par exemple, se concentrer sur une mélodie ou une image). Enfin, l'attention exécutive permet de mobiliser des ressources attentionnelles en vue de réaliser une action déterminée. Elle gère en outre d'éventuelles exigences attentionnelles contradictoires.

Une attention plus ou moins intense

Nous serions vite fatigués si nous devions prêter le même degré d'attention soutenue à tout moment de la journée. Heureusement, toutes les activités ne la requièrent pas. On peut ainsi distinguer différentes formes d'attention selon leur intensité.

L'alerte tonique

Une forte sensation de faim ou, au contraire, un repas mal digéré, un réveil difficile au lendemain d'une fête... Même pour une tâche identique, nous mettons plus ou moins de temps selon les moments, les heures, les jours. C'est que, au cours de la journée par exemple, le simple état d'éveil, par opposition au sommeil, connaît des changements – graduels, lents et involontaires – qui ont des origines physiologiques. Une bonne hygiène de vie peut ainsi favoriser notre concentration et, par là, nos capacités de mémorisation ou de rappel.

L'alerte phasique

Nos réactions sont meilleures lorsque nous avons été avertis. C'est pourquoi nous crions « Attention ! » avant de lancer un objet à quelqu'un ou que nous utilisons le Klaxon pour avertir un conducteur ou un piéton. Un tel signal (visuel, auditif, tactile, etc.) provoque une forme d'attention tout à fait fugace, mais qui rend possible une réaction plus efficace pendant ce bref laps de temps : l'effet intervient déjà après un dixième de seconde, le pic attentionnel se situant entre une demi-seconde et trois quarts de seconde. Mais un signal d'alarme ne remplit pas toujours sa fonction ; parfois, il distrait plutôt qu'il n'avertit et entraîne alors un effet inverse. Un coup de Klaxon mal placé par un automobiliste, par exemple, peut effrayer le cycliste qu'il était censé alerter et provoquer sa chute.

L'attention soutenue

Suivre un cours ou une conférence, remplir une grille de mots croisés, conduire une voiture aux heures de pointe, accrocher un tableau au mur... toutes ces activités demandent une attention soutenue, que nous désignons souvent par le mot « concentration ». Un manque de concentration peut être dû à plusieurs facteurs. Notre attention peut être dépassée par le rythme auquel nous parviennent les infor-

Testez votre attention

Lancez-vous dans les méandres de ce jeu et faites appel à toute votre attention pour en sortir le plus rapidement possible.

Solution p. 278

Le jeu du labyrinthe, même s'il semble enfantin au premier abord, constitue un bon exercice, car il sollicite notre attention et notre capacité à résister aux éléments interférents. De plus, il met en jeu notre mémoire de travail visuelle et spatiale. ▶

mations (quand nous conduisons trop vite, nous ne voyons plus certains panneaux ou obstacles, par exemple). Elle peut faillir parce qu'il nous manque les compétences nécessaires à une tâche (une conversation menée dans une langue étrangère que nous ne maîtrisons pas assez). Et il peut nous arriver de ne pas pouvoir mobiliser assez de ressources attentionnelles pour accomplir une activité (quand nous entendons plusieurs conférences de suite, il s'instaure une fatigue mentale qui nous empêche de suivre la dernière). Une telle défaillance peut aussi se produire au beau milieu d'une tâche ; elle se traduit alors par une lenteur passagère ou par des « blancs », quelques secondes tout au plus pendant lesquelles nous ne réagissons pas du tout.

La vigilance

D'autres activités sont, au contraire, si monotones que nous avons besoin d'un tout autre type d'attention. Un pêcheur à la ligne doit savoir se montrer patient, tout en restant prêt à réagir rapidement au moment où un poisson happera le leurre. Un gardien de nuit face à plusieurs écrans vidéo est tenu de ne pas manquer l'événement exceptionnel qui risque de mettre en péril la sécurité de l'entreprise, dont il a la charge. La vigilance a en effet pour premier but de surveiller et de détecter des événements rares, et s'oppose, par là, à l'attention soutenue. Son dysfonctionnement se manifeste par des erreurs d'appréciation, fausse alarme ou inaction par omission.

Une attention tantôt diffuse, tantôt ciblée

Notre attention ne varie pas seulement en intensité. Elle doit aussi se montrer flexible : savoir se focaliser sur une information précise, puis capter un maximum d'informations, avant de se concentrer à nouveau sur un domaine restreint.

L'attention sélective

Cette forme d'attention a été surnommée « effet *cocktail party* » par les chercheurs. En effet, dans l'ambiance d'une réception mondaine, nous réussissons à faire abstraction du tintement des verres et des nombreuses bribes de conversation qui nous parviennent pour suivre seulement ce que nous dit l'un des participants. Mais il existe bien d'autres situations de la vie quotidienne où nous utilisons l'attention sélective : dans un hall de gare ou d'aéroport, nous « filtrons » le brouhaha ambiant pour prêter l'oreille à une annonce diffusée par les haut-parleurs ; dans une rue commerçante, nous « ignorons » les multiples enseignes et panneaux publicitaires pour chercher un produit précis ; en écoutant un vieux disque vinyle, nous « éliminons » les petits bruits qui pourraient nuire à notre plaisir…

L'attention partagée

En répartissant notre concentration, nous sommes en revanche en mesure d'accomplir plusieurs tâches de façon simultanée : conduire une voiture en écoutant la radio, téléphoner pendant que nous surveillons la cuisson d'un plat, tricoter en regardant une émission télévisée… Cependant, il peut arriver que nous accordions soudain davantage d'attention à l'une de ces activités, tandis que celle que nous prêtons à une autre diminue, entraînant, par conséquent, le risque d'un comportement erroné, voire d'un accident. (Le législateur a ainsi interdit l'utilisation du téléphone portable au volant.) De façon générale, la faculté de mener en même temps plusieurs activités se perd d'ailleurs avec l'âge : alors qu'un adolescent peut réviser ses cours tout en écoutant ses disques favoris, une personne plus âgée se sentira sans doute gênée par un bruit de fond trop fort pour lire.

EN RÉPARTISSANT NOTRE CONCENTRATION, NOUS SOMMES EN MESURE D'ACCOMPLIR PLUSIEURS TÂCHES À LA FOIS : CONDUIRE UNE VOITURE EN ÉCOUTANT LA RADIO, TÉLÉPHONER PENDANT QUE NOUS SURVEILLONS LA CUISSON D'UN PLAT….

L'attention exécutive

Il est dès lors évident qu'il faut une sorte d'instance de contrôle, capable de gérer les conflits susceptibles de résulter d'exigences contradictoires : par exemple, réagir à la sonnerie du téléphone alors que nous sommes plongés dans la lecture du journal ou en train de regarder la télévision. C'est l'attention exécutive qui remplit cette fonction. Cette forme d'attention intervient en particulier dans la mémoire de travail, qui prépare les informations au stockage dans la mémoire à long terme.

« Je me souviens encore comme si c'était hier du bal du 14 juillet où j'ai rencontré mon mari. Il portait un superbe costume bleu, avec une belle cravate rouge et grise… »

Madeleine, 76 ans, retraitée

À double tranchant : le rôle de l'émotion

La première journée d'école, le jour de son mariage, un accouchement ou un accident… Il suffit d'analyser ses propres souvenirs pour se rendre compte du rôle important que l'émotion joue dans notre mémoire.

Pourquoi retenons-nous mieux ce qui nous émeut ?

Lorsqu'on sait que l'attention et la motivation contribuent de façon cruciale à la mémorisation, il est facile de comprendre pourquoi l'émotion peut favoriser la constitution de souvenirs. Un événement à forte charge émotionnelle ne suscite pas seulement notre attention, aux dépens d'autres informations jugées moins importantes ; souvent, il déclenche en outre un processus au cours duquel nous ne cessons de le repasser en boucle dans notre tête pendant les heures, les jours, voire les semaines qui suivent. Pendant ce temps, nous le mettons en rapport avec des informations et événements antérieurs, comme avec nos futurs projets, de façon à pouvoir situer désormais de manière assez précise la date (quand) et le lieu (où) de sa survenue.

C'est pourquoi nous retenons d'ailleurs mieux les informations qui nous concernent ou qui nous ont affectés. Quand l'événement est particulièrement dramatique et provoque un état de grand stress, il peut

Les zones cérébrales de l'émotion

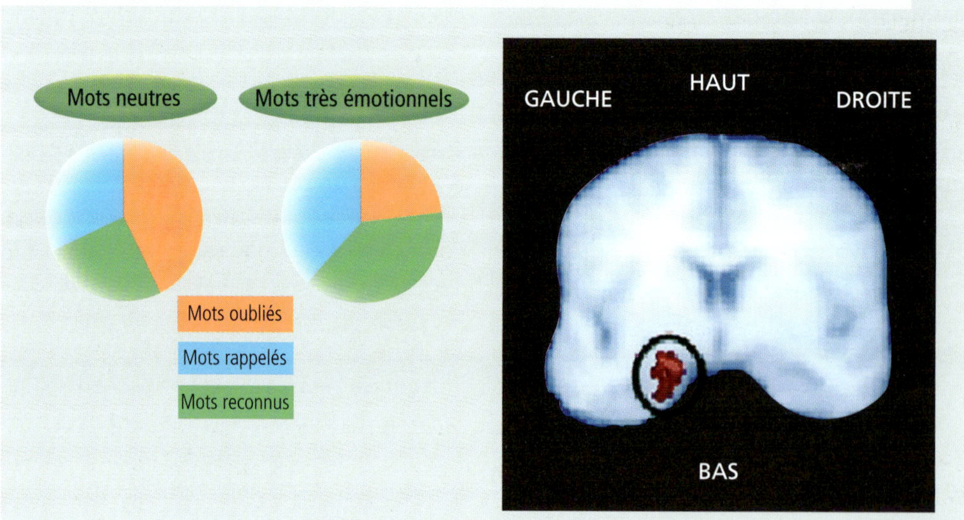

Les mots à forte charge émotionnelle résistent mieux à l'oubli (secteurs en orange) et sont rappelés plus souvent spontanément (secteurs en bleu) que les mots à caractère neutre. Comme le montre une IRM fonctionnelle (image à droite), les mots à charge émotionnelle activent en même temps l'hippocampe et l'amygdale gauches. ▶

même se fixer de manière envahissante dans la mémoire, pour être revécu de façon répétée par la « victime » malgré elle.

Anatomie de l'émotion

A-t-on localisé dans le cerveau la « place » de l'émotion ? Lorsqu'un test de mémoire comporte un mélange de mots à caractère neutre (table, porte, chaise, etc.) et de mots chargés d'émotion (joie, bonheur, douleur, etc.), ces derniers sont en général mieux mémorisés. Lorsqu'un tel test s'accompagne d'une IRM fonctionnelle (voir encadré ci-contre), on peut observer que la mémorisation active en même temps deux zones du cerveau : l'hippocampe et l'amygdale.

Une mémoire égocentrique

L'étude des souvenirs autobiographiques des personnes âgées montre que la période de vie pour laquelle les souvenirs sont les plus nombreux se situe en général entre l'âge de 15 et 30 ans. Ce « pic de réminiscence » correspond en effet à la période où se décident la plupart de nos choix de vie professionnels et sentimentaux, choix à fort caractère émotionnel. Même longtemps après cette période, nous nous rappelons encore de nombreux détails et la chronologie exacte des événements : comment nous avons été amenés à rencontrer celui ou celle qui allait devenir notre conjoint (les circonstances précises, ce que l'autre portait...) ; les différentes étapes qui, de fil en aiguille, ont orienté notre carrière professionnelle (une annonce aperçue de façon fortuite, une opportunité saisie au vol...) – même si nos souvenirs subissent parfois quelques déformations. Bien entendu, ces événements capitaux sont aussi liés de près à nos motivations...

Avez-vous des souvenirs flash ?

Que faisiez-vous le 11 septembre 2001, au moment où vous avez appris l'attentat du World Trade Center ? Le 12 juillet 1998 lors de la finale de la Coupe du monde de football, remportée par la France ? Le 31 août 1997, lorsque vous avez appris le décès de lady Diana ? Le 10 mai 1981 au soir, quand François Mitterrand fut déclaré vainqueur des élections présidentielles ? Le 21 juillet 1969 à l'heure où le premier homme marchait sur la Lune ? Le 22 novembre 1963, jour de l'assassinat de John Fitzgerald Kennedy ? Selon l'âge que vous avez, il vous reste sans doute un « souvenir flash » de plusieurs de ces événements.

Des souvenirs vifs et nets

Par le terme de souvenir flash, on désigne un souvenir très vivant et détaillé, qui ressemble à une photo prise au flash d'un événement marquant, c'est-à-dire qui a déclenché une forte émotion individuelle ou collective, souvent avec des conséquences lourdes, et qui persiste pendant très longtemps. Il peut s'agir d'un événement public mais aussi personnel : un accident, une rupture sentimentale, un exploit sportif, une réussite scolaire... Dans le premier cas, nous nous rappelons presque toujours comment nous avons appris l'événement, où nous nous trouvions à ce moment précis, ce que nous étions en train de faire ...

Quand l'émotion empêche de se souvenir...

Certes, tout comme un léger état de stress peut être à l'origine de meilleures performances, il arrive que les soucis excessifs d'une personne anxieuse entraînent des capacités de mémorisation supérieures pour retenir des informations en rapport avec ses préoccupations. Mais c'est souvent au prix d'une moindre attention pour les conversations banales ou les événements quotidiens dont les détails sont alors mal retenus. D'ailleurs, les maladies à fond émotionnel, comme la dépression ou l'anxiété, s'accompagnent en général de plaintes de mémoire, même si celles-ci sont volontiers exagérées par une tendance à rabaisser ses compétences. Il n'empêche que les malades souffrent parfois de vrais problèmes d'attention et donc de mémoire.

Dans certains cas, une émotion aiguë empêchera même pendant quelques heures l'enregistrement d'informations nouvelles (ictus amnésique) ou aura pour conséquence de bloquer certains souvenirs personnels (amnésie dite fonctionnelle).

LE « PIC DE RÉMINISCENCE » CORRESPOND À LA PÉRIODE OÙ SE DÉCIDENT LA PLUPART DE NOS CHOIX DE VIE PROFESSIONNELS ET SENTIMENTAUX, CHOIX À FORT CARACTÈRE ÉMOTIONNEL.

Du côté de chez Freud, souvenirs refoulés

Dans l'apparente incohérence de nos rêves et par delà le caractère aléatoire de nos oublis se manifestent des souvenirs refoulés et des désirs inconscients. Avec cette hypothèse que Sigmund Freud développe au tournant des XIXe et XXe siècles, le père de la psychanalyse a changé à tout jamais notre regard sur la mémoire et le fonctionnement psychique, mais aussi sur nous-mêmes.

Le retour du refoulé

Le concept de refoulement est au cœur de la théorie psychanalytique de Sigmund Freud (1856-1939). Un souvenir traumatique, un conflit psychique ou encore un événement trop chargé d'émotion est dit « refoulé » lorsqu'il échappe désormais à la conscience, tout en restant « stocké » dans l'inconscient. Un tel oubli apparent constitue d'abord un mécanisme de défense : il protège l'individu d'un contenu émotionnel dont le souvenir serait trop intense et donc insoutenable. Mais ce qui est ainsi refoulé tend à « remonter » à la conscience sous la forme d'actes manqués et de lapsus, ainsi que dans nos rêves. Dans *Psychopathologie de la vie quotidienne*, publié en 1901, Freud a ainsi analysé une centaine d'exemples, tirés de sa propre vie, de celle de personnes de son entourage et de la littérature, pour montrer comment nos « oublis » – oubli d'un nom propre ou d'un mot, lapsus, lecture erronée, etc. – ne sont pas de simples défaillances de notre mémoire, mais une manifestation de nos désirs inconscients.

Par définition, ces glissements de la langue, du langage et de l'inconscient sont l'expression de l'histoire personnelle de chacun. Pour illustrer les principes à l'œuvre dans ces manifestations, une seule anecdote ne suffit donc pas et ne pourrait être généralisable. Cependant, les lapsus et actes manqués ont des points communs : ils portent souvent sur les noms de personne ou de lieu et sur des dates. Il est fréquent également de rencontrer une inversion de certains mots comme « bien » ou « mal ». Par exemple, à la question « Comment s'est passé votre séjour ? », une patiente répondra à sa propre surprise « Pas si bien que ça », alors qu'elle était persuadée d'avoir voulu dire le contraire. L'un des lapsus « classiques » relevé de façon régulière par les psychanalystes est celui commis par un patient souhaitant parler de son épouse, mais qui s'entend prononcer, à la place, « ma mère ». Signe d'un complexe d'Œdipe non résolu, qui resterait attaché au fantasme du petit garçon désirant écarter son père afin de pouvoir épouser sa mère ? Quoi qu'il en soit, tout le monde a fait l'expérience de ce type de substitution d'un terme par un autre – qui serait révélateur…

La révolution psychanalytique

« Il y a plusieurs maîtres dans la maison d'un individu », explique Freud à propos de notre psychisme. Lorsque nous commettons un acte manqué ou un lapsus ou quand nous rêvons, les désirs inconscients, refoulés (ce que les psychanalystes appellent le « ça »), reviennent à la conscience (c'est-à-dire au « moi »), parce qu'ils échappent, en partie, au contrôle de notre censeur intérieur (« le surmoi »). Loin d'être de simples dysfonctionnements de notre mémoire ou les symptômes d'une maladie mentale, les oublis et les productions bizarres de nos rêves reposent sur une dynamique complexe qui sous-tend toute notre vie psychique et que nous ne maîtrisons pas.

Freud lui-même n'a pas hésité à comparer les découvertes de la psychanalyse avec deux autres grandes révolutions scientifiques : celle de Copernic, qui met un terme à l'idée que la Terre – et donc l'homme – se trouve au centre de l'Univers, et celle de Darwin, qui nie la position privilégiée de l'homme en démontrant sa descendance du règne animal.

La « voie royale d'accès à l'inconscient »

Comment savoir quels sont les souvenirs qui ont été refoulés ou les désirs inconscients qui cherchent à s'exprimer à travers nos oublis ? Après avoir utilisé un temps l'hypnose, Freud développa bientôt une cure analytique fondée sur l'interprétation consciente des manifestations de l'inconscient, et en premier lieu des rêves, la « voie royale d'accès à l'inconscient ». Dans les rêves, les « restes diurnes », éléments provenant de la réalité vécue au cours de la journée, se combinent avec des souvenirs refoulés, puisque « le temps n'existe pas » dans l'inconscient. Le travail psychanalytique consiste alors à dégager ces souvenirs dans les scènes, les métaphores ou les symboles qui constituent le contenu manifeste du rêve et à vaincre les résistances qui empêchent ce qui a été refoulé de devenir conscient.

La cure psychanalytique est un travail psychique complexe d'élaboration dont les outils sont, du côté du patient, la mémoire consciente et inconsciente, et, du côté du psychanalyste, l'interprétation. À travers la relation de transfert vis-à-vis du psychanalyste, certains conflits survenus au cours de l'enfance du patient et non résolus peuvent se reproduire dans le présent. Cette réactualisation peut en permettre l'analyse et donc la prise de conscience et la résolution.

La mémoire : entre illusions et faux-semblants

Mais la théorie psychanalytique va même plus loin : pour elle, il n'existe pas de souvenir qui n'ait été modifié par l'inconscient, par nos peurs, par nos émotions, par nos désirs. Car c'est justement cet « investissement pulsionnel » des traces mnésiques qui anime toute notre vie psychique. C'est à travers lui seul que nous accédons à notre passé. Lorsque la psychanalyse cherche à retrouver la mémoire, elle vise donc à découvrir la réalité psychique qui sous-tend le souvenir et non pas une réalité « historique ». Pour Freud, le souvenir n'est pas une représentation que viendrait altérer le refoulement. Bien au contraire, il fait partie intégrante du processus de refoulement. En révélant un réel psychique enfoui, la démarche psychanalytique procède ainsi à une opération « dynamique » de désillusion qui se répète sans cesse : elle montre pourquoi un souvenir a été refoulé, elle est une recherche de la mémoire à retrouver et fait prendre conscience que la mémoire n'existe jamais sans les émotions qui lui sont associées.

▲ Freud a souvent comparé la démarche psychanalytique avec l'archéologie, qui cherche à retrouver le passé dans des traces conservées de façon imparfaite. Passionné d'archéologie, il remplissait la pièce où il recevait ses patients de nombreuses statuettes antiques.

« *Autrefois, on chantait presque tous les soirs et je connaissais des chansons entières par dizaines. Maintenant, avec la télé, il ne me reste plus que quelques refrains...* » **Ginette,** 63 ans, ancienne assistante médicale

Répéter, certes, mais de la bonne façon

Si une forte émotion peut garantir qu'un souvenir personnel restera gravé à tout jamais dans notre mémoire, apprendre des informations complexes, à caractère neutre, nécessite des efforts soutenus et, surtout, répétés. Or, une telle répétition peut prendre différentes formes.

Répéter pour mieux analyser

Il nous arrive à tous de répéter de façon spontanée – dans la boucle phonologique de notre mémoire de travail – une liste de mots, un nom ou un numéro afin de les maintenir à l'esprit. Le plus souvent, nous le faisons dans le but de retenir ces informations le temps de les utiliser, par exemple, de les noter sur un calepin. Cette simple répétition est appelée « autorépétition de maintien » par les psychologues.

Plus rarement, nous répétons les informations en question pour mieux les ancrer dans la mémoire à long terme. De manière intuitive, nous sentons cependant qu'une simple répétition constitue un procédé peu efficace de mémorisation. C'est pourquoi nous préférons en général nous y prendre autrement : nous répétons alors toujours l'information à retenir, mais pour lui faire subir une analyse en profondeur. Cette forme de répétition est qualifiée d'« autorépétition d'élaboration ».

UN SOUVENIR OU UNE INFORMATION RÉPÉTÉS NE SONT PLUS TOUT À FAIT LES MÊMES, CAR ILS AURONT ACQUIS DES CARACTÉRISTIQUES SUPPLÉMENTAIRES, LIÉES AU CONTEXTE DES RAPPELS SUCCESSIFS.

Ainsi, pour retenir le nom de cet étrange mammifère d'Australie et de Tasmanie qu'est l'ornithorynque, on peut répéter à plusieurs reprises : « ornithorynque, ornithorynque, ornithorynque... ». Mais on se souviendra mieux de son nom si l'on a cherché à apprendre son étymologie (du grec, *ornithos*, « oiseau », et *runkhos*, « bec ») et si l'on a regardé de près une illustration de cet animal, avec son bec typique de canard, ses pattes palmées et sa queue plate.

La plus grande efficacité – et de loin – de ce second procédé, qui fait appel à l'analyse, a été confirmée lors de nombreuses expériences. Elle est aussi à l'œuvre dans bien des stratagèmes mnémotechniques : association d'idées, imagerie mentale, recherche du sens profond...

Répéter à bonne dose

Même une excellente mémoire ne saurait se dispenser d'un apprentissage en plusieurs étapes, surtout si le but est de retenir une information sur une longue période. La preuve ? Voici un exemple pour illustrer les effets de la répétition sur la mémoire.

« Maître corbeau, sur un arbre perché... »

Pourquoi, dans la fable *le Corbeau et le Renard* de Jean de La Fontaine, nous souvenons-nous moins bien des derniers vers que des premiers ? La raison en est simple : nous avons d'abord appris par cœur le premier vers, avant d'avoir mémorisé le second... tout en répétant le premier, puis nous sommes passés au troisième, mais en reprenant toujours les deux vers précédents, et ainsi de suite. Au fil de l'apprentissage, le premier vers a donc été répété au moins une dizaine de fois avant que nous soyons arrivés à la fin du poème. Alors, c'est lui qui est resté dans notre mémoire, tandis que le dernier vers échappe en général à nos tentatives de rappel – même si nous le reconnaissons sans doute en l'entendant ou en le lisant de nouveau :

« Le Corbeau, honteux et confus,
Jura, mais un peu tard,
qu'on ne l'y prendrait plus. »

Même les passionnés révisent

L'exemple du poème appris par cœur met en évidence un autre aspect de la répétition. Peu de gens se rendent compte en effet que chaque rappel d'une information constitue en fait un nouvel apprentissage. C'est ainsi que, dans un domaine qui nous passionne, nous avons parfois l'impression de ne jamais faire d'effort pour apprendre alors que, en réalité, les multiples occasions où nous reproduisons ou utilisons notre savoir nous servent à le répéter et à l'approfondir. Ainsi, les enfants connaissent parfois des noms difficiles à retenir, tel le nom d'un dinosaure comme le tricératops, puisqu'ils rencontrent cet animal de façon répétée, au cinéma, à la télévision, dans leurs livres ou encore sous forme de jouets.

Mais attention : un souvenir ou une information répétés ne sont plus tout à fait les mêmes, car ils auront acquis des caractéristiques supplémentaires, liées au contexte de ces rappels successifs.

Retient-on mieux si l'on répète plus ?

Non, car il ne suffit pas d'augmenter la durée de l'apprentissage ou encore le nombre d'occasions de rappeler ou de répéter pour obtenir de meilleurs résultats. Il faut aussi choisir un bon rythme. De façon idéale, il est ainsi préférable de répartir l'apprentissage (d'un savoir complexe) sur plusieurs séances plutôt que de chercher à le réaliser d'un seul tenant ; il vaut mieux aussi laisser écouler un certain temps entre ces séances plutôt que de les faire se suivre dans de brefs délais, et espacer peu à peu les intervalles après chaque rappel réussi plutôt que de les laisser constants… du moins si l'on souhaite apprendre pour la vie plutôt que pour un examen (voir encadré). Des recherches ont confirmé ces quelques règles de bon sens, que nous appliquons parfois de façon intuitive.

La loi de l'apprentissage et de l'oubli

Peut-on pour autant indiquer de façon plus précise le rythme à adopter, ne serait-ce que pour tel sujet ou tel autre ? Certains chercheurs, comme le psychologue canadien John Anderson, ont tenté de décrire par des fonctions mathématiques les processus d'apprentissage et d'oubli, en mesurant le temps que nous mettons à apprendre ou à oublier. La courbe que l'on peut tracer de l'apprentissage est en effet le plus souvent de nature exponentielle : de grandes avancées au début, suivies d'une lente consolidation. Inversement, l'oubli progresse d'abord à grands pas, puis se fait moins sentir.

Mais, comme tout le monde sait, le rythme varie d'un individu à l'autre pour un même sujet et d'un sujet à l'autre pour un même individu. À chacun donc de trouver le rythme qui lui convient…

Pour l'examen ou pour la vie ?

Pratique courante à la veille des examens scolaires ou universitaires, le bachotage permet parfois de réussir un examen, mais le bénéfice d'un tel apprentissage forcé et intensif restera limité dans le temps.
Voici ce qui distingue les deux types d'apprentissage :

Bachotage	Apprentissage à long terme
apprendre pendant une courte période de temps	étaler l'apprentissage dans le temps
peu de répétitions	grand nombre de répétitions
répétitions peu espacées	répétitions bien espacées
utilisation excessive de stimulants (café, tabac, vitamine C, etc.)	alimentation équilibrée
stress dû à la conscience du manque de préparation	confiance en soi suite à une bonne préparation
fatigue et manque de sommeil	apprendre à tête reposée

« Quand un client ne sait pas trop ce qu'il veut, je lui demande, par exemple, de s'imaginer avec une raie à gauche, puis avec une raie à droite. »

Guillaume, 27 ans, coiffeur

Trier, analyser, relier : des facultés stratégiques

Concentration, motivation, répétition… tout cela est important mais ne suffit pas à accroître notre potentiel de mémorisation. Car notre mémoire n'enregistre pas les informations à l'identique, de façon en quelque sorte automatique, à la manière d'un appareil photographique ou d'un magnétoscope. Dans les multiples informations qui nous parviennent à chaque instant, nous effectuons en effet un tri, pour n'en retenir qu'une partie. La capacité de bien mémoriser repose ainsi sur notre faculté d'organiser ce qu'il faut apprendre, d'en réduire la complexité et le nombre, afin d'analyser les nouvelles informations et de les relier aux connaissances déjà acquises.

DANS LA VIE QUOTIDIENNE, SE CRÉER DES IMAGES MENTALES ET FAIRE DES ASSOCIATIONS D'IDÉES PEUT SERVIR D'ASTUCE MNÉMOTECHNIQUE POUR RETENIR UN NOM PROPRE, DES MOTS NOUVEAUX OU CEUX D'UNE LANGUE ÉTRANGÈRE.

Chercher une logique

Chacun sait qu'il est plus facile de retenir un numéro de téléphone à dix chiffres en les regroupant par paires (par exemple, 01-35-79-11-13) que de les retenir un par un (0-1-3-5-7-9-1-1-1-3) ou comme un seul nombre (0135791113). Au-delà d'un tel regroupement simple, il est parfois possible de déceler une logique d'ordre mathématique au sein d'un numéro. Par exemple, 01-42-53-64-75 : les quatre dernières paires de chiffres partagent la même caractéristique – si l'on soustrait 2 du premier chiffre de la paire, on obtient le second (4 - 2 = 2, etc.) ; elles correspondent aussi à une progression régulière – il faut additionner 1 pour obtenir respectivement les premiers et les seconds chiffres du couple suivant (4 + 1 = 5, et ainsi de suite).

Dans d'autres cas, les informations à mémoriser peuvent d'abord être classées selon la catégorie à laquelle elles appartiennent. Ainsi, dans une liste de courses, nous regroupons les différents articles à acheter, d'abord selon le magasin, puis les magasins selon l'ordre dans lequel on les visitera : boulanger (baguette) ; épicier (tomates), bureau de poste (timbres), etc.

Établir des liens

Salade-vinaigre ou *arbre-lampe* : lesquels de ces deux paires de mots apprend-on ou retrouve-t-on le mieux ? Sans aucun doute la première, car une forte association entre les deux termes favorise leur apprentissage comme leur rappel. Faire des associations d'idées est un des traits dominants de notre esprit, contribuant également à l'efficacité de notre mémoire.

Le plus souvent, ces associations se font de façon spontanée ; la force du lien entre deux idées, mots ou événements dépend alors de la fréquence de leur survenue, de leur apparition concomitante dans l'espace ou le temps, de la vraisemblance logique du lien et, enfin, d'un éventuel renforcement du lien par sa répétition.

Mais l'association peut aussi relever d'une stratégie volontaire. Elle se prête en particulier à la mémorisation de paires de mots opposés ou complémentaires. Si nous éprouvons, par exemple, des difficultés à distinguer les sens des mots *convexe* et *concave*, il nous suffit d'apprendre un seul des deux sens puisque nous savons déjà que les deux sont contraires. Or, pour mémoriser le sens du mot *concave*, nous pouvons l'associer avec le mot *cave*, évoquant un local sous-terrain souvent voûté et qui offre comme un renfoncement, et en déduire sa signification (« une courbe qui présente un arrondi intérieur ou renfoncement »... tandis que *convexe* réfère à une forme saillant à l'extérieur). De manière similaire, nous pouvons chercher à associer les paires de chiffres d'un numéro de téléphone avec l'année de naissance d'un proche, le numéro d'une adresse familière. Ou encore la date d'anniversaire d'une amie avec une date historique (le 4 août, par exemple, avec le 4 août 1789, jour où furent abolis les privilèges, au début de la Révolution).

Créer des images

Pour savoir si nous avons bien fermé à clé la porte de notre logement, nous retraçons volontiers dans notre esprit ce que nous étions en train de faire juste avant de sortir. À la recherche de nos lunettes, nous reconstituons souvent mentalement la pièce dans laquelle nous croyons les avoir égarées, espérant ainsi les retrouver plus vite...

Les images mentales jouent en effet un rôle capital pour se rappeler une information mais aussi pour l'apprendre. Grâce à elles, nous parvenons à établir un itinéraire sans avoir à portée de main un plan ou une carte réelle ; à déchiffrer et à concevoir un diagramme ou un tableau ; à monter un meuble à partir de ses composantes... Elles nous permettent de résoudre de nombreux problèmes et seraient même à l'origine de quelques grandes découvertes scientifiques. Albert Einstein raconte ainsi qu'il a été amené à s'intéresser à la vitesse de la lumière en s'imaginant chevaucher un rayon de lumière. Enfin, des expériences l'ont démontré : on retient deux fois mieux une liste de paires de mots lorsqu'on élabore une image mentale qui met en scène ces mots que si on les répète simplement.

Dans la vie quotidienne, l'imagerie mentale combinée avec l'association peut ainsi servir d'astuce mnémotechnique pour retenir un nom propre, des mots nouveaux ou même ceux d'une langue étrangère (dans ce cas, le mot associé, appelé mot-clé, doit avoir la même sonorité que le nom à apprendre, ou mot cible). S'il est assez aisé d'élaborer une image mentale pour des noms tels que Lacroix ou Leblanc, d'autres demanderont un peu plus d'imagination. Contrairement à une idée répandue, il n'est cependant pas nécessaire que l'image créée ait un caractère « bizarre ».

Testez la force des associations

Lisez à une personne de votre entourage les huit paires de mots suivantes afin qu'elle puisse les mémoriser. Après avoir attendu quelques instants, récitez le mot sur fond ocre de chaque paire et demandez-lui de retrouver le mot associé, sur fond vert.

HOMME	FEMME	CUILLER	FOURCHETTE
FAUTEUIL	GÉOLOGIE	LIVRE	CASSEROLE
LAMPE	PAPILLON	ÉLÉPHANT	TROMPE
TASSE	SOUCOUPE	BATEAU	GOMME

◀ Il est fort probable que les paires de mots à faible association (livre – casserole) seront moins bien retenues que celles qui présentent un lien fort (comme homme – femme).

> *Encore la veille, ma fille savait réciter sans faute « L'albatros » de Baudelaire devant moi. Mais une fois à l'école, elle a eu comme un trou de mémoire...»* **Hélène,** 36 ans, employée de banque

De l'encodage au contexte

Deux principes majeurs conditionnent l'apprentissage efficace d'une information : la profondeur avec laquelle elle est traitée, « encodée », et le contexte dans lequel on l'apprend.

Procéder à un encodage efficace...

Analyser une information au moment de l'apprendre favorise sa mémorisation. Mais quels principes appliquer afin d'optimiser cette analyse ? Pour répondre à cette question, les psychologues ont conçu des expériences qui mettent en œuvre différentes façons d'encoder l'information. L'exemple d'un tel test se trouve sur la page ci-contre. Pour ne pas fausser les résultats, il est conseillé de faire ce test avant de continuer la lecture de ce paragraphe.

> PARFOIS, UNE SEULE CARACTÉRISTIQUE DU CONTEXTE D'APPRENTISSAGE SUFFIT POUR FAIRE SURGIR UN SOUVENIR RICHE EN DÉTAILS.

Forme, son et sens

Lorsque nous « manipulons » dans notre tête une information en vue de la mémoriser, nous pouvons la soumettre à différents types d'analyse allant d'un traitement superficiel à un traitement en profondeur : typographique (CYGNE – « Ce mot est-il écrit en minuscules ou en majuscules ? »), phonétique (enfant – « Ce mot rime-t-il avec éléphant ? ») ou sémantique (raisin – « Sert-il à fabriquer du vin ? »).

Diverses expériences menées dans les laboratoires de psychologie ont montré que ce dernier traitement – s'interroger sur la signification du mot plutôt que sur sa consonance ou sur la façon dont il est écrit – aidera à mieux se souvenir de l'information à l'avenir, car elle aura subi une analyse plus profonde. C'est en effet le traitement auquel nous recourons le plus souvent spontanément pour apprendre quelque chose. Ainsi, dans le domaine de la mémoire aussi, il vaut donc mieux « ne pas se fier aux seules apparences ».

Moi avant tout !

Or, il est possible d'améliorer encore nos performances si nous réussissons à établir un lien entre l'information à retenir et notre propre personne. Pour mémoriser un mot aussi banal que *passoire*, nous aurons tout intérêt à évoquer le souvenir de la passoire que nous avons cassée, puis une autre, empruntée à notre voisine et, enfin, une troisième que nous avons fini par acheter il y a un mois. Car un tel processus, dit d'autoréférence, semble susciter le plus grand nombre de caractéristiques dans notre esprit, en renforçant les traces que ce mot laissera dans notre mémoire à long terme.

Adapter l'encodage à l'objectif

Faut-il pour autant à tout prix rechercher le sens d'une information, voire tenter de la relier à notre vie personnelle ? Non, car la réussite du rappel dépend aussi du type d'information à retenir. Si nous devenons retenir un texte écrit en prose, il vaut mieux concentrer notre attention sur le sens de ce qui y est dit. Mais lorsque nous souhaitons apprendre par cœur un poème, il est préférable de prêter attention au rythme des vers et à leurs rimes, qui facilitent l'apprentissage en offrant des indices utiles. Quant au sens du poème, il aidera, entre autres, à reconstituer, lors du rappel, la succession des thèmes mis en vers.

... et surtout ne pas négliger le contexte

Qui n'a pas connu cette expérience quelque peu déroutante : nous rencontrons dans la rue une personne que nous reconnaissons, mais dont le nom nous échappe et continue de nous échapper... jusqu'au moment où nous la voyons – une nouvelle fois – dans son environnement « habituel » ? C'est alors que nous nous rendons compte tout de suite que c'était, par exemple, la vendeuse de la boulangerie où nous achetons notre pain tous les jours ou l'assistante de notre dentiste chez qui nous allons de façon régulière.

Parmi les éléments que nous associons à une information, il y a en effet également ceux qui, de près ou de loin, se rattachent aux circonstances dans lesquelles nous nous efforçons de la mémoriser. Souvent, ces associations se font à notre insu, comme celles liées à notre état physiologique (émotions, faim, soif, plaisir, ivresse, respiration rapide, palpitations...) ; dans d'autres cas, nous les identifions (le moment et le lieu de l'apprentissage).

Plonger dans l'eau pour apprendre ?

Lors d'une expérience réalisée en 1975, les psychologues anglais Duncan Godden et Alan Baddeley ont demandé aux membres d'un club universitaire de plongeurs d'apprendre une liste de 40 mots, un premier groupe à 6 mètres sous l'eau, un second assis au bord de l'eau. Puis une partie des membres de chaque groupe ont été priés de se rappeler ces mots sous l'eau, et une autre partie sur la plage. Les résultats étaient parlants : ceux qui avaient appris sous l'eau se rappelaient mieux des mots en milieu aquatique (entre 11 et 12 mots

Testez l'efficacité de vos encodages

• Dans la liste suivante figurent neuf paires de mots. Trouvez les paires dont les mots partagent la même présentation graphique.

1. fenêtre – quatre ☐	**4.** mouton – *chèvre* ☐	**7.** rupture – tulipe ☐
2. grisâtre – VIOLET ☐	**5.** poire – rose ☐	**8.** profit – *MAÏS* ☐
3. géographie – sport ☐	**6.** *calamité* – maison ☐	**9.** *automobile* – lobotomie ☐

• Parmi les neuf paires de mots suivantes, identifiez celles qui forment un couple dont les mots riment.

1. enfant – froment ☐	**4.** malheur – cœur ☐	**7.** cuiller – souiller ☐
2. livre – ivre ☐	**5.** chef – clef ☐	**8.** quotient – balbutient ☐
3. examen – abdomen ☐	**6.** faon – pharaon ☐	**9.** fier – bière ☐

• Voici une liste de huit paires de mots. Indiquez pour chaque paire la catégorie plus générale à laquelle appartiennent les mots qu'elle contient.

1. abeille – guêpe	**5.** tigre – panthère ....
2. gorille – chimpanzé	**6.** merle – rossignol ....
3. baleine – dauphin	**7.** cobra – vipère ....
4. poule – dinde	**8.** thon – sole ....

Cachez ensuite le texte ou fermez le livre. Attendez quelques minutes. Puis prenez une feuille de papier et un stylo, et tentez de vous rappeler le plus grand nombre de mots présentés dans les tâches précédentes. Enfin, consultez les solutions et l'explication du test page 278.

◄ Quand nous souhaitons mémoriser des informations, nous procédons volontiers à une analyse en profondeur pour les organiser ou pour les structurer. Une analyse qui repose sur des caractéristiques superficielles s'avère alors moins efficace qu'un traitement en profondeur.

Comme un poisson dans l'eau

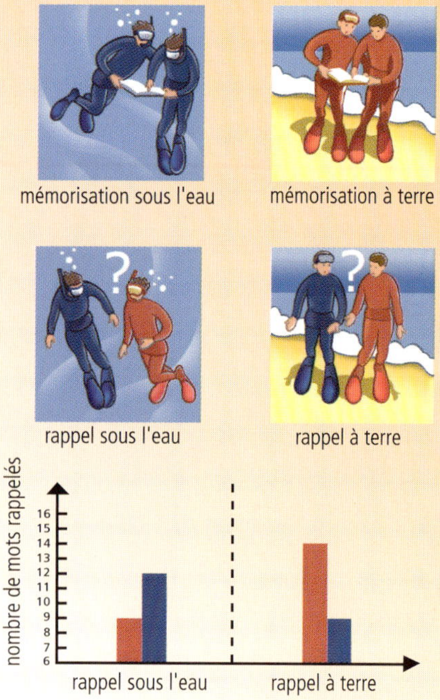

Lors d'une expérience conçue par les psychologues anglais Baddeley et Godden, les membres d'un club universitaire de plongée devaient apprendre une liste de mots, les uns sous l'eau, les autres sur la plage. Puis on leur a demandé de rappeler ces mots soit sous l'eau, soit hors de l'eau. Les meilleurs résultats ont été obtenus lorsque le contexte de l'apprentissage et du rappel était identique.

contre 8 à 9 en moyenne hors l'eau), ceux qui avaient appris les mots sur la plage s'en souvenaient mieux hors de l'eau (près de 14 mots contre 8 à 9 en moyenne dans l'eau). Autrement dit, à difficulté égale, les performances étaient donc meilleures lorsque les contextes d'apprentissage et de rappel étaient identiques. D'autres expériences menées avec des personnes ayant bu de l'alcool ou fumé du cannabis ont confirmé ce résultat. Avant de se jeter à l'eau ou de prendre un verre, il vaut tout de même mieux savoir que les meilleurs résultats sont obtenus quand on apprend et quand on se rappelle hors de l'eau et à jeun !

« Une soirée inoubliable... »

Que faut-il pour qu'une soirée devienne inoubliable ? Le psychologue américain Jerome Sehulster a étudié cette question en explorant les souvenirs qui lui restaient de 284 représentations du Metropolitan Opera, auxquelles il avait assisté au cours de 25 saisons. Il a ainsi constaté qu'il se rappelait mieux, par exemple, du nom des chanteurs ou du chef d'orchestre quand la représentation avait, selon un comité de quatre experts qu'il avait réuni, beaucoup « marqué » le public et la critique. Mais il fallait une émotion à caractère personnel – ses toutes premières représentations ou la première fois où il y était allé avec son épouse –, pourqu'il se souvienne mieux en outre de la date...

De même, on a pu constater qu'une personne retient mieux une liste de mots associés à un sentiment positif (de joie, de bonheur, etc.) que des mots liés à une émotion désagréable (de peur, de terreur, etc.)... sauf si la personne est d'une humeur sombre, voire souffre d'une dépression : les mots désignant quelque chose de déplaisant sont alors mieux retenus.

Revenir sur ses pas : la clé du souvenir ?

« En arrivant à Sanary en août 2003, je me suis souvenu de toute une série d'expériences que j'y ai eues pendant les vacances de l'été 2000. » Être confronté de nouveau au contexte dans lequel nous avons vécu une expérience ou appris une information facilite le rappel. Un tel « retour aux sources » de notre souvenir peut être volontaire – je tente de me souvenir de ce que j'ai fait pendant l'été 2003 – ou involontaire, comme dans l'exemple évoqué ci-dessus. Une seule caractéristique du contexte d'apprentissage suffit parfois pour faire surgir un souvenir en grand détail : un plat dégusté dans un restaurant italien de notre ville évoquera un épisode vécu lors d'un séjour touristique en Italie.

À l'inverse, il nous arrive de ne pas nous rappeler quelque chose parce que le contexte a changé : au moment de l'examen, nous ne parvenons plus à nous souvenir des détails d'une leçon pourtant révisée à la maison et que nous croyions bien maîtriser.

Pour expliquer ce phénomène, les psychologues parlent du principe de la spécificité d'encodage : à contexte (d'apprentissage et d'évocation) égal, notre mémoire est plus efficace. C'est pourquoi, lorsqu'on veut retrouver un souvenir, il est quelquefois utile de revenir sur ses pas, ne serait-ce qu'en refaisant ce parcours dans notre tête.

« *Lors d'une randonnée, je fais toujours très attention aux balises indiquant la route. Sinon, je me perds...* » **Catherine,** 52 ans, traductrice

Deux hémisphères, un double codage

D'un point de vue anatomique, notre cerveau est composé de deux hémisphères, qui contribuent chacun de façon différente, mais complémentaire, au fonctionnement de notre mémoire.

« Où ai-je posé mes clés ? »

Cette banale interrogation de la vie quotidienne peut mobiliser de nombreuses ressources de notre mémoire. Une rapide introspection suffit pour s'en convaincre. Selon le cas ou selon le moment de la recherche, nous créons une représentation mentale de ces clés et de la façon dont nous les utilisons. Nous les « voyons », nous les « sentons » entre nos doigts, nous les « tournons » dans la serrure, nous nous efforçons d'évoquer le contexte et la chronologie des événements, les conversations que nous avons pu avoir, parfois à la recherche d'un incident qui aurait perturbé notre manière habituelle de ranger ces clés.

Dans le langage des neuropsychologues, on dira que nous sollicitons pour cette tâche aussi bien notre mémoire épisodique que nos mémoires sémantique, procédurale et implicite. Et, bien que toutes les informations remémorées – visuelles, verbales, sémantiques, gestuelles... – se rapportent à un seul et même objet, à savoir nos clés, elles sont traitées dans des zones bien distinctes de notre cerveau. Leur réactivation conjointe, grâce aux circuits neuronaux créés lors de la mémorisation, se fait de manière différente dans chacun des deux hémisphères de notre cerveau.

Dans le cerveau, partage des tâches et coopération

La spécialisation des hémisphères cérébraux est propre à l'espèce humaine et résulte pour l'essentiel du développement du langage, lié à l'hémisphère gauche. Ainsi, le système de mémoire de cet hémisphère est mis en jeu lorsque nous apprenons ou évoquons des informations verbales, par exemple une liste de mots ou une poésie. Quant à l'hémisphère droit, il intervient lorsque les informations sont de nature visuelle ou spatiale, par exemple quand nous retenons un itinéraire ou reconnaissons un visage. Chaque hémisphère dispose d'un code qui lui est particulier pour traiter les informations.

Informations visuelles, informations verbales

En réalité, le langage joue un rôle si crucial dans toutes nos activités mentales que l'analyse verbale participe sans doute à la résolution de tâches comme la mémorisation d'un itinéraire ou d'un visage. La technique de l'IRM fonctionnelle, qui rend visibles les zones cérébrales activées lors d'une tâche donnée, montre ainsi que, chez une personne ordinaire, l'hippocampe droit est sollicité pour la reconnaissance visuelle d'un visage familier, alors que l'hippocampe gauche l'est pour retrouver le nom d'une personne. Pour identifier à la fois le nom et le visage, l'activation est bilatérale.

Cependant, il faut se méfier d'une vision trop figée de l'opposition entre les deux hémisphères. En effet, dans le cas d'une

L'HIPPOCAMPE DROIT DU CERVEAU EST SOLLICITÉ POUR LA RECONNAISSANCE VISUELLE D'UN VISAGE FAMILIER, ET L'HIPPOCAMPE GAUCHE, POUR RETROUVER LE NOM D'UNE PERSONNE.

La plasticité du cerveau, une fonction compensatrice

Beaucoup de nos connaissances sur le fonctionnement du cerveau proviennent de recherches sur sa pathologie. Une zone cérébrale endommagée permet ainsi d'étudier les dysfonctionnements qui en résultent. Dans un cas célèbre, connu par les initiales du patient (H.M.), l'ablation bilatérale de la partie interne des lobes temporaux (dont l'hippocampe), réalisée pour venir à bout d'une épilepsie rebelle, a rendu le patient incapable de fixer tout nouveau souvenir à la suite de l'opération.
En revanche, lorsqu'un seul des deux hémisphères est affecté par une lésion ou une ablation, l'autre finit en général par assumer la plupart des fonctions nécessaires à la vie quotidienne de façon apparemment normale ; seuls des tests précis font apparaître un déficit qualitatif.

lésion cérébrale, un seul hémisphère est capable d'assurer un fonctionnement presque normal de la mémoire (voir encadré).

Traitement analytique et traitement global

Par ailleurs, selon certaines expériences, la distinction « verbal » et « non verbal » n'explique pas toujours le rôle spécifique joué par chacun des deux hémisphères ; leur spécialisation ne se rapporterait alors non pas à la nature des informations, mais à la façon dont elles sont traitées. À l'hémisphère gauche correspondrait ainsi un traitement analytique et temporel, pour classer les informations de manière logique ou selon leur sens. L'hémisphère droit procéderait en revanche à un traitement global, afin d'établir des relations spatiales ou pour classer les informations selon leur apparence et leur signalement émotionnel.

Quoi qu'il en soit, nos activités mentales sollicitent le plus souvent les deux hémisphères du cerveau et reposent donc sur un double codage, plus efficace pour la mémorisation : la lecture est ainsi l'une des meilleures façons pour apprendre, et certaines méthodes mnémotechniques cherchent d'ailleurs à en tirer bénéfice (voir p. 171).

Le langage : dominant à gauche, complémentaire à droite

Chez presque tous les droitiers et la majorité des gauchers, l'hémisphère gauche prédomine dans les activités mentales liées au langage. Mais l'hémisphère droit est, lui aussi, tout à fait capable de mémoriser des mots courts, en particulier s'ils ont un sens concret, s'ils suscitent une forte image visuelle ou s'ils véhiculent une charge émotionnelle. Et, tandis que le sens littéral d'un mot ou d'une phrase relève de la compétence de l'hémisphère gauche, leur sens métaphorique – « il pleut des cordes » – fait intervenir l'hémisphère droit.

L'espace : dominant à droite, complémentaire à gauche

L'espace appartient plutôt au domaine de l'hémisphère droit. L'hippocampe droit et ses zones voisines s'activent lorsque nous nous repérons dans un espace familier, que nous apprenons un nouveau parcours ou que nous identifions par son aspect visuel un repère tel qu'un bâtiment. Mais c'est dans l'hémisphère gauche que sont enregistrés, selon un code verbal, de nombreux indices qui jalonnent un parcours : « Je tourne à droite après le troisième feu... ».

En fait, chaque hémisphère pourrait être lié à une stratégie particulière d'orientation. Dans un environnement peu familier ou pour effectuer un parcours complexe, nous préférons nous orienter en créant une carte mentale du trajet, à l'aide de la position relative de nos repères (« codage allocentrique ») qui solliciterait surtout l'hippocampe du côté droit. Dans d'autres cas, nous recourons à une « stratégie de route », qui reposerait sur la position et l'orientation successives des repères par rapport à nous-mêmes (« codage égocentrique »), mettant en jeu plutôt l'hippocampe du côté gauche. Au traitement global d'un environnement spatial s'opposerait ainsi celui, analytique et séquentiel, d'un itinéraire. Mais il est vrai que cette répartition des tâches n'est peut-être pas l'apanage de l'homme, puisqu'elle vient d'être observée... chez le poulet !

« Je croyais toujours que je portais les cheveux longs quand je fréquentais l'école maternelle… jusqu'au jour où ma sœur m'a montré une photo. »

Marcelle, 63 ans, commerçante

Quand la mémoire nous trahit

Un mot qui nous échappe, une information qui s'est révélée fausse alors que nous étions convaincus de sa justesse… notre mémoire ne fonctionne pas toujours à la perfection. Mais qu'en est-il de nos souvenirs personnels ? Leur vivacité, leurs détails garantissent-ils leur véracité ? Pouvons-nous nous fier à notre intuition quand nous tenons ces souvenirs pour vrais ?

Vrai ou faux : comment savoir ?

Il n'est pas facile de vérifier si un souvenir est fidèle à la réalité, qu'elle ait été vécue ou non. S'il en existe plusieurs versions, comment trancher en faveur de l'une ou de l'autre en l'absence de preuves « objectives » ? Lorsque, en revanche, différentes personnes (par exemple, les membres d'une famille) ont un souvenir identique d'un événement (un incident survenu dans l'enfance de l'un d'entre eux), n'est-ce pas qu'un consensus a pu s'établir au fil des années ? À force de raconter à de nombreuses reprises une anecdote autobiographique, voire de l'embellir, ne s'éloigne-t-on pas de plus en plus de la réalité ? Y a-t-il donc des critères pour distinguer les vrais souvenirs des faux ?

Pour trouver une réponse à ces questions, les psychologues se sont intéressés de près à certains types de souvenirs, comme les souvenirs flash d'un événement public (voir p. 121), ou ont tenté de concevoir des expériences qui ressemblent à des situations de la vie réelle.

Faire la lumière sur les souvenirs flash

« Que faisiez-vous au moment où vous avez appris… l'assassinat du Président Kennedy, celui de l'ancien Beatle John Lennon, celui du président égyptien Anouar el-Sadate, la mort de la princesse Diana, l'explosion de la navette spatiale Challenger ? » Tous ces événements, et bien d'autres, ont été l'occasion pour les psychologues d'étudier les souvenirs flash : souvenirs vifs et détaillés d'un événement à forte charge émotionnelle, souvent comparés – à tort – à des photographies instantanées, et qui perdurent pendant de nombreuses années. En choisissant les souvenirs d'un événement public marquant, les psychologues ont pu comparer les versions d'un grand nombre de personnes, ce qui est impossible pour les souvenirs personnels. En interrogeant ces personnes à différents intervalles (entre un jour et plusieurs années après l'événement), ils ont pu dégager les caractéristiques spécifiques à ces souvenirs à travers le temps : leur intensité, le nombre et le type de détails, leur cohérence, ainsi que la confiance qu'on leur faisait…

L'explosion de la navette Challenger

En 1986, un groupe de chercheurs a ainsi enregistré, dans les deux jours qui ont suivi l'événement, les témoignages d'un groupe d'étudiants à propos de leurs activités au moment où ils ont appris l'explosion de la navette américaine. Puis ces étudiants ont

De façon spontanée, nous avons tendance à prêter davantage de confiance à un souvenir raconté en détail, ou qui paraît marqué par l'émotion, même si ces éléments n'ont été acquis qu'avec le temps.

été recontactés et réinterrogés trois ans plus tard. Il est alors apparu que 44 % des témoignages avaient subi des modifications : certaines versions racontées étaient devenues plus simples, d'autres au contraire plus complexes, en particulier grâce à l'apparition de nouveaux détails. Or, sur le degré de confiance qu'ils accordaient à leur souvenir, les étudiants dont la version ultérieure s'était ainsi enrichie ou était en contradiction avec leur premier récit, se disaient autant convaincus de la fidélité de leur souvenir que ceux dont le témoignage ultérieur ne variait pas ou s'était appauvri.

Certitude et véracité ne vont pas toujours de pair

Ni le caractère vif et détaillé d'un souvenir flash, ni la certitude qu'il inspire ne garantissent donc qu'il constitue une trace fidèle de notre vécu. D'où vient alors cette certitude ? Il semble qu'elle tire sa force notamment du sentiment de vivacité et des détails précis attachés à un tel souvenir. De façon spontanée, nous tendons en effet à prêter davantage de confiance à un récit détaillé, ou qui paraît marqué par l'émotion, alors que ces éléments n'ont peut-être été acquis qu'avec le temps. Ces changements et ces ajouts ne sont-ils alors que les embellissements dont la personne qui « sait bien raconter une histoire » dote le récit d'un souvenir à l'origine plus pauvre ? Parfois sans doute, mais ces nouveaux éléments peuvent également s'introduire dans nos souvenirs de façon furtive et à notre insu, comme l'ont démontré d'autres études.

NI LE CARACTÈRE VIF ET DÉTAILLÉ D'UN SOUVENIR FLASH, NI LA CERTITUDE QU'IL INSPIRE NE GARANTISSENT DONC QU'IL CONSTITUE UNE TRACE FIDÈLE DE NOTRE VÉCU.

Modifier un souvenir

Les souvenirs flash évoqués relèvent en général de l'anecdote. Au fond, la question de leur véracité n'a donc guère d'importance. Il en est tout autrement lorsqu'il s'agit de juger de la précision ou imprécision d'un souvenir dans un contexte juridique. Qu'en est-il, par exemple, de la fiabilité d'un témoin oculaire appelé à décrire la suite d'événements ayant conduit à un accident ?

L'effet de la question tendancieuse

Au cours d'une expérience, les psychologues américains Elizabeth Loftus et John Palmer ont projeté sept brèves séquences de films montrant des accidents de la route. Après chaque séquence, ils ont demandé aux participants de décrire la scène observée, puis de répondre à une série de questions, dont une du type : « Quelle était à peu près la vitesse des voitures lorsqu'elles entrèrent en contact ? » Mais cette question ne fut pas posée à tous dans les mêmes termes : pour les membres de certains sous-groupes, l'expression « entrer en contact » fut remplacée par une autre, suggérant une collision plus ou moins violente (« entrer en collision », « s'entrechoquer », « s'écraser », etc.). Les résultats confirmèrent l'hypothèse des chercheurs, prévoyant qu'un mot « plus fort » allait susciter l'estimation d'une vitesse supérieure : selon le terme employé, l'estimation moyenne de la vitesse variait en effet entre 50 km/h, pour l'expression la plus faible, et 65 km/h, pour celle évoquant une collision violente.

L'effet de l'information erronée

Lors d'une autre expérience, les volontaires ont visionné un accident de la route simulé, puis ont reçu des informations écrites sur ce même accident sous la forme d'un compte-rendu. La moitié d'entre eux recevaient cependant des informations en partie fausses, mentionnant par exemple un panneau « Céder le passage » à la place d'un « Stop », visible dans la scène originale. Puis on a demandé à ces personnes si elles avaient vu un panneau « Stop » ou « Céder le passage » : 15 à 20 % ont affirmé que la scène de l'accident montrait un panneau « Céder le passage », substituant ainsi à l'information originale une information fausse, introduite plus tard.

L'effet de l'affirmation autoritaire

Dans le cadre d'une troisième expérience, conçue par le psychologue américain Saul Kassin, les participants devaient taper sur ordinateur un texte dicté par un assistant de l'expérimentateur ; mais on les avertissait de ne surtout pas toucher la touche Option (ou ALT), sinon l'ordinateur risquait de « planter », et des données pouvaient se perdre de façon irrémédiable. Après un laps de temps, l'ordinateur « plantait » systématiquement, puis l'expérimentateur accusait le participant d'avoir actionné la touche Option. Chaque fois, celui-ci niait d'abord les faits... aucun des participants n'avait en fait actionné cette touche. Dans la moitié des cas, l'assistant venait alors au renfort de l'expérimentateur et affirmait avoir vu le participant actionner la touche ; dans l'autre moitié, il prétendait n'avoir rien vu. L'expérimentateur rédigeait ensuite une confession type et poussait les participants à la signer. Parmi l'ensemble des participants, 69 % la signèrent, et 28 % finirent par croire qu'ils avaient actionné la touche. Ceux qui à la fois étaient accusés par l'assistant et avaient tapé à grande vitesse signèrent même tous ; 65 % d'entre eux étaient convaincus de leur faute, et 35 % allèrent jusqu'à inventer des détails qui confirmaient leur conviction !

Implanter un faux souvenir

En effet, au-delà d'une imprécision ou d'une confusion, notre mémoire peut même nous suggérer le souvenir d'un événement qui n'a jamais eu lieu... pourvu que certaines conditions soient réunies, comme l'ont démontré un grand nombre d'expériences. En recourant à une photo truquée, en recrutant un proche parent complice pour un faux témoignage ou en demandant, dans un premier temps, aux participants d'imaginer un incident qui aurait pu avoir lieu, les expérimentateurs ont réussi à implanter chez environ un quart des participants en moyenne le souvenir d'un épisode censé se dérouler dans leur enfance, mais qui, de fait, avait été inventé de toutes pièces. Parmi ces épisodes fictifs, on relève ainsi un voyage dans une montgolfière, une visite à Disneyland, une hospitalisation, une attaque par un animal méchant, une fête d'anniversaire avec un clown, la découverte d'un billet de banque sur un parking, des retrouvailles, grâce à une personne âgée, après s'être perdu dans les couloirs d'un centre commercial, ainsi que différents accidents à la maison ou à l'extérieur... En faisant croire à des volontaires qu'ils avaient participé à un programme de recherche destiné à améliorer les facultés visuelles et motrices du nouveau-né, un groupe de chercheurs a même suscité chez ces adultes le souvenir d'un mobile en couleurs accroché au-dessus de leur lit dès le lendemain de leur naissance !

Des souvenirs « réprimés » ?

Dans les années 1980 et 1990, plusieurs affaires ont défrayé la chronique judiciaire aux États-Unis. Au cœur de chacune d'elles, une personne adulte accusait un membre de sa famille ou de son entourage de lui avoir fait subir des sévices sexuels pendant l'enfance ou l'adolescence. Dans toutes ces affaires, les personnes qui se proclamaient victimes de tels actes n'en avaient gardé

Tentez de créer un faux souvenir

Pour cette expérience très simple, demandez à une personne de votre entourage de mémoriser la liste de mots suivants, que vous allez lui lire lentement :

médecine	médicament	cabinet	stéthoscope
hôpital	santé	maladie	patient
infirmière	fièvre	ordonnance	pilules
malade	pharmacie	clinique	thermomètre

Quelques instants plus tard, demandez-lui de vous réciter les mots entendus. Il y a plus d'une chance sur deux pour qu'elle évoque, parmi les mots restitués, d'autres mots ayant un lien avec le secteur médical, comme « docteur », mais qui ne figurent pas sur la liste.

◀ Notre mémoire n'est pas infaillible. Comme le montre ce petit exercice, une certitude ne suffit pas à garantir la véracité d'un souvenir. Une expérience a en effet montré que 57 % des participants à qui l'on a fait apprendre cette liste étaient certains d'avoir entendu un mot qui, pourtant, n'y était pas !

aucun souvenir jusqu'au moment, parfois des décennies plus tard, où elles avaient entrepris une psychothérapie. Celle-ci leur avait révélé peu à peu que leurs souffrances actuelles (dépression, échec professionnel ou amoureux, etc.) étaient dues à des violences sexuelles subies dans leur enfance. Le souvenir de ces violences, jusque-là « réprimé », serait alors revenu à la conscience.

Plusieurs des procès engagés ont débouché sur de lourdes condamnations ou le paiement d'une importante compensation financière. D'autres se sont retournés contre les plaignants : une jeune femme qui avait accusé son père de l'avoir violée de façon régulière entre l'âge de 7 et 14 ans et de l'avoir même contrainte deux fois de suite à un avortement a dû se rétracter à la suite d'un examen médical révélant qu'elle était toujours vierge. Dans certains cas, un thérapeute incompétent, ou peu scrupuleux, ou encore une technique thérapeutique particulière, comme l'hypnose, ont été mis en cause.

UNE QUESTION OUVERTE POSÉE PLUSIEURS FOIS DE SUITE RISQUE D'INCITER UN ENFANT À PENSER QUE SA PREMIÈRE RÉPONSE N'ÉTAIT PAS BONNE.

À la première vague de procès a succédé bientôt une lame de fond : des poursuites furent engagées pour fausses accusations ou pour négligence professionnelle. Des psychologues comme Elizabeth Loftus ont ainsi mis en garde contre une « chasse aux sorcières » qui s'appuie d'une façon peu critique sur les souvenirs d'une mémoire humaine très malléable, du moins chez certaines personnes. Celles-ci sont-elles plus susceptibles d'être influencées par une question orientée ou par la survenue tardive d'une information erronée ? Existe-t-il chez elles une prédisposition émotionnelle ou leur système de mémorisation est-il plus fragile ? Le débat est loin d'être tranché… En fait, il a porté en même temps sur une autre catégorie de personnes, elles aussi au cœur d'affaires judiciaires concernant les violences sexuelles, à savoir les enfants.

La mémoire des enfants en question

« La vérité sort de la bouche des enfants », affirme l'adage. Certes, mais qu'en est-il des souvenirs qu'ils rapportent ? Sont-ils toujours « vrais » ? Ou peuvent-ils être influencés par les propos d'un adulte habile ?

L'histoire de Sam Stone

Au cours d'une expérience menée en 1995, un groupe d'enfants a entendu des commentaires désobligeants sur un inconnu nommé Sam Stone. Plus tard, ce « Sam Stone » est venu se promener en classe pendant quelques minutes, tout en parlant gentiment aux enfants. Ceux-ci ont été ensuite interrogés sur d'éventuels actes maladroits qu'il aurait pu commettre – déchirer un livre, tacher un ours en peluche… Parmi les enfants âgés de 3 à 4 ans, un sur cinq affirmait spontanément avoir vu Sam Stone commettre ces actes dont il ne s'était bien sûr nullement rendu coupable. Lorsque la personne responsable de l'interrogatoire posait des questions orientées, près de un enfant sur deux cette fois avançait à son tour les mêmes accusations. En revanche, parmi les enfants plus âgés, de 5 à 6 ans, seul un enfant sur dix évoquait les prétendues maladresses. Mais, dans tous les cas, les récits erronés n'étaient pas moins détaillés ni moins plausibles que les autres, et il était impossible pour un observateur extérieur de juger de la véracité de chaque récit.

Docilité ou croyance erronée ?

Les résultats de cette expérience ont été confirmés par de nombreuses études : les enfants non scolarisés ou plus jeunes se laissent plus volontiers influencer par des suggestions. Comme chez les adultes, il y a d'importantes différences entre individus, et les distorsions peuvent affecter des éléments clés d'un témoignage. Beaucoup dépend en fait de la compétence dont fait preuve la personne interrogeant l'enfant.

Des questions ouvertes (« Qu'est-ce qui s'est passé ? ») ont plus de chances de susciter un témoignage fiable. Par contre, une question tendancieuse (« Est-ce qu'il a fait ceci ou cela ?»), même si elle est posée de bonne foi, réduit souvent les chances d'une réponse véridique, tout comme un choix imposé (« Était-ce noir ou blanc ? »), puisque les enfants évitent souvent de répondre : « je ne sais pas ».

Cependant, une question ouverte posée plusieurs fois de suite risque d'inciter l'enfant à penser que sa première réponse n'était pas bonne, et il peut alors se mettre à deviner afin de se conformer à ce qu'il croit être les attentes d'un adulte. Les enfants sont en effet particulièrement sensibles à des menaces ou à des promesses, qu'elles soient explicites ou implicites.

Enfin, contrairement à une idée reçue, les enfants ne répètent pas simplement, tel un perroquet, les mots d'une fausse version qui leur a été suggérée, mais font en général preuve d'assez d'imagination pour tromper même les professionnels les plus avertis.

Docilité ou croyance erronée ? Sans doute la volonté de plaire aux adultes et la confiance qu'ils leur accordent d'emblée contribuent-elles à rendre les enfants plus vulnérables aux pressions. Mais d'autres facteurs sont à l'œuvre, liés au développement progressif de la mémoire chez l'enfant. Les enfants très jeunes éprouvent ainsi plus du mal à déterminer la source d'un souvenir : la date et le lieu précis d'un événement.

Un dialogue contradictoire

Dans cette scène tirée de la comédie musicale Gigi *(1958) de Vincente Minelli, d'anciens amants joués par Hermione Gingold (Mamita) et Maurice Chevalier (Honoré) évoquent leur dernier rendez-vous d'il y a fort longtemps. Au fil de ce merveilleux duo, le spectateur découvre que leurs souvenirs ne sont pas tout à fait les mêmes. Mais qui des deux a raison ?*

Honoré : *Oh oui ! Je m'en souviens très bien.*
Cette calèche roulait.
Mamita : *On a marché !*
Honoré : *Votre gant perdu...*
Mamita : *C'était un peigne !*
Honoré : *Oh oui ! Je m'en souviens très bien.*
Ce soleil radieux...
Mamita : *Il avait plu !*
Honoré : *Ces chansons russes...*
Mamita : *Venant d'Espagne ?*
Honoré : *Oh oui ! Je m'en souviens très bien.*
Je revois votre robe brodée d'or.
Mamita : *J'étais tout en bleu !*
Honoré : *Qu'est-ce que j'ai pu vieillir !*
Mamita : *Ah non ! Pas vous ! Oh combien vous étiez fort,*
si jeune et si gai. Un prince de l'amour à tout égard.
Honoré : *Oh oui ! Je m'en souviens très bien.*

Comment améliorer les témoignages oculaires ?

Depuis que les analyses d'A.D.N. ont été introduites dans les méthodes d'investigations judiciaires aux États-Unis, plus d'une centaine de personnes ont été innocentées, après avoir été condamnées parfois à de lourdes peines sur la foi de témoignages oculaires. En tout cas, les différents acteurs – professionnels de la justice, policiers, assistants sociaux... – sont aujourd'hui plus conscients des pièges que peut leur tendre la mémoire humaine. Ainsi, afin de pouvoir juger de la qualité de l'interrogatoire d'un témoin ou d'un accusé, on recourt désormais souvent à un enregistrement sur bande magnétique. Il est certes important de ne pas exercer une pression indue, de ne pas implanter de faux souvenirs par un interrogatoire trop suggestif. Mais, au-delà de telles mises en garde, comment favoriser l'évocation de certains détails chez un témoin ? Différents travaux ont montré que la question « Que s'est-il passé ? » ne donne pas toujours naissance aux témoignages les plus riches ni les plus précis. Il est parfois préférable de demander aux témoins de se remémorer le contexte global de l'épisode, de replonger dans le ressenti émotionnel, de changer de perspective en adoptant, par exemple, celle de l'auteur du crime... Plutôt que de solliciter un récit qui suit l'ordre chronologique des faits, les enquêteurs encouragent parfois les témoins à évoquer tout ce qui leur vient à l'esprit, le moindre détail, fût-il insignifiant. En fait, ces techniques, qui se sont avérées plus efficaces, ne sont pas sans rappeler les conseils que l'on donne parfois à quelqu'un qui a égaré ses lunettes. Au lieu de se répéter la question « Où sont mes lunettes ? », il vaut mieux reconstituer dans notre esprit ce que nous étions en train de faire au moment où les lunettes étaient encore sous nos yeux...

Quand la mémoire fait son cinéma

Les plus grands cinéastes ont été fascinés par la mémoire. Ils en ont fait le thème de leurs œuvres et se sont servis de ses caractéristiques du scénario jusqu'au montage de leurs films.

Réminiscences et distorsions des souvenirs, amnésies et hypermnésie, le cinéma a exploré presque toutes les facettes de la mémoire à la recherche d'un ressort dramatique. Mais, souvent, il a fait aussi appel à la mémoire du spectateur qui, dans le jeu des retours en arrière et des perspectives multiples, doit démêler tous les fils du scénario. Enfin, grâce à sa popularité, il a contribué à forger la mémoire collective au XXe siècle.

Alfred Hitchcock présente : Mr Memory

« *Les Trente-Neuf Marches* est une organisation d'espions. » Cette explication est donnée par Mr Memory, artiste de music-hall à la prodigieuse mémoire, capable de répondre à toutes les questions du public. À la fin du film d'Alfred Hitchcock (1939), qui porte le même nom que cette énigmatique association, son infaillible mémoire se révèle être la clef du mystère. Mieux peut-être que tout autre cinéaste, Alfred Hitchcock a su exploiter des situations où la mémoire joue un rôle déterminant. Tout comme dans *Soudain, l'été dernier* (1959) de Mankiewicz, les deux héros de *Pas de printemps pour Marnie* (1964) et de *la Maison du Dr Edwardes* (1945) ont refoulé le souvenir d'un crime survenu dans des conditions bouleversantes. Leur amnésie psychogène est à l'origine de perturbations psychiques dont la résolution ne sera obtenue que par la remémoration de la scène initiale. Les témoignages erronés faits en toute bonne foi sont au cœur du *Faux coupable* (1956), dans lequel un père de famille (Henry Fonda) est à deux doigts d'être condamné pour un vol à main armée qu'il n'a pas commis. *Une femme disparaît* (1938) met en scène des espions qui persuadent les passagers d'un train que l'anodine vieille dame qu'ils ont kidnappée ne s'y est jamais trouvée. Dans *Sueurs froides* (1958), la vie d'un ancien inspecteur de police (James Stewart) est bouleversée par le souvenir envahissant d'une femme.

▲ Dans *Pas de printemps pour Marnie* (1964) d'Alfred Hitchcock, l'intrigante Tippi Hedren déteste par-dessus tout la couleur rouge – une phobie qui résulte d'un terrible drame dont le souvenir a été refoulé.

Des indices marquants

Par le réalisme et la simplicité de ses images, soutenues souvent avec habileté par la musique, Hitchcock réussit à créer un sentiment d'angoisse d'autant plus fort qu'il repose sur de simples objets du quotidien : les lunettes et la grille d'égout dans *l'Inconnu du Nord-Express* (1951), les cymbales dans *l'Homme qui en savait trop* (1956), la corde dans le film du même nom, le rideau de douche dans *Psychose* (1960), l'avion dans *la Mort aux trousses* (1959), le verre de lait dans *Soupçons* (1941) ou les ciseaux dans *Le crime était presque parfait* (1954), sans parler des *Oiseaux* (1963) qui sont à l'origine du malaise, puis de la terreur ressentie par les habitants d'une petite ville californienne. Tous ces éléments ont imprégné la mémoire de toute une génération de spectateurs.

Mémoire collective, mémoire individuelle

Certains films s'annoncent comme la reconstruction d'un passé que le temps a fini par effacer de la mémoire ou dont le souvenir a été supprimé par une catastrophe. Parfois simple miroir d'un temps révolu, ces films historiques, à l'impossible fidélité, peuvent devenir l'occasion d'un véritable rite de passage symbolique. *Autant en emporte le vent* (1939) de Victor Fleming met ainsi en scène la disparition du Sud américain d'avant la guerre de Sécession, anéanti par la guerre civile que symbolise l'incendie de la ville d'Atlanta. Mais la mémoire collective est recomposée grâce au dynamisme de la mémoire individuelle, dont fait preuve l'héroïne du film, Scarlett O'Hara.

Entre flash-back et reconstitutions...

« Rosebud ! » – ce mot, prononcé par Charles Foster Kane mourant, est le point de départ d'une enquête journalistique qui tente de reconstituer la vie de ce magnat de la presse à partir de différents témoignages et, en vain, de percer le mystère de sa dernière parole. En regardant *Citizen Kane* (1941), rien n'assure le spectateur que ce qui est raconté en flash-back par les personnes ayant connu Kane corresponde à la réalité : ce sont tous des points de vue spéculatifs. Même si, dans la scène finale du film, il bénéficiera à lui seul d'un éclairage nouveau sur l'origine de ce mot énigmatique, la signification réelle lui en échappera à tout jamais.

Retracer le passé d'un individu à partir de témoignages divergents est également le thème central d'un autre film tourné par Orson Welles, *Dossier secret* (1955). Le trafiquant d'armes et milliardaire Gregory Arkadin y feint une amnésie pour recruter et manipuler un aventurier, qui doit l'aider à retrouver les témoins de son passé. Ces deux films démontrent que, si nous survivons dans les souvenirs des autres, il s'agit toujours de points de vue partiels et partiaux.

▲ Véritable monument de l'histoire du cinéma, *Citizen Kane* (1941), d'Orson Welles, met en scène les souvenirs liés à un célèbre magnat de la presse. La construction complexe, faite de flash-back multipliés, aboutit à une nouvelle forme de narration cinématographique.

... retrouver l'impossible vérité

Dans *Rashomon* (1950), le réalisateur japonais Akira Kurosawa présente quatre versions contradictoires d'un même événement. Curieusement, deux des trois protagonistes s'accusent du meurtre du troisième, ce dernier indiquant par le truchement d'un médium qu'il s'est suicidé. Un témoin de la scène relève surtout leur lâcheté et suggère une mort déloyale. La conclusion est double : irréconciliables, ces témoignages rendent improbable l'établissement d'une vérité incontestable.

« Je me souviens encore comme si c'était hier de mon premier bal, mais j'oublie de plus en plus souvent de prendre mes pilules le matin. » **Simone,** 67 ans, ancienne employée de mairie

Point de mémoire sans oubli !

Nous ne nous souvenons plus, donc nous avons oublié. L'oubli est-il l'envers de la mémoire ? Mais, alors qu'il nous est possible, grâce à notre volonté, d'apprendre une bonne part des choses que nous souhaitons mémoriser, le contrôle sur leur restitution semble souvent nous échapper. Les lois de l'oubli seraient-elles donc différentes ? Les traces de nos souvenirs disparaissent-elles de notre cerveau ? Sont-elles remplacées par d'autres, plus récentes ? Ou sont-elles toujours présentes mais, dès lors, inaccessibles à nos tentatives de rappel ?

LORSQUE LES PREMIERS EFFORTS POUR SE RAPPELER UN NOM, PAR EXEMPLE, NE RÉUSSISSENT PAS, MIEUX VAUT NE PAS S'ENTÊTER, MAIS PLUTÔT TOURNER SON ATTENTION VERS UN NOUVEAU SUJET.

L'oubli et le temps

Au fil des heures, des jours, des mois et des années, nos souvenirs paraissent s'estomper, et notre mémoire semble manquer de précision et devenir moins efficace. Étudier les lois de l'oubli a été l'une des préoccupations majeures des psychologues dès l'origine de leur discipline.

La courbe de l'oubli

Le psychologue Hermann Ebbinghaus (1850-1909) doit être considéré comme l'un des fondateurs de la psychologie expérimentale et des recherches sur la mémoire. Dans les années 1880, il a étudié à quel rythme nous apprenons… et oublions.

À cette fin, il a créé plusieurs milliers de syllabes sans signification (par exemple, luv, jek, laz, gix) pour minimiser l'influence d'un savoir déjà acquis. Et, comme on n'est jamais aussi bien servi que par soi-même, Ebbinghaus s'est testé lui-même. Au cours de l'une de ses expériences comportant plus de 14 000 séances d'apprentissage, Ebbinghaus a ainsi tenté de mémoriser quelque 400 listes de ces syllabes. Dans d'autres expériences, il mesurait le temps qu'il lui fallait une première fois, puis une deuxième fois pour apprendre par cœur une telle liste : s'il lui fallait reprendre la liste 20 fois pendant la première tentative, il pouvait le faire en 10 fois, par exemple, une semaine plus tard.

Il a relevé de même un rapide déclin du savoir appris pendant la période qui suivait l'apprentissage : seulement 60 % des syllabes étaient retenues après vingt minutes, 33 % après neuf heures et 25 % une semaine plus tard ; puis le souvenir tendait à rester stable à environ 20 % des syllabes encore un mois plus tard. En outre, Ebbinghaus a constaté qu'on retenait d'autant mieux un savoir s'il avait été appris ou répété à plusieurs reprises.

Le permastock

Ce déclin rapide découvert par Ebbinghaus peut étonner, mais il faut tenir compte du fait qu'il apprenait des listes de syllabes sans signification, qu'il renouvelait souvent. Ses principaux résultats ont d'ailleurs été confirmés par de nombreuses études.

En 1984, le psychologue américain Harry Bahrick a ainsi cherché à savoir à quel rythme se perdait le vocabulaire espagnol appris par des étudiants qui ne l'avaient jamais utilisé ni réappris par la suite. Tout comme Ebbinghaus, Bahrick a observé un déclin initial important, au cours des trois premières années, suivi d'une longue période de quelque vingt-cinq ans pendant laquelle les personnes testées se souvenaient encore de près de 60 % du vocabulaire. À partir de la trente-quatrième année s'entame une perte graduelle mais lente des mots, liée peut-être à l'âge. Or, après environ cinquante ans, presque 40 % du vocabulaire ont encore été retenus ! Les pourcentages étaient même encore plus élevés lorsqu'il s'agissait de reconnaître seulement les mots et leur sens. Pour désigner ce résultat remarquable, Bahrick a choisi le terme anglais de *permastore* (composé à partir des mots *permanent* et *store*, « fonds », « réserve », « magasin »), devenu permastock en français.

« Ne me le dis pas encore... » : le mot sur le bout de la langue

Le nom d'une personne qui ne nous revient pas à l'esprit, une information qui nous échappe... Pourtant, le mot recherché est sur le bout de la langue! Quand nous essayons de le cerner, nous pressentons sa sonorité ou sa longueur ou la lettre par laquelle il commence. Nous tentons de nous en rapprocher par étapes progressives, en éliminant certains mots qui parfois s'imposent à sa place. Souvent, nous récusons toute aide (« Attends, je vais le trouver moi-même... »), avant de donner notre langue au chat et de chercher notre salut dans un dictionnaire ou auprès d'autres personnes (« Tu sais, cet acteur qui a joué dans... »). Or, tantôt le mot surgira tout seul au bout de quelques instants ou minutes, tantôt il continuera de se dérober, voire nous « empêchera de dormir »...

Un phénomène encore mal compris

Nous connaissons tous cette sensation frustrante. Elle devient plus fréquente avec l'âge et peut survenir jusqu'à plusieurs fois par jour, même à propos de mots ou de noms familiers. Parfois source d'inquiétude pour la personne qui en est « victime », ce phénomène encore mal compris par les psychologues est quelquefois associé à une mémoire qui commence à faillir.

En tout cas, lorsque les premiers efforts ne réussissent pas, mieux vaut ne pas s'entêter – au risque de provoquer un blocage – mais plutôt tourner son attention vers un nouveau sujet. Il arrive ainsi que, quelque temps plus tard, voire le lendemain, le mot surgisse tout d'un coup, comme si notre cerveau n'avait jamais cessé de poursuivre ses recherches. Il semblerait que cette apparition « miraculeuse » soit parfois due à un mot que nous venons d'entendre ou de prononcer et qui est proche par sa sonorité de celui recherché, ou bien à un autre indice qui déclenche un rappel réussi.

Comment savoir de quelle façon on oublie ?

Lorsqu'on demande à un groupe de personnes de mémoriser une liste de mots, puis d'en redonner aussitôt le plus possible, on peut observer que les premiers et les derniers mots seront le mieux retenus (courbe noire).
Mais si le rappel est retardé, ne serait-ce que de 30 secondes, temps durant lequel on demande à la personne testée de compter à rebours, seul l'effet de primauté persiste (courbe rouge). La personne commence en effet au début à répéter mentalement les mots de la liste et réussit ainsi à les transférer dans la mémoire à long terme. Ce rappel est perturbé dès que le nombre de mots devient trop important (milieu de la liste). Mais, au moment du rappel, elle a encore les derniers mots de la liste « en tête ». La tâche consistant à compter à rebours fera que la mémoire à court terme sera occupée par une nouvelle activité, et l'effet de récence disparaît.
L'effet de primauté est donc lié à la mémoire à long terme, et l'effet de récence à la mémoire à court terme.

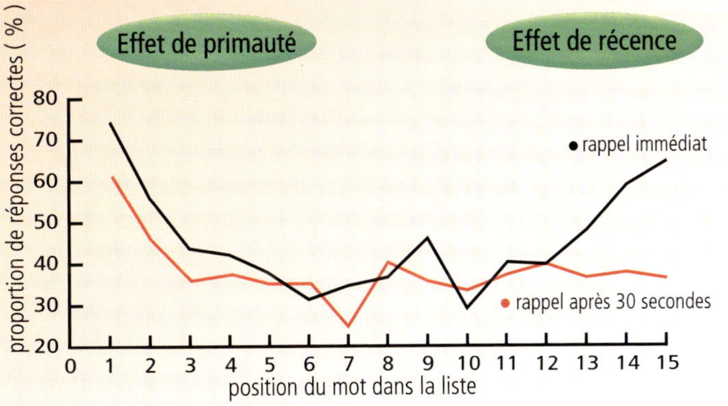

N'OUBLIONS PAS QU'UN MAUVAIS APPRENTISSAGE ET, DE FAÇON GÉNÉRALE, TOUT OUBLI PEUVENT AUSSI ÊTRE BÉNÉFIQUES.

Les théories de l'oubli

De même qu'il n'y a pas une seule forme de mémoire, il n'y a pas qu'un seul type d'oubli. Les différentes théories de l'oubli ont toutes été proposées pour rendre compte de défaillances de la mémoire ou de phénomènes d'oubli particuliers, sans que l'on puisse pour autant préciser la façon dont les mécanismes ainsi décrits participent au fonctionnement global de la mémoire. En général, ces mécanismes dépendent de la nature de l'information et du contexte de sa mémorisation. À ces oublis « ordinaires » s'en ajoutent d'autres, à caractère pathologique ; ils seront traités pages 292 à 305.

Une trace qui s'efface avec le temps ?

Au fil du temps et à défaut d'avoir été sollicité, un souvenir, ou sa trace, disparaîtrait de notre cerveau. Simple, cette théorie soulève cependant de nombreuses questions. Comment en effet expliquer qu'une information qui semble parfois perdue resurgisse à un moment ultérieur, comme dans le célèbre épisode décrit par Marcel Proust ? Les recherches biologiques sur les circuits neuronaux ont toutefois renouvelé l'intérêt pour cette théorie.

Des traces qui persistent ou qui se substituent les unes aux autres ?

Imaginez que vous venez de déménager et que votre numéro de téléphone a changé. Le lendemain, vous rencontrez un ami qui souhaite obtenir votre nouveau numéro : hélas, seul l'ancien numéro vous vient à l'esprit. Quelques semaines plus tard, vous avez fini par mémoriser le nouveau numéro, quand quelqu'un vous demande : « En fait, quel était ton ancien numéro ? » Il est presque certain que le nouveau numéro vienne alors s'imposer à votre conscience, tandis que l'ancien vous échappera désormais.

Nous sommes en effet capables de remplacer des informations, devenues inutiles, par d'autres, plus récentes et plus pertinentes. Mais les anciennes informations ne sont pas pour autant « écrasées » de façon systématique. D'où les éventuelles interférences : lors d'un séjour en Angleterre, nous nous faisons piéger par le C marqué sur le robinet d'une douche, et qui signifie *cold* (« froid ») et non pas « chaud » comme le suggère spontanément notre mémoire (interférence proactive) ; en revanche, dans ce pays où les voitures roulent à gauche, nous aurons appris, au bout de quelques jours, à regarder d'abord à droite avant de traverser une rue (interférence rétroactive). Une telle interférence pourrait expliquer aussi le phénomène du mot sur le bout de la langue, en particulier lorsqu'un autre mot prend la place de celui qui est recherché. Mais s'agit-il d'un conflit entre deux indices de rappel ou d'un encodage imparfait ?

Une trace qui n'est plus accessible ?

Pour illustrer l'hypothèse sur laquelle repose cette théorie de la trace inaccessible, le psychologue Endel Tulving a un jour mis au défi son auditoire de lui nommer, sans hésiter, les deux capitales européennes, dont le nom commence par les deux mêmes lettres et se termine par les trois mêmes. Nous les connaissons tous : mais, en général, nous devons commencer par « faire le tour de l'Europe » dans notre esprit pour les identifier – il s'agit de Bucarest et de Budapest.

Beaucoup de nos expériences d'oubli suggèrent ainsi que l'information est stockée dans notre cerveau, mais que nous ne parvenons pas à y accéder... encore une explication possible pour « le mot sur le bout de la langue ». Parfois, un indice suffit pour déclencher un souvenir ; dans d'autres cas, seule la reconnaissance permet de le restituer avec succès.

Une trace qui n'est pas assez consolidée ?

Nous avons tous fait l'expérience un jour d'avoir mal révisé un cours et de ne pas avoir été en mesure de répondre aux questions d'un examen. Un apprentissage incomplet augmente en effet le risque d'oubli. Attention réduite, création d'indices insuffisants, émotion trop forte... les raisons d'un mauvais apprentissage sont multiples.
Et n'oublions pas (!) qu'un mauvais apprentissage et, de façon générale, tout oubli peuvent aussi être bénéfiques : si notre mémoire était parfaite, nous ne pourrions plus oublier tout ce qui est inutile ou pénible...

MÉMO
Les processus de mémorisation

- Certaines plaintes concernant la mémoire trouvent une explication dans un défaut de **perception** (mauvaise vision, audition défaillante...). C'est surtout la mémoire de travail qui se montre sensible aux **difficultés attentionnelles**. Il est d'autant plus facile de retenir des informations si l'on est spontanément motivé par le sujet. Par ailleurs, il est souvent possible de susciter une nouvelle **motivation**.
- L'**émotion** joue un rôle important : nous retenons mieux les informations qui nous concernent ou qui nous affectent. C'est la raison pour laquelle les **souvenirs** les plus nombreux se situent entre **15 et 30 ans**, période au cours de laquelle nous prenons beaucoup de décisions importantes pour notre vie.
- **Apprendre** une nouvelle information peut reposer sur la **répétition**. Mais celle-ci sera beaucoup plus efficace si elle s'accompagne d'une **analyse**. D'autre part, il est préférable de **répartir les séances d'apprentissage** et de les espacer dans le temps. La mémoire est plus efficace quand les **contextes d'apprentissage** et de rappel sont similaires. C'est le principe de **spécificité d'encodage**.
- La recherche d'une logique, de **liens** avec des **informations** déjà connues et la création d'**images mentales** jouent un rôle capital aussi bien pour l'apprentissage que pour le rappel.
- Les deux hémisphères de notre cerveau contribuent de façon différente mais complémentaire au fonctionnement de la mémoire. L'**hémisphère gauche** est surtout sollicité pour traiter les **tâches verbales** tandis que l'**hémisphère droit** s'occupe de préférence des informations **visuelles** et **spatiales.**

- Attention ! **La mémoire peut jouer des tours** : une forte certitude ou une abondance de détails ne garantissent pas toujours la véracité d'un souvenir. **L'oubli** est un processus nécessaire au bon fonctionnement de la mémoire. Le **« mot sur le bout de la langue »** est un phénomène courant qui peut survenir à tout moment et même à propos de mots familiers.

Développer des stratégies

Beaucoup de ceux qui se posent des questions au sujet de leur mémoire cherchent avant tout à l'améliorer ou à acquérir certains « trucs » pour ne pas oublier leurs clés ou retenir un numéro de téléphone. Malheureusement, il n'y a pas de recette universelle, et ce qui marche pour certains ne sera d'aucun secours pour d'autres. La meilleure manière de progresser en matière de mémoire consiste plutôt à développer ses propres stratégies, à identifier, comprendre et exercer un savoir-faire qui deviendra alors fort utile. Bon nombre de méthodes mnémotechniques sont connues depuis l'Antiquité et nous les utilisons très souvent, parfois volontairement, parfois de manière inconsciente. La raison en est simple : ces méthodes s'appuient sur des processus fondamentaux de mémorisation, aujourd'hui bien connus des scientifiques : organiser les informations à retenir, procéder à des associations d'idées, se créer des images mentales... Des neuropsychologues ont analysé et exploité ces processus afin d'en tirer une trame scientifique aux conseils pratiques livrés dans ces pages. À vous d'en tirer parti en vous les appropriant pour améliorer votre vie quotidienne.

Dans ce chapitre...

« Mon ami Simplicius pouvait réciter sur le champ et rapidement n'importe quel passage de Virgile, et il pouvait même citer les vers à rebours. »

d'après **saint Augustin** (354-430)

Petite histoire de l'art de la mémoire

... parce qu'on peut parler d'un « art de la mémoire ». Ce terme que les auteurs médiévaux utilisent couramment pour désigner une « méthode », n'a cessé de changer au fil des siècles. Les premières stratégies mnémotechniques connues remontent à l'Antiquité grecque. Elles ont joué un rôle-clé dans la rhétorique antique et, au-delà, ont exercé, pendant deux millénaires, une vaste influence sur les productions et pratiques intellectuelles et artistiques de l'Occident, avant de connaître un lent déclin à partir du XVIe siècle.

UN GRAND ORATEUR COMME CICÉRON POUVAIT DÉCLAMER PENDANT PLUSIEURS HEURES SANS RECOURIR À DES NOTES.

Rhétorique et mémoire

Vers 400 av. J.-C. déjà, l'auteur inconnu du traité *Dialexeis* préconise trois grands principes, toujours valables, pour favoriser la mémorisation : faire attention, répéter et relier ce qui est à apprendre avec ce que l'on sait déjà. Pour retenir le nom propre « Chrysippos », l'auteur propose ainsi d'établir un lien avec *chrusos*, « or », et *hippos*, « cheval » ; pour se rappeler la notion de courage, de penser à Arès, dieu de la Guerre, ou à Achille, héros de la guerre de Troie, c'est-à-dire de créer une image mentale. Mais, à défaut d'autres sources grecques conservées, c'est un traité de rhétorique de l'époque romaine, qui nous renseigne le mieux sur ces stratégies de mémorisation.

Savoir composer et tenir des discours

Rédigé vers 86-82 av. J.-C., le traité anonyme *Ad Herennium* distingue la mémoire « naturelle », qui accompagne toute pensée, de la mémoire « artificielle », dont les procédés peuvent renforcer la première, en fixant mieux dans notre esprit des idées ou des mots. Le principal avantage d'une mémoire entraînée est de permettre à un orateur, homme politique ou avocat, de composer un discours qu'il pourra tenir ensuite *ex tempore*, c'est-à-dire sans recourir à des notes, mais aussi en n'oubliant rien et en ne perdant jamais le fil de ses idées lorsqu'il sera, par exemple, interrompu au cours d'une séance agitée du sénat ou d'un procès. Un grand orateur comme Cicéron pouvait ainsi déclamer pendant plusieurs heures.

Appliquée non pas à des idées mais à des mots, une bonne mémoire réussit également à réciter littéralement, voire à rebours, un discours ou un poème. Cependant, pour les Anciens, l'apprentissage par cœur avait une valeur moindre, même s'ils admiraient ces mémoires prodiges.

La méthode des lieux et des images

Selon la méthode dite « des lieux de mémoire », attribuée au poète grec Simonide de Céos (voir encadré), il faut d'abord imaginer et mémoriser un itinéraire relié par une succession de lieux : étapes d'une promenade ou éléments d'un bâtiment (porte, vestibule, colonnade...), puis placer en chaque lieu l'une des images mentales que l'on souhaite mémoriser. Lors d'un nouveau parcours mental, il sera alors possible de retrouver ces images – et donc les idées ou les mots – qui y ont été « déposées », ou associées. Toute étape de l'itinéraire peut d'ailleurs servir de point de départ, et rien n'empêche d'emprunter le chemin à rebours.

L'idée d'un support spatial de la mémoire nous est au demeurant parfaitement familière : il est facile d'imaginer un parcours (dans une maison ou une ville que nous connaissons par exemple), y distinguer différents lieux et retrouver les caractéristiques qui y sont associées (un tableau accroché au mur d'une chambre), tout comme nous employons volontiers des métaphores spatiales (« en premier lieu... ») pour évoquer une succession d'idées.

Seule l'idée d'attacher d'autres images à ces lieux nous paraît sans doute étrange, voire extravagante..., sauf lorsque l'association nous paraît « naturelle ». En identifiant les constellations stellaires, nous recourons ainsi à des images mentales : Grande Ourse, Taureau, Lion... Comme l'ont montré des études historiques, ces images ne sont pas nées de l'esprit fantasque de quelque peuple primitif, elles ont été conçues pour mieux retenir l'emplacement des étoiles dans le ciel nocturne. Et l'histoire du poète Simonide est probablement une fable inventée pour illustrer la méthode des lieux – et pour assurer que nous ne l'oublierons jamais.

L'invention de la méthode des lieux de mémoire

Selon Cicéron, c'est en 477 av. J.-C. que le poète grec Simonide de Céos aurait inventé la méthode dite « des lieux de mémoire ». Lors d'un banquet organisé par un certain Scopas, le poète devait réciter un poème en hommage à l'hôte qui le lui avait commandé. Mais Simonide ne s'arrête pas à ce seul programme et continue avec l'éloge des dieux jumeaux Castor et Pollux. Mécontent, Scopas ne paie au poète que la moitié de la somme convenue en lui conseillant de demander le solde aux dieux jumeaux. Quelques instants plus tard, on prévient Simonide que deux jeunes hommes l'attendent à l'extérieur. Le poète sort mais ne trouve personne.
À ce moment, le plafond de la salle de banquet s'effondre et tous les autres invités sont tués : en guise de remerciement pour l'éloge, Castor et Pollux ont sauvé Simonide.
Malheureusement, les corps des victimes ont été rendus méconnaissables sous les débris, et les familles ne peuvent donc les emporter. Mais, grâce à son excellente mémoire visuelle, Simonide est capable de se rappeler la place exacte occupée par chaque convive. Et c'est ainsi qu'il aurait eu l'idée d'une technique de mémorisation qui repose sur l'emplacement ordonné d'images.

La mnémotechnie au service du christianisme

L'essort du christianisme aux premiers siècles de notre ère conduit à une nouvelle orientation des pratiques mnémotechniques, qui s'enrichissent d'autres traditions, comme celle du judaïsme. Elles servent désormais au salut spirituel.

Ne pas oublier Dieu : méditation et prières

Ces nouvelles applications de la mnémotechnique se trouvent d'abord chez les premiers moines, laïcs qui, après avoir rempli leurs obligations familiales et sociales, se retirent de la vie mondaine pour se consacrer à la prière et à la méditation, fondées sur la lecture et la mémorisation des textes sacrés. Le recours à la mnémotechnie facilite alors la concentration des pensées. Au moment de la prière ou de la méditation, le risque est en effet grand pour l'esprit de divaguer : de pensée en pensée, il s'éloigne pour revenir, parfois, à des préoccupations quotidiennes au lieu de se fixer sur Dieu. Une image mentale ou une formule de prière peut empêcher de se laisser aller à cette « mauvaise curiosité ».

En même temps, il s'agit de favoriser la méditation sur des passages difficiles de l'Écriture, qui ont été ainsi mémorisés, et de mieux s'imprégner des nouvelles valeurs chrétiennes grâce à des images mentales fortes. Dans un ouvrage littéraire de l'époque, la « volonté divisée » de l'homme est ainsi représentée sous forme de scènes de combat entre des personnages figurant les vices et les vertus. Dans l'une d'elles, Espoir finit par trancher la tête à Sensualité, évoquant une victoire morale, mais faisant aussi allusion à des histoires bibliques marquées également par des décapitations : Judith et Holopherne, Salomé et Jean-Baptiste.

La mnémotechnie et l'imaginaire de l'art chrétien

Les images mentales viennent donc occuper une place importante dans la vie religieuse. Elles inspirent non seulement les façons de prier ou de méditer, mais aussi tout l'art chrétien : littérature, peinture, architecture… Comme l'a montré la chercheuse américaine Mary Carruthers, qui a retracé l'histoire des mnémotechnies pendant tout le Moyen Âge, ces images ne visent à aucun réalisme – d'où le caractère parfois fantasque ou incongru, à nos yeux, de l'imaginaire médiéval. Elles constituent au contraire des outils de la pensée.

En fait, la mémorisation est considérée comme la façon par excellence de s'approprier un savoir. Il ne s'agit pas simplement d'apprendre par cœur, même si la mémorisation de passages bibliques ou d'extraits d'auteurs anciens fait partie de cette démarche. Le but final est de « maîtriser » ou « assimiler » un savoir, tel que nous le faisons encore aujourd'hui pour une matière scolaire. La quantité de savoir mémorisée pouvait être immense : le grand théologien Thomas d'Aquin (1225-1274) composait ainsi mentalement l'essentiel de ses œuvres, c'est-à-dire sans recourir à des notes ou à des manuscrits, avant de les dicter jusqu'à quatre secrétaires en même temps.

Le livre de la mémoire

Phrase « gravée » dans une tablette de cire ou dans la mémoire humaine, mémoire de travail d'un ordinateur ou chez l'homme : les métaphores employées pour décrire la mémoire ont toujours été le reflet des technologies d'une époque. Selon certains auteurs du Moyen Âge, la bonne mémorisation permettrait ainsi à ceux qui la pratiquent de « lire » dans leur mémoire comme dans un livre ou d'y puiser à la façon dont on consulte une bibliothèque. Bien plus, des études sur la littérature médiévale ont même montré que la façon de présenter un texte, jusqu'aux caractéristiques d'un livre tel que nous le connaissons aujourd'hui, devaient beaucoup à la mnémotechnie. Citons quelques exemples.

Dans les manuscrits de l'Antiquité, les mots ou phrases n'étaient pas séparés les uns des autres. Un poème bien connu écrit en latin pouvait se lire comme un poème en grec si l'on découpait le texte d'une façon différente. L'introduction d'une ponctuation était alors destinée à découper le texte en unités faciles à mémoriser. L'enluminure, cet

Le théâtre de la Mémoire de Giulio Camillo

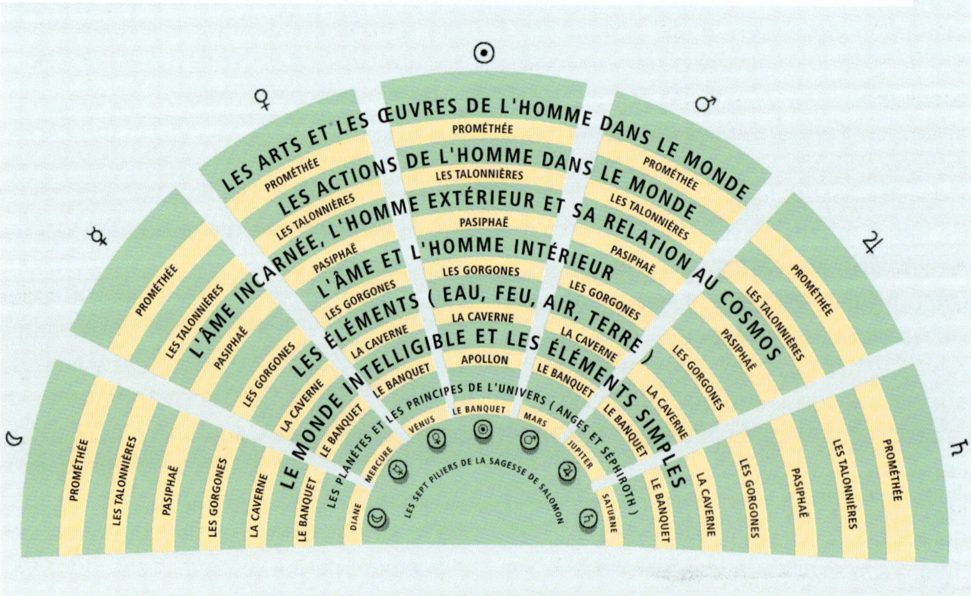

Calqué sur le plan d'un théâtre réel, le théâtre de la Mémoire de Giulio Camillo (vers 1480-1544) a été conçu pour permettre à qui occupe l'endroit où se trouve la scène de mémoriser un précis de toutes les traditions mystiques et occultes antiques. À cette fin, son utilisateur doit contempler les images figurant sur les 49 portes disposées sur les sept volées de gradins. ▶

art typiquement médiéval qui consistait à décorer les manuscrits ou livres de lettrines et d'initiales colorées et ornées, d'encadrements et de miniatures, avait pour but de faciliter la mémorisation des textes. L'image brodée autour d'une lettre initiale résume ainsi le contenu d'un chapitre ou suggère, tel un rébus, sa première phrase, servant d'amorce pour la récitation. Dans les marges des livres d'heures, on trouve parfois l'illustration d'une métaphore de la mémoire, qui est comparée à un « trésor avec des joyaux » ou à un « nid d'abeilles », rappelant le but de la lecture ou de la prière.

La mnémotechnie en question

Dès la fin du Moyen Âge, avant même l'arrivée de l'imprimerie, on peut observer un recul des récitations et des autres formes orales dans l'éducation universitaire. Les étudiants recourent de plus en plus à la copie des manuscrits et des livres pour apprendre. Certains érudits humanistes, comme Érasme (1469-1536) ou bien Melanchthon (1497-1560), affichent leur scepticisme à l'égard de la mnémotechnie et prônent de remplacer la méthode des lieux et des images par « l'étude, l'ordre et l'application », voire en interdisent l'utilisation à leurs étudiants. Alors que les auteurs médiévaux tentaient d'éclaircir les textes sacrés par une succession de commentaires et des gloses, les avocats de la Réforme considèrent que ces textes n'en ont pas besoin et que leur seule lecture suffit pour les comprendre.

Montaigne (1533-1592), dans ses *Essais*, va encore plus loin en constatant : « Nous ne travaillons qu'à remplir la mémoire, et laissons l'entendement et la connaissance vides. » Peu à peu, la mémoire est en effet associée à la « reproduction mécanique » d'un savoir acquis, à laquelle s'opposent le raisonnement ou l'imagination poétique. Les principes de la rhétorique et des arts de la mémoire continuent d'être enseignés jusqu'au XIXe siècle, mais sont de moins en moins appréciés. C'est peut-être à Flaubert qu'il revient de donner un coup mortel à la

▲ Page extraite d'un traité de fauconnerie composé par Frédéric II au XIIIe siècle. Au-delà de leur valeur ornementale, les nombreuses enluminures de l'ouvrage ont également un rôle mnémotechnique.

méthode des lieux dans son roman *Bouvard et Pécuchet* (1881). Les deux protagonistes du même nom y ont recours pour mémoriser les dates de l'histoire, discipline pour laquelle ils se passionnent dans le cadre de l'un de leurs innombrables projets inachevés. L'application systématique qu'ils en font est cependant vouée à l'échec :

« Pour plus de clarté, ils prirent comme base mnémotechnique leur propre maison, leur domicile, attachant à chacune de ses parties un fait distinct, et la cour, le jardin, les environs, tout le pays n'avaient plus d'autre sens que de faciliter la mémoire. Les bornages dans la campagne limitaient certaines époques, les pommiers étaient des arbres généalogiques, les buissons des batailles, le monde devenait symbole. Ils cherchaient sur les murs des quantités de choses absentes, finissaient par les voir, mais ne savaient plus les dates qu'elles représentaient… »

« Celui qui réfléchit le plus sur ses expériences et tisse entre elles un réseau de relations systématiques aura la meilleure mémoire. » **William James** (1842-1910), philosophe américain

Des simples astuces aux stratégies

La longue histoire des procédés mnémotechniques témoigne de l'importance que nous accordons aux performances de notre mémoire. Mais qu'en est-il de l'efficacité de ces procédés pour nous, aujourd'hui ? Y a-t-il une distinction entre les simples astuces de tous les jours et les stratégies développées en neuropsychologie ?

« La mémoire n'est pas un muscle ! »

Voilà la réponse que font en effet souvent les spécialistes à ceux qui posent la question de savoir s'il existe un tel entraînement. Que faut-il entendre par là ?

Pour la grande majorité d'entre nous, les oublis, lacunes ou « trous » de mémoire surviennent seulement de façon ponctuelle. Intervient aussi un vieillissement naturel qui a pour effet de diminuer en partie nos facultés de mémorisation (voir p. 42). À mesure que nous avançons dans la vie, nous avons ainsi le sentiment d'oublier plus souvent, d'apprendre moins vite et de devoir y consacrer davantage d'efforts. Est-il possible de ralentir ce processus et de préserver nos capacités de mémoire ?

La mémorisation, un acte complexe

La mémoire n'est pas que la faculté d'enregistrer, elle est surtout celle de pouvoir filtrer, donc d'oublier. Les multiples façons dont nous la sollicitons dans la vie de tous les jours ne se réduisent pas à quelques opérations mentales simples. Bien au contraire, il s'agit d'opérations en général complexes mettant en jeu différents types de mémoire dans des combinaisons qui ne cessent de varier selon les activités. Certes, à force de répéter une tâche précise, physique ou mentale, nous finirons presque toujours par nous en acquitter de manière plus efficace. Mais les progrès réalisés ne se laissent pas pour autant transférer à d'autres activités. Tel grand amateur de la chanson française qui, à l'admiration de son entourage, sait citer de mémoire des centaines de vers se plaindra par ailleurs d'oublier régulièrement l'anniversaire de ses proches. Tel adepte des mots croisés, qui remplit à toute vitesse les cases vides de n'importe quelle grille, désespérera au moins trois fois par semaine de trouver le nom d'une célébrité, qu'il a pourtant sur le bout de la langue. Tel passionné de tennis connaît par cœur les dates des grands tournois mondiaux, mais ne se souviendra jamais des dates-clés de l'histoire française.

> CERTES, À FORCE DE RÉPÉTER UNE TÂCHE, NOUS FINIRONS PRESQUE TOUJOURS PAR NOUS EN ACQUITTER MIEUX. MAIS LES PROGRÈS AINSI RÉALISÉS NE SE LAISSENT PAS POUR AUTANT TRANSFÉRER À D'AUTRES ACTIVITÉS.

Notre mémoire fonctionne en effet très bien dans les domaines de compétences qui sont les nôtres. C'est donc sur les autres domaines que doivent porter les efforts. Jouer souvent au Scrabble ou apprendre par cœur des poèmes n'aide pas à se rappeler où l'on a garé sa voiture, ou à ne pas manquer de prendre ses médicaments après le repas. Pour cela, la mnémotechnie peut alors être d'un grand recours.

Et les effets de l'âge ?

Face à un processus qui affecte les individus de façon très différente et qui dépend de l'état de santé général mais aussi des capacités développées antérieurement, une bonne hygiène de vie et une forte motivation pour poursuivre des activités feront beaucoup pour aider la mémoire à rester « en forme ». Mais on veillera à la solliciter par des activités variées et... de plaisir. Peu importe qu'elles soient ludiques ou plus utilitaires, ce qui compte, c'est de s'approprier des stratégies, de comprendre les principes sur lesquels elles reposent et, par une application régulière, de rendre plus solides les traces des informations acquises.

Quelques principes pour des situations multiples

Au cœur de toute mémorisation efficace se trouve la répétition. Il y aurait peu de risques d'oublier un nom, un rendez-vous ou l'endroit où nous avons déposé nos clés si nous les répétions sans cesse. Mais c'est là un procédé bien lourd et ennuyeux. Heureusement, il existe des principes simples qui, bien appliqués, permettent d'accélérer et de varier l'apprentissage pour faciliter le rappel. Ils fournissent des astuces, des « trucs » mnémotechniques adaptés à une multitude de tâches de mémorisation simples de la vie quotidienne. Combinés de façon judicieuse et bien comprise, ils constituent de véritables stratégies pour apprendre et pour restituer un savoir complexe.

Ces principes sont d'ailleurs tous bien connus. Nous les appliquons à presque tout moment de notre vie, le plus souvent de manière spontanée et inconsciente, et nous maîtrisons parfois à la perfection leur usage dans nos domaines de compétence.

Pour éviter les défaillances de notre mémoire là où nous sommes en quelque sorte négligents, en général par manque d'effort ou d'intérêt, il suffit dans bien des cas d'être motivé et de consacrer les efforts nécessaires à mettre en pratique le ou les principes qui conviennent le mieux à une situation particulière. Pour une activité nouvelle et complexe (étudier la comptabilité quand on n'en a jamais fait), la recherche d'une stratégie adéquate procédera, en revanche, davantage par tâtonnements, avant de trouver la méthode la plus adaptée.

Quelques célèbres phrases mnémotechniques

Les plus anciennes astuces connues remontent au Moyen Âge : rimes pour apprendre le genre des mots latins ou les propositions élémentaires de la logique d'Aristote (« Barbara Celerant darii ferio, Celantes dabites... »).

• Ceux qui ont appris les mathématiques sans calculatrice se souviendront peut-être de « Que j'aime à faire connaître ce nombre utile aux sages ! ... », pour retrouver le nombre π (3,141 592 653 5...), ou encore de « Ah, messagère admirable, lumière éclatante, je sais votre célérité », pour indiquer la valeur de la vitesse de la lumière (299 792 458 mètres par seconde) grâce au nombre de lettres de chaque mot contenu dans ces phrases.

• La phrase « Mon vaisseau te mènera jeudi sur une nouvelle planète » permet, grâce aux initiales de chaque mot, de retrouver les planètes du système solaire en commençant par la planète la plus proche du Soleil (Mercure, Vénus, Terre, Mars, Jupiter, Saturne, Uranus, Neptune, Pluton).

• Sans oublier le célèbre « Mais où est donc Ornicar ? », destiné à faciliter le rappel des conjonctions de coordination.

Des astuces mnémotechniques...

Les astuces mnémotechniques présentent une solution, certes limitée, mais bien efficace pour faire face à une partie des « faiblesses » de notre mémoire. Et ce n'est pas un hasard si la plupart de ces méthodes sont ou ont été utilisées par le monde de l'enseignement (voir encadré).

... à l'école

Un vers, une phrase-clé, ou un plan de rappel s'avèrent d'un grand secours lorsqu'il faut mémoriser une séquence d'informations à caractère plutôt arbitraire ou dont la logique nous échappe, alors qu'il faut retenir le bon ordre. D'autant qu'il y a l'obligation de la restituer ensuite dans des conditions où le recours à une version écrite est impossible ou interdit (comme lors d'une interrogation orale). À cela s'ajoute le stress d'un examen risquant de déclencher un « trou » de mémoire, qui pourrait faire échouer l'énumération.

... ou pour la vie quotidienne

L'application de ces astuces est plus limitée en dehors du contexte scolaire. Car les informations que l'on peut mémoriser ainsi ne doivent être ni trop nombreuses ni trop complexes et ne pas arriver à un rythme trop rapide. Et, à moins que, par esprit ludique, on aime jouer avec les mots ou trouver des images insolites, il faut une bonne raison pour ne pas se servir de l'écrit ou d'un autre support, plus fiable.

Mais il reste quelques situations de la vie quotidienne où de telles astuces ont leur utilité, à condition de faire un petit effort pour identifier la meilleure formule. Un bon exemple est l'utilisation de certains codes (de carte bancaire, d'entrée, de consignes électroniques, etc.) ou de mots de passe en informatique : des séries de mots ou de chiffres conçus exprès pour ne montrer aucune logique ni aucun sens particulier, et donc, par définition, difficiles à mémoriser. En outre, l'on est tenu de ne pas les noter ni de les porter sur soi ou d'en laisser traîner une trace écrite. Trouver une astuce mnémotechnique facilite alors leur apprentissage, dans un premier temps, et leur rappel ultérieur, par exemple, après une période de non-utilisation (voir p. 168).

LES MÊMES PRINCIPES ÉLÉMENTAIRES ÉTANT À L'ŒUVRE DANS TOUTE MÉMORISATION, UNE BONNE STRATÉGIE VISE SURTOUT À LES ADAPTER À UNE ACTIVITÉ DONNÉE.

Un « truc » du même genre peut également aider à retenir un petit nombre d'informations pendant un bref laps de temps : un numéro de téléphone ou une adresse que l'on ne peut noter tout de suite parce qu'on n'a pas de papier ou de stylo à portée de main, des objets que l'on doit aller chercher à la cave ou encore l'emplacement précis où l'on a garé sa voiture (voir p. 175). Établir un lien entre les éléments à retenir garantit alors un rappel plus efficace que leur simple répétition mécanique.

Force et faiblesse de la mnémotechnie

Rien n'empêche d'étendre les principes à l'œuvre dans ces astuces à d'autres situations d'apprentissage. L'imagerie mentale ou le calembour peut ainsi servir de « truc » pour mieux se rappeler des noms propres difficiles à retenir ou pour associer, sans se tromper, un nom propre à un visage (voir p. 165). Créer un mot ou une image-clé qui lie un mot et sa prononciation peut même aider à apprendre le vocabulaire d'une langue étrangère. Et tenter d'inventer un acronyme (PLAT, pour *pain, lait, ail, tomate*) chaque fois que l'on préfère mémoriser les éléments d'une liste de courses à faire, au lieu de les noter sur un bout de papier.

Tout est possible...

L'efficacité de ces différents procédés semble bien établie. Employés de façon systématique, ils ouvriraient même à certains la possibilité de réussir de véritables exploits (voir p. 88). Inspirés des méthodes pratiquées dans l'Antiquité, les systèmes mnémotechniques des champions de la mémoire d'aujourd'hui seraient, en théorie, accessibles à tous. Volonté et persévérance suffiraient alors pour se rappeler sans erreur l'ordre dans lequel se suivent les cartes dans plusieurs jeux, ou pour mémoriser *le Petit Larousse* ! Toutefois, l'usage fréquent et intense de ces techniques exige de l'entraînement et donc un certain goût pour ce genre de mémorisation. Pour étonnantes que soient de telles prestations, mêmes les adeptes férus de ces méthodes leur semblent préférer d'autres procédés lorsqu'il s'agit d'apprendre des matières moins extraordinaires, de type scolaire notamment.

... mais est-ce la meilleure méthode ?

Il existe en effet des procédés qui nous paraissent « moins artificiels », puisqu'ils semblent s'appuyer sur une logique propre aux informations mêmes. Pour retenir, par exemple, la classification biologique des mammifères, leur taxonomie, on peut apprendre par cœur ou se servir d'une astuce mnémotechnique telle que celles évoquées plus haut (voir encadré p. 151). Mais on peut également tenter de comprendre d'abord les critères sur lesquels repose cette classification, afin de faciliter ensuite l'acquisition des noms de genre, de famille et d'espèce. Cette deuxième méthode nous paraît d'ailleurs spontanément la meilleure, la première restant quelque peu entachée de l'image du « mauvais élève » qui, parce qu'il n'a pas bien compris la leçon, doit l'apprendre par cœur, à la veille de l'examen. Dans les deux cas, pourtant, les principes de base se ressemblent : il s'agit d'associer telle information et telle autre. Mais, dans l'un, nous créons ces liens par un acte volontaire et arbitraire ou, comme dans la méthode des lieux (voir p. 146), nous les mettons en relation avec un savoir étranger aux informations à apprendre, tandis que, dans l'autre, nous établissons des liens plus logiques avec un savoir déjà acquis – nous « comprenons ».

Des stratégies sur mesure...

Dans son acception originale, le mot stratégie désigne « l'art du général » (du grec ancien *stratos*, « armée », et *agein*, « conduire »), qui consiste à planifier et à diriger des actions de guerre. Par analogie, on pourrait donc définir les stratégies de mémorisation comme l'art de planifier et de conduire nos façons d'apprendre, de stocker et de rappeler des informations.

... adaptées aux tâches

Les mêmes principes élémentaires étant à l'œuvre dans la mémorisation, une bonne stratégie vise surtout à les adapter à une activité donnée. Plus elle conviendra, plus la rétention en sera efficace, c'est-à-dire durable et complète. Pour se rappeler que l'on doit passer un appel téléphonique, il est préférable de placer un pense-bête près de l'appareil plutôt que de se fier au nœud proverbial fait à son mouchoir, qui présente l'inconvénient de ne pas indiquer clairement ce qu'il faut faire. Pour faciliter ses déplacements dans une ville inconnue, on tentera de mémoriser une carte mentale, mais elle ne prendra pas la même forme selon que l'on a l'intention de se déplacer à pied, en voiture ou en bus.

... et à nous-mêmes

Une bonne stratégie doit en outre être adaptée à nous-mêmes. Elle tiendra ainsi compte de ce que nous savons déjà, rendant plus facile un transfert de notre savoir à un nouveau domaine ou, au contraire, empêchant une interférence entre deux domaines différents : un Français apprenant l'anglais comprendra bon nombre de mots que les deux langues partagent, tout en devant se méfier de « faux amis », ces mots à l'orthographe identique ou proche mais dont le sens est différent.

Par ailleurs, une bonne stratégie correspondra aussi à notre personnalité. Quelqu'un d'un tempérament convivial préférera sans doute apprendre une langue étrangère par la conversation, quitte à faire de nombreuses fautes au départ ; un autre, passionné de lecture, en lisant des romans dans la langue originale ; un troisième, plus timide, voudra être rassuré par un enseignement formel et plongera son nez dans un livre de grammaire ou dans un manuel d'exercices, avant de pratiquer ses connaissances sur le terrain. Chacun a ainsi son « style personnel » et ses motivations pour apprendre.

Pour ces deux raisons, l'une liée à la spécificité de chaque activité mentale, l'autre liée à nos intérêts et nos intentions, il n'existe pas de « recette » générale pour développer des stratégies de mémorisation. Leur efficacité dépend de la part active que nous prenons pour les élaborer ou les mettre en application de façon systématique. Mais toutes reposent sur quelques grands principes.

Savoir soulager sa mémoire

Est-il vraiment utile de connaître par cœur les numéros de téléphone et les adresses de nos proches ? N'avons-nous pas mieux à faire que d'encombrer notre mémoire avec la liste de nos courses ou de nos rendez-vous de la semaine ?
Certes, notre amour-propre peut se sentir flatté par le fait que nous vivons sans pense-bête, sans calepin, sans agenda, sans calculette..., signe que notre mémoire est encore en excellente forme. Mais, à moins d'y trouver un grand plaisir, ne vaut-il pas mieux faire travailler notre mémoire dans des domaines qui nous tiennent davantage à cœur ?
« Les pense-bête sont les porte-clés de notre mémoire », dit Pierre Dac. En soulageant notre mémoire là où c'est possible, nous libérons notre énergie pour nous attaquer à des choses plus importantes et plus plaisantes.

« C'est le sort ordinaire de la raison humaine de construire son édifice en toute hâte, et de ne songer que plus tard à s'assurer si les fondements sont solides. » **Emmanuel Kant** (1724-1804), philosophe allemand

Stratégies : les grands principes

Notre mémoire à long terme possède une faculté presque illimitée de stocker des informations. Mais acquérir ces informations et les restituer quand on en a besoin repose sur la manière dont elles vont être « traitées » – un traitement qui peut être amélioré par le recours à différents procédés permettant d'en consolider la trace en mémoire et de la rendre plus disponible, plus accessible lors du rappel.

Nous savons maintenant que ce que nous percevons par nos organes des sens transite par nos mémoires visuelle, auditive, olfactive, gustative, etc., sous forme de traces éphémères (entre une fraction de seconde et une dizaine de secondes environ), qui ne sont pas directement accessibles à la conscience. Ensuite, c'est à la mémoire de travail qu'il revient de traiter ces informations, pour préparer leur stockage à long terme. Or, cette mémoire temporaire ne peut retenir qu'un nombre limité d'éléments à la fois (7 en moyenne), pendant un laps de temps court (20 à 30 secondes en général,

Testez la supériorité d'une bonne organisation

Dans le désordre…

Mémorisez la liste de mots suivante, puis fermez le livre, attendez quelques minutes et notez ensuite sur une feuille un nombre aussi grand que possible de mots que vous venez d'apprendre. Puis passez au deuxième exemple.

- hélicoptère
- canoë
- cargo
- péniche
- charrette
- pirogue
- avion
- vélo
- deltaplane
- voiture
- montgolfière
- moto

… ou, mieux, bien structuré

Mémorisez les mots qui se trouvent dans les deux dernières lignes du tableau qui figure ci-dessous, puis fermez le livre, attendez quelques minutes et notez ensuite sur une feuille le plus grand nombre possible de ces mots.

INSTRUMENTS DE MUSIQUE					
À CORDES		**À VENT**		**À PERCUSSION**	
à cordes frottées	***à cordes pincées***	***en bois***	***en cuivre***	***mains***	***baguettes***
violon	guitare	flûte à bec	trompette	conga	tambour
violoncelle	harpe	clarinette	saxophone	castagnettes	timbale

De nombreuses expériences ont montré l'efficacité du classement comme principe organisateur de l'apprentissage. Classer permet de relier une nouvelle information à un savoir déjà acquis. Bien compris, le classement offre des indices précieux au moment du rappel. ▶

90 secondes tout au plus), et son fonctionnement peut être affecté par des facteurs allant d'un bruit gênant à notre état physique et psychique général. Car, outre la qualité de l'attention, nos émotions jouent aussi un rôle dans le processus de mémorisation.

Afin de pouvoir traiter des informations multiples avec des moyens limités, la mémoire doit non seulement les trier, mais les organiser de façon à faciliter leur stockage et leur restitution ultérieure.

Organiser avant tout

Rien de plus difficile que d'apprendre quelque chose « sans queue ni tête ». C'est pourquoi nous tentons, chaque fois que nous sommes confrontés à des informations disparates, d'y déceler un sens ou une logique, afin d'établir un lien entre elles ou avec ce que nous savons déjà. Une fois ce lien créé, l'évocation d'un seul élément peut servir d'amorce ou d'indice pour favoriser le rappel d'autres éléments.

Regrouper les informations

L'un des principes les plus courants pour mémoriser une série d'informations consiste à changer l'ordre dans lequel elles se présentent pour obtenir un ensemble plus cohérent (voir encadré Ordre et méthode). Quand vous préparez une liste de courses, essayez de regrouper les achats par magasin ou par rayon, afin d'éviter les déplacements inutiles et les oublis (voir p. 164).

Une autre méthode consiste à réduire le nombre d'informations, en en regroupant certaines de façon à former des unités ou des configurations plus importantes. Au lieu d'apprendre dix chiffres isolés, préférez mémoriser cinq paires de chiffres pour retenir un numéro de téléphone du réseau national. Si vous êtes un cinéphile qui souhaite connaître par cœur tous les films de « James Bond », simplifiez-vous la tâche en les regroupant selon l'interprète qui y a joué le rôle du célèbre agent 007.

Relier avec des connaissances déjà acquises

Le plus souvent, le lien est noué avec une ou plusieurs informations stockées dans le cerveau. Dans votre mémoire sémantique (ou mémoire du sens des mots et des connaissances), il existe déjà un réseau complexe de liens, qui vous permet de traiter rapidement toute information nouvelle. Soit vous reconnaissez directement une information grâce à une trace antérieure, soit vous pouvez la rapprocher d'une autre trace. Lors d'une promenade en forêt, vous identifiez ainsi un champignon au bord du chemin parce que vous avez appris à le distinguer dans le passé ou, au moins, s'il vous est inconnu, vous savez que c'est un champignon, qu'il appartient à la famille des champignons à pores, qu'il s'agit peut-être d'un bolet…

Classer, ordonner, noter…

Classer selon des catégories qui nous sont familières est en effet un principe à l'œuvre dans la mémorisation (voir encadré p. 154, La supériorité d'une bonne organisation). Établir des liens hiérarchiques entre les informations à apprendre ou les intégrer dans un

Ordre
et méthode

Imaginez que vous devez retenir la série de quatorze lettres reproduites ci-dessous :

E T M O H D D R E O R T E E

C'est une tâche inhabituelle et pas tout à fait facile à première vue. Pour vous faciliter le travail, vous pouvez commencer par organiser les lettres en alternant consonnes et voyelles. Cela vous permettra au moins de prononcer cette série sans trop de difficulté.

H O T R E D E M E R O D E T

Mais une autre stratégie s'avère encore plus efficace. Connue des joueurs de Scrabble, elle cherche à réunir les lettres de manière à créer une série qui a un sens. En arrangeant les lettres dans ce but, on retrouvera en effet le titre de cet encadré :

O R D R E E T M É T H O D E

savoir ainsi structuré est l'une des façons les plus efficaces d'assurer une bonne restitution. Le caractère systématique du savoir permet en effet de passer aisément du particulier au général, puis à un particulier différent, tandis qu'une simple liste en vrac, par exemple, exige souvent d'effectuer un parcours mental du début de la liste jusqu'à l'élément recherché.

En suivant un cours ou une conférence, il est préférable de prendre des notes, mais il est encore mieux de les structurer ensuite ou d'en faire un résumé. De même, consulter le plan d'une leçon ou la table des matières d'un livre vous aidera à mieux comprendre leur contenu, et la mémorisation de ces sommaires augmentera les chances d'un rappel sans lacune puisqu'elle offrira des indices.

Dans la vie pratique, un agenda bien tenu promet une meilleure gestion du temps qu'une multitude de petits pense-bête ou une énumération désordonnée des rendez-vous dans un calepin (voir p. 162) ; un système de rangement adapté vous fera gagner du temps (voir p. 160). Même pour planifier vos vacances, il peut être avantageux de traiter les différents aspects (logis, repas, transports) de manière systématique pour éviter de mauvaises surprises (voir p. 163).

En résumé : "élaborer" pour consolider

Regrouper, relier, classer, structurer, résumer... Pendant que vous « manipulez » ainsi les informations, vous ne cessez de les répéter dans votre esprit et de les « traiter », ce qui consolide leur stockage et facilitera leur rappel. Toute bonne stratégie de mémorisation repose donc sur ce qu'on pourrait appeler une « élaboration » des informations à retenir.

Et si, pour ce faire, nous pouvons nous appuyer sur l'organisation des informations, nous pouvons aussi recourir à d'autres techniques également génératrices d'indices : les associations et l'imagerie mentales.

Associer : inventer des liens

Associer, c'est-à-dire relier entre eux des événements, des sensations, des mots, des images, des sons, des idées... est un bon moyen d'organiser l'information en mémoire. Son intérêt réside dans le fait d'unir une nouvelle information à une ancienne, bien ancrée dans notre stock de souvenirs, épisodiques ou sémantiques : pour être efficaces, ces associations doivent être personnelles.

Faire des associations est un processus mental spontané, comme peut l'illustrer l'anecdote du touriste parisien en train de visiter l'Acropole à Athènes et qui s'exclame devant le Parthénon : « On dirait l'église de la Madeleine. » La plupart du temps, on fait de telles associations ou rapprochements sans y prêter attention. C'est seulement lorsqu'il nous arrive de devoir mémoriser des informations qui, à première vue, ne présentent aucun rapport entre elles ni avec nos connaissances antérieures que l'on s'en rend compte. Car il faut alors un acte volontaire

Ne pas hésiter à **jouer avec les mots**

Le calembour est un excellent moyen pour retenir un nom difficile, en établissant un lien avec des mots familiers d'une sonorité similaire. De même, en transformant une expression bien connue, on trouve aussi des formules qui ont des chances de rester à l'esprit : « Douze belles dans la peau » (Serge Gainsbourg) ou (« Autant en emporte le ventre » (Frédéric Dard alias San Antonio).

Retenir des noms

Pour se rappeler le nom d'un médicament, comme le Spasfon, il peut être utile de mémoriser qu'il « fait FONdre les SPASmes ». Les noms de marques et les publicités destinées à faire connaître des produits s'appuient bien sûr sur le même principe pour que les acheteurs potentiels s'en souviennent.

Retenir une adresse ou une course à faire

Afin de garder en mémoire une adresse, comme le chemin du Chapoly, on peut faire appel à l'idée quelque peu saugrenue d'un « chat poli ». Pour ne pas manquer d'effectuer plusieurs tâches, pourquoi ne pas construire une petite histoire, en dehors même de tout réalisme et de tout souci de style ? Par exemple, samedi, acheter chaussures de football à mon fils, sortir les ordures et réparer la lampe dans la cave : « Le match de foot était bon à jeter, les joueurs ont joué comme des savates et l'entraîneur s'est fait "allumer". »

pour créer un tel lien (voir encadré Ne pas hésiter à jouer avec les mots). D'autres types d'associations reposant sur des caractéristiques différentes sont possibles : rime ou sonorité des mots, graphisme, etc.
Plutôt que de chercher à apprendre par cœur des informations isolées, mieux vaut toujours les relier d'une façon ou d'une autre, que l'on s'appuie sur des logiques verbales ou visuelles, ou sur notre imagination.

Créer des images mentales

En effectuant un calcul mental complexe, par exemple 4 fois 18, « écrivez-vous » le produit intermédiaire (4 fois 10 = 40) sur une feuille ou un tableau virtuels ? Incertain de l'orthographe d'un mot, l'imaginez-vous écrit de deux façons, avant de vous décider pour celle qui vous paraît la plus familière ? Si l'on vous demande de dire une phrase à l'envers, tentez-vous de vous la représenter mentalement sous forme écrite ? Si oui, vous avez recours à l'imagerie mentale, l'un des plus efficaces outils de la mémoire. Ces exemples illustrent des opérations limitées et ponctuelles. Or, l'imagerie mentale permet de mémoriser des informations bien plus complexes et peut s'appliquer à des situations très diverses.

Se faire une représentation visuelle dans sa tête

Une image mentale est d'abord quelque chose que l'on crée soi-même, une image synthétique qui fait abstraction d'une perception visuelle concrète (même si vous pouvez comparer une image mentale avec ce que vous voyez réellement). Et vous pouvez imaginer des choses qui n'existent pas dans la réalité (une figure géométrique, un animal fantastique, comme une licorne, ou la Justice sous la forme d'une femme aux yeux bandés et portant une balance, etc.). Si l'on vous propose de vous représenter un chien, par exemple, l'image que vous allez créer dans votre tête peut en outre prendre des formes très diverses : sorte de dessin avec les attributs essentiels, simple silhouette de face ou de profil, image calquée sur votre vrai chien, etc. Mais, ensuite, vous pouvez modifier cette image, l'agrandir ou la réduire, la faire tourner, ajouter ou supprimer des détails, donner au chien de votre imagination une fourrure de telle ou telle couleur, voire le mettre en mouvement et le visualiser en train de courir, et ainsi de suite. Vous pouvez même faire un dessin à partir de votre image mentale et le comparer avec un chien réel, un dessin ou une photo, pour voir si votre idée d'un chien correspond à une réalité.

Comment en tirer bénéfice ?

Dans les situations d'apprentissage classiques, l'utilité de l'imagerie mentale est considérable, et ses applications sont nombreuses. Par exemple, pour retenir la localisation d'une ville ou d'une rue, préférez la mise en mémoire sous forme de carte ou de plan. Plutôt que de vous perdre dans les détails d'un grand nombre de données statistiques, ayez recours à des graphiques

PENDANT QUE VOUS « MANIPULEZ » DES MOTS OU DES IMAGES DANS VOTRE ESPRIT, VOUS NE CESSEZ DE LES RÉPÉTER ET DE LES « TRAITER », CE QUI CONSOLIDE LEUR STOCKAGE ET FACILITERA LEUR RAPPEL.

Optimisez vos capacités d'imagerie mentale

À partir d'un mot concret, construisez-vous une image mentale représentant, pour vous, cet objet. Par exemple, pour le mot « souris », vous pouvez évoquer l'image d'un de ces petits rongeurs ou bien celle de la commande manuelle d'un ordinateur.
Lorsqu'il s'agit de mots abstraits ou de concepts, cela nécessite d'associer l'information abstraite à une information concrète la représentant. Ainsi, le concept « esclavage » peut être représenté par un homme enchaîné avec un boulet à la cheville.
Pour vous entraîner, construisez votre représentation mentale pour des termes suivants :
pot de fleur • chat • lampadaire • voiture • liberté • gourmandise • fraternité • envie
Lorsque vous aurez fait l'exercice, vous vous souviendrez probablement de la plupart des mots que vous avez transformés en image mentale.

◄ L'imagerie mentale est un outil très utile pour la mémoire : apprenez à l'utiliser en vous entraînant à construire, à créer des images dans votre tête. Ces images doivent être personnelles, représentées mentalement le plus clairement possible, comme si vous étiez en train de regarder l'objet ou la scène.

(courbes, histogrammes, « camemberts », etc.) pour comprendre l'importance des diverses données. De la même façon, un organigramme vous aidera à faire mieux ressortir la structure d'une entreprise, une arborescence à mieux saisir la logique d'une classification.

Dans la vie quotidienne, créer une image dans sa tête permet de retracer ses pas pour retrouver un objet perdu (voir p. 161) ou de consulter un plan pour identifier le trajet le plus court entre deux points, puis de le mémoriser avant de se déplacer.

POUR AMÉLIORER SA MÉMOIRE, PAS DE MIRACLE : L'ENTRAÎNEMENT PERMETTRA DE CRÉER DES AUTOMATISMES. ENCORE FAUT-IL S'ACCORDER DU TEMPS POUR S'APPROPRIER CES DIFFÉRENTES STRATÉGIES DE MÉMOIRE.

Les bonnes conditions pour mieux mémoriser...

Organiser, associer, créer des images mentales... sont donc les trois grandes stratégies à mettre en application pour faciliter un bon stockage des informations. Plusieurs conditions renforcent leur efficacité selon qu'il s'agit d'apprendre, ou de récupérer ces informations.

Bien répartir les séances d'apprentissage

Si vous devez réviser les leçons d'un cours que vous suivez par exemple dans le cadre d'une formation, ne commencez pas à la dernière minute, car mieux vaut répéter dix fois une heure que une fois pendant dix heures. Répartissez la matière en différentes unités que vous allez apprendre successivement, et commencez chaque séance par un rappel de ce que vous avez déjà acquis. Au sein de chaque unité, attaquez-vous d'abord à ce qui est simple et facile à comprendre, avant d'entamer ce qui est susceptible de faire achopper le rappel.

S'appuyer sur un double encodage

Parmi les exemples évoqués, beaucoup ne font pas appel à une seule dimension – image mentale ou sens verbal –, mais utilisent ces deux codes. Un tel double encodage est en effet particulièrement efficace. Pour apprendre, préférez donc la lecture à l'écoute d'un cours enregistré ou prenez des notes pendant une conférence. Faites des schémas, des tableaux, des listes, pour mieux appréhender les informations.

Tirer profit de l'acquis

Le souvenir d'un événement est parfois transformé par une information survenue plus tard (voir p. 134). Cela vous permet de modifier un savoir acquis – de le corriger, si vous avez mal compris, ou de le compléter –, au lieu de repartir à zéro. Il est en effet plus efficace de bâtir l'apprentissage sur vos connaissances antérieures, ce qui explique pourquoi les experts assimilent si vite de nouvelles informations dans leur domaine de compétence. Tirez donc bénéfice des séances ultérieures pour affiner votre savoir, mémoriser des détails supplémentaires ou établir de nouveaux liens.

Varier la perspective

Un autre principe consiste à changer de perspective, à aborder la matière à apprendre sous des angles différents. Pour préparer votre intervention à une réunion de travail, essayez d'imaginer comment les

Mettez en scène

Imaginez une ou deux petites scènes à partir de la liste des douze mots suivants. Concentrez-vous bien et laissez-vous imprégner par tous les détails. Puis fermez le livre. Attendez quelques minutes, et tentez ensuite de noter sur une feuille les mots à partir desquels vous avez créé ces scènes. Puis comparez avec les mots que vous avez écrits.

Montagne	Mer	Soleil	Nuit
Neige	Sapin	Rocher	Poisson
Plage	Skieur	Parasol	Bateau

L'imagerie mentale permet de retenir une longue série d'informations disparates en les intégrant dans une seule image mentale, qui facilite le passage d'un élément à un autre et évite de « perdre le fil » lors d'une énumération. ▶

divers participants vont appréhender ce que vous direz. Anticipez les questions qu'ils vont vous poser, pour ne pas être à court de réponses. Inversement, en suivant le discours de quelqu'un d'autre, interrogez-vous sur les aspects qui vous concernent – l'autoréférence est un mécanisme puissant.

De même, avant un rendez-vous professionnel ou avec votre banquier, ou encore à la veille d'une consultation médicale, notez non seulement les questions que vous souhaitez soulever, mais songez à celles que l'on risque de vous poser. Avec une bonne préparation, les risques d'oublier d'évoquer un sujet important seront moindres.

... et s'en souvenir !

Lorsque les contextes d'apprentissage et de rappel sont semblables, la mémorisation s'avère plus efficace. Comme l'élève ou l'étudiant passe des examens blancs pour se préparer au jour J de la grande épreuve, prenez en compte le contexte dans lequel vous aurez à vous souvenir.

Penser au contexte du rappel

Si vous devez chercher quelque chose à la cave, tentez de visualiser une scène qui vous montre en train de prendre l'objet à cet endroit, vous risquerez moins de l'oublier. Ayant égaré un objet, tentez de vous remémorer la période critique pendant laquelle vous l'avez perdu de vue, et efforcez-vous de reconstituer les événements à l'aide d'indices à la façon dont un commissaire de police le ferait dans le cadre de son enquête. Imaginez-vous, par exemple, assister à la remise du prix de fin d'études de votre fille. Après l'événement, elle vous demande de la prendre en photo et vous vous rendez compte que vous n'avez plus en main votre appareil. Avant de commencer des recherches frénétiques, essayez de rétablir dans votre esprit le contexte de la situation où vous avez pu le perdre : où étiez-vous la dernière fois que vous l'aviez à la main ? Dans quel environnement ? Avec qui ? Quel temps faisait-il ? Quel était l'éclairage ? Quelles odeurs avez-vous perçues ? Quels bruits avez-vous entendus ? Comment vous sentiez-vous à ce moment-là ? Puis essayez de vous souvenir de ce qui s'est passé en rebroussant votre chemin ou, tentez d'adopter la perspective d'autres personnes et d'imaginer ce qu'elles auraient pu voir...

Indispensable, s'exercer

La meilleure stratégie de mémorisation reste sans effet si sa mise en œuvre n'est pas accompagnée de répétitions. Pour améliorer sa mémoire, pas de miracle : l'entraînement et la variété permettront de créer des automatismes adaptés à chaque situation. Encore faut-il s'accorder du temps pour s'approprier ces différentes stratégies de mémorisation. D'abord pour bien s'imprégner de la méthode, puis pour l'ajuster aux situations de la vie quotidienne en fonction de ses centres d'intérêt et des difficultés rencontrées : à chacun de construire son propre programme.

Testez votre mémoire à travers l'imagerie mentale

Essayez de construire une représentation mentale pour chacun des termes suivants, en visualisant les images avec le plus d'acuité possible.
Puis comparez-les avec les solutions données p. 278.
Si les exemples vous paraissent trop difficiles, vous pouvez d'abord consulter un modèle, puis en mémoriser les principales caractéristiques.

1. Imaginez un éléphant indien et un éléphant africain et tentez de décrire ce qui les distingue.
2. Imaginez un sapin et un pin et tentez d'indiquer les caractères de chacun.
3. Imaginez la lettre « **e** » écrite en majuscule et sans arrondis. Combien d'angles droits compte-t-elle ?

◀ Nos images mentales reflètent certes notre savoir, mais ce sont avant tout des images que l'on crée. Si nous ne savons pas distinguer un chameau d'un dromadaire, nous aurons du mal à les décrire ou à en faire un dessin. Dans le cas contraire, ce sera un jeu d'enfant d'en indiquer, par exemple, les principales caractéristiques : deux bosses pour le premier, une seule pour le second.

« *Dès que j'essaie de ranger quelque chose dans un endroit me paraissant être une bonne idée, je ne le trouve plus… Si je range quelque chose dans un tiroir, je le perds.* » **Martine,** 32 ans, employée de bureau

Savoir ranger
pour mieux retrouver

Il est fréquent de ne plus se souvenir de l'endroit où nous avons rangé nos affaires personnelles. En particulier, les objets dont nous nous servons quotidiennement comme les clés, les lunettes ou encore le téléphone portable.

À la recherche de l'objet perdu

Ces objets fort utiles, nous les rangeons machinalement, sans y prêter vraiment attention, et, en général, après une utilisation ponctuelle, nous les laissons à un endroit que nous oublions tout de suite. De surcroît, c'est souvent dans l'urgence que nous nous mettons à les chercher. Si, par exemple, nous sommes en retard pour aller à un rendez-vous, il n'y a rien de plus agaçant que de devoir retourner toutes ses poches de vestes et de pantalons pour retrouver la clé sans laquelle nous ne pouvons fermer la porte !

Une bonne technique consiste à ranger les objets en des lieux qui sont en rapport avec leur fonction.

Alors, comment se souvenir de l'endroit où nous avons égaré un objet ? Pour cela, nous pouvons faire appel à plusieurs stratégies, mais cela exige avant tout un effort d'attention au moment où nous posons l'objet.

Du calme et du bon sens…

Une première stratégie associe le rappel du contexte d'encodage et l'imagerie mentale. Par exemple, vous posez vos lunettes à côté du téléphone, devant la lampe de chevet, à côté de la télévision… Si vous prenez l'habitude d'observer votre main en train de faire ce geste dans son contexte visuel et de construire une image mentale associant le geste à ce contexte, vous aurez plus de chance de retrouver vos lunettes en évoquant cette image.

Concernant les objets qui doivent être abandonnés momentanément et réutilisés peu après, comme les clés, les lunettes de soleil, les factures urgentes, il peut être pratique de désigner un endroit central à l'entrée de votre logement dans lequel ils seront déposés, comme un pot ou un panier, qui feront office de grands vide-poches. Ainsi, toute la famille sait où chercher ces objets.

Un objet, une fonction, un lieu

Une autre technique consiste à placer les objets, non pas arbitrairement, mais en des lieux qui sont en rapport avec leur fonction. Par exemple, évitez de disperser les outils ou ustensiles utilisés pendant que vous travaillez ; ne les abandonnez pas sur le lieu de travail, mais rangez-les systématiquement après utilisation dans un endroit logique et approprié. Le marteau et les clous retourneront donc à l'atelier ou dans la boîte à outils, tandis que les couteaux regagneront la cuisine. D'autres exemples : poser le programme de la télévision sur le poste, remettre toujours le téléphone portable à côté du téléphone fixe… Ainsi, stocker des objets en un endroit correspondant à leur usage permet de ne pas les égarer.

Pour les affaires que nous utilisons peu souvent, le recours aux techniques d'association et d'imagerie mentale peut être profitable (voir encadré).

Sur la piste des indices

Une méthode simple, que nous utilisons bien souvent machinalement, consiste à retracer les diverses étapes qui ont suivi ou précédé la perte d'un objet. Les différents événements qui reviennent ainsi à l'esprit peuvent sembler sans rapport avec l'objectif des recherches, mais ils fournissent des indices qui vous mettront sur la piste de l'objet en question.

« Qu'ai-je fait à ce moment-là ? »
Par exemple, vous ne pouvez remettre la main sur votre déclaration d'impôts qu'il faut impérativement envoyer avant minuit. Avant de sombrer définitivement dans l'angoisse de la majoration, voire du redressement, retracez le parcours de votre feuille de déclaration : vous vous souvenez l'avoir apportée sur votre lieu de travail pour y remplir les derniers éléments. Là, vous avez placé la précieuse feuille dans une enveloppe que vous avez ensuite glissée dans votre agenda. C'est au moment de poster l'enveloppe que vous vous êtes rendu compte qu'elle n'y était plus. Que s'est-il passé entre-temps ? Dans la matinée, vous vous êtes rendu à une réunion avec votre agenda et un dossier en cours. Le dossier a été ouvert, des documents ont été échangés et vous avez noté des rendez-vous dans votre agenda. Voilà une bonne piste ! En ouvrant le dossier, vous retrouvez enfin votre courrier qui s'y était glissé par mégarde.

Ranger et ordonner sans devenir obsédé de l'ordre

Pour ne pas égarer des objets et s'épargner des longues recherches quand on n'a pas vraiment le temps, mieux vaut être méthodique et anticiper grâce à un bon système de rangement. Bien sûr, il ne faut pas non plus tomber dans l'excès inverse et devenir obsédé de l'ordre, de la symétrie et de la perfection. Rassurons-nous, le fait de ranger et d'ordonner n'est pas synonyme d'obsession. Ainsi, nous pouvons avoir des « manies », comme celle de vérifier une ou deux fois de suite si le four de la cuisinière à gaz est bien éteint à cause de la crainte d'une explosion. Dans la mesure où ces comportements ne deviennent pas envahissants au quotidien, ils sont tolérables.

Par ailleurs, il n'est pas rare de rencontrer, dans certaines professions, chez les chercheurs ou les comptables, par exemple, des « obsessions » relatives à l'ordre, à la perfection. Loin d'être forcément gênants, ces traits parfois excessifs pourraient constituer des qualités…

Retrouver des objets
grâce à l'imagerie mentale

Les techniques d'association et d'imagerie mentale sont souvent d'un grand secours pour retrouver des objets que l'on utilise rarement. Par exemple, vous rangez vos palmes et masque de plongée dans un carton posé au garage à côté de la pompe à air et d'un vieux pneu. Vous pouvez alors créer une image associant ces différents éléments : la pompe à air gonflant le pneu qui flottera avec les palmes et le masque qui lui sont accrochés. Cette association imagée liera dans votre esprit les trois objets et vous évitera d'ouvrir tous vos cartons pour retrouver vos palmes.

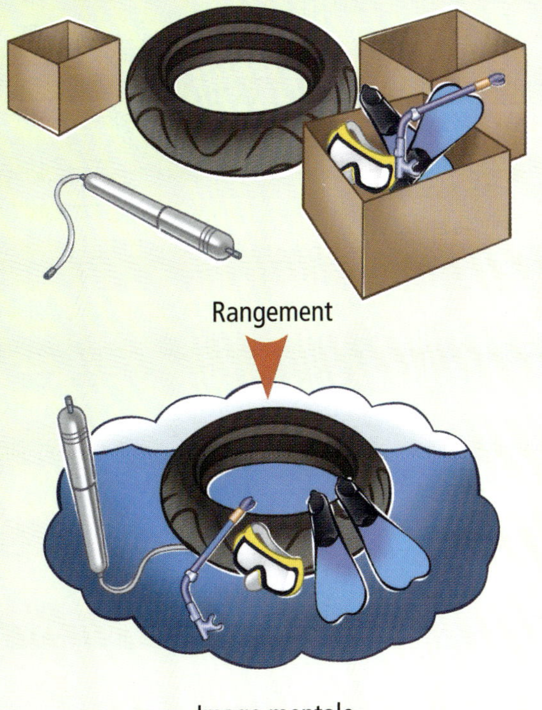

« Je descends à la cave et, une fois arrivé en bas, je ne sais plus ce que j'étais venu chercher. »

Marcel, 56 ans, plombier

Gérer objectifs et emploi du temps

Vous pouvez également ajouter une touche émotionnelle à l'image mentale que vous créez : l'association avec la tâche à accomplir n'en sera que renforcée.

Vous avez encore oublié de prendre du pain à la boulangerie ? L'un de vos amis vous reproche de lui avoir posé un lapin pour la deuxième fois de suite ? Est-ce parce que vous avez les idées ailleurs ou que vous vous sentez débordé ? Lorsque les objectifs d'une même journée se cumulent, la situation se complique encore et les oublis risquent de se multiplier, et il aurait certainement fallu planifier vos journées longtemps à l'avance. Comment bien organiser son emploi du temps et se souvenir des tâches à accomplir à court et à long terme, et éviter ainsi les bévues ?

Ne pas négliger les choses banales et ponctuelles

Il peut être utile avant tout de « pondérer » la tâche à effectuer, en équilibrant ce que vous avez à faire par autre chose qui en atténue la difficulté. Retenez, par exemple, le nombre de tâches à effectuer : vous devez descendre à la cave et rapporter une bouteille de vin, un plat surgelé du congélateur pour le dîner et des sacs-poubelle ; en descendant, vous pouvez vous faire la réflexion suivante : « Je dois remonter avec trois choses. » Ainsi, tant que vous n'aurez pas réuni les trois éléments requis, vous saurez que votre objectif n'a pas été complètement atteint.

L'image mentale, un pense-bête virtuel et efficace

Plus efficace est cependant le recours aux techniques d'association mentale et d'imagerie, qui vous mettent en outre sur la voie de ce qu'il faut faire. Par exemple, avant de rentrer chez vous, vous devez passer à la pharmacie. Mais, comme celle-ci se situe à l'écart de votre trajet de retour habituel, il est fort probable que vous n'y pensiez pas. Une solution consiste alors à créer une image mentale : vous vous voyez dans votre voiture au carrefour en train de tourner à gauche, pour la pharmacie, au lieu de continuer tout droit pour rentrer directement chez vous. L'image sera réactivée automatiquement lorsque vous arriverez au carrefour en question, ce qui vous incitera à dévier de votre itinéraire quotidien pour passer à la pharmacie.

Un autre exemple : vous devez appeler de votre bureau un traiteur pour organiser un pot de départ à la retraite d'un collègue. Vous pouvez là encore créer une image mentale : vous vous voyez arriver au travail où trônent sur votre bureau une trentaine de petits-fours. Cette image vous reviendra à l'esprit dès que vous apercevrez votre bureau.

Mettre une touche d'émotion

Vous pouvez également ajouter une touche émotionnelle à votre image mentale : l'association avec la tâche à accomplir n'en sera que renforcée. Avant de rentrer chez vous ce soir, vous avez promis à votre épouse de passer prendre les fleurs pour la réception qu'elle organise pour les noces d'or de ses parents. Créez tout d'abord une image mentale négative, qui vous met en situation : vous rentrez chez vous sans les fleurs, votre femme se met dans une colère noire et vous reproche de toujours oublier

◀ La préparation des vacances sollicite nos capacités de planification. Nous vous proposons un exercice de prévision de vos prochaines vacances afin de mettre en pratique quelques stratégies de programmation.
Si l'organisation est une habileté déployée dans de nombreuses situations de la vie quotidienne, elle est aussi primordiale dans la mémorisation.

Organisez vos prochaines vacances

Lorsque vous faites des projets de vacances, il vous faut penser à réaliser plusieurs démarches (se renseigner sur la destination et les moyens de transport, faire les réservations nécessaires, se procurer les documents indispensables, etc.), tout en tenant compte d'un certain nombre de contraintes (respecter les jours de congé ou de vacances, ne pas dépasser le budget prévu, etc.) qui ne sont pas toujours faciles à concilier.

L'exercice suivant vous demande d'élaborer un projet de vacances en choisissant parmi plusieurs propositions pour chaque type de décision à prendre. Lisez donc attentivement les informations présentées ci-dessous, puis répondez aux questions qui figurent en bas de l'encadré. Vous pouvez bien sûr varier les choix et les contraintes ou changer leur priorité, voire concevoir un projet qui correspond à votre propre situation. Les tarifs suivants sont donnés à titre indicatif. Renseignez-vous auprès de votre agence de voyage.

Choix à faire

- Choix des compagnons de voyage (seul, en famille, avec des amis ou un groupe)
- Choix des dates de vacances (en fonction des obligations professionnelles et familiales)
- Choix du type de vacances (sportives, farniente, culturelles, club)
- Choix du budget entre 300 et 1000 euros par personne
- Choix du lieu (France ou étranger)
- Réservation de l'hébergement (hôtel, appartement, camping)
- Choix du mode de transport (train, auto, avion...)

Contraintes à respecter

- Vacances à prendre entre le 1er juin et le 30 septembre
- Prix de l'hôtel : 100 euros par jour par personne en demi-pension
- Prix de l'appartement pour 4 personnes : 500 euros la semaine
- Prix du camping : 10 euros par jour par personne
- Délais pour les réservations : 3 mois
- Prix d'un trajet en voiture pour 4 personnes en France : de 50 à 100 euros (essence + péages) l'aller simple
- Prix d'un trajet en avion vers l'étranger : de 300 à 600 euros l'aller-retour par personne
- Prix d'un trajet en train en France : de 50 à 120 euros l'aller-retour par personne
- Restauration et loisirs : de 5 à 20 euros par jour et par personne
- Prix d'un équipement ou d'une formation sportive : de 50 à 200 euros la semaine par personne.

Questions

Argumentez vos choix sans oublier votre budget qui validera votre solution.
Vous pouvez, si besoin, utiliser une calculatrice.

1. À quelle date partez-vous en vacances et pour combien de temps ?
2. Quand faites-vous vos réservations ?
3. Quelle destination choisissez-vous ?
4. Quel mode de logement et de transport choisissez-vous ?
5. Qui vous accompagne ?

Solution p. 278

Optimiser une liste de courses

Le classement par catégories est une technique utile lorsqu'on fait ses courses une ou deux fois par semaine dans un supermarché qui n'est pas tout près de chez soi. Vous avez noté, au cours de la semaine, ce que vous devez acheter, mais en vrac. Telle quelle, cette liste est peu pratique : elle vous conduirait à faire des déplacements inutiles, avec de nombreux allers-retours, à travers le magasin.
En revanche, si vous regroupez les denrées par catégories (viande, produits laitiers, etc.), vous allez gagner du temps. Ainsi, vous n'aurez pas à revenir au rayon épicerie quand vous vous trouverez au stand des légumes, parce que vous venez de vous apercevoir que vous avez oublié la moutarde pour assaisonner la salade. Pour faire cette nouvelle liste, essayez en outre de vous représenter mentalement le parcours à effectuer, depuis l'entrée jusqu'à la caisse.

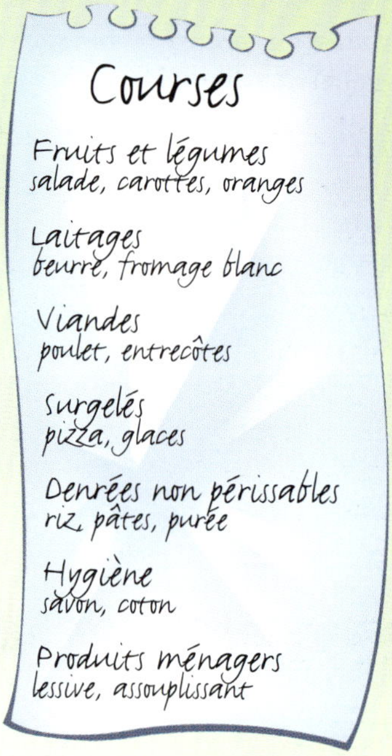

lorsqu'il s'agit de faire quelque chose pour ses parents… Construisez ensuite une image mentale positive : vous rentrez les bras chargés de bouquets magnifiques, votre femme vous accueillant chaleureusement en vous disant que vous êtes le meilleur des maris…

S'organiser pour les choses importantes

Pour les objectifs à ne rater en aucun cas, tels que les rendez-vous et les courses, surtout si vous habitez loin d'un magasin, l'utilisation de l'agenda et de listes bien faites est le meilleur moyen de pallier d'éventuels oublis.

Des outils adaptés à vos besoins

Pour vous aider à organiser votre emploi du temps, vous trouverez parmi les nombreux types d'agenda disponibles dans le commerce celui qui correspond parfaitement à vos besoins, professionnels ou personnels. Vous pouvez opter pour un cahier de texte, un éphéméride ou encore un semainier, établis selon l'année civile ou l'année scolaire. Les agendas à feuillets mobiles présentent l'avantage d'être extensibles et modulables, une option qui s'avère pratique pour la mise à jour de votre répertoire téléphonique et votre carnet d'adresses.

Bien utiliser un agenda demande un peu de pratique : il faut prendre l'habitude de noter sur-le-champ les rendez-vous, en précisant l'heure exacte, la personne à rencontrer, le lieu et l'objectif de la rencontre. L'agenda doit ensuite être consulté régulièrement, par exemple tous les matins ou encore en début de semaine.

Pour les férus de technologie, les assistants personnels électroniques (ou PDA, abréviation du terme anglais *Personal Digital Assistant)* sont dotés d'un système d'alerte automatique, et offrent la possibilité de « zoomer » sur un jour ou une semaine ou encore d'échanger des données avec votre ordinateur. Ces fonctionnalités sont très pratiques mais la saisie des informations n'est pas toujours évidente et demande un certain entraînement.

Établir des listes utiles

En général, une liste pertinente ne s'établit pas en une seule fois. Pour préparer une future liste de courses (voir encadré), commencez par inscrire sur un tableau effaçable accroché dans votre cuisine les denrées qui vous font défaut. Pendant les jours qui précèdent un départ en voyage, notez sur une feuille ou dans un calepin au fur et à mesure les choses qui vous viennent à l'esprit et qu'il faudra emporter. Ainsi, au moment de faire vos bagages, vous ne risquerez pas d'oublier votre appareil-photo comme l'année précédente.

« Quand je me promène, il m'arrive de croiser quelqu'un que j'ai l'impression de connaître, mais je n'arrive plus à retrouver son nom. »

Isabelle, 39 ans, secrétaire de direction

Mettre un nom sur un visage

Vous est-il arrivé d'essayer en vain de retenir le nom d'une célébrité ? Avez-vous déjà croisé à plusieurs reprises une personne, dont le visage vous est familier, mais que vous n'arrivez pas à situer ? Ou avez-vous rencontré quelqu'un qui vous a été présenté lors d'une occasion précédente, mais dont le nom vous échappe ? Ces situations, parfois fort embarrassantes puisque susceptibles de vous faire commettre des impairs, ne sont pas incontournables. Voici quelques conseils pour les éviter.

L'imagerie mentale, toujours d'un grand secours

Tentez de mettre à votre profit la méthode « nom-visage ». Elle consiste à associer les caractéristiques morphologiques du visage d'une personne à un mot proche de son nom d'un point de vue phonétique :

• Trouvez tout d'abord un substitut concret et usuel au nom que vous souhaitez mémoriser (par exemple, Madame Pichot devient Madame « Pichet ») ;

Testez la méthode « nom-visage » – étape 1

Pour vous entraîner à cette méthode, essayez de créer une association imagée pour les noms et visages suivants puis rendez-vous à la page suivante.

◀ Il est possible d'améliorer ses capacités d'apprentissage des noms propres en utilisant la méthode « nom-visage », qui fait appel aux techniques d'association et d'imagerie mentale.

Pour retenir les prénoms des membres d'un petit groupe, associez chaque personne à la première impression qu'elle vous fait, tout en jouant sur la sonorité des noms : Isabelle est très belle...

- Repérez ensuite une caractéristique distinctive du visage (par exemple, une chevelure très brune) ;
- Créez alors une image intégrant ces deux éléments (par exemple, en dessinant mentalement un pichet, décoré d'un « o » trônant sur la chevelure brune de Madame Pichot).

Lorsque vous reverrez la personne en question, le trait distinctif de son visage (la chevelure brune) activera l'image mentale associée. Vous pouvez alors récupérer le mot concret (« pichet ») qui servira d'indice de rappel pour le nom propre (« Pichot »). Bien entendu, le travail de votre imagination n'est en aucun cas destiné à être communiqué à l'intéressé !

Quand appliquer la méthode nom-visage ?

Cette méthode est toutefois d'une application difficile dans certaines situations sociales quotidiennes. En effet, créer une image mentale prend du temps et nécessite un effort mental parfois incompatible avec d'autres exigences, comme celle de mener en même temps une conversation. En revanche, cette méthode peut s'avérer utile lorsqu'il s'agit de mémoriser, dans un intervalle suffisamment long, les noms et les visages de personnes que l'on rencontre pour la première fois : nouveau collègue, client, membre d'une association, ami d'ami...

Utiliser les sonorités et faire jouer ses connaissances

Le même procédé peut être utilisé sans recourir à l'imagerie mentale. Pour retenir les prénoms des membres d'un petit groupe de travail qui vous sont présentés lors d'un tour de table, associez chaque personne à la première impression qu'elle vous fait tout en jouant sur la sonorité des mots : Grégoire a un gros nez, Thomas est rouge comme une tomate, Isabelle est très belle, Gérard est bavard...

Parfois, la mémorisation d'un nom de famille est facilitée par une consonance connue. La personne à qui vous venez d'être présentée peut ainsi porter le même patronyme que l'une de vos connaissances.

Testez la méthode « nom-visage » – étape 2

Retrouvez les noms des visages appris à la page 165 en vous aidant des associations imagées que vous avez créées mentalement.

Son nom peut aussi ressembler à un nom commun : Buisson, Colin… D'autres patronymes rappelleront celui d'un personnage célèbre ou le nom d'une ville : Wagner, Béart, Toulouze, Paris…

Les bénéfices de la répétition

Enfin, mettez à profit les effets de la répétition pour vous assurer qu'un nom ou un visage s'incrustent bien dans votre mémoire. Pour cela, tentez de vous rappeler de temps en temps – plus souvent, au début, puis après des intervalles plus longs au fur et à mesure que le temps passe – les noms et les visages de personnes que vous avez rencontrées dans le passé récent et qui risquent de ne pas vous être familiers. Vous retrouvez ainsi les bénéfices de l'apprentissage distribué et de la récupération espacée.

Indices et contexte : les deux atouts du rappel

Lorsque vous essayez de vous souvenir d'un nom, tentez de faire appel à tous les indices que vous pouvez imaginer. De cette manière, vous multiplierez les portes d'accès au rappel de ce nom.

En premier lieu, les initiales

Commencez, par exemple, par passer en revue toutes les lettres de l'alphabet dans le but de retrouver la première lettre du nom recherché. En apprenant un nouveau nom, il peut d'ailleurs se révéler profitable de prêter une attention particulière aux initiales. Celles de « Antoine Bechart », par exemple, offriront un indice facilitant l'accès au nom, puisqu'il est aisé de se souvenir que ses initiales sont les deux premières lettres de l'alphabet et que l'on peut les associer à une petite phrase du genre : « Ah ! Cet Antoine Bechart a une tête de premier de la classe ! »

Tisser des relations

Plus vous disposerez d'informations sur une personne et sur le contexte dans lequel vous avez fait sa connaissance, plus il vous sera facile de se rappeler son nom. En effet, le rappel de ce contexte vous aidera à « situer » la personne, à vous souvenir du métier qu'elle exerce, de certaines caractéristiques de sa personnalité, etc. C'est d'ailleurs de cette façon que nous accédons souvent spontanément au souvenir d'un nom. Il sera encore plus efficace de tisser des liens entre ces différents éléments, que ce soit pour retenir le nom d'un proche ou celui d'un personnage public. Vous retiendrez ainsi mieux le nom d'un commerçant si vous liez conversation avec lui, et le nom d'un écrivain risquera moins de vous échapper à l'avenir si vous lisez ses livres et si vous en discutez avec d'autres.

Décomposer pour retenir les noms difficiles

Pour retenir les noms propres particulièrement difficiles et longs, comme certains noms étrangers, on peut les décomposer en plusieurs unités que l'on intégrera ensuite dans une image mentale. Imaginez que vous souhaitez, par exemple, mémoriser le nom du premier taïkonaute – c'est ainsi que l'on désigne un astronaute chinois –, Yang Liwei. Il vous faut alors d'abord décomposer son prénom en syllabes, *li* et *wei*, puis chercher pour chacune des deux syllabes un mot avec une sonorité qui leur ressemble : *li* peut ainsi être associé au mot français « lit » et *wei* au mot anglais *why* (« pourquoi »). Pour finir, vous devez créer une image qui intègre tous ces éléments : associez, par exemple, une fusée – pour se souvenir qu'il s'agit d'un taïkonaute – à un lit (Li) et un point d'interrogation (représentant le mot anglais *why* et, au-delà, la seconde moitié du nom, *-wei*). Pour le nom de famille, vous pouvez penser au symbole de yin et de yang.

Cette méthode ne permettra pas de retenir l'orthographe ou la prononciation exactes d'un nom difficile, mais les associations d'idées, de sonorités et l'imagerie mentale aideront à l'évoquer avec plus de facilité. Pour que ce procédé soit vraiment efficace, il faut que chacun crée sa propre image ou ses propres associations à l'aide des mots qui lui sont le plus familiers et lui viennent facilement à l'esprit. En effet, lorsque l'on compare les images mentales élaborées à propos de noms comme Reykjavik, Kuala Lumpur ou Magnitogorsk par plusieurs personnes, le résultat est souvent étonnant et drôle ! Ce petit exercice peut même donner lieu à un jeu de société…

« Si je vais chercher de l'argent au distributeur et que ma femme n'est pas avec moi pour me rappeler le code confidentiel, l'appareil avale ma carte. »

Jean, 72 ans, retraité

Retenir les dates et les numéros

Il ne faut être nullement être champion du calcul mental ou sorti de Polytechnique pour établir quelques liens entre les chiffres d'un code de carte bancaire.

Est-il vraiment utile de chercher à se souvenir de tous les chiffres envahissant notre vie quotidienne, comme les numéros de téléphone ? À l'évidence, non. Mieux vaut « externaliser » cette tâche, la sous-traiter à un répertoire téléphonique bien organisé, régulièrement mis à jour et toujours à portée de main.

Toutefois, il est nécessaire de connaître certains numéros par cœur : codes de cartes bancaires, mots de passe en informatique, codes d'entrée pour accéder à certains immeubles ou bâtiments… De même, il vaut mieux apprendre certaines dates ou encore, dans certains métiers, des codes de prix ou des mesures. Plusieurs techniques peuvent en faciliter l'apprentissage et ainsi vous tirer de bien des mauvais pas.

Associer des chiffres connus

Le principe consiste à relier un chiffre nouveau à un chiffre connu qui reviendra à l'esprit sans aucune difficulté.

Par exemple, les numéros de certains départements font partie, pour beaucoup d'entre nous, de notre stock familier de nombres. On s'en servira donc avec profit comme références pour en mémoriser d'autres. Ainsi, pour retenir la séquence 6838, code d'entrée de l'immeuble où habite un de vos amis vivant dans le Rhône (département 69), associez le nombre 68 au département du Haut-Rhin (département précédant celui du Rhône) et le nombre 38 à l'Isère (voisin du Rhône). Ensuite, il vous suffira de penser « Haut-Rhin et Isère » pour disposer du sésame qui ouvrira la porte.

Une autre possibilité est de créer des associations mentales intégrant dates personnelles ou culturelles familières (naissance, âge, événements historiques majeurs…). Vous pouvez ainsi essayer de mémoriser la date de la bataille d'Iéna (victoire de Napoléon sur les Prussiens le 14 octobre 1806) en associant par exemple le 14 à la Grande Guerre et le 10, pour le mois d'octobre ou dixième mois de l'année, à 1910, année de naissance de votre grand-père. En partant de l'hypothèse que vous savez que Napoléon a vécu aux alentours de 1800, il ne vous reste qu'à retenir 06. Encore plus facile, si vous êtes né un 6 !

La logique mathématique : faire appel au bon sens

Pour les nombres longs, une méthode que nous employons souvent spontanément consiste à ne pas chercher à retenir les chiffres les uns après les autres, mais à les regrouper par paires, comme on le fait pour les numéros de téléphone. Vous pouvez également vous servir de quelques éléments mathématiques simples (suites logiques, opérations, etc.) pour combiner et retenir ces nombres.

Les exemples suivants vous montrent qu'il ne faut être nullement champion de calcul mental ou sorti de Polytechnique pour appliquer cette méthode.

• 1144 : le nombre 11 est multiplié par 4 pour donner 44.
• 97531 : il s'agit des cinq premiers numéros impairs dans le sens décroissant.
• 154590 : ici, le nombre 15 est multiplié par 3 (= 45), puis par 6 (= 90). De plus, ces nombres rappellent des durées en minutes.

Contraignante mais infaillible, la méthode des chiffres-mots

Une dernière technique, plus contraignante, vise à créer une phrase dans laquelle le nombre de lettres de chaque mot employé correspond au nombre à apprendre.

Par exemple, si le numéro confidentiel de votre carte de crédit est 3756, créez une phrase composée d'un premier mot de trois lettres, d'un deuxième de sept lettres, d'un troisième de cinq lettres et d'un dernier de six lettres : « mon épargne reste stable » est une formule correspondant à cette consigne, et c'est plus facile à mémoriser que le nombre de départ.

Vous pouvez mémoriser de la même façon votre numéro de Sécurité sociale. D'emblée, les sept premiers chiffres ne présentent aucune difficulté particulière : le premier correspond au sexe (1 pour les hommes, 2 pour les femmes), les deuxième et troisième à l'année de naissance (1950 = 50), les quatrième et cinquième au mois de naissance (juillet = 07), et les sixième et septième au numéro du département dans lequel vous êtes né (une naissance hors des frontières reçoit le code 99). Mais restent encore huit chiffres à retenir, car le numéro complet comprend 15 chiffres. Par exemple : 1 65 10 69 485 148 37 peut correspondre à la phrase suivante pour mémoriser les huit derniers chiffres : « Nous estimons utile l'aide apportée aux anciens. »

C'est ainsi encore qu'en apprenant les quatre vers de ce petit poème...

Que j'aime à faire apprendre un nombre [utile aux sages :
Immortel Archimède, artiste, ingénieur,
Qui de ton jugement peut priser la valeur ?
Pour moi ton problème eut de féconds [avantages.

... vous retrouverez à l'avenir sans faillir les 31 premiers chiffres du nombre Π : 3,141 592 653 589 793 238 462 643 383 279.

Retenir un code
grâce à la disposition spatiale

Aidez-vous de la représentation mentale que vous pouvez former à partir de la disposition spatiale des chiffres sur les boîtiers de commande. Par exemple, votre code d'accès à la photocopieuse du bureau est 6541. Au lieu de retenir ce nombre, vous pouvez mémoriser l'image d'un L couché sur son dos. Pour le code 9731, vous signerez par un Z, comme Zorro, mais en commençant par la fin ou le bas de la lettre – et vous profitez ainsi d'une double association.

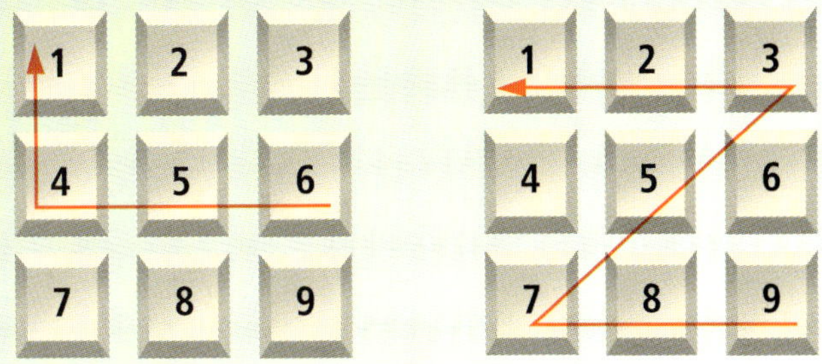

Testez vos méthodes de mémorisation des nombres

Pour vous entraîner à utiliser les stratégies de ce chapitre, essayez de retenir les dates suivantes. Chaque date peut être mémorisée à l'aide de plusieurs méthodes (retrouvez des exemples p. 278). À vous de trouver celle qui vous convient le mieux.

• Le 21 – 07 – 1969, date à laquelle le premier homme a foulé la surface de la Lune.
• Le 15 – 01 – 1991, première attaque aérienne de nuit lors de la guerre du Golfe.
• Le 22 – 11 – 1963, assassinat du président John Fitzgerald Kennedy à Dallas.
• Le 12 – 07 – 1998, victoire de la France en finale de la Coupe du monde de football.

◀ Lors des exercices de mémorisation, l'idéal est de développer sa propre méthode et de l'appliquer le plus souvent possible.

« *J'arrive en bas de la page et je ne me rappelle plus de ce que je viens de lire.* »

Anne, 73 ans, ancienne institutrice

Tirer profit de ses lectures

La lecture peut être un loisir, un moment de divertissement et de détente. Mais c'est également une activité indispensable pour quiconque veut faire des études, apprendre ou, tout simplement, rechercher des informations. Dans tous les cas, il est frustrant de se rendre compte que l'on a perdu le fil du texte que l'on est en train de lire, ou que l'on n'a rien retenu d'un livre une fois tournée la dernière page. Mais ce n'est pas une fatalité.

IL EST FRUSTRANT DE SE RENDRE COMPTE QUE L'ON N'A RIEN RETENU D'UN LIVRE UNE FOIS TOURNÉE LA DERNIÈRE PAGE. MAIS CE N'EST PAS UNE FATALITÉ.

Active ou passive ? Choisissez votre méthode de lecture

Il existe deux façons de lire : la lecture passive et la lecture active. Au cours d'une lecture passive, vous parcourez un article ou un livre sans réelle intention d'en retenir le contenu, avec une attention flottante, en laissant vagabonder votre esprit. Après cette lecture, vous ne conservez qu'une idée générale du texte.

Si vous souhaitez mémoriser en détail ce que vous lisez, vous devez adopter une attitude plus active, réunissant plusieurs conditions : un environnement calme, une attention accrue et une intention d'apprendre. Travaillez avec un crayon à la main afin de souligner les mots-clés et les passages essentiels ou, mieux, prenez des notes, dessinez des schémas, faites des commentaires. Lorsque votre lecture est terminée, revoyez les parties sélectionnées (ou vos notes), puis consignez par écrit les notions importantes retenues, en tentant de reconstituer la structure de votre lecture.

La méthode PQRST pour optimiser l'encodage

Une méthode plus contraignante mais très efficace peut s'avérer utile, notamment dans les études, car elle permet d'optimiser l'encodage d'un matériel signifiant et organisé tel qu'un texte.

Cette méthode a été développée dans les années 1950 par le psychologue américain Thomas F. Staton. En voici les cinq étapes avec leurs équivalents français :

- Parcourir (***Preview***) : effectuer une première lecture en survolant le texte afin d'en extraire le sens général.
- Questions (***Question***) : se poser des questions-clés concernant le contenu de ce que vous venez de lire, afin d'identifier les informations essentielles.
- Relecture (***Read***) : relire le texte de manière active dans le but de répondre aux questions que vous avez identifiées.
- Sommaire (***State***) : répéter l'information lue en énonçant les principaux arguments ou caractéristiques du texte.
- Test (***Test***) : vérifier si l'on a bien retenu les informations présentées en répondant aux questions élaborées, les réponses constituant un résumé du texte.

Cette méthode permet un traitement approfondi de l'information, en l'élaborant et en l'organisant. C'est un procédé qui peut être appliqué avec succès à diverses activités de la vie quotidienne telles que l'apprentissage de matières scolaires ou tout simplement la lecture du journal.

La fatigue : premier ennemi de l'attention et de l'assimilation

Il est impératif de fractionner votre tâche dans le temps, car la fatigue réduit les capacités d'assimilation. En fin de compte, il vaut mieux travailler quatre fois une demi-heure que deux heures d'affilée, et alterner les périodes d'apprentissage afin de permettre à la trace mnésique de se consolider.

Par ailleurs, il est préférable d'introduire un peu de diversité dans l'apprentissage et de se consacrer, par exemple, un temps à l'histoire, puis un autre à la biologie, avant de revenir, le lendemain ou le surlendemain, à l'histoire. Au début de chaque séance, essayez d'évoquer ce qui a déjà été appris en le vérifiant par la suite. Et n'oubliez pas le bénéfice que peuvent apporter quelques moments de détente et d'activités de plaisir entrecoupant les séances de travail.

Enfin, lorsque vous vérifiez la mémorisation des informations apprises, augmentez progressivement le délai entre chaque révision : vous tirerez ainsi profit de l'apprentissage espacé.

Appliquez la méthode PQRST

Utilisez les 5 étapes de la méthode PQRST (Preview, Question, Read, State, Test) pour retenir le texte suivant :

Peu de citadins se déplacent en vélo. Une enquête a montré que plus des trois quarts préfèrent la voiture. Un peu moins de la moitié combinent la marche à un autre moyen de transport et environ le quart utilisent les transports en commun.
Le vélo en ville possède des atouts évidents. Pour l'usager, il s'agit d'un moyen de transport rapide, souple, économique. Il permet aussi d'éviter les problèmes d'embouteillage ou de stationnement. Pour la collectivité, il réduit la pollution et les nuisances sonores, occupe peu de place et les aménagements nécessaires sont relativement peu coûteux. Ces avantages devraient faire du vélo un mode de déplacement privilégié, or il n'en est rien.
Ce paradoxe est lié à la surestimation par les non-cyclistes, et même parfois par les cyclistes eux-mêmes, des inconvénients du vélo urbain. Parmi ces obstacles et idées reçues, sont cités : les risques d'accident, les vols, les intempéries, la fatigue liée au vélo, l'aspect salissant de ce mode de transport, les risques pour la santé liés à la pollution respirée, la non-adaptation du Code de la route...
Toutefois, ces raisons, le plus souvent avancées dans les conversations, ne résistent guère à l'analyse. En prenant exemple sur nos voisins hollandais, on constate qu'on ne trouve pas une augmentation significative des risques qui viennent d'être énumérés. Et le bénéfice n'en est que majoré...

1. Lisez le texte afin d'en extraire le sens général.
2. Posez-vous des questions-clés concernant le contenu du texte (par exemple, quelle proportion de citadins se déplacent en voiture, etc.).
3. Relisez le texte, en essayant de répondre mentalement, au cours de votre lecture, aux questions.
4. Faites un résumé mental de ce que vous venez de lire, en suivant la construction du texte.
5. Essayez de répondre aux questions élaborées, puis vérifiez avec le texte.

◀ Grâce à ses 5 étapes, la méthode PQRST s'avère particulièrement efficace pour retenir un texte. Elle repose sur l'encodage des informations de manière logique et sur l'élaboration de questions pertinentes.

« Moi qui écrivais si bien, maintenant quand je dois faire une lettre, je la rédige avec plein de fautes. » **Christian,** 70 ans, ancien commercial

De l'orthographe aux langues étrangères

L'orthographe se devine rarement… Nos compétences en la matière ont été acquises à l'école. Ce sont des connaissances solides, stockées dans notre mémoire sémantique, et nous les utilisons en général comme des automatismes. Il nous arrive toutefois de douter devant l'orthographe d'un mot. Le recours au dictionnaire – ou à un livre de grammaire, pour les accords – est alors le réflexe le plus adapté. Mais ce type d'ouvrage de référence n'est pas toujours à portée de main, et certains doutes persistent, même après une vérification répétée car... parfois aussitôt oubliée. Les stratégies proposées ci-dessous ne remplacent pas ce que peut apporter une formation spécialisée pour adulte, mais aideront à pallier des difficultés occasionnelles que l'on peut éprouver quand on est en train de rédiger.

Des pense-bêtes mentaux toujours personnels…

Recourir à des associations est, une fois de plus, un procédé de mémorisation efficace pour retenir certaines règles de grammaire et d'orthographe. Les exemples suivants paraîtront sans doute artificiels. C'est que le procédé est efficace seulement lorsque l'image est en quelque sorte familière. Si elle est suggérée par un tiers, il y a moins de chances qu'on la retienne. Il faut donc un effort personnel et pourquoi pas de l'humour.

Les associations verbales

Avez-vous remarqué que ce sont souvent les mêmes types de difficultés qui nous arrêtent devant l'orthographe d'un mot : faut-il un seul « r » ou deux, un accent circonflexe ou non, un ou deux « t » ?

L'aide de l'étymologie

L'utilisation des préfixes latins ou grecs que vous connaissez peut-être permettra de deviner le sens d'une quantité de mots qui en dérivent et également d'éviter quelques erreurs orthographiques. Parmi les exemples ci-contre, la différence de signification entre *hippo-* et *hypo-* vous aide aussi à mieux comprendre l'orthographe des mots *hippodrome* et *hypoderme*. ▶

Préfixes latins

ORTHOGRAPHE	SENS	UTILISATION
AMBI	deux	ambidextre, ambivalent, ambigu
SUB	sous	subjuguer, suburbain, subalterne
ANTE	avant	antédiluvien, antérieur, antécédent

Préfixes grecs

ORTHOGRAPHE	SENS	UTILISATION
ANTHROPO	homme	anthropomorphisme, anthropologie, anthropophage
HIPPO	cheval	hippodrome, hippopotame, hippocampe
HYPO	au-dessous	hypoderme, hypoglycémie, hypocrisie
CHRONO	temps	chronomètre, chronologie, chronophotographie

Quelques petites phrases toutes faites ou à inventer par vous-même faciliteront le rappel de la forme correcte lorsque vous en aurez besoin : « Se *nourrir* plusieurs fois mais ne *mourir* qu'une seule fois. » – « Le chapeau de la *cime* est tombé dans l'*abîme.* » – « Lorsqu'on *attend*, c'est toujours trop longtemps ».

Les associations imagées

L'association qui sert d'astuce mnémotechnique peut aussi être une image mentale que vous créez après avoir vérifié la bonne orthographe. Pour mieux retenir que les mots *collier* et *caillou* s'écrivent avec deux « l », pensez à un collier fait avec plusieurs cailloux allongés. Pour se souvenir de l'orthographe du mot *python*, on évoquera un serpent à la langue fourchue, pour rappeler le « y », et dont on couperait la tête avec une hache, pour évoquer le « h »...

Et les langues étrangères ?

Lorsqu'on apprend une langue étrangère, on peut se sentir particulièrement démuni, car, dans un univers parfois si différent, il n'est pas facile de trouver ses repères. Pour ceux qui souhaitent se mettre sérieusement à la tâche, il existe de nombreuses formules, depuis les cours jusqu'aux séjours linguistiques. Mais, pour préparer un court séjour par exemple, l'investissement paraît démesuré, si l'on veut seulement disposer de quelques phrases utiles à la « survie » au quotidien.

Des courtes phrases plutôt que des mots isolés

Des études sur la mémorisation ont montré qu'il n'est pas plus difficile d'apprendre une courte phrase qu'un mot. Aussi peut-il être avantageux de mémoriser quelques expressions consacrées ou des bouts de phrase « polyvalents » que l'on peut compléter selon l'occasion : par exemple, pour apprendre à dire une phrase comme « j'aimerais manger» ou « j'aimerais du thé », on pourra utiliser une formule comme *I would like (to eat* ou *some tea)*, en anglais, *Me gustaría (comer* ou *un te)*, en espagnol, ou encore *Ich würde gerne essen* ou *Ich hätte gerne Tee,* en allemand.

Apprendre du vocabulaire par l'imagerie mentale ?

L'imagerie mentale, comme d'autres mnémotechnies, peut aider à apprendre le vocabulaire d'une langue étrangère. Cette technique a même été très à la mode dans les années 1960 après que plusieurs études aient montré l'efficacité du procédé, le même que celui utilisé pour mémoriser l'orthographe d'un mot de la langue maternelle. Bien appliquée, elle permet en effet d'apprendre un grand nombre de mots ou d'expressions en peu de temps. Cependant, pour la mémorisation à long terme, cette méthode ne s'est pas révélée plus avantageuse que d'autres et a donc été remplacée, à l'époque, par le laboratoire de langues, qui promettait de meilleurs résultats.

En fait, le cours classique et la lecture continuent d'être les formes d'apprentissage les plus répandues car les plus efficaces lorsqu'ils s'appuient sur une pédagogie mise à jour. C'est plutôt un rôle d'appoint qui revient aux autres méthodes...

Répétez, répétez... mais à intervalles

Mémoriser des mots ou des phrases peut être une tâche fastidieuse. Afin de la rendre plus efficace, mettez en œuvre la technique de la répétition espacée : divisez la liste des éléments à apprendre en plusieurs unités ; commencez par mémoriser le premier groupe ; révisez-le le lendemain puis ajoutez le deuxième groupe, et ainsi de suite. Si l'on révise ainsi à plusieurs, on peut de cette façon s'entraîner à l'aide de dialogues standardisés (au restaurant, à l'hôtel, etc.), comme le proposent certains guides. Mais apprendre une liste de mots est moins efficace que des mots dans leur contexte.

Comment pratiquer ?

La pratique régulière d'une langue étrangère est bien sûr un atout . On tentera donc de multiplier les occasions pour s'exercer, en particulier sur place. D'autres conseils prônent les chansons, les films en version originale, sous-titrée ou non, ou les émissions de radio ou de télévision. Il s'agit là d'un bon entraînement pour ceux qui maîtrisent déjà passablement la langue ou qui possèdent quelques notions. Pour les autres, l'exercice peut se révéler frustrant...

DES ÉTUDES SUR LA MÉMORISATION ONT MONTRÉ QU'IL N'EST PAS PLUS DIFFICILE D'APPRENDRE UNE COURTE PHRASE QU'UN MOT.

« Je ne sais jamais où j'ai laissé ma voiture sur le parking. »

Juliette, 46 ans, esthéticienne

Bien s'orienter : la mémoire des lieux

Une mémorisation efficace passe par un double encodage : mettre en mots des informations visuelles et visualiser des informations verbales.

Qui peut se vanter de ne s'être jamais égaré lors d'un trajet nouveau ? Quel conducteur n'a pas, au moins une fois dans sa vie, eu du mal à retrouver l'endroit où il a garé sa voiture ? Incident banal et isolé, mais fâcheux, surtout parce qu'il survient souvent à un moment où l'on est pressé. La carte, le plan ou un petit calepin suffiraient à nous dépanner, mais nous l'avons justement oublié ou nous pensions pouvoir nous fier à notre mémoire. Or, pour mémoriser un itinéraire simple ou un emplacement de parking, il suffit en général de faire un petit effort mental : faire attention au bon moment, et la réussite est à moitié assurée. Si l'on veut être vraiment sûr, on se servira en outre d'une astuce mnémotechnique…

Directions et repères : deux façons de s'orienter

De manière générale, on peut s'orienter de deux façons : en apprenant les directions qu'il faut prendre ou bien les repères qui jalonnent un parcours. Dans la pratique, on les combine le plus souvent, en visualisant, par exemple, une figure géométrique pour retenir les directions successives (un long « L » couché sur le dos, en suivant une courbe le long d'un boulevard) et quelques repères pour savoir quand il faut tourner à droite ou à gauche (au magasin de quincaillerie, quand on est arrivé en face de la mairie). Une mémorisation efficace visera surtout à mettre en œuvre un double encodage, mêlant éléments visuels et verbaux.

Mettre en mots des informations visuelles…

Après avoir repéré sur un plan ou une carte un itinéraire, c'est-à-dire une séquence visuelle, exprimez à voix basse ou silencieusement les directions à suivre comme si vous l'expliquiez à quelqu'un qui vous demanderait le chemin : « La première à droite, puis tout droit sur 500 mètres, ensuite la troisième rue à gauche… » Lors d'une randonnée, ne vous contentez pas d'admirer le paysage, mais enregistrez les repères visuels (barrière, réservoir d'eau, etc.) et les perspectives, en vous retournant de temps en temps. Parlez-en aux personnes qui vous accompagnent ou établissez mentalement des liens en associant ce que vous avez vu avec d'autres souvenirs.

… et visualiser des informations verbales

Pour retrouver votre voiture que vous avez garée en face du magasin Omnisport de la rue Victor-Hugo, créez par exemple une image mentale qui représente Victor Hugo en tenue de golfeur dans la vitrine du magasin. Mieux encore, tentez de donner à l'image mentale un caractère personnel : « Tiens, aujourd'hui, je suis garé rue de Lyon, et le lion est mon animal favori. » Ou bien, quand vous voyez que votre place de parking porte le numéro 214, faites intervenir vos connaissances culturelles (ou mémoire sémantique), en vous disant : « Ma voiture est au 214 : je suis donc au deuxième sous-sol, place 14, comme Louis XIV, le Roi-Soleil. »

Vous aurez de toute façon compris que les indices ou repères sur lesquels vous vous appuyez doivent revêtir un caractère stable. Même si vous pensez repartir dans dix minutes, la grosse berline rouge, garée juste devant vous, risque de ne plus être là quand vous reviendrez chercher votre voiture !

Mémorisez un trajet

Vous êtes à Paris. À l'aide de ce plan, construisez un trajet et mémorisez-le pour être sûr de retrouver l'hôtel de Crillon lorsque vous partez pour visiter le Louvre, le Palais-Royal et l'église de la Madeleine.
L'étude du plan vous permet d'abord de visualiser le trajet à réaliser. Il est alors conseillé de verbaliser la séquence : en vous disant, par exemple, qu'en sortant de l'hôtel il faut prendre à gauche jusqu'au Louvre, puis la première rue à gauche…
Par ailleurs, pour se souvenir des différentes rues par lesquelles vous devez passer, une solution est d'avoir recours aux associations mentales. En imaginant que vous preniez la rue de Rivoli et que vous reveniez par la rue Saint-Honoré en passant par la place Vendôme et la rue de la Paix, vous pouvez faire l'association mentale avec un menu : les raviolis comme plat de résistance pour pacifier la faim et le saint-honoré en dessert.

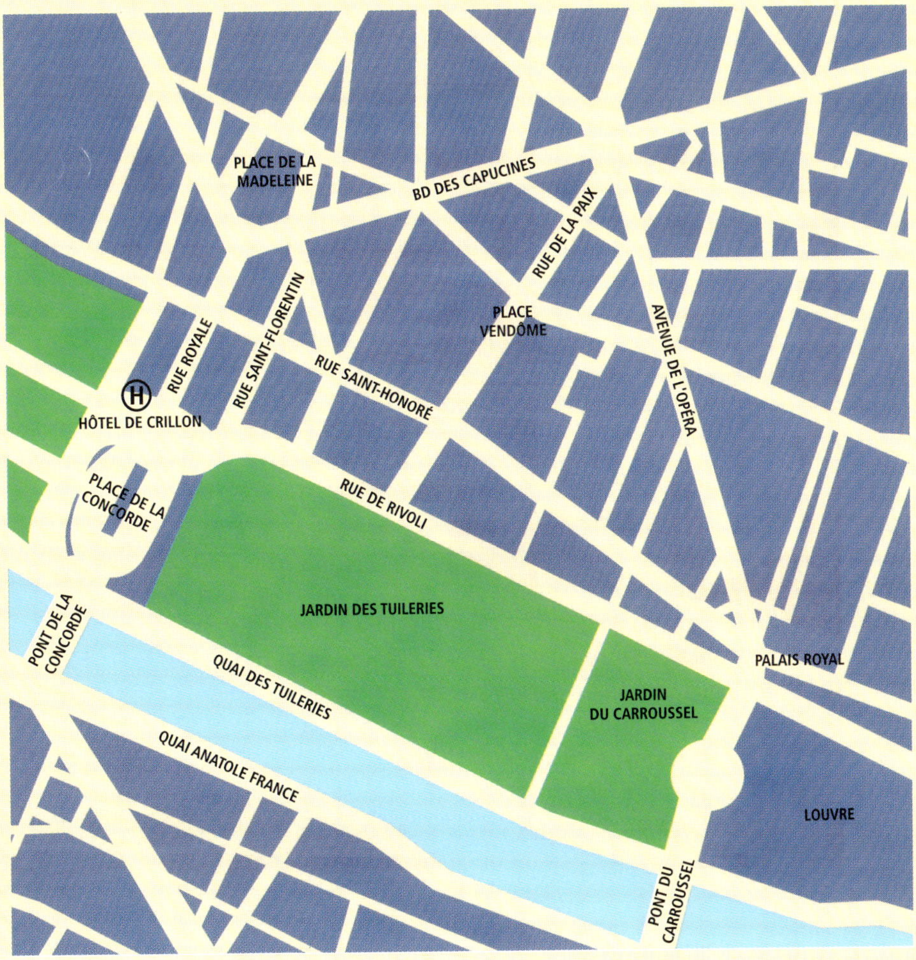

◀ Utiliser un double encodage, mêlant éléments visuels et verbaux, peut rendre la mémorisation plus efficace, en particulier dans le cas d'un itinéraire.

« *Je suis à la retraite depuis... ah ! je ne me souviens plus exactement... les dates, ce n'est plus mon fort !* » **Pierre,** 69 ans, retraité

Retracer la chronologie de sa propre histoire

Certains événements marquants de notre vie semblent être gravés à tout jamais dans notre mémoire : mariages, naissances ou anniversaires de certains de nos proches, changements d'activité professionnelle... Nous nous les rappelons non seulement avec force détails, mais nous nous souvenons souvent de la date et de l'endroit précis où ils ont eu lieu. D'autres souvenirs, pourtant riches en détails, sont plus difficiles à situer dans le temps. Pour d'autres encore, il faut qu'un proche (ou ancien proche) les évoque pour les faire revenir à l'esprit ; c'est comme si nous les avions oubliés... Avec le temps qui passe, beaucoup de nos souvenirs s'estompent, voire semblent voués à la disparition. Certes, nous ne tenons pas à garder en mémoire tout ce que nous avons vécu. Mais combien de fois n'avons-nous pas cherché en vain à nous souvenir, seul ou avec d'autres, d'un événement précis ou de la date exacte à laquelle il a eu lieu ? Voici quelques astuces et techniques pour vous faciliter la tâche.

COMBIEN DE FOIS N'AVONS-NOUS PAS CHERCHÉ EN VAIN À NOUS SOUVENIR, SEUL OU AVEC D'AUTRES, D'UN ÉPISODE OU DE LA DATE EXACTE À LAQUELLE IL A EU LIEU.

Quand et quels repères ?

Des recherches en psychologie cognitive ont montré que, pour beaucoup de personnes, les meilleurs indices chronologiques sont associés à des événements de leur propre vie : « l'année de la naissance de mon premier enfant » ou « avant mon voyage en Irlande ». Certaines de ces dates viennent en effet à l'esprit sans grand effort. La raison en est simple : les dates à fortes connotations affectives que nous évoquons régulièrement sont faciles à retenir. Nous nous les rappelons pour remplir des documents administratifs, en célébrant les anniversaires ou simplement en en reparlant...

« En quelle année c'était déjà ? »

Pourtant, pour une fête d'anniversaire dont on se souvient par ailleurs parfaitement parce qu'elle était réussie (ou ratée !), on peut avoir un doute : était-ce en 1995 ou en 1996 ? Un samedi ou un dimanche soir ? Et ce premier voyage à Banyuls, a-t-il eu lieu en 1972 ou en 1973 ?

Pour répondre à ces questions, il peut s'avérer utile de se référer à des événements publics dont on connaît bien la date – en général, puisqu'elle est régulièrement répétée dans les médias. Pour les Français, la victoire des Bleus lors de la Coupe du monde de football en 1998 est un événement marquant. Ainsi, pour retrouver l'année de son départ à la retraite, tel supporter se souviendra que c'était en 1998 puisqu'il avait eu pour la première fois le loisir de regarder tous les matchs. Sans hésiter, chacun se souvient spontanément de l'attaque des « Twin Towers » à New York, de grandes catastrophes, de certaines élections présidentielles..., autant de points de repère pouvant servir à ancrer notre vécu personnel dans une chronologie.

« Les cerisiers étaient en fleur... »

Plus souvent, c'est par des rapprochements progressifs que nous parvenons à situer un événement dans le temps et dans l'espace. En partant des grandes périodes de notre vie, nous pouvons procéder à une véritable reconstitution grâce à quelques détails rappelés. La saison pendant laquelle a eu lieu l'événement se laisse ainsi déduire du temps qu'il faisait – il neigeait, nous étions donc en hiver – ou de l'état de la végétation – les cerisiers étaient en fleur, nous étions donc au printemps. La meilleure façon d'exploiter ces indices consiste alors à noter d'abord toutes les associations liées à l'événement en question, puis à en tirer des conclusions.

« Mais était-ce bien ça ? »

Notre mémoire nous joue des tours, et cela n'a rien de pathologique. Parfois, un souvenir paraît tellement vif et précis qu'il ne nous viendrait pas à l'esprit de le mettre en doute. Parfois, l'évocation avec d'autres témoins fait apparaître des trous ou des contradictions. Les événements que nous relatons très souvent sont en général riches en détails : la répétition a favorisé leur mémorisation. En revanche, pour les épisodes que nous évoquons avec difficulté, le recours à nos proches peut s'avérer utile.

Multiplier les occasions de se souvenir

Nos souvenirs se conservent en effet en fonction de notre vie personnelle actuelle : nous oublions certains événements sans importance ou peut-être désagréables pour nous, et nous en gardons d'autres, parfois en les enrichissant. Si nous recoupons nos souvenirs avec ceux d'autres personnes qui ont assisté ou participé au même événement, lors d'une réunion de famille ou entre copains, leurs récits font parfois surgir des scènes vécues dont nous avions perdu jusqu'à la moindre trace. Les échanges réguliers autour de nos souvenirs contribuent donc à maintenir notre capacité de mémoriser notre histoire personnelle ; au contraire, l'isolement social, qui caractérise parfois la vie de personnes âgées, la réduit.

Hormis les témoins vivants, nous pouvons également nous appuyer sur des documents écrits ou enregistrés (lettres, albums de photos, films, documents administratifs, etc.) pour compléter nos souvenirs, surtout s'ils portent une date et une mention du lieu. À cet égard, le fait d'avoir tenu un journal intime constitue un atout pour rappeler même des événements mineurs du passé. Cette pratique plutôt féminine, comme tend aussi à l'être la correspondance privée, est-elle l'une des raisons pour lesquelles les femmes se souviendraient mieux de leur histoire personnelle que les hommes ?

Reconstituer sa généalogie

Reconstituer la généalogie de sa famille est l'une des façons courantes d'ordonner ses souvenirs familiaux et peut aboutir à des recherches passionnantes. Encore faut-il cerner l'objectif de ce travail car la forme de la représentation en dépend. Dans le cas d'une généalogie ascendante, il s'agit de

Ma mémoire, mon histoire

« Quand tu ne sais plus où tu vas, retourne-toi et regarde d'où tu viens », dit un proverbe sénégalais qui exprime bien le rôle crucial que la mémoire joue pour notre identité. C'est à travers nos souvenirs et grâce à eux que nous savons qui nous sommes, que nous nous sentons identiques à ce que nous étions hier, et que nous expliquons ce que nous sommes devenus aujourd'hui et ce que nous serons peut-être demain.
Ainsi, nos souvenirs sont plus riches en détails – et en anecdotes – pour les périodes de notre vie où nous avons fait d'importants choix, dans la vie privée ou professionnelle : souvenirs du premier amour, des années d'études, du premier travail, du premier enfant… Certaines réminiscences sont douloureuses et demandent un véritable travail de deuil pour être acceptées.
Qu'il s'agisse de la mort d'un proche ou d'un autre événement qui remet en question notre vie et par là une partie de notre identité – la fin d'une relation amicale ou amoureuse, un licenciement… –, repasser à l'esprit les souvenirs qui y sont liés contribue, sauf dans le cas de certains traumatismes graves, à nous réconcilier avec nous-mêmes.
Enfin, il y a aussi le plaisir que l'on peut éprouver à transmettre ses souvenirs ou à en recueillir d'autres : échanges entre les générations dans un cadre familial ou amical, ou, pourquoi pas, en participant à l'un des nombreux projets destinés à conserver les souvenirs personnels afin de reconstituer à l'avenir l'histoire locale, celle d'un métier, de certaines traditions… Car aucune vie n'est banale. Et comme le dit un autre proverbe africain : « Chaque fois que meurt un vieux, c'est une bibliothèque qui brûle. »

faire uniquement figurer vos ancêtres les plus directs. Ce type de généalogie, le plus simple, est traditionnellement représenté par un arbre où chaque branche mène d'un côté au père, de l'autre à la mère, et ainsi de suite à chaque génération. Mais il peut aussi prendre la forme d'une roue d'ascendance dans laquelle chaque cercle concentrique représente une génération. Les généalogies descendantes, quant à elles, établissent, à partir d'un ancêtre connu, tous les liens de parenté unissant enfants, petits-enfants, cousins, neveux, etc. – une excellente occasion pour se rappeler toutes les anecdotes et histoires à leur propos.

Comment mener l'enquête ?

Les arbres généalogiques peuvent prendre des formes très complexes et il s'avère bien vite indispensable de faire appel à un ouvrage spécialisé. Ces guides vous permettront aussi de bien mener votre enquête en vous conseillant, par exemple, sur les lieux (mairie, archives régionales, etc.) où vous pourrez retrouver des documents tels que actes de naissance, de mariage, de baptême, de décès, etc. Ils vous aideront aussi à interpréter des documents épars tels que livrets de famille ou militaire, diplômes ou cartes d'identité – en établissant des liens entre votre histoire et l'histoire tout court.

Exercez vos talents de généalogiste

Les arbres généalogiques permettent de figurer de façon simple les liens de parenté d'une famille. Sur ce type d'arbre, les liens familiaux sont représentés par :
- un trait vertical pour le lien parent-enfant ;
- un trait horizontal pour le lien frère-sœur ;
- un X pour le lien conjugal.

Observez attentivement cet extrait de l'arbre généalogique de Marcel Proust (une référence en matière de mémoire...) puis répondez aux questions suivantes.

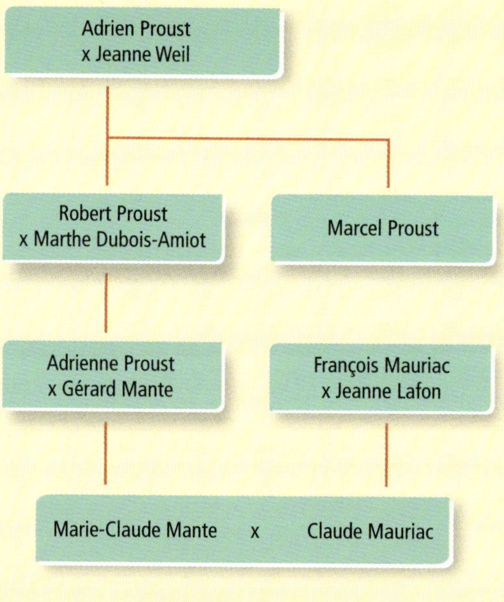

Quel est le lien de parenté de Marcel Proust et d'Adrienne Proust ?
Quel est le lien de parenté de Marcel Proust et de Claude Mauriac ?
Quel est le lien de parenté de Marcel Proust et de François Mauriac ?

Solution p. 278

Mémo
Développer des stratégies

- Nous utilisons tous, de manière spontanée et inconsciente, des stratégies de mémorisation. Pour une activité nouvelle et complexe, la recherche d'une **méthode adaptée** procédera davantage par « tâtonnements ».
- L'important est de comprendre les **principes** sur lesquels reposent ces stratégies et de se les **approprier** par une application régulière. Mieux vaut solliciter des activités variées et plaisantes.
- Quand les informations à retenir se présentent pêle-mêle (par exemple une liste de courses), une première stratégie consiste à les classer, à les **organiser** afin de leur donner un sens, une logique et d'**établir des liens** entre elles.
- Une autre stratégie consiste à **associer** des événements, des mots, des images, des idées... L'intérêt est de lier l'**information nouvelle à une ancienne**, déjà bien ancrée dans notre stock de souvenirs.
- L'**imagerie mentale** est un des outils les plus efficaces pour la mémoire et peut s'appliquer à des situations très diverses. Ces images peuvent être **complètement personnelles**, **abstraites ou non**, **farfelues ou très logiques** : pour retenir des données, mieux vaut avoir recours à des graphiques, des courbes, des arborescences, etc.
- S'entraîner permettra de créer des automatismes, mais il faut veiller à bien **répartir les séances d'apprentissage** : ne pas commencer à la dernière minute et préférer un entraînement de dix fois une heure plutôt qu'une fois dix heures.

- Il est préférable d'utiliser plusieurs types d'encodage pour la même information que de s'appuyer sur une seule dimension. Par exemple, pour un itinéraire, un double **encodage verbal et visuel** sera très efficace : on retient mieux un plan si on l'accompagne de repères verbaux (tourner à gauche, prendre l'avenue de la Libération...).
- Enfin, apprenez à **soulager votre mémoire** : inutile de vous efforcer de retenir à tout prix des informations que des listes, notes, agendas, etc., vous aideront à retrouver sans peine.

Exercer votre mémoire

À vous de jouer : mode d'emploi

Jeux didactiques ou exercices ludiques, les pages qui suivent ne proposent ni un examen scolaire, ni des entraînements sportifs. S'il est nécessaire de s'y appliquer, n'oubliez pas le plaisir, fondamental pour réussir. Alors détendez-vous !

Notre mémoire travaille en permanence : nous retenons et nous évoquons chaque jour des milliers d'informations de façon consciente ou involontaire. Parfois surviennent quelques ratés qu'il faut accepter, car la perfection d'un « outil » aussi complexe que la mémoire ne peut être obtenue et maintenue à tout moment de la journée ou de la vie.

Peut-on vraiment améliorer ses performances ?

Si une expérience inattendue ou une information nouvelle laissent toujours une trace dans notre cerveau, la mémoire n'est pas un système monolithique que l'on pourrait globalement « muscler ». Chaque secteur de la mémoire comporte son organisation propre et ses caractéristiques, a ses forces et ses faiblesses.

Apprendre de nouvelles informations dans un domaine ne renforce pas de manière automatique nos compétences dans un autre, mais affermit surtout la capacité à mieux mémoriser les informations dans ce premier domaine. La mémoire s'applique en effet à du « matériel » : nous emmagasinons des mots du langage, des dispositions spatiales, des caractéristiques visuelles... À l'inverse, certaines opérations cognitives s'appuient sur la mémoire : règles de logique, étapes du raisonnement... Ainsi, la mémoire n'est pas isolée du reste du fonctionnement du cerveau, elle s'intègre à tous les processus intellectuels.

Faire des « jeux de mémoire », c'est avant tout comprendre sa mémoire, se familiariser avec les processus de mémorisation, développer quelques réflexes... et se faire plaisir ! En répétant un exercice, il devient possible d'acquérir une compétence particulière. Un expert trouvera toujours plus facile qu'un novice d'apprendre dans son domaine de prédilection ! En faisant les exercices qui suivent, vous pouvez devenir à votre tour expert dans certains ou dans d'autres, mais ne leur en demandez pas plus : il ne vous sera pas plus facile de retrouver vos clés ni le nom de la personne qui vient de vous être présentée. Point de méthode miracle pour améliorer la mémoire, mais un moyen de mieux la connaître et mieux se connaître.

Comment ont été conçus les exercices ?

Au début de chaque jeu est indiqué son objectif. Il résume quels aspects de la mémoire et des autres fonctions cognitives sont mis en jeu (voir aussi p. 289). En général, il n'y en pas un seul aspect mais plusieurs. La mémoire peut être au cœur de certains exercices, dans d'autres, elle n'en est qu'une des composantes.

■ Les exercices sont regroupés selon trois niveaux de difficulté. Bien sûr, la notion de difficulté varie beaucoup selon chacun. Une personne jugera tel jeu difficile dès le premier niveau, mais elle n'aura aucun problème à réussir tel autre, quel qu'en soit le niveau. Commencez néanmoins toujours par le niveau facile.

■ Dans certains cas, il faut utiliser ses connaissances anciennes ; dans d'autres, retenir des informations nouvelles. Tout le champ des centres d'intérêt est également représenté : mémoire visuelle, mémoire culturelle, mémoire des mots, mémoire logique... C'est le principe de variété qui nous a guidé.

■ Il n'est pas indiqué de limite de temps pour réaliser un exercice, car il importe plus d'être exact que d'être rapide. Et l'objectif n'est pas de réussir du premier coup. Certains exercices sont difficiles, leur but est d'expliquer un processus et de le mettre en pratique. Bien analyser les difficultés rencontrées, c'est en démonter le mécanisme et être plus efficace une autre fois. Regarder les réponses ne signifie pas tricher, si cela vous permet d'acquérir une méthode et de revenir par la suite sur le jeu pour le refaire... avec plus de succès.

À vous de jouer

niveau 1

51 EXERCICES

pages 184 à 212

1 L'IMAGE MANQUANTE

Objectif : *cet exercice fait appel aux capacités d'analyse et de mémorisation visuelles.*

1. Observez attentivement et mémorisez cette série d'images. Ensuite, masquez-la pour poursuivre l'exercice.

À présent, pouvez-vous retrouver l'élément qui complète la série précédemment mémorisée parmi les 4 propositions ci-contre ?

2. Observez attentivement et mémorisez cette série d'images. Ensuite, masquez-la pour poursuivre l'exercice.

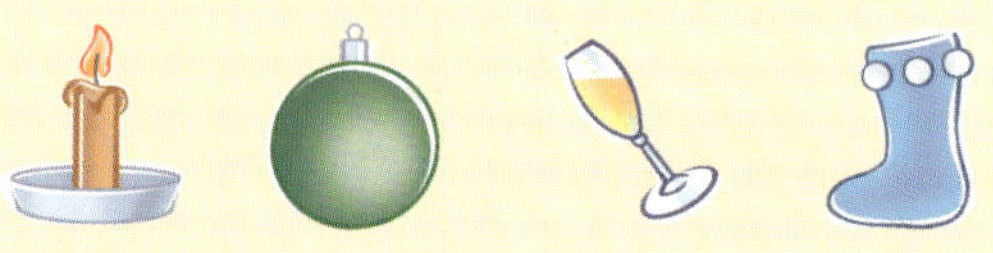

À présent, pouvez-vous retrouver l'élément qui complète la série précédemment mémorisée parmi les 4 propositions ci-contre ?

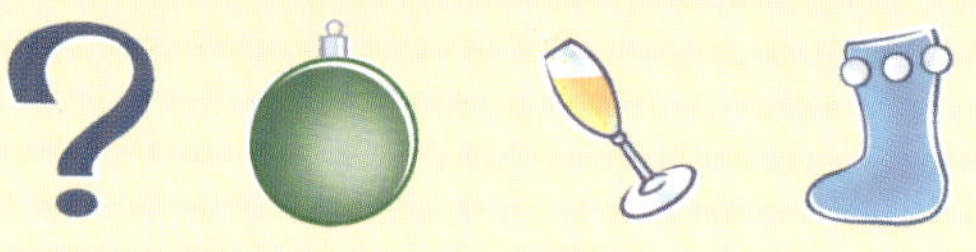

3. Observez attentivement et mémorisez cette série d'images. Ensuite, masquez-la pour poursuivre l'exercice.

À présent, pouvez-vous retrouver l'élément qui complète la série précédemment mémorisée parmi les 4 propositions ci-contre ?

Niveau 1

2 RETROUVEZ LES DRAPEAUX

Objectif : *cet exercice sollicite*
- *la mémoire visuelle ;*
- *l'exploration spatiale ;*
- *la concentration visuelle.*

Observez attentivement les couleurs et les motifs du drapeau suivant.
Ensuite, masquez-le pour poursuivre l'exercice.

À présent que vous avez masqué le drapeau, reconstituez-le avec les éléments proposés :

1. Choisissez les couleurs.

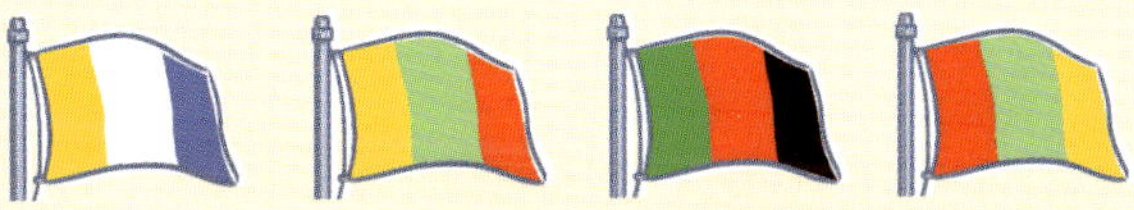

2. Choisissez le motif.

3 HISTOIRE EN VRAC

Objectif : *cet exercice, qui nécessite d'être attentif, sollicite les capacités de raisonnement, de planification, de stratégie et d'imagerie mentale.*

Remettez dans l'ordre les 8 vignettes afin de construire une petite histoire cohérente.

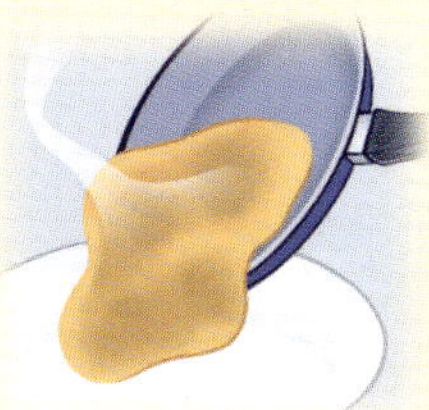

1

2

3

4

5

6

7

8

Solution p. 279

4 GARÇON, S'IL VOUS PLAÎT

Objectif : *cet exercice fait travailler les aspects verbaux et visuels de la mémoire de travail. Il s'agit en effet d'apprendre une certaine quantité d'informations nouvelles puis de les restituer immédiatement.*

1. Mémorisez les menus des deux convives.
Ensuite, masquez l'image pour poursuivre l'exercice.

2. À présent que vous avez masqué l'image, pouvez-vous reconstituer les menus des deux convives grâce aux plats dont vous disposez ?

5 LECTURE APPLIQUÉE

Objectif : *cet exercice met fortement la mémoire et l'attention à contribution. Pour le réussir, il convient en effet non seulement de lire attentivement le texte mais aussi d'en retenir autant de détails que possible. Cet exercice fait également bien travailler la compréhension de texte.*

1. Lisez attentivement le texte suivant puis masquez-le pour poursuivre l'exercice.

Naissance d'une vocation
Pendant les vacances de Pâques, Grégoire a suivi un stage de théâtre dans le centre culturel de son quartier. Au départ, il souhaitait simplement réussir à vaincre sa timidité naturelle, mais il a rapidement été gagné par le désir de jouer sur scène. Encouragé par son professeur, il passera demain son premier casting pour une comédie musicale adaptée d'un roman irlandais.

2. À présent que vous avez masqué le texte, répondez aux 4 questions suivantes :

- Où Grégoire a-t-il suivi son stage ?
- Que souhaitait-il lorsqu'il s'est inscrit ?
- Quand passera-t-il son premier casting ?
- De quoi la comédie musicale est-elle adaptée ?

6 CHERCHEZ L'INTRUS

Niveau 1

Objectif : *cet exercice fait travailler*
- *la mémoire de travail visuelle et spatiale ;*
- *l'attention ;*
- *la capacité à résister aux éléments interférents ;*
- *la reconnaissance de formes.*

Trouvez l'intrus qui se cache au sein de chaque série de figures.

1. L'intrus est : ③

⑧⑧⑧⑧⑧⑧⑧⑧⑧⑧⑧⑧⑧⑧⑧⑧⑧⑧⑧⑧⑧⑧⑧
⑧⑧⑧⑧⑧⑧⑧⑧⑧⑧⑧⑧⑧⑧⑧⑧⑧⑧⑧⑧⑧⑧⑧
⑧⑧⑧⑧⑧⑧⑧⑧⑧⑧⑧⑧⑧⑧⑧⑧⑧⑧⑧⑧⑧⑧⑧
⑧⑧⑧⑧⑧⑧⑧⑧⑧⑧⑧⑧⑧⑧⑧⑧⑧⑧③⑧⑧⑧⑧
⑧⑧⑧⑧⑧⑧⑧⑧⑧⑧⑧⑧⑧⑧⑧⑧⑧⑧⑧⑧⑧⑧⑧
⑧⑧⑧⑧⑧⑧⑧⑧⑧⑧⑧⑧⑧⑧⑧⑧⑧⑧⑧⑧⑧⑧⑧
⑧⑧⑧⑧⑧⑧⑧⑧⑧⑧⑧⑧⑧⑧⑧⑧⑧⑧⑧⑧⑧⑧⑧

2. L'intrus est : σ

O O O O O O O O O O O O O O O O O O O O O O O
O O O O O O O O O O O O O O O O O O O O O O O
O O O O O O O O O O O O O O O O O O O O O O O
O O O O O O O O O O O O O O O O O O O σ O O O
O O O O O O O O O O O O O O O O O O O O O O O
O O O O O O O O O O O O O O O O O O O O O O O
O O O O O O O O O O O O O O O O O O O O O O O

Solution p. 279

7 SUITE LOGIQUE

Objectif : *dans cet exercice, de bonnes capacités de raisonnement sont nécessaires afin de comprendre les opérations à effectuer pour passer d'un domino au suivant. Interviennent également la mémoire de travail visuelle et le souvenir des règles de logique.*

1. Observez cette suite de dominos.

2. Parmi ces 4 propositions, trouvez le domino qui complète logiquement la suite. Justifiez votre choix.

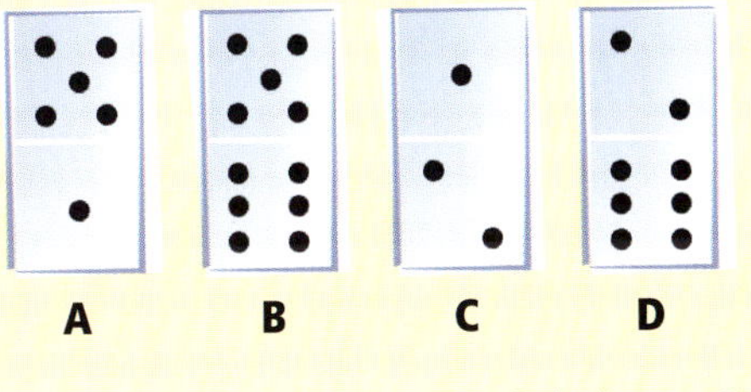

A **B** **C** **D**

Solution p. 279

8 LES BONNES ASSOCIATIONS

Objectif : *cet exercice fait appel à vos connaissances culturelles. Il s'agit non seulement de tester vos souvenirs sur des sujets que vous connaissez bien mais aussi d'enrichir vos connaissances sur des thèmes moins familiers pour vous. Cet exercice sollicite également la mémoire de travail visuo-spatiale en jouant avec l'emplacement des mots.*

1. Associez chaque capitale à un pays.

2. Associez chaque animal à une catégorie.

3. Associez chaque médecin à une spécialité.

Thaïlande	Oslo	perdrix	mammifères	cœur	dermatologue
Bagdad	Norvège	reptiles	anchois	pédiatre	yeux
Argentine	Bangkok	insectes	termite	poumons	cardiologue
Sénégal	Buenos Aires	tortue	poissons	ophtalmologiste	enfants
Dakar	Irak	oiseaux	marmotte	peau	pneumologue

Conseil : si vous connaissez mal un thème, ne vous formalisez pas !
Découvrez les réponses page 279 et refaites l'exercice dans une semaine pour évaluer vos progrès.

9 TESTEZ VOTRE VOCABULAIRE

Objectif : *cet exercice fait travailler la mémoire sémantique du langage dans un cadre catégoriel. En effet, il fait appel au stock de vocabulaire que chacun possède et oblige à mettre en œuvre des processus de tri par catégories.*

Trouvez 4 noms (au minimum) commençant par la lettre **P** pour chacune des 4 catégories indiquées.

FRUITS	SENTIMENTS	VILLES DE FRANCE	MÉTIERS
P............................	P............................	P............................	P............................
P............................	P............................	P............................	P............................
P............................	P............................	P............................	P............................
P............................	P............................	P............................	P............................

Conseil : si vous connaissez mal un thème, ne vous formalisez pas ! Découvrez les propositions de réponse page 279 et refaites l'exercice dans une semaine pour évaluer vos progrès.

10 TROUVEZ LES FAUTES

Niveau 1

Objectif : *cet exercice requiert de bonnes connaissances langagières, les fautes pouvant être de deux ordres :*

- *orthographiques (ce qui fait appel aux connaissances en vocabulaire) ;*
- *grammaticales (ce qui fait appel aux connaissances des différentes règles de la langue française : accords, conjugaison...).*

Cet exercice demande aussi de l'attention, indispensable pour détecter les fautes au sein de l'ensemble constitué par le texte.

1. Lisez attentivement ce texte puis masquez-le pour poursuivre l'exercice.

L'année du bac
La longue absence du professeur de français a fortement perturbé le bon déroulement de l'année scolaire pour les élèves du lycée. Le rectorat n'a pu envoyer de remplaçante qu'au bout de trois semaines, ce qui a fait perdre un temps précieux aux élèves, en pleine préparation du baccalauréat. Heureusement, la jeune femme, pourtant peu expérimentée, s'est montrée très efficace et a pratiquement rattrapé le retard que la classe avait pris par rapport au programme officiel.

2. Trouvez les 10 fautes qui se sont glissées dans le texte.

L'année du bac
La longue abscence du proffesseur de français a fortement perturber le bon déroulement de l'année scolaire pour les élèves du lycée. Le rectorat n'a pu envoyé de remplaçante qu'au bout de trois semaine, ce qui à fait perdre un temps précieux aux élèves, en pleine préparation du bacalauréat. Heureusement, la jeune femme, pourtant peu expérimentée, s'est montré très efficace et a pratiquement ratrappé le retard que la classe avait pris par rapport au programme oficiel.

Solution p. 279

11 LES DÉS SONT JETÉS

Objectif : *l'intérêt de cet exercice réside dans le fait qu'il sollicite à la fois la mémoire et les capacités d'imagerie mentale (rotation mentale).*

1. Observez attentivement les différentes faces de ce cube étalé. Mémorisez les figures et leurs positions. Ensuite, masquez l'image pour poursuivre l'exercice.

2. À présent, replacez les éléments dont vous disposez sur les faces du cube. Pour vous aider, deux éléments ont déjà été placés.
Attention, le cube a été tourné !

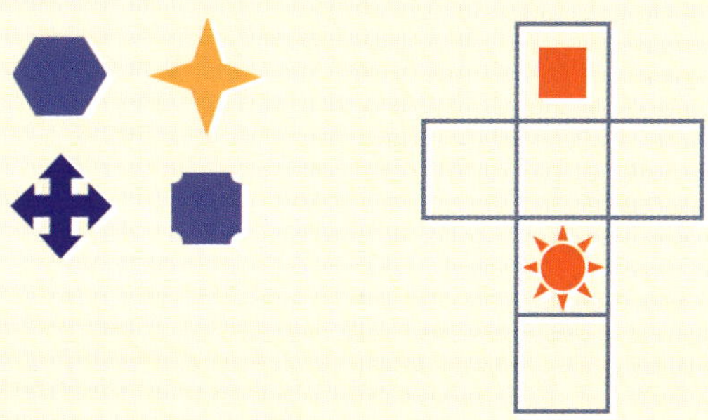

12 TROUVEZ LES DIFFÉRENCES

Objectif : *cet exercice sollicite les capacités d'attention, d'analyse, de mémoire visuo-spatiale et de mémoire verbale. En effet, il convient de mémoriser les formes, les couleurs et l'emplacement des objets, ce qui est plus facile si l'on peut donner un nom à chacun.*

1. Observez attentivement la scène qui vous est présentée.
Mémorisez bien la forme, la place et la couleur des différents objets qui la constituent.
Ensuite, masquez l'image pour poursuivre l'exercice.

2. À présent, trouvez les 6 différences existant entre cette scène et celle que vous avez mémorisée.
Les éléments ont pu être modifiés, déplacés, enlevés...

Solution p. 279

13 MÉLI-MÉLO POÉTIQUE

Niveau 1

Objectif : *cet exercice fait travailler plusieurs aspects du langage : compréhension, logique de l'organisation du poème, sens poétique. Il met aussi à contribution la mémoire de travail verbale.*

1. Voici un extrait de poésie dont les 4 vers ont été mélangés. Remettez les vers dans le bon ordre pour rendre le texte cohérent. Aidez-vous des rimes et de la ponctuation.

Extrait de : *Sonnet d'été* de Germain Nouveau

- Et les blancs rideaux tout en mousseline
- Une blonde frêle en mignon peignoir
- Seront réfléchis par un grand miroir.
- Tirera des sons d'une mandoline,

2. Même consigne que précédemment.

Extrait de : *Automne* de Jules Breton

- Qui se teignent de sang ; de hauts peupliers jaunes
- Murmurent, près du bord, aux souches des vieux aulnes
- Sèment leurs feuilles d'or parmi les blonds roseaux.
- La rivière s'écoule avec lenteur. Ses eaux

Solution p. 279

14 RANGEZ VOS LIVRES

Objectif : *cet exercice de résolution de problème fait appel à la mémoire épisodique (car il oblige à retenir les étapes du jeu) et à la mémoire procédurale stratégique (on procède par analogies avec des stratégies comparables déjà utilisées).*

Trouvez le nombre minimal de déplacements de livres nécessaires pour passer de la configuration **A** à la configuration **B**, sachant que :
– vous ne pouvez pas placer un livre sur un livre plus petit ;
– vous ne pouvez déplacer qu'un seul livre à la fois.

A

B

Solution p. 279

15 GARÇON, S'IL VOUS PLAÎT

Objectif : *cet exercice fait travailler les aspects verbaux et visuels de la mémoire de travail. Il s'agit en effet d'apprendre une certaine quantité d'informations nouvelles puis de les restituer immédiatement.*

1. Mémorisez les menus des deux convives.
Ensuite, masquez l'image pour poursuivre l'exercice.

2. À présent que vous avez masqué l'image, pouvez-vous reconstituer les menus des deux convives grâce aux plats et aux boissons dont vous disposez ?

Menu

Salade niçoise
Lasagnes
Veau marengo
Brie
Nougat glacé
Tarte aux noix
Beaujolais
Eau minérale

16 LE MOT CACHÉ

Objectif : *cet exercice est complexe car il sollicite simultanément plusieurs facultés :*
- *raisonnement par la recherche et l'association de paires consonne-voyelle ;*
- *exploration visuelle rapide ;*
- *mémoire sémantique (mémoire des mots).*

Trouvez le mot de 7 lettres qui se cache dans chaque grille. Les lettres du mot sont contiguës mais ne peuvent se suivre en diagonale. La lecture peut s'effectuer de gauche à droite, de droite à gauche, de haut en bas ou de bas en haut.

Indice : les 2 premières lettres du mot à trouver sont inscrites en caractères gras.

S	E	T	U
S	Y	**A**	L
A	R	**P**	L
G	E	J	I

S	**O**	R	H
A	M	M	C
U	B	I	E
F	D	V	R

D	I	G	R
L	T	E	N
A	L	**O**	**V**
S	C	M	I

Solution p. 279

17 CHERCHEZ L'INTRUS

Niveau 1

Objectif : *cet exercice fait travailler la mémoire de travail visuelle et spatiale, l'attention, la capacité à résister aux éléments interférents, la reconnaissance de formes.*

Trouvez l'intrus qui se cache au sein de chaque série de figures.

1. L'intrus est : 

2. L'intrus est : 

Solution p. 279

18 QUI EST-CE ?

Objectif : *dans cet exercice, votre mémoire sémantique, contenant vos connaissances sur le monde, sera mise à l'épreuve, ainsi que vos capacités de raisonnement par déduction.*

Trouvez à quelle personnalité se rapporte chaque affirmation parmi les 3 choix qui vous sont proposés.

1. Célèbre actrice américaine, je suis aussi à l'aise avec d'effrayants Aliens qu'avec des gorilles perdus dans la brume.
Qui suis-je ? **A.** Sandra Bullock **B.** Sigourney Weaver **C.** Meg Ryan

2. Chimiste suédois, inventeur de la dynamite, j'ai donné mon nom à un prix qui récompense chaque année des personnalités pour leur contribution dans des domaines variés.
Qui suis-je ? **A.** Alfred Nobel **B.** Thomas Edison **C.** Alessandro Volta

3. Dieu romain de l'Amour dont on rend les célèbres flèches responsables de bien des malheurs sentimentaux.
Qui suis-je ? **A.** Apollon **B.** Jupiter **C.** Cupidon

Conseil : si vous connaissez mal un thème, ne vous formalisez pas ! Découvrez les réponses page 279 et refaites l'exercice dans une semaine pour évaluer vos progrès.

19 TROUVEZ LES FAUTES

Objectif : *cet exercice requiert de bonnes connaissances langagières, les fautes pouvant être de deux ordres :*
- *orthographiques (ce qui fait appel aux connaissances en vocabulaire) ;*
- *grammaticales (ce qui fait appel aux connaissances des différentes règles de la langue française : accords, conjugaison...).*

Cet exercice demande aussi de l'attention, indispensable pour détecter les fautes au sein de l'ensemble constitué par le texte.

1. Lisez attentivement ce texte puis masquez-le pour poursuivre l'exercice.

La diseuse de bonne aventure
Ses deux mains noueuses plaquées sur une grosse boule de cristal, la vieille bohémienne semblait extrêmement concentrée. Elle resta ainsi, silencieuse, le regard baissé, pendant plus d'un quart d'heure, laissant seulement parfois échapper un grommellement indéfinissable, accompagné d'un hochement de tête et du tintement cuivré de ses bracelets qui s'entrechoquaient. Julie, qui perdait patience, finit par lui demander ce qu'elle voyait...

2. Trouvez les 10 fautes qui se sont glissées dans le texte.

La diseuse de bonne aventure
Ses deux mains noueuses plaqués sur une grosse boule de christal, la vieille bohémienne semblait extrêmment concentrée. Elle resta ainsi, silencieuse, le regard baissé, pendant plus d'un quart d'heure, laissant seulement parfois échaper un grommellement indéffinissable, acompagné d'un hôchement de tête et du tintement cuivré de ses bracelets qui s'entrechoquait. Julie, qui perdait patience, finit par lui demandé se qu'elle voyait...

20 LES DÉS SONT JETÉS

Objectif : *l'intérêt de cet exercice réside dans le fait qu'il sollicite à la fois la mémoire et les capacités d'imagerie mentale (rotation mentale).*

1. Observez attentivement les différentes faces de ce cube étalé. Mémorisez les figures et leurs positions. Ensuite, masquez l'image pour poursuivre l'exercice.

2. À présent, replacez sur les faces du cube les éléments mis à votre disposition.
Pour vous aider, deux éléments ont déjà été placés. Attention, le cube a été tourné !

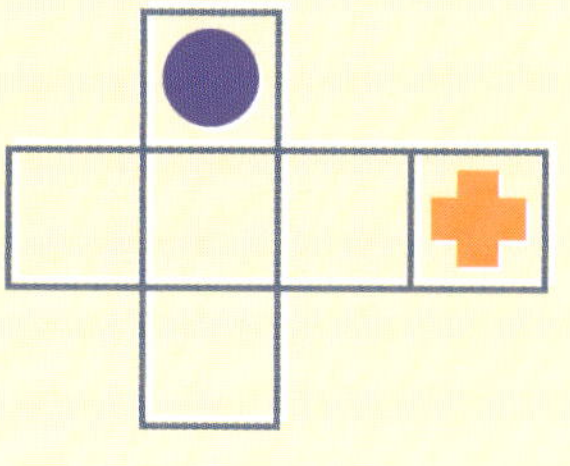

21 L'ANAGRAMME INTRUS

Niveau 1

Objectif : *cet exercice demande de bonnes capacités de raisonnement pour la résolution des anagrammes. Il fait également travailler la mémoire sémantique puisqu'il implique d'aller puiser dans le stock de vocabulaire que l'on possède. Enfin, il fait appel aux capacités de catégorisation : il convient de déterminer à quelle catégorie appartient chaque série de mots pour détecter l'intrus, c'est-à-dire le mot qui appartient à une autre catégorie.*

Résolvez chaque série d'anagrammes puis déterminez quel est l'intrus qui se cache dans chacune. Justifiez votre réponse.

gourenille — chomue — upêge — ofrimu

1. Les anagrammes : ....
L'intrus est : ....

tremppins — vhier — cremedir — aumonet

2. Les anagrammes : ....
L'intrus est : ....

quapobet — olirive — croag — benlier

3. Les anagrammes : ....
L'intrus est : ....

nittobe — nipraces — macisons — breté

4. Les anagrammes : ....
L'intrus est : ....

rhâttée — lècegol — clyée — locée

5. Les anagrammes : ....
L'intrus est : ....

Solution p. 280

22 SUITE LOGIQUE

Objectif : *dans cet exercice, de bonnes capacités de raisonnement sont nécessaires afin de comprendre les opérations à effectuer pour passer d'un domino au suivant. Interviennent également la mémoire de travail visuelle et le souvenir des règles de logique.*

1. Observez cette suite logique de dominos.

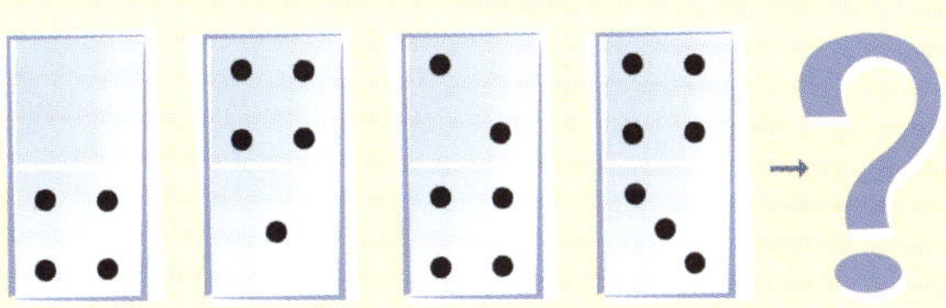

2. Parmi ces 4 propositions, trouvez le domino qui complète la suite. Justifiez votre choix.

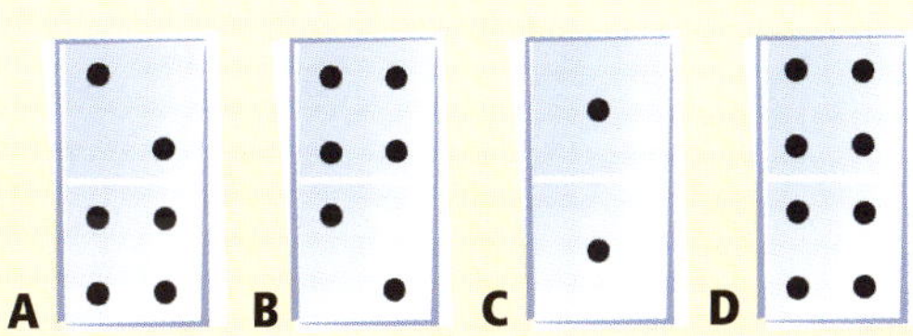

Solution p. 280

23 LES BONNES ASSOCIATIONS

Objectif : *cet exercice fait appel à vos connaissances culturelles. Il s'agit non seulement de tester vos souvenirs sur des sujets que vous connaissez bien, mais aussi d'enrichir vos connaissances dans des thèmes moins familiers pour vous. Il demande aussi une bonne mémoire de travail visuo-spatiale.*

1. Associez chaque technique à un métier.		**2.** Associez chaque végétal à une catégorie.		**3.** Associez chaque département à une région.	
vidange	agriculteur	pleurote	céréale	Ile-de-France	Jura
chirurgien	retouche	épice	sarrasin	Finistère	Moselle
amputation	mécanicien	sureau	fruit	Yvelines	Bretagne
cuisinier	assaisonnement	arbre	cannelle	Lorraine	Gironde
labourage	couturier	melon	champignon	Franche-Comté	Aquitaine

Conseil : si vous connaissez mal un thème, ne vous formalisez pas !
Découvrez les réponses page 280 et refaites l'exercice dans une semaine pour évaluer vos progrès.

24 MÉLI-MÉLO POÉTIQUE

Objectif : *cet exercice fait travailler plusieurs aspects du langage : compréhension, logique de l'organisation du poème, sens poétique. Il met aussi à contribution la mémoire de travail verbale.*

1. Voici un extrait de poésie dont les 4 vers ont été mélangés. Remettez les vers dans le bon ordre pour rendre le texte cohérent.
Aidez-vous des rimes et de la ponctuation.

Extrait de : *L'ancêtre* de José-Maria de Heredia

- Qui porte sur son front que nul n'a fait plier
- Le visage hardi de ce grand Cavalier
- Le hâle de la guerre et des soleils torrides.
- La gloire a sillonné de ses illustres rides

2. Même consigne que précédemment.

Extrait de : *Espoir timide* de François Coppée

- Que l'amour fait souffrir, mais que l'on
  [n'en meurt pas.
- Le chagrin du poète exilé qui vous aime,
- Chère âme, si l'on voit que vous plaignez tout bas
- On raillera ma peine, et l'on vous dira même

Solution p. 280

25 TROUVEZ LES DIFFÉRENCES

Niveau 1

Objectif : *cet exercice sollicite les capacités d'attention, d'analyse, de mémoire visuo-spatiale et de mémoire verbale. En effet, il convient de mémoriser les formes, les couleurs et l'emplacement des objets, ce qui est plus facile si l'on peut donner un nom à chacun.*

1. Observez attentivement la scène qui vous est présentée. Mémorisez bien la forme, la place et la couleur des différents objets qui la constituent.
Ensuite, masquez l'image pour poursuivre l'exercice.

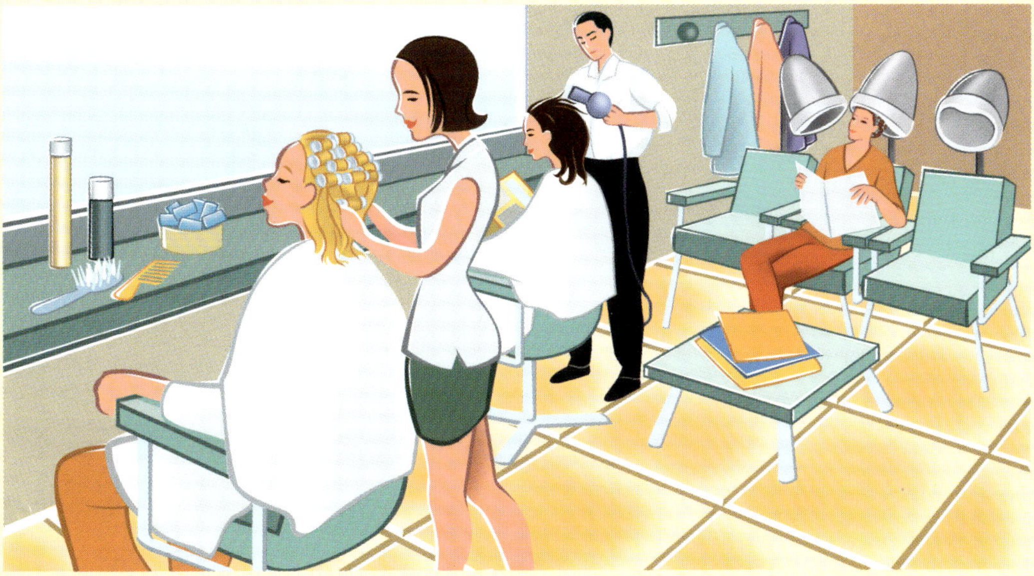

2. À présent, trouvez les **6** différences existant entre cette scène et celle que vous avez mémorisée. Les éléments ont pu être modifiés, déplacés, enlevés...

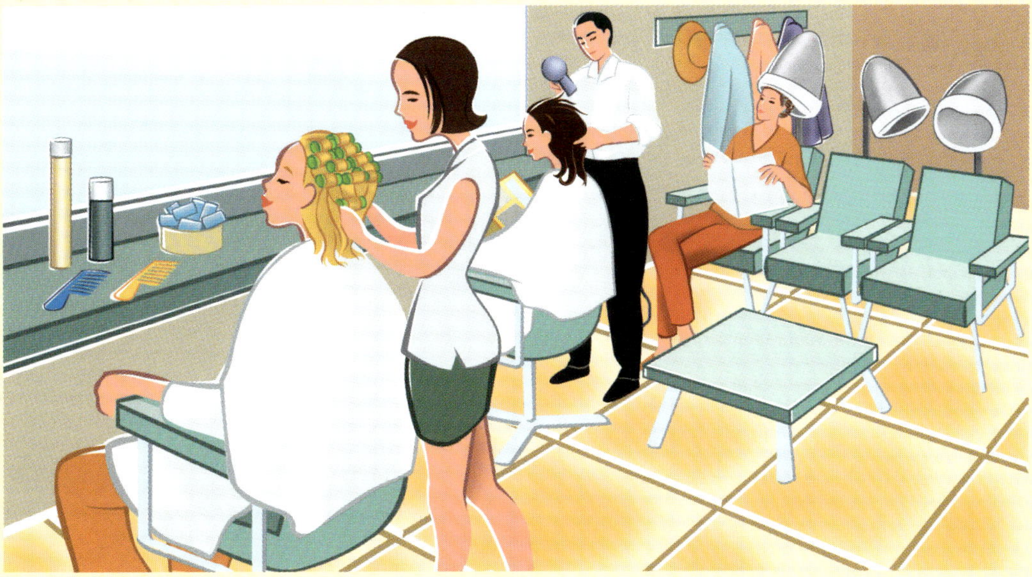

Solution p. 280

26 L'IMAGE MANQUANTE

Objectif : *cet exercice fait appel aux capacités d'analyse et de mémorisation visuelles.*

1. Observez attentivement et mémorisez cette série d'images. Ensuite, masquez-la pour poursuivre l'exercice.

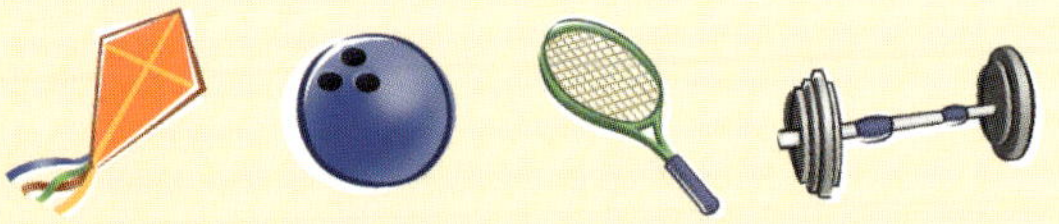

À présent, pouvez-vous retrouver l'élément qui complète la série précédemment mémorisée parmi les 4 propositions ci-contre ?

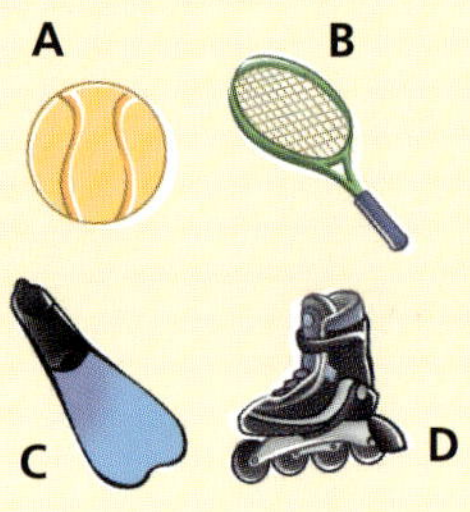

2. Observez attentivement et mémorisez cette série d'images. Ensuite, masquez-la pour poursuivre l'exercice.

À présent, pouvez-vous retrouver l'élément qui complète la série précédemment mémorisée parmi les 4 propositions ci-contre ?

3. Observez attentivement et mémorisez cette série d'images. Ensuite, masquez-la pour poursuivre l'exercice.

À présent, pouvez-vous retrouver l'élément qui complète la série précédemment mémorisée parmi les 4 propositions ci-contre ?

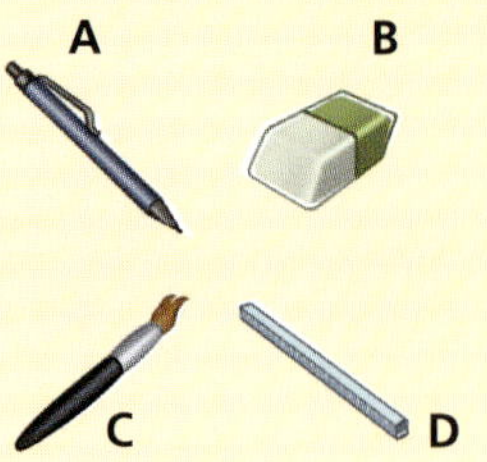

27 HISTOIRE EN VRAC

Niveau 1

Objectif : *cet exercice, qui nécessite de l'attention, sollicite les capacités de raisonnement, de planification, de stratégie et d'imagerie mentale.*

Remettez dans l'ordre les 8 vignettes qui vous sont proposées afin de construire une petite histoire cohérente.

1

2

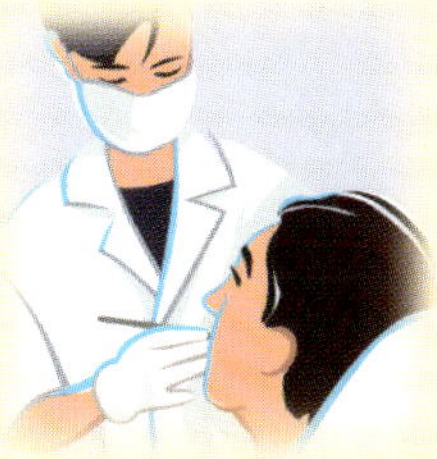

3

4

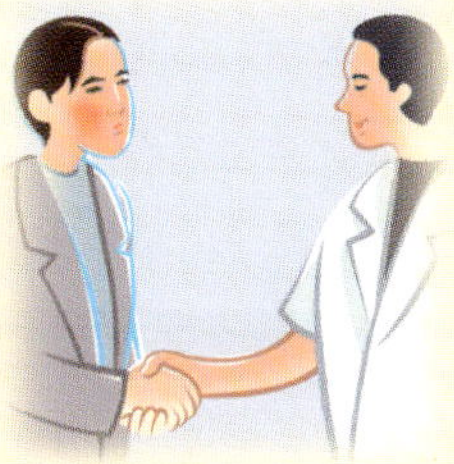

5

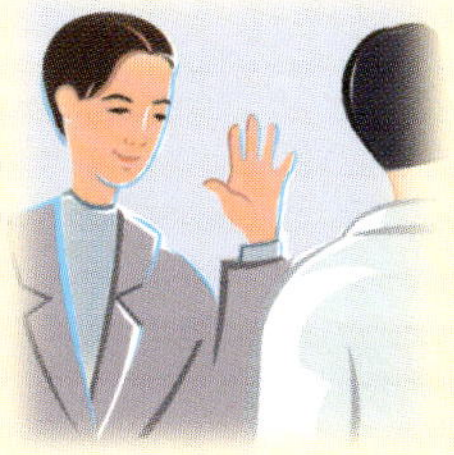

6

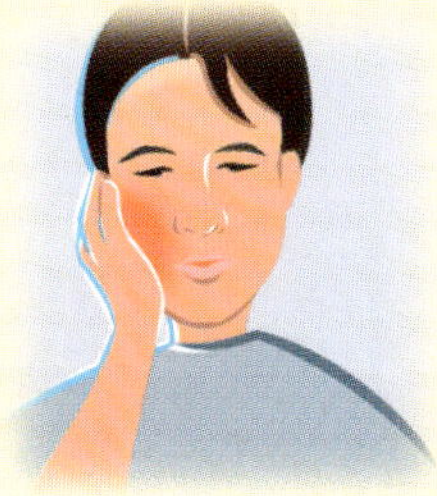

7

8

Solution p. 280

28 LECTURE APPLIQUÉE

Objectif : *cet exercice met fortement la mémoire et l'attention à contribution. Pour le réussir, il convient en effet non seulement de lire attentivement le texte mais aussi d'en retenir autant de détails que possible. Cet exercice fait également bien travailler la compréhension de texte.*

1. Lisez attentivement le texte suivant puis masquez-le pour poursuivre l'exercice.

Croisière sur le Nil
L'an dernier, Guillaume et Juliette sont allés en Égypte pour leur voyage de noces. Pendant une semaine, ils ont découvert le pays au fil du Nil, à bord d'un luxueux paquebot de quatre étages. Ils ont été particulièrement impressionnés par la Vallée des Rois, où se trouvent les tombes des pharaons. Malheureusement, Juliette a un peu souffert de la chaleur étouffante du pays.

2. À présent que vous avez masqué le texte, répondez aux 4 questions suivantes :

– À quelle occasion Guillaume et Juliette sont-ils allés en Égypte ?
– Combien d'étages le paquebot comportait-il ?
– Par quoi les jeunes mariés ont-ils été particulièrement impressionnés ?
– De quoi Juliette a-t-elle souffert ?

29 RETROUVEZ LES DRAPEAUX

Objectif : *cet exercice sollicite*
- *la mémoire visuelle ;*
- *l'exploration spatiale ;*
- *la concentration visuelle.*

Observez attentivement les couleurs et les motifs du drapeau suivant.
Ensuite, masquez-le pour poursuivre l'exercice.

À présent que vous avez masqué le drapeau, reconstituez-le avec les éléments proposés :

1. Choisissez les couleurs.

2. Choisissez le motif.

30 LE MOT CACHÉ

Objectif : *cet exercice est complexe, car il sollicite simultanément plusieurs facultés :*
- *raisonnement par la recherche et l'association de paires consonne-voyelle ;*
- *exploration visuelle rapide ;*
- *mémoire sémantique (mémoire des mots).*

Trouvez le mot de 7 lettres qui se cache dans chaque grille. Les lettres du mot sont contiguës mais ne peuvent se suivre en diagonale.

Indice : les 2 premières lettres du mot à trouver sont inscrites en caractères gras.

V	S	E	R
I	L	T	U
T	**U**	**C**	A
T	E	N	N

S	O	N	**P**
A	C	J	**A**
S	S	E	R
E	C	H	N

H	C	O	T
E	T	C	G
M	C	**A**	E
M	U	**S**	S

Solution p. 280

31 QUI EST-CE ?

Niveau 1

Objectif : *dans cet exercice, votre mémoire sémantique, contenant vos connaissances sur le monde, sera mise à l'épreuve, ainsi que vos capacités de raisonnement par déduction.*

Trouvez à quelle personnalité se rapporte chaque affirmation.

1. Reine française d'origine autrichienne, enfermée au Temple puis à la Conciergerie après la mort de mon mari, je meurs guillotinée en 1793 par les révolutionnaires.
Qui suis-je ? **A.** Marie de Médicis **B.** Marie-Antoinette **C.** Marguerite de Navarre

2. Peintre, graveur et sculpteur espagnol aux moustaches pointues, maître du surréalisme, j'ai représenté des montres molles qui ont fait le tour du monde.
Qui suis-je ? **A.** Pablo Picasso **B.** Francisco de Goya **C.** Salvador Dalí

3. Chimiste et biologiste français du XIXe siècle, j'ai travaillé sur les maladies infectieuses avant d'acquérir la célébrité grâce à mon vaccin contre la rage, un institut de recherche porte aujourd'hui mon nom.
Qui suis-je ? **A.** Pierre Curie **B.** Nicolas Copernic **C.** Louis Pasteur

Conseil : si vous connaissez mal un thème, ne vous formalisez pas ! Découvrez les réponses page 280 et refaites l'exercice dans une semaine pour évaluer vos progrès.

32 RANGEZ VOS LIVRES

Objectif : *cet exercice fait appel à la mémoire épisodique, car il oblige à retenir les étapes du jeu, et à la mémoire procédurale stratégique (on procède par analogies avec des stratégies comparables déjà utilisées).*

Trouvez le nombre minimal de déplacements de livres nécessaires pour passer de la configuration **A** à la configuration **B**, sachant que :
- vous ne pouvez pas placer un livre sur un livre plus petit ;
- vous ne pouvez déplacer qu'un seul livre à la fois.

A

B

Solution p. 280

33 TESTEZ VOTRE VOCABULAIRE

Objectif : *cet exercice fait travailler la mémoire sémantique du langage dans un cadre catégoriel. En effet, il fait appel au stock de vocabulaire que chacun possède et oblige à mettre en œuvre des processus de tri par catégories.*

Trouvez 4 noms (au minimum) commençant par la lettre **C** pour chacune des 4 catégories indiquées.

OISEAUX	OBJETS	PARTIES DU CORPS	ARBRES
C..........	C..........	C..........	C..........
C..........	C..........	C..........	C..........
C..........	C..........	C..........	C..........
C..........	C..........	C..........	C..........

Conseil : si vous connaissez mal un thème, ne vous formalisez pas ! Découvrez les propositions de réponse page 280 et refaites l'exercice dans une semaine pour évaluer vos progrès.

34 L'ANAGRAMME INTRUS

Objectif : *cet exercice demande de bonnes capacités de raisonnement pour la résolution des anagrammes. Il fait également travailler la mémoire sémantique puisqu'il implique d'aller puiser dans le stock de vocabulaire que l'on possède. Enfin, il fait appel aux capacités de catégorisation : il convient de déterminer à quelle catégorie appartient chaque série de mots pour détecter l'intrus, c'est-à-dire le mot qui appartient à une autre catégorie.*

Résolvez chaque série d'anagrammes puis déterminez quel est l'intrus qui se cache dans chacune. Justifiez votre réponse.

lanunarie — loiter — xiden — jamure

1. Les anagrammes : ....
L'intrus est : ....

plame — trules — piplaque — dairue

2. Les anagrammes : ....
L'intrus est : ....

gonnamet — cloinel — aconé — denu

3. Les anagrammes : ....
L'intrus est : ....

chatroi — toble — gloirel — pèce

4. Les anagrammes : ....
L'intrus est : ....

clabyme — tabromu — voloin — mibalet

5. Les anagrammes : ....
L'intrus est : ....

Solution p. 280

35 EN TOUTE LOGIQUE

Niveau 1

Objectif : *cet exercice fait appel au raisonnement et à la mémoire épisodique (puisqu'il faut retenir les étapes précédentes du raisonnement).*

Lisez attentivement le texte suivant, puis répondez aux questions.

> Fâchée de ne pas avoir été invitée, Eris (déesse de la Discorde) fait son apparition à des noces auxquelles tous les autres dieux de l'Olympe assistent et jette sur la table une pomme en or, qui porte la mention « à la plus belle ». Trois déesses revendiquent alors ce titre. Pour résoudre le litige, Zeus nomme comme arbitre Pâris, qui se voit offrir une récompense par chacune des trois déesses au cas où elle l'emporterait : Héra lui propose le gouvernement de l'Asie ; Athène, de vaincre toujours au combat ; et Aphrodite, l'amour de la plus belle femme au monde. Pâris choisit l'amour et, à l'aide d'Aphrodite, enlèvera la belle Hélène, épouse du roi grec Ménélas. C'est le début de la guerre de Troie.

1. Quelle déesse a remporté la compétition de beauté ?
2. Qui est l'arbitre de cette compétition ?
3. Qui est Hélène ?

Solution p. 281

36 BIENVENUE À PARIS – ÉTAPE 1

Objectif : *cet exercice de mémorisation d'un itinéraire fait travailler la visualisation des informations verbales (lire les noms de rues) et la verbalisation des informations visuelles (l'orientation et la succession des rues qui constituent le parcours).*

Observez attentivement le plan ci-dessous et mémorisez le parcours qui vous mènera du point **A** au point **B**.
Puis tournez la page pour passer à l'étape suivante.

36 BIENVENUE À PARIS – ÉTAPE 2

Retracez le parcours mémorisé à l'étape 1 en vous aidant des noms et de l'orientation des rues.

37 FIN DE SÉRIE

Objectif : *cet exercice fait appel à la mémoire sémantique et à la mémoire verbale.*

La fin de ces proverbes bien connus a été effacée. Retrouvez le mot qui les complète.

1. Deux avis valent mieux ...

2. Au royaume des aveugles, les borgnes sont ...

3. Mieux vaut tard que ...

4. Il faut battre le fer pendant qu'il est ...

5. La fortune vient en ...

6. Tous les goûts sont dans la ...

7. Qui s'y frotte s'y ...

8. Aux grands maux les grands ...

9. À cœur vaillant rien d'...

10. Le chat parti , les souris...

11. Chose promise, chose...

12. L'argent n'a pas d'...

13. La nuit porte...

14. Mettre la charrue avant les ...

15. Tel père , tel...

16. À l'impossible nul n'est....

Solution p. 281

38 LE BON MOTIF

Niveau 1

Objectif : *cet exercice fait travailler votre mémoire visuelle et votre attention.*

1. Observez attentivement la figure suivante, puis masquez-la pour poursuivre l'exercice

2. Parmi les quatre figures ci-dessous, quelle est celle que vous venez de mémoriser ?

A

B

C

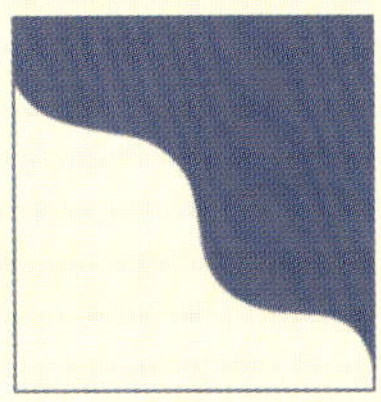

D

Solution p. 281

39 TROP, C'EST TROP !

Objectif : *cet exercice fait travailler la mémoire sémantique et la logique.*

Le terme pléonasme désigne une répétition de mots dont le sens est identique, comme « monter en haut » ! Très courants dans le langage oral familier, les pléonasmes sont souvent considérés comme une faute de style à l'écrit…

Débusquez les 9 pléonasmes qui se sont cachés dans le texte suivant.

Adèle et Agathe sont deux sœurs. C'est sans doute la raison pour laquelle elles partagent de nombreux traits communs. Ainsi, elles n'aiment pas les décisions spontanées prises à l'improviste, mais prévoient toujours bien à l'avance ce qu'elles vont faire dans trois semaines. Comme ça, il n'y a jamais de hasard imprévu. Ce dimanche matin, vers 10 heures Adèle se lève debout et descend en bas dans la cuisine préparer le petit déjeuner, puis elle remonte avec le café et les croissants. « Dépêche-toi vite de manger, il faut qu'on passe encore au marché avant d'aller chez tante Eulalie », rappelle Adèle à Agathe. À midi les deux sœurs doivent en effet se rendre à un grand repas pour commémorer l'anniversaire de leur tante Eulalie.

Solution p. 281

40 LE LABYRINTHE

Objectif : *le jeu du labyrinthe fait travailler la mémoire visuo-spatiale et l'attention, particulièrement lorsque les motifs qui le constituent sont répétitifs.*

Lancez-vous dans les méandres de ce labyrinthe et sortez-en le plus rapidement possible.

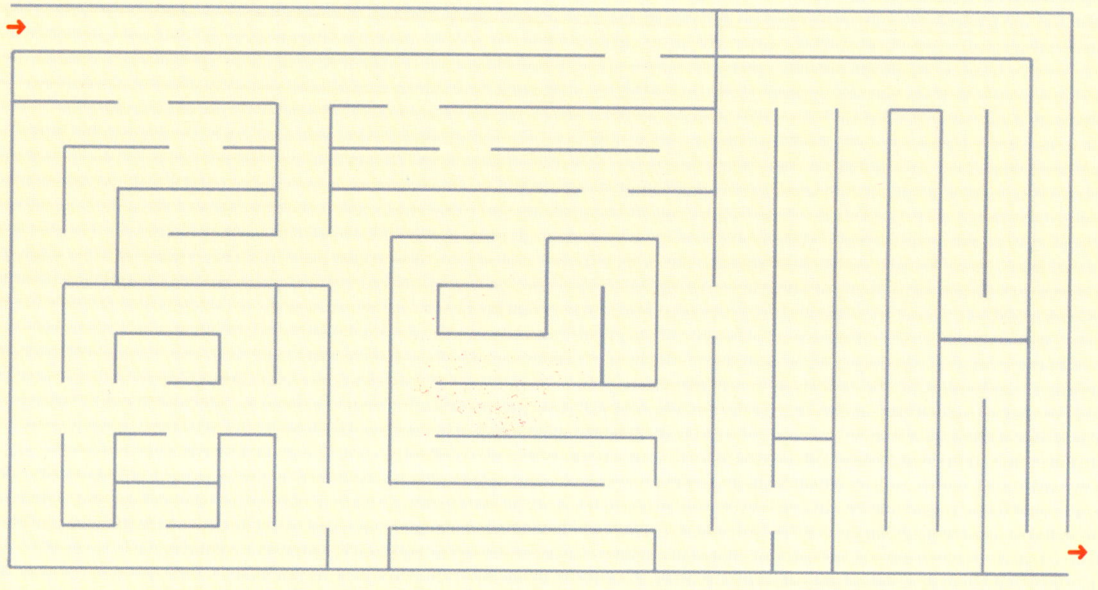

Solution p. 281

41 RETROUVEZ LES MOTS JUSTES

Objectif : *cet exercice fait travailler la mémoire sémantique et verbale.*

1. Lisez attentivement le texte suivant, puis masquez-le pour poursuivre l'exercice.

Une strophe extraite du poème « Les Djinns » de Victor Hugo (1802-1885), *Les Orientales* (1829).

Ce bruit vague
Qui s'endort,
C'est la vague
Sur le bord ;
C'est la plainte
Presque éteinte
D'une sainte
Pour un mort.

2. À présent, retrouvez les mots qui ont disparu.

Ce ...... vague
Qui s'.......
C'est la vague
Sur le bord ;
C'est la ....
.... éteinte
D'une sainte
Pour un mort.

42 LA MÉMOIRE EN MIROIR

Niveau 1

Objectif : *cet exercice fait travailler la mémoire visuo-spatiale et les capacités de rotation mentale.*

Observez attentivement la figure de gauche en mémorisant sa forme et sa surface au carreau près. Puis masquez la figure et, à droite, tentez de reproduire son image « en miroir » en respectant l'axe de symétrie.

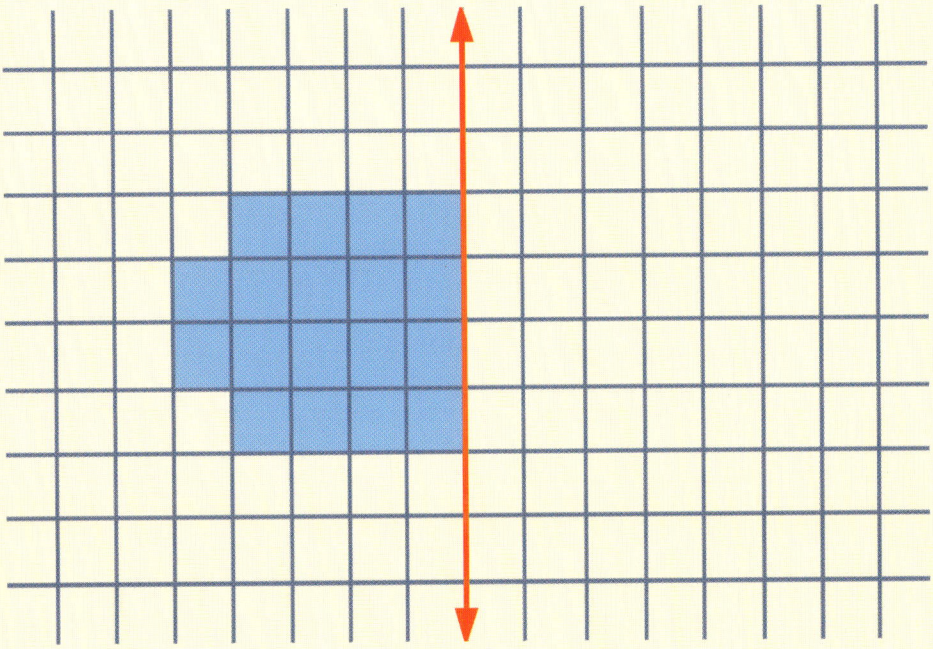

43 EN TOUTE LOGIQUE

Objectif : *cet exercice fait appel à la mémoire épisodique (puisqu'il faut retenir les étapes précédentes du raisonnement).*

Lisez attentivement le texte suivant, puis répondez aux questions. Ne masquez pas le texte.

> Au VIIe siècle av. J.-C., les villes de Rome et d'Albe s'affrontent. Un combat singulier décidera du sort des deux camps : trois Romains, les Horaces, combattront trois Albains, les Curiaces… Mais Horace, le héros de la pièce, est marié à Sabine, albaine et sœur de Curiace, tandis que Camille, la sœur d'Horace, est fiancée à Curiace : situation éminemment tragique.

Difficile de s'y retrouver ? Quelles sont les propositions qui vous semblent correctes ?

1. Sabine est l'épouse de Curiace et la sœur d'Horace.
2. Horace est le héros des Romains.
3. Camille est la fiancée d'Horace et la sœur de Curiace.
4. Curiace est le héros des Albains.

Solution p. 281

44 GÉNÉALOGIE EN HERBE

Objectif : *cet exercice fait travailler la mémoire des prénoms et la logique des liens familiaux.*

Les arbres généalogiques permettent de figurer de façon simple les liens de parenté d'une famille. Sur le type d'arbre présenté dans cet exercice, les liens familiaux sont représentés par :

- un trait vertical pour le lien parent-enfant ;
- un trait horizontal pour le lien frère-sœur ;
- un X pour le lien conjugal.

1. Observez et mémorisez cet arbre généalogique, puis masquez-le pour poursuivre l'exercice.

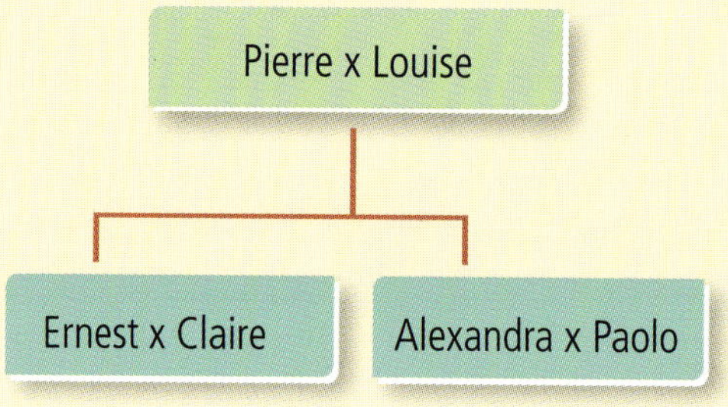

2. À présent que vous avez masqué l'arbre, pouvez-vous dire si les affirmations suivantes sont vraies ou fausses ?

A. Pierre et Louise ont eu 4 enfants.
B. Claire est la femme de Paolo.
C. Paolo est le beau-frère d'Ernest.
D. Ernest est le frère d'Alexandra.

Solution p. 281

45 RETROUVEZ LES MOTS JUSTES

Objectif : *cet exercice fait travailler la mémoire sémantique et lexicale.*

1. Lisez attentivement le texte suivant, puis masquez-le pour poursuivre l'exercice.

Dans *L'Hiver sous la table* on trouve l'univers dada surréaliste de Roland Topor, décédé en 1997. Pour assurer ses fins de mois, une traductrice loue le dessous de sa table à un immigré juif polonais. Les relations entre l'homme et sa logeuse s'avèrent étranges, sans parler de la promiscuité.
Topor a développé à travers l'anachronisme du style un humour décapant fondé sur le fantasme et l'absurde.

2. À présent, retrouvez les mots qui ont disparu.

Dans *L'Hiver sous la table* on trouve l'univers …… ……………… de Roland Topor, décédé en 1997. Pour assurer ses fins de mois, une traductrice loue le dessous de sa table à un immigré …… ……….. Les relations entre l'homme et sa logeuse s'avèrent étranges, sans parler de … ……………
Topor a développé à travers l'…………. du style un humour décapant fondé sur le fantasme et l'absurde.

46 TROP, C'EST TROP !

Niveau 1

Objectif : *cet exercice fait travailler la mémoire sémantique et la logique.*

Le terme pléonasme désigne une répétition de mots dont le sens est identique, comme « monter en haut » ! Très courants dans le langage oral familier, les pléonasmes sont souvent considérés comme une faute de style à l'écrit…

Débusquez les 8 pléonasmes qui se sont cachés dans le texte suivant.

Cette nouvelle bibliothèque livresque, ouverte depuis peu près de chez elle ravit Élise. Elle allait enfin pouvoir achever le déchiffrement lent et laborieux de ce manuscrit grec sans être obligée de traverser Paris d'un côté à l'autre… Elle vit d'un coup d'œil à sa droite une rangée de dictionnaires bien alignée, en choisit un et s'assit sur une chaise. Après avoir rapidement parcouru des yeux plusieurs lignes, elle comprit les diverses erreurs qui avaient faussé sa traduction. Elle s'appliquait méticuleusement à écrire bien chaque nouvelle définition, penchée en avant sur le livre.

Solution p. 281

47 LE BESTIAIRE – ÉTAPE 1

Objectif : *cet exercice fait travailler la mémoire visuelle et lexicale.*

Observez attentivement les félins suivants et mémorisez leurs noms, puis tournez la page pour poursuivre l'exercice.

47 LE BESTIAIRE – ÉTAPE 2

Retrouvez le nom des félins mémorisés à la page précédente dans la liste proposée.

A. Jaguar
B. Serval
C. Léopard
D. Ocelot
E. Guépard

48 LA MÉMOIRE EN MIROIR

Objectif : *cet exercice fait travailler la mémoire visuo-spatiale et les capacités de rotation mentale.*

Observez attentivement la figure de gauche en mémorisant sa forme et sa surface au carreau près. Puis masquez la figure et, à droite, tentez de reproduire son image « en miroir » en respectant l'axe de symétrie.

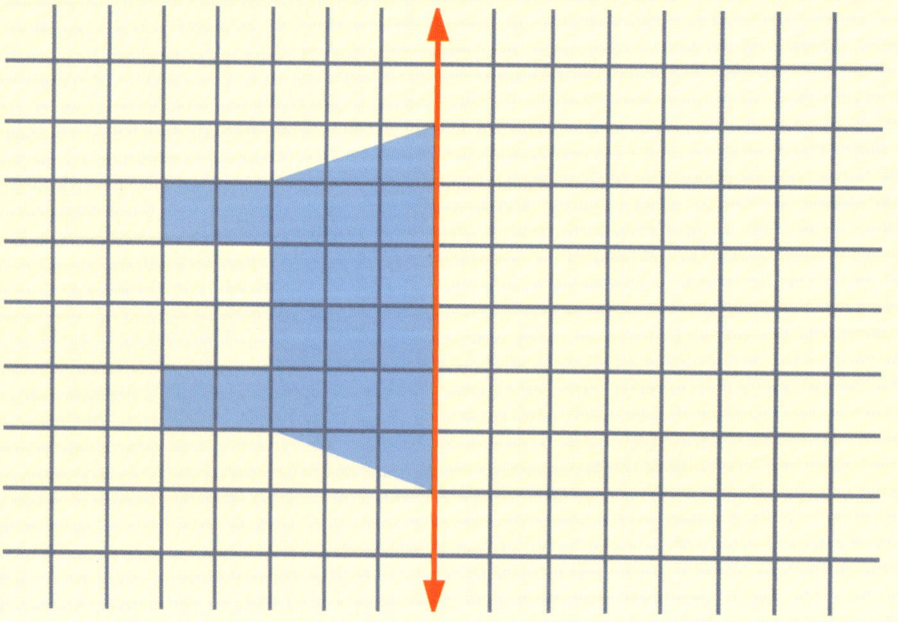

49 FIN DE SÉRIE

Niveau 1

Objectif : *cet exercice fait appel au raisonnement et à la mémoire épisodique (puisqu'il faut retenir les étapes précédentes du raisonnement), à la mémoire sémantique et à la mémoire verbale.*

Regardez attentivement les séries de mots suivantes. Vous devez ensuite préciser si le dernier mot proposé s'y intègre bien. Il peut, par exemple, posséder les mêmes caractéristiques que les autres ou partager un même groupe de lettres.

1.	Circonscription	discriminer	décrisper	proscrire	cristal	*sacrifice ?*
2.	Gazon	épinards	jade	absinthe	pré	*saphir ?*
3.	Bimensuel	trisaïeul	spaghetti	tendresse	transiger	*réfrigérateur ?*
4.	Chocolat	lunettes	café	nuit	marée	*tableau ?*

Solution p. 281

50 BIENVENUE À LYON – ÉTAPE 1

Objectif : *cet exercice de mémorisation d'un itinéraire fait travailler la visualisation des informations verbales (lire les noms de rues) et la verbalisation des informations visuelles (l'orientation et la succession des rues qui constituent le parcours).*

Observez attentivement le plan ci-dessous et mémorisez le parcours qui vous mènera du point **A** au point **B**.
Puis tournez la page pour passer à l'étape suivante.

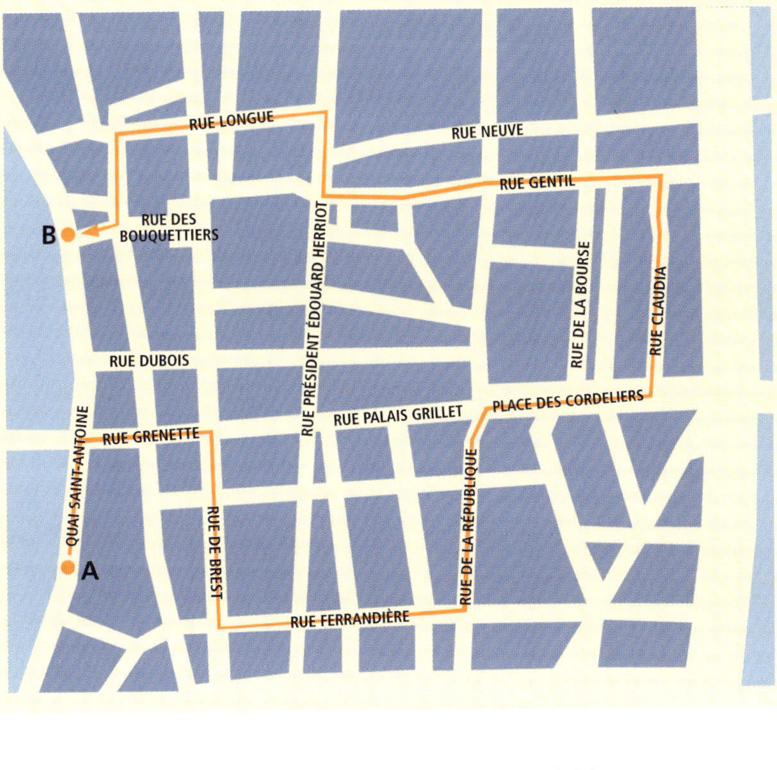

50 BIENVENUE À LYON – ÉTAPE 2

Retracez le parcours mémorisé à l'étape 1 en vous aidant des noms et de l'orientation des rues.

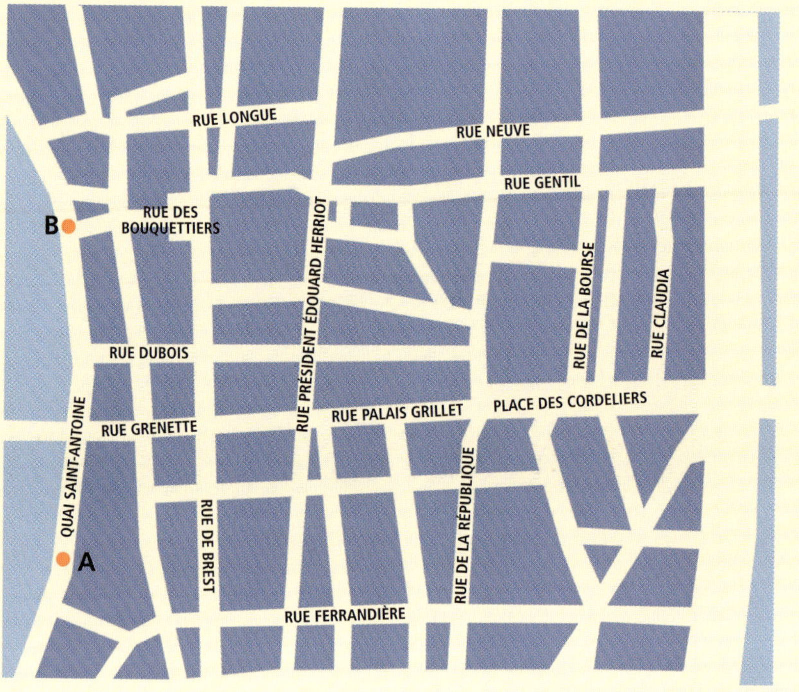

51 LE BON MOTIF

Objectif : *cet exercice fait travailler votre mémoire visuelle et votre attention.*

1. Observez attentivement la figure suivante, puis masquez-la pour poursuivre l'exercice.

2. Parmi les quatre figures ci-dessous, quelle est celle que vous venez de mémoriser ?

A

B

C

D

Solution p. 281

À vous de jouer

niveau 2

51 EXERCICES
pages 214 à 244

1 TROUVEZ LES DIFFÉRENCES

Objectif : *cet exercice sollicite les capacités d'attention, d'analyse, de mémoire visuo-spatiale et de mémoire verbale. En effet, il convient de mémoriser les formes, les couleurs et l'emplacement des objets, ce qui est plus facile si l'on peut donner un nom à chacun.*

1. Observez attentivement la scène qui vous est présentée. Mémorisez bien la forme, la place et la couleur des différents objets qui la constituent. Ensuite, masquez l'image pour poursuivre l'exercice.

2. À présent, trouvez les 8 différences entre cette scène et celle que vous avez mémorisée.
Les éléments ont pu être modifiés, déplacés, enlevés...

Solution p. 281

Niveau 2

2 RETROUVEZ LES DRAPEAUX

Objectif : *cet exercice sollicite*
- *la mémoire visuelle ;*
- *l'exploration spatiale ;*
- *la concentration visuelle.*

Observez attentivement les couleurs et les motifs du drapeau suivant.
Ensuite, masquez-le pour poursuivre l'exercice.

À présent que vous avez masqué le drapeau, reconstituez-le avec les éléments proposés :

1. Choisissez les couleurs.

2. Choisissez le motif.

3 TESTEZ VOTRE VOCABULAIRE

Objectif : *faire travailler la mémoire sémantique du langage dans un cadre catégoriel.*

Trouvez 6 noms (au minimum) commençant par la lettre **B** pour chacune des 4 catégories indiquées.
Pour la catégorie Hommes politiques, citez seulement des noms de famille.

Villes d'Europe	**Vêtements**	**Sports et loisirs**	**Hommes politiques**
B..........................	B..........................	B..........................	B..........................
B..........................	B..........................	B..........................	B..........................
B..........................	B..........................	B..........................	B..........................
B..........................	B..........................	B..........................	B..........................
B..........................	B..........................	B..........................	B..........................
B..........................	B..........................	B..........................	B..........................

Conseil : si vous connaissez mal un thème, ne vous formalisez pas ! Découvrez les propositions de réponse page 281 et refaites l'exercice dans une semaine pour évaluer vos progrès.

4 LES DÉS SONT JETÉS

Objectif : *l'intérêt de cet exercice réside dans le fait qu'il sollicite à la fois la mémoire et les capacités d'imagerie mentale (rotation mentale).*

1. Observez attentivement les différentes faces de ce cube étalé. Mémorisez les figures et leurs positions. Ensuite, masquez l'image pour poursuivre l'exercice.

2. À présent, replacez les éléments dont vous disposez sur les faces du cube. Pour vous aider, un élément a déjà été placé. Attention, le cube a été tourné !

5 LECTURE APPLIQUÉE

Objectif : *travailler la mémoire, l'attention et la compréhension de texte.*

1. Lisez attentivement le texte suivant puis masquez-le pour poursuivre l'exercice.

En route vers la victoire
La partie de tennis s'éternisait. La lassitude commençait à se lire sur le visage des deux joueurs épuisés. Les spectateurs eux-mêmes attendaient avec impatience l'issue de ce match extrêmement serré. Dans un dernier effort, le Croate réussit à marquer un point décisif. Soulagé et ravi d'être qualifié pour la finale du tournoi, il brandit fièrement sa raquette en signe de victoire, avant de la laisser tomber sur la terre battue et de s'écrouler sur le sol, sous un tonnerre d'applaudissements bien mérités.

2. À présent que vous avez masqué le texte, répondez aux 5 questions suivantes :

- Quel sport les deux joueurs pratiquent-ils ?
- Que pouvait-on lire sur leurs visages ?
- Quelle est la nationalité du vainqueur ?
- Pour quel match le vainqueur est-il qualifié ?
- Que fit le joueur en signe de victoire ?

6 CHERCHEZ L'INTRUS

Niveau 2

Objectif : *cet exercice fait travailler*
- *la mémoire de travail visuelle et spatiale ;*
- *l'attention ;*
- *la capacité à résister aux éléments interférents ;*
- *la reconnaissance de formes.*

Trouvez l'intrus qui se cache au sein de chaque série de figures.

1.

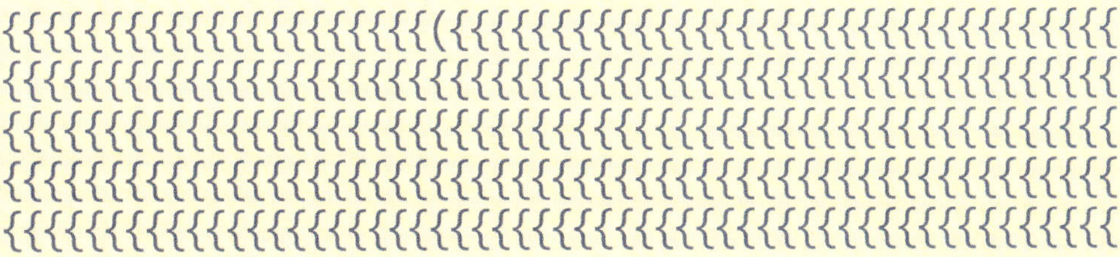

2.

3.

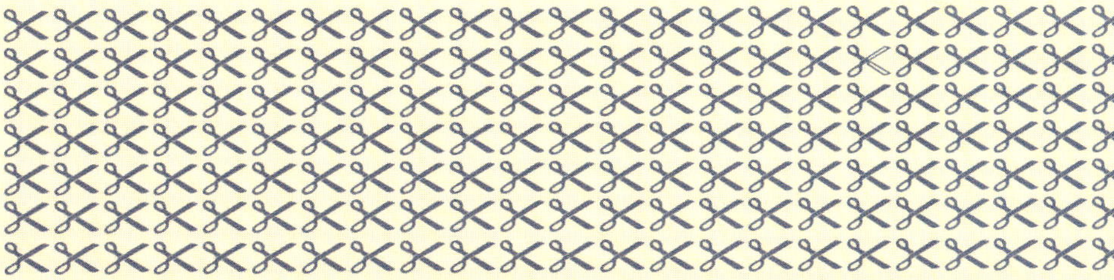

4.

Solution p. 282

7 LE MOT CACHÉ

Objectif : *cet exercice est complexe, car il sollicite simultanément plusieurs facultés :*
- *raisonnement par la recherche et l'association de paires consonne-voyelle ;*
- *exploration visuelle rapide ;*
- *mémoire sémantique (mémoire des mots).*

Trouvez le mot de 7 lettres qui se cache dans chaque grille. Les lettres du mot sont contiguës mais ne peuvent se suivre en diagonale.

1. Indice : le mot appartient au thème **jouets**

T	L	P	E
R	E	P	H
I	L	U	C
S	S	A	R

1. ....

2. Indice : le mot appartient au thème **couleurs**

M	T	L	E
A	U	B	N
G	R	I	V
E	N	T	A

2. ....

3. Indice : le mot appartient au thème **météo**

S	A	C	R
S	L	G	N
E	D	R	E
F	I	C	V

3. ....

Solution p. 282

8 HISTOIRE EN VRAC

Objectif : *cet exercice, qui nécessite d'être attentif, sollicite les capacités de raisonnement, de planification, de stratégie et d'imagerie mentale.*

Remettez dans l'ordre les 8 vignettes afin de construire une petite histoire cohérente.

1

2

3

4

5

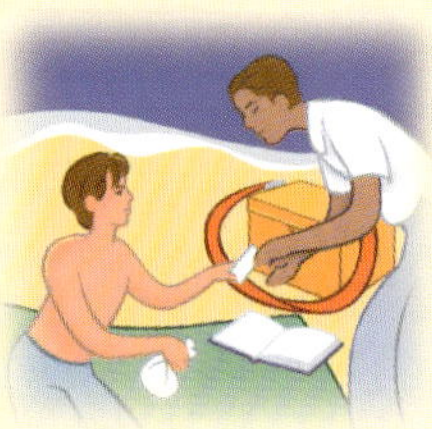
6

7

8

Solution p. 282

9 AU SUPERMARCHÉ

Niveau 2

Objectif : *cet exercice fait travailler les aspects verbaux et visuels de la mémoire. Il s'agit en effet d'apprendre une certaine quantité d'informations nouvelles organisées en trois groupes puis de les restituer immédiatement.*

1. Mémorisez les contenus des trois Caddies. Ensuite, masquez l'image pour poursuivre l'exercice.

2. À présent que vous avez masqué l'image, pouvez-vous reconstituer les courses des trois clientes grâce aux produits figurant sur le ticket de caisse ?

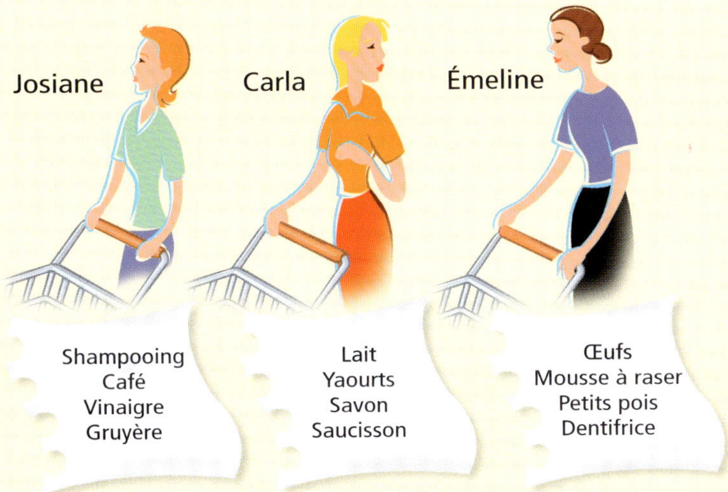

SUPERMARKET

Savon
Petits pois
Shampooing
Gruyère
Saucisson
Lait
Dentifrice
Mousse à raser
Café
Yaourts
Œufs
Vinaigre

10 TROUVEZ LES FAUTES

Objectif : *détecter des fautes orthographiques ou grammaticales dans un texte en mobilisant ses connaissances du langage et son attention.*

1. Lisez attentivement ce texte puis masquez-le pour poursuivre l'exercice.

Repas de noces
Le service fourni par le traiteur a été irréprochable. Avec les amuse-gueule traditionnels, il proposait des cassolettes de fruits de mer de son cru, que les convives ont fort appréciées. Un somptueux buffet de hors-d'œuvre s'en est suivi, composé de mets raffinés aussi attrayants à l'œil qu'au palais. Le cuissot de chevreuil flambé à l'armagnac, qui constituait le plat principal du dîner, a remporté un franc succès, à l'instar des profiteroles au chocolat qui clôturaient harmonieusement le repas de noces.

2. Trouvez les 10 fautes qui se sont glissées dans le texte.

Repas de noces
Le service fourni par le traiteur a été irréépprochable. Avec les amuses-gueules traditionnels, il proposait des cassollettes de fruits de mer de son crû, que les convives ont fort apprécié. Un somptueux buffet de hors d'œuvre s'en est suivi, composé de mets rafinés aussi attrayants à l'œil qu'au palais. Le cuisseau de chevreuil flambé à l'armagnac, qui constituait le plat principal du dîner, a remporté un franc succès, à l'instard des profiteroles au chocolat qui cloturaient harmonieusement le repas de noces.

Solution p. 282

11 LES BONNES ASSOCIATIONS

Objectif : *cet exercice fait appel à vos connaissances culturelles. Il s'agit non seulement de tester vos souvenirs sur des sujets que vous connaissez bien, mais aussi d'enrichir vos connaissances dans des thèmes moins familiers pour vous. Il demande aussi une bonne mémoire de travail visuo-spatiale.*

1. Associez chaque monnaie à un pays.

leu | Roumanie
baht | dinar
Argentine | Israël
peso | shekel
Algérie | Thaïlande

2. Associez chaque écrivain français à un pseudonyme.

Aurore Dupin | Jean-Baptiste Poquelin
Stendhal | Voltaire
François Marie Arouet | San Antonio
Henri Beyle | George Sand
Frédéric Dard | Molière

3. Associez chaque vêtement à un pays.

sari | djellaba
sarong | Thaïlande
poncho | paréo
Tahiti | Inde
Maroc | Pérou

4. Associez chaque cri à un animal.

brame | mugissement
éléphant | bœuf
coassement | croassement
corbeau | grenouille
cerf | barrissement

Conseil : si vous connaissez mal un thème, ne vous formalisez pas ! Découvrez les réponses page 282 et refaites l'exercice dans une semaine pour évaluer vos progrès.

12 RANGEZ VOS LIVRES

Niveau 2

Objectif : *cet exercice de résolution de problème fait appel à la mémoire épisodique, car il oblige à retenir les étapes du jeu, et à la mémoire procédurale stratégique (on procède par analogies avec des stratégies comparables déjà utilisées).*

Trouvez le nombre minimal de déplacements de livres nécessaires pour passer de la configuration **A** à la configuration **B**, sachant que :
- vous ne pouvez pas placer un livre sur un livre plus petit ;
- vous ne pouvez déplacer qu'un seul livre à la fois.

A

B

Solution p. 282

13 MÉLI-MÉLO POÉTIQUE

Objectif : *travailler la compréhension, la logique de l'organisation du poème, le sens poétique et mettre à contribution la mémoire de travail verbale.*

1. Voici un extrait de poésie dont les 6 vers ont été mélangés. Remettez-les dans le bon ordre en vous aidant des rimes et de la ponctuation.
Indice : la structure des rimes est A A B C C B

Extrait de : *Les cerfs* d'Anatole France

- Les rivaux, les deux cerfs luttent dans les [halliers :
- Que le vent automnal emplit de longs [murmures,
- Les entraîna tous deux vers la biche odorante,
- Ils se frappent l'un l'autre à grands coups [d'andouillers.
- Depuis l'heure du soir où leur fureur errante
- Aux vapeurs du matin, sous les fauves ramures

2. Même consigne que précédemment.
Indice : la structure des rimes est A A B C C B

Extrait de : *À ma fille Adèle* de Victor Hugo

- Du mystérieux firmament.
- Ton pur sommeil était si calme et si charmant
- Tout enfant, tu dormais près de moi, rose et [fraîche,
- Que tu n'entendais pas l'oiseau chanter dans [l'ombre ;
- Comme un petit Jésus assoupi dans sa crèche ;
- Moi, pensif, j'aspirais toute la douceur sombre

Solution p. 282

14 LES DÉS SONT JETÉS

Objectif : *l'intérêt de cet exercice réside dans le fait qu'il sollicite à la fois la mémoire et les capacités d'imagerie mentale (rotation mentale).*

1. Observez attentivement les différentes faces de ce cube étalé. Mémorisez les figures et leur position. Ensuite, masquez l'image pour poursuivre l'exercice.

2. À présent, replacez les éléments dont vous disposez sur les faces du cube. Pour vous aider, un élément a déjà été placé. Attention, le cube a été tourné !

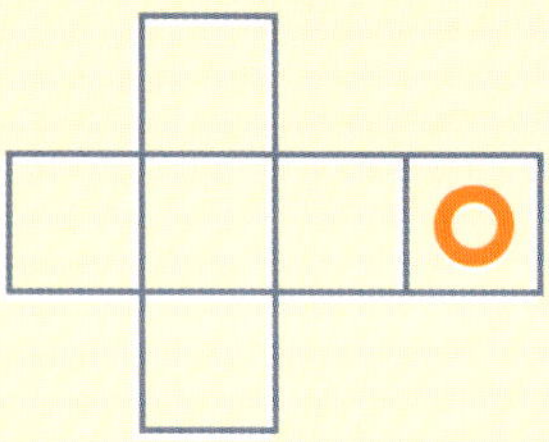

15 QUI EST-CE ?

Objectif : *mettre à l'épreuve la mémoire sémantique, et les capacités de raisonnement par déduction.*

Trouvez à quelle personnalité se rapporte chaque affirmation parmi les trois choix proposés.

1. Talentueuse navigatrice française, j'ai connu mes plus grands succès à bord de mon trimaran « Pierre-Ier » et je suis fière d'être la première femme à avoir remporté la Route du rhum.
Qui suis-je ? **A.** Ellen MacArthur **B.** Florence Arthaud **C.** Isabelle Autissier

2. Médecin français né en 1939, je suis cofondateur de Médecins sans frontières en 1979 puis de Médecins du monde l'année suivante, et ministre de la Santé et de l'Action humanitaire en 1992.
Qui suis-je ? **A.** Jean-Michel Dubernard **B.** Philippe Douste-Blazy **C.** Bernard Kouchner

3. Danseur et chorégraphe français né en 1924, directeur du Ballet de Marseille pendant 25 ans, j'ai créé plus de 50 ballets et revues, mettant souvent en scène mon épouse Zizi Jeanmaire.
Qui suis-je ? **A.** Roland Petit **B.** Maurice Béjart **C.** Rudolf Noureïev

4. Femme de lettres française née en 1908, je suis l'auteur de romans, d'essais et de récits biographiques dans lesquels j'expose mes thèses féministes et les idées politiques que je partageais avec Jean-Paul Sartre, mon compagnon.
Qui suis-je ? **A.** Simone de Beauvoir **B.** Marguerite Yourcenar **C.** Françoise Sagan

Conseil : si vous connaissez mal un thème, ne vous formalisez pas ! Découvrez les réponses page 282 et refaites l'exercice dans une semaine pour évaluer vos progrès.

16 L'IMAGE MANQUANTE

Niveau 2

Objectif : *cet exercice fait appel aux capacités d'analyse et de mémorisation visuelles.*

1. Observez attentivement et mémorisez cette série d'images.
Ensuite, masquez-la pour poursuivre l'exercice.

À présent, pouvez-vous retrouver l'élément qui complète la série précédemment mémorisée parmi les 4 propositions ci-contre ?

2. Observez attentivement et mémorisez cette série d'images.
Ensuite, masquez-la pour poursuivre l'exercice.

À présent, pouvez-vous retrouver l'élément qui complète la série précédemment mémorisée parmi les 4 propositions ci-contre ?

3. Observez attentivement et mémorisez cette série d'images.
Ensuite, masquez-la pour poursuivre l'exercice.

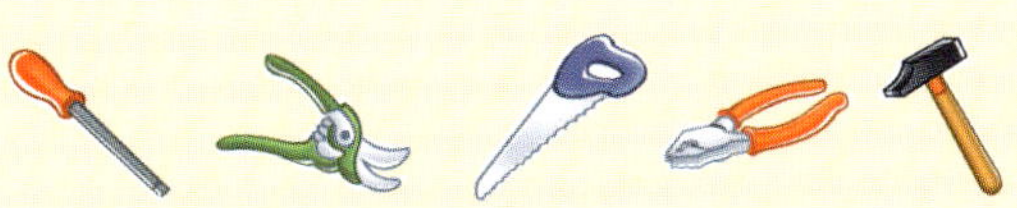

À présent, pouvez-vous retrouver l'élément qui complète la série précédemment mémorisée parmi les 4 propositions ci-contre ?

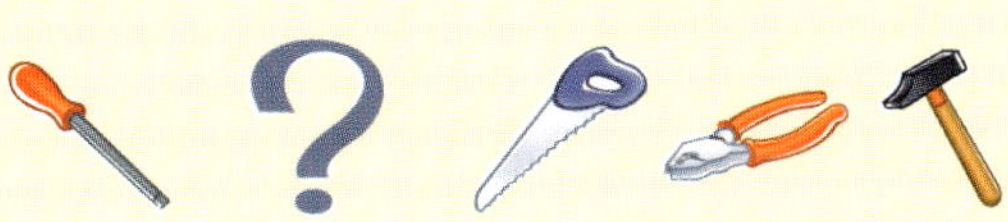

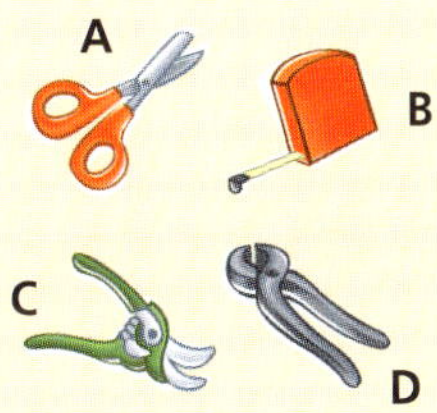

17 RETROUVEZ LES DRAPEAUX

Objectif *: cet exercice sollicite*
- *la mémoire visuelle ;*
- *l'exploration spatiale ;*
- *la concentration visuelle.*

Observez attentivement les couleurs
et les motifs du drapeau ci-contre.
Ensuite, masquez-le pour poursuivre l'exercice.

À présent que vous avez masqué le drapeau, reconstituez-le avec les éléments proposés :

1. Choisissez les couleurs.

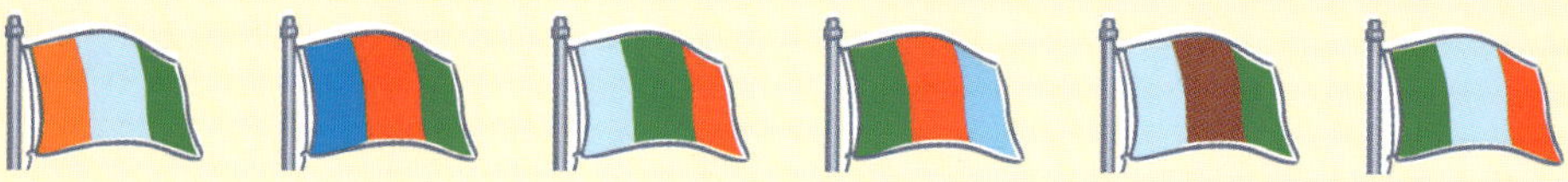

2. Choisissez le motif.

18 LECTURE APPLIQUÉE

Objectif *: travailler la mémoire, l'attention et la compréhension de texte.*

1. Lisez attentivement le texte suivant puis masquez-le pour poursuivre l'exercice.

Passage aux aveux
Pris de remords, le jeune cambrioleur décida de tout avouer à la police. Longuement interrogé par l'inspecteur en charge de l'enquête, il décrivit avec précision la façon dont il s'était introduit dans la demeure du banquier. Il avait ensuite forcé le coffre-fort, caché derrière une gigantesque tapisserie qui couvrait un mur entier du petit salon d'apparat. Ayant travaillé comme maçon dans la maison, il en connaissait parfaitement l'agencement, ce qui lui avait permis de bien préparer son coup…

2. À présent que vous avez masqué le texte, répondez aux 4 questions suivantes :

- Pourquoi le jeune cambrioleur décida-t-il de tout avouer ?
- Qui interrogea le cambrioleur ?
- Dans la demeure de qui le cambrioleur s'était-il introduit ?
- Où le coffre-fort était-il caché ?
- Quelle activité professionnelle le cambrioleur avait-il exercée dans la propriété ?

Niveau 2

19 HISTOIRE EN VRAC

Objectif : *cet exercice, qui nécessite d'être attentif, sollicite les capacités de raisonnement, de planification, de stratégie et d'imagerie mentale.*

Remettez dans l'ordre les 8 vignettes qui vous sont proposées afin de construire une petite histoire cohérente.

1

2

3

4

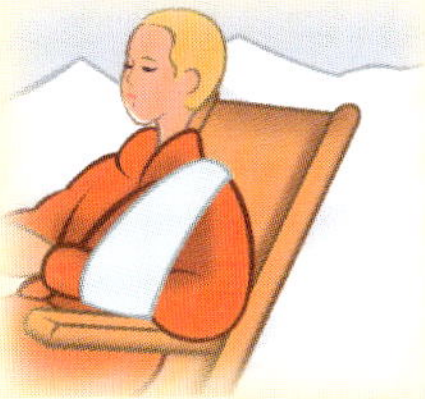

5

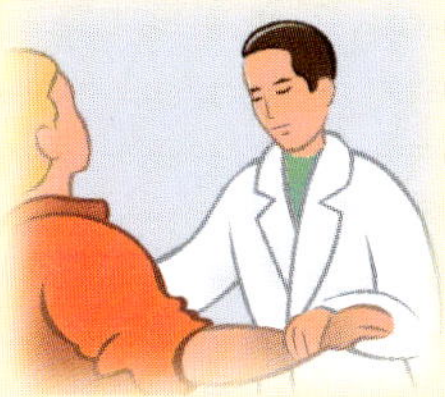

6

7

8

Solution p. 282

20 SUITE LOGIQUE

Objectif : *dans cet exercice, de bonnes capacités de raisonnement sont nécessaires afin de comprendre les opérations à effectuer pour passer d'une figure à la suivante. Interviennent également la mémoire de travail visuelle et le souvenir des règles de logique.*

1. Observez cette suite de figures.

2. Trouvez la figure qui complète logiquement la suite parmi ces 5 propositions. Justifiez votre choix.

A

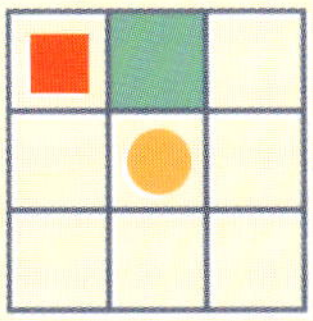

B

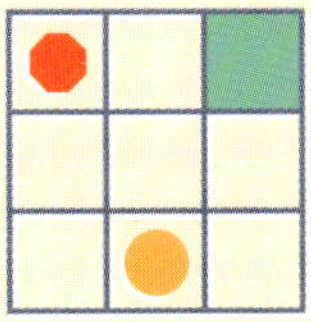

C

D

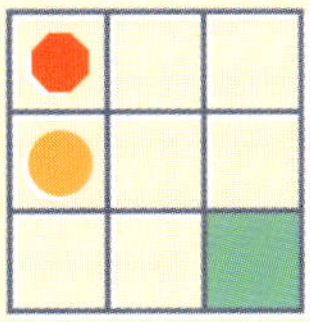

E

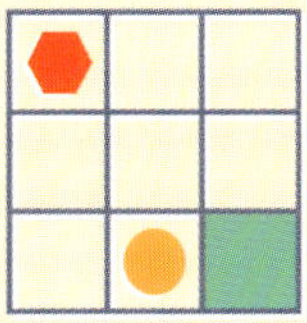

Solution p. 282

21 L'ANAGRAMME INTRUS

Objectif : *entraîner les capacités de raisonnement, travailler la mémoire sémantique et faire appel aux capacités de catégorisation.*

Résolvez chaque série d'anagrammes puis déterminez quel est l'intrus qui se cache dans chacune. Justifiez votre réponse.
Indice : toutes les anagrammes sont des noms propres. Aidez-vous de la majuscule pour trouver le début du mot.

suZe | rOissi | sédoiPon | mèrHes

1. Les anagrammes : ....
L'intrus est : ....

restEve | Psynérée | chapapAles | Crapetas

2. Les anagrammes : ....
L'intrus est : ....

buDysse | Monte | zaMrot | ladVivi

3. Les anagrammes : ....
L'intrus est : ....

nitTin | Mouli | poDdun | palantRann

4. Les anagrammes : ....
L'intrus est : ....

deIn | Proué | niChe | plaNé

5. Les anagrammes : ....
L'intrus est : ....

Solution p. 282

22 LE PETIT BAC

Objectif : *faire travailler la mémoire sémantique du langage dans un cadre catégoriel.*

Trouvez 6 noms (au minimum) commençant par la lettre **R** pour chacune des 4 catégories indiquées. Pour la catégorie Auteurs français, ne citez que des noms de famille ou des pseudonymes.

Auteurs français	Maladies	Plats	Plantes
R........................	R........................	R........................	R........................
R........................	R........................	R........................	R........................
R........................	R........................	R........................	R........................
R........................	R........................	R........................	R........................
R........................	R........................	R........................	R........................
R........................	R........................	R........................	R........................

Conseil : si vous connaissez mal un thème, ne vous formalisez pas ! Découvrez les propositions de réponse page 283 et refaites l'exercice dans une semaine pour évaluer vos progrès.

23 TROUVEZ LES DIFFÉRENCES

Niveau 2

Objectif : *cet exercice sollicite les capacités d'attention, d'analyse, de mémoire visuo-spatiale et de mémoire verbale. En effet, il convient de mémoriser les formes, les couleurs et l'emplacement des objets, ce qui est plus facile si l'on peut donner un nom à chacun.*

1. Observez attentivement la scène qui vous est présentée. Mémorisez bien la forme, la place et la couleur des différents objets qui la constituent.
Ensuite, masquez l'image pour poursuivre l'exercice

2. À présent, trouvez les 8 différences entre cette scène et celle que vous avez mémorisée.
Les éléments ont pu être modifiés, déplacés, enlevés...

Solution p. 283

24 AU SUPERMARCHÉ

Objectif : *cet exercice fait travailler les aspects verbaux et visuels de la mémoire. Il s'agit en effet d'apprendre une certaine quantité d'informations nouvelles organisées en trois groupes puis de les restituer immédiatement.*

1. Mémorisez les contenus des trois Caddies. Ensuite, masquez l'image pour poursuivre l'exercice.

2. À présent que vous avez masqué l'image, pouvez-vous reconstituer les courses des trois clientes grâce aux produits figurant sur le ticket de caisse ?

25 TROUVEZ LES FAUTES

Objectif : *détecter des fautes orthographiques ou grammaticales dans un texte en mobilisant ses connaissances du langage et son attention.*

1. Lisez attentivement ce texte puis masquez-le pour poursuivre l'exercice.

De l'utilité de la métrique
Qui eût cru que la métrique permettait de décortiquer parfaitement tout texte en vers, afin d'en extraire la substantifique moelle ? D'aucuns pourraient penser que l'étude des hiatus ou des enjambements est superflue, pourtant, le recours à une figure stylistique n'est jamais anodin : il ne s'agit pas d'une fantaisie d'auteur loufoque mais bien d'un procédé littéraire destiné à servir le sens du texte. Tâchez de vous le rappeler lors d'une prochaine lecture d'une épigramme ou d'une ballade !

2. Trouvez les 10 fautes qui se sont glissées dans le texte.

De l'utilité de la métrique
Qui eut cru que la métrique permettait de décortiquer parfaitement tout texte en vers, afin d'en extraire la substantifique moëlle ? D'aucun pourraient penser que l'étude des iatus ou des enjambements est superflue, pourtant, le recourt à une figure stylistique n'est jamais anodin : il ne s'agit pas d'une fantaisie d'auteur louffoque mais bien d'un procédé littéraire destiné à servir le sens du texte. Tachez de vous le rappeler lors d'une prochaine lecture d'un épigrame ou d'une balade !

Solution p. 283

26 RANGEZ VOS LIVRES

Niveau 2

Objectif : *cet exercice de résolution de problème fait appel à la mémoire épisodique, car il oblige à retenir les étapes du jeu, et à la mémoire procédurale stratégique (on procède par analogies avec des stratégies comparables déjà utilisées).*

Trouvez le nombre minimal de déplacements de livres nécessaires pour passer de la configuration **A** à la configuration **B**, sachant que :

– vous ne pouvez pas placer un livre sur un livre plus petit ;
– vous ne pouvez déplacer qu'un seul livre à la fois.

A

B

Solution p. 283

27 QUI EST-CE ?

Objectif : *mettre à l'épreuve la mémoire sémantique, et les capacités de raisonnement par déduction.*

Trouvez à quelle personnalité se rapporte chaque affirmation parmi les trois choix qui vous sont proposés.

1. Pilote automobile québécois né en 1971, suivant les traces de mon père Gilles, je cours sur différents types de voitures avant d'entamer une brillante carrière en formule 1 en 1995, où je remporte de nombreux grands prix.
Qui suis-je ? **A.** David Coultard **B.** Jacques Villeneuve **C.** Eddie Irvine

2. Personnage de bande dessinée, je suis l'imperturbable majordome, à la livrée toujours impeccable, du château de Moulinsart, où je dois supporter les humeurs du capitaine Haddock.
Qui suis-je ? **A.** Ernest **B.** Norbert **C.** Nestor

3. Philosophe et mathématicien grec, ma vie demeure mal connue. Fondateur d'une école où j'enseignais une doctrine que développèrent ensuite mes disciples, on m'attribue un célèbre théorème.
Qui suis-je ? **A.** Aristote **B.** Pythagore **C.** Hippocrate

Conseil : si vous connaissez mal un thème, ne vous formalisez pas !
Découvrez la réponse page 283 et refaites l'exercice dans une semaine pour évaluer vos progrès.

28 CHERCHEZ L'INTRUS

Objectif : *cet exercice fait travailler*
- *la mémoire de travail visuelle et spatiale ;*
- *l'attention ;*
- *la capacité à résister aux éléments interférents ;*
- *la reconnaissance de formes.*

Trouvez l'intrus qui se cache au sein de chaque série de figures.

1.

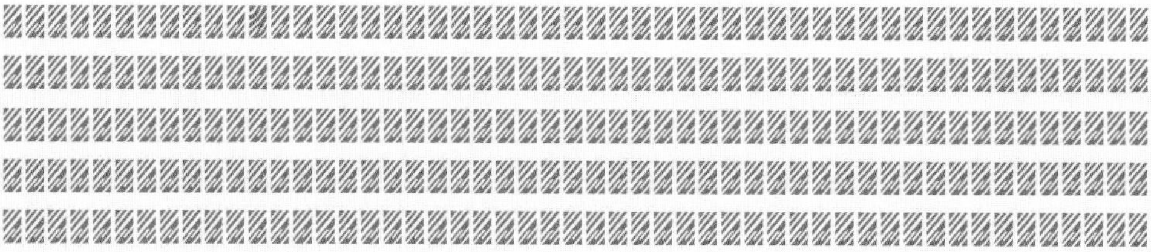

2.

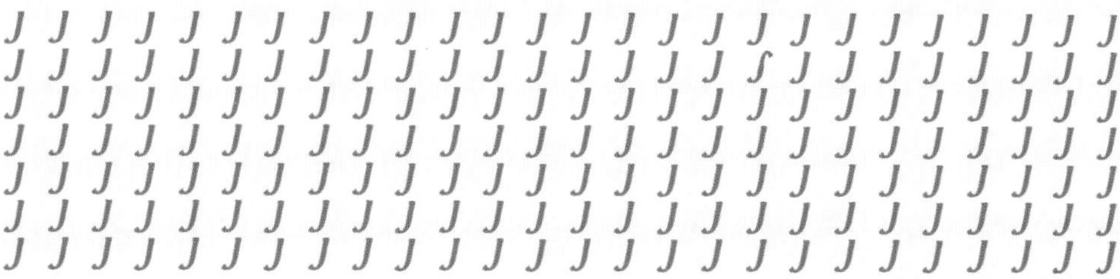

3.

4.

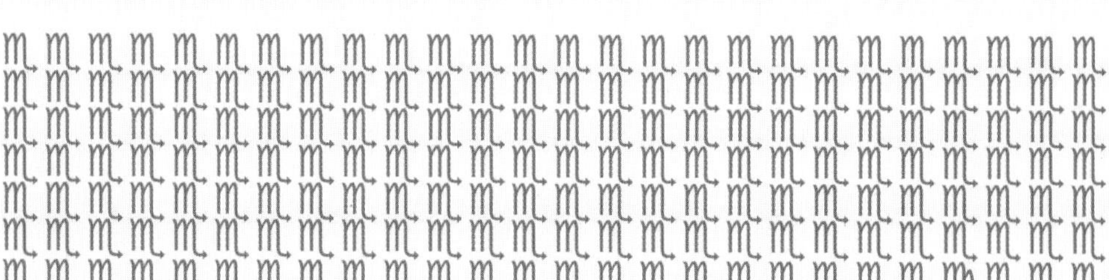

Solution p. 283

29 LE MOT CACHÉ

Niveau 2

Objectif : *cet exercice est complexe, car il sollicite simultanément plusieurs facultés :*
- *raisonnement par la recherche et l'association de paires consonne-voyelle ;*
- *exploration visuelle rapide ;*
- *mémoire sémantique (mémoire des mots).*

Trouvez le mot de 7 lettres qui se cache dans chaque grille. Les lettres du mot sont contiguës mais ne peuvent se suivre en diagonale.

1. Indice : le mot appartient au thème **optique**

L	I	E	T
P	G	N	T
Q	N	U	E
U	O	L	B

1. ....

2. Indice : le mot appartient au thème **habillement**

D	S	Y	T
M	A	N	J
B	E	T	O
L	A	U	U

2. ....

3. Indice : le mot appartient au thème **gastronomie**

R	T	A	X
Q	A	B	O
U	E	S	U
L	F	E	L

3. ....

Solution p. 283

30 SUITE LOGIQUE

Objectif : *dans cet exercice, de bonnes capacités de raisonnement sont nécessaires afin de comprendre les opérations à effectuer pour passer d'une figure à la suivante. Interviennent également la mémoire de travail visuelle et le souvenir des règles de logique.*

1. Observez cette suite de figures.

2. Trouvez la figure qui complète logiquement la suite parmi ces 5 propositions. Justifiez votre choix.

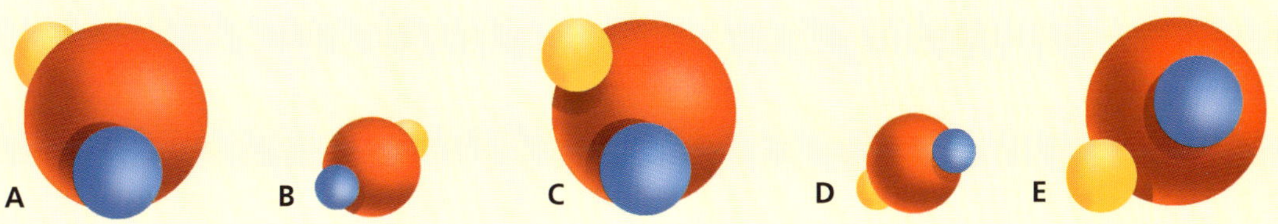

Solution p. 283

31 LES BONNES ASSOCIATIONS

Objectif : *cet exercice fait appel à vos connaissances culturelles. Il s'agit non seulement de tester vos souvenirs sur des sujets que vous connaissez bien, mais aussi d'enrichir vos connaissances dans des thèmes moins familiers pour vous. Il demande aussi une bonne mémoire de travail visuo-spatiale.*

1. Associez chaque acteur à un film.

John Wayne — James Stewart

Fenêtre sur cour — Humphrey Bogart

La Fureur de vivre — *Casablanca*

Rio Bravo — Robert Mitchum

James Dean — *Les Nerfs à vif*

2. Associez chaque sport à son pays d'origine.

Allemagne — handball

ski — Canada

badminton — hockey sur glace

volley-ball — États-Unis

Norvège — Angleterre

3. Associez chaque personnalité féminine à une activité.

Maryse Bastié — skieuse

poétesse — peintre

Carole Merle — Mila Jovovich

mannequin — aviatrice

Louise Labé — Marie Laurencin

4. Associez chaque divinité romaine à son domaine d'activité.

guerre — amour

Cupidon — Neptune

Mars — foyer

Vesta — mer

vin — Bacchus

Conseil : si vous connaissez mal un thème, ne vous formalisez pas ! Découvrez la réponse page 283 et refaites l'exercice dans une semaine pour évaluer vos progrès.

32 L'ANAGRAMME INTRUS

Niveau 2

Objectif : *entraîner les capacités de raisonnement, travailler la mémoire sémantique et faire appel aux capacités de catégorisation.*

Résolvez chaque série d'anagrammes puis déterminez quel est l'intrus qui se cache dans chacune. Justifiez votre réponse.
Indice : toutes les anagrammes sont des noms propres. Aidez-vous de la majuscule pour trouver le début du mot.

Patule — quènéeS — griViel — èrHome

1. Les anagrammes : ....
L'intrus est : ....

senneR — pimQuer — rusoT — treBs

2. Les anagrammes : ....
L'intrus est : ....

kiNtai — maFôsant — Trarominet — nanyF

3. Les anagrammes : ....
L'intrus est : ....

oMeïs — hamAbra — manosS — vosCli

4. Les anagrammes : ....
L'intrus est : ....

Bilos — Loveur — mAbosie — bramChod

5. Les anagrammes : ....
L'intrus est : ....

Solution p. 284

33 MÉLI-MÉLO POÉTIQUE

Objectif : *travailler la compréhension, la logique de l'organisation du poème, le sens poétique et mettre à contribution la mémoire de travail verbale.*

1. Remettez les vers suivants dans le bon ordre en vous aidant des rimes et de la ponctuation.
Indice : la structure des rimes est A A B C C B
Texte extrait de : *Jane* de Leconte de Lisle

- Deux beaux yeux m'ont blessé le cœur.
- Dans ses deux yeux d'un si beau bleu
- Si Jane repousse mon vœu,
- Je pâlis et tombe en langueur :
- Hélas ! la chose est bien certaine :
- J'aurai puisé ma mort prochaine.

2. Même consigne que précédemment.
Indice : la structure des rimes est A A B C C B
Texte extrait de : *À George Sand* d'Alfred de Musset

- Au chevet de mon lit, te voilà revenu.
- J'ai cru, pendant trois ans, te vaincre [et te maudire,
- Bel ange aux yeux d'azur, aux paupières voilées,
- Te voilà revenu, dans mes nuits étoilées,
- Et toi, les yeux en pleurs, avec ton doux sourire,
- Amour, mon bien suprême, et que j'avais perdu !

Solution p. 284

34 L'IMAGE MANQUANTE

Objectif : *cet exercice fait appel aux capacités d'analyse et de mémorisation visuelles.*

1. Observez attentivement et mémorisez cette série d'images.
Ensuite, masquez-la pour poursuivre l'exercice.

À présent, pouvez-vous retrouver l'élément qui complète la série précédemment mémorisée parmi les 4 propositions ci-contre ?

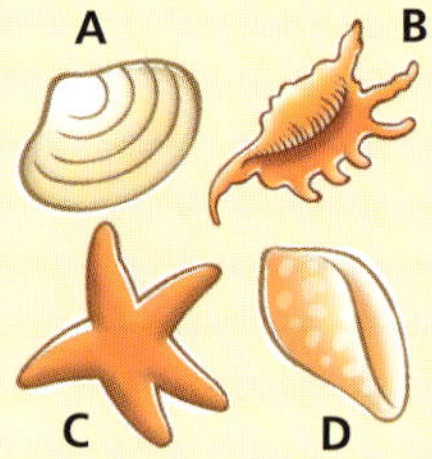

2. Observez attentivement et mémorisez cette série d'images.
Ensuite, masquez-la pour poursuivre l'exercice.

À présent, pouvez-vous retrouver l'élément qui complète la série précédemment mémorisée parmi les 4 propositions ci-contre ?

3. Observez attentivement et mémorisez cette série d'images.
Ensuite, masquez-la pour poursuivre l'exercice.

À présent, pouvez-vous retrouver l'élément qui complète la série précédemment mémorisée parmi les 4 propositions ci-contre ?

35 EN TOUTE LOGIQUE

Niveau 2

Objectif : *cet exercice fait appel au raisonnement et à la mémoire épisodique (puisqu'il faut retenir les étapes précédentes du raisonnement).*

Lisez attentivement le texte suivant, puis, sans le masquer, répondez aux questions.
La *Chanson des Nibelungen* est une épopée allemande écrite vers 1200 qui met en scène Siegfried, ravisseur du trésor des Nibelungen, Alberich, un nain acariâtre, Gunther, le roi des Burgondes, et sa sœur Kriemhild et, enfin, Brunhild, la reine d'Islande et son fidèle vassal Hagen.

Siegfried aime Kriemhild et Gunther. Kriemhild aime Siegfried et hait Brunhild, Gunther aime Brunhild, Kriemhild et Hagen. Brunhild hait Siegfried, Gunther et Kriemhild. Hagen hait Siegfried et tous ceux qui aiment Siegfried. Brunhild aime tous ceux qui haïssent Siegfried. Alberich hait tout le monde sauf lui-même.

1. Qui aime Siegfried ?
2. Qui aime Brunhild ?
3. Qui aime Alberich ?

Solution p. 284

36 BIENVENUE À MARSEILLE – ÉTAPE 1

Objectif : *cet exercice de mémorisation d'un itinéraire fait travailler la visualisation des informations verbales (lire les noms de rues) et la verbalisation des informations visuelles (l'orientation et la succession des rues qui constituent le parcours).*

Observez attentivement le plan ci-contre et mémorisez le parcours qui vous mènera du point A au point B.
Puis tournez la page pour passer à l'étape suivante.

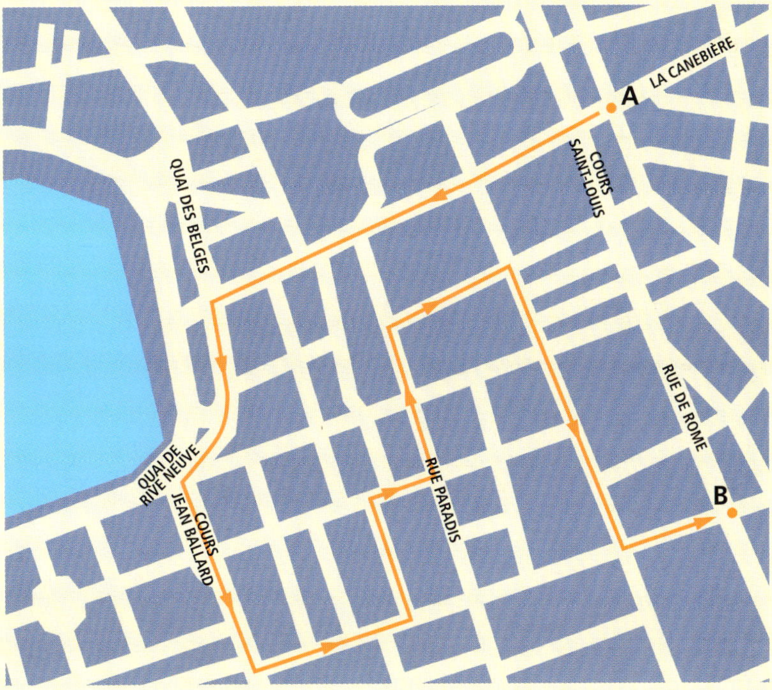

36 BIENVENUE À MARSEILLE – ÉTAPE 2

Retracez le parcours mémorisé à l'étape 1 en vous aidant des noms et de l'orientation des rues.

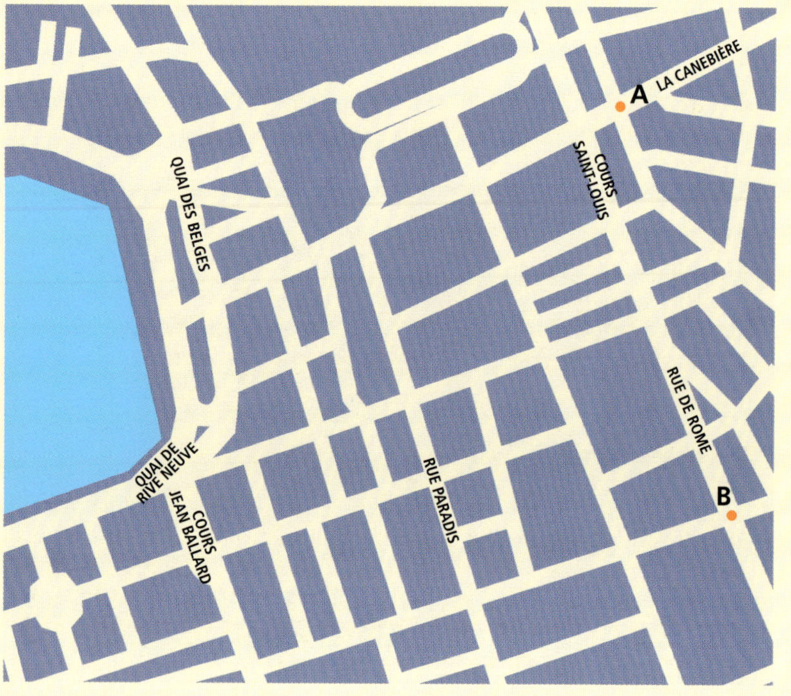

37 FIN DE SÉRIE

Objectif : *cet exercice fait appel à la mémoire sémantique et à la mémoire lexicale.*

La fin de ces proverbes bien connus a été effacée. Retrouvez le mot qui les complète.

1. L'habit ne fait pas le ...

2. Les chiens aboient, la caravane ...

3. Le jeu ne vaut pas la ...

4. L'enfer est pavé de bonnes ...

5. Faute de grive, on mange des ...

6. Le mieux est l'ennemi du ...

7. Avec des « si », on mettrait Paris en ...

8. Les cordonniers sont les plus mal ...

9. Chat échaudé craint l'...

10. Charité bien ordonné commence par...

11. Les bons comptes font les bons...

12. Mains froides, cœur...

13. Nécessité fait...

14. Bien faire et laisser...

15. Il n'est point de sot...

16. Loin des yeux , loin du...

Solution p. 284

Niveau 2

38 LE BON MOTIF

Objectif : *cet exercice fait travailler la mémoire visuelle et l'attention.*

1. Observez attentivement la figure suivante, puis masquez-la pour poursuivre l'exercice

2. Parmi les quatre figures ci-dessous, quelle est celle que vous venez de mémoriser ?

A

B

C

D

39 TROP, C'EST TROP !

Objectif : *cet exercice fait travailler la mémoire sémantique et la logique.*

Le terme pléonasme désigne une répétition de mots dont le sens est identique, comme « monter en haut » ! Très courants dans le langage oral familier, les pléonasmes sont souvent considérés comme une faute de style à l'écrit…

Débusquez les 10 pléonasmes qui se sont cachés dans le texte suivant.

« Je veux un camion de pompier rouge ! », hurlait avec force le petit enfant devant la vitrine illuminée par une ribambelle de guirlandes aux ampoules lumineuses en cette joyeuse période festive de Noël. « Mais quel affreux supplice cette sortie hors de notre appartement douillet », maugréait la mère à mi-voix entre ses dents. « Et pas une année sans Noël ! Toujours contraint de se réunir, ensemble, autour d'une dinde ou d'un autre volatile sacrifié pour l'occasion d'un commun accord par l'assemblée en liesse qui, ce jour-là, peut même se laisser aller à applaudir en battant des mains… »

Solution p. 284

40 LE LABYRINTHE

Objectif : *le jeu du labyrinthe fait travailler la mémoire visuo-spatiale et l'attention, particulièrement lorsque les motifs qui le constituent sont répétitifs.*

Lancez-vous dans les méandres de ce labyrinthe et sortez-en le plus rapidement possible.

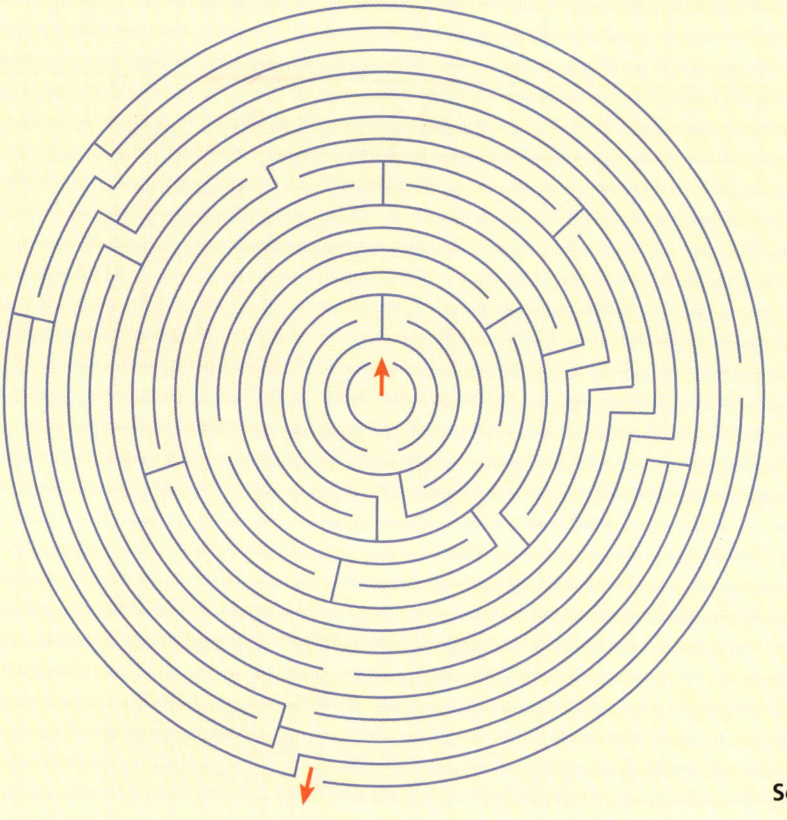

Solution p. 284

41 RETROUVEZ LES BONS CHIFFRES

Objectif : *cet exercice fait travailler la mémoire épisodique.*

1. Lisez attentivement le texte suivant en mémorisant les nombres, puis masquez-le pour poursuivre l'exercice.

1000 cas de légionellose sont recensés chaque année en France depuis 2002 contre une centaine dans les années quatre-vingt. Cette augmentation est liée à l'inscription de la légionellose sur les registres des maladies à déclaration obligatoire depuis 1987.

2. À présent, retrouvez les mots qui ont disparu.

.......cas de légionellose sont recensés chaque année en France depuis .... contre une .... dans les années .... Cette augmentation est liée à l'inscription de la légionellose sur les registres des maladies à déclaration obligatoire depuis ......

42 LA MÉMOIRE EN MIROIR

Niveau 2

Objectif : *cet exercice fait travailler la mémoire visuo-spatiale et les capacités de rotation mentale.*

Observez attentivement la figure de gauche en mémorisant sa forme et sa surface au carreau près. Puis masquez la figure et, à droite, tentez de reproduire son image « en miroir » en respectant l'axe de symétrie.

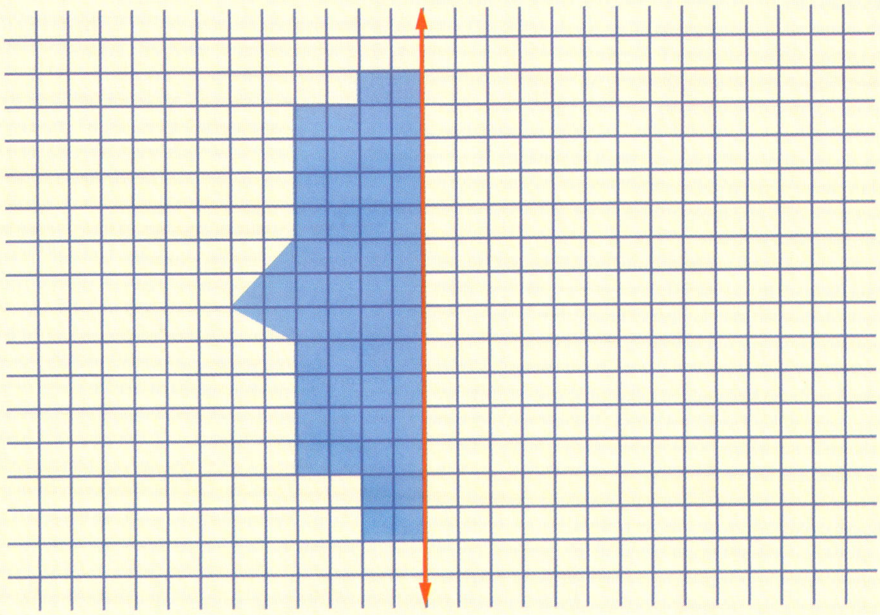

43 EN TOUTE LOGIQUE

Objectif : *cet exercice fait appel au raisonnement et à la mémoire épisodique (puisqu'il faut retenir les étapes précédentes du raisonnement).*

Lisez attentivement le texte suivant, puis, sans le masquer, répondez à la question.

Trois garçons, Jean, Frédéric et Charles, prennent chacun leur bateau et sortent sur le lac. Les bateaux sont respectivement rouge, vert et bleu. Le garçon dans le bateau rouge est le frère de Frédéric. Jean n'est pas assis dans le bateau vert, et le garçon dans le bateau vert se dispute avec Frédéric.

Qui occupe quel bateau ?
Vous pouvez vous aider du tableau suivant pour suivre les étapes du raisonnement.

	bateau rouge	bateau vert	bateau bleu
Jean			
Frédéric			
Charles			

Solution p. 284

44 GÉNÉALOGIE EN HERBE

Objectif : *cet exercice fait travailler la mémoire des prénoms et la logique des liens familiaux.*

Les arbres généalogiques permettent de figurer de façon simple les liens de parenté d'une famille.

Sur le type d'arbre présenté ci-contre, seuls figurent les descendants directs. Malheureusement, l'arbre a été en partie effacé.

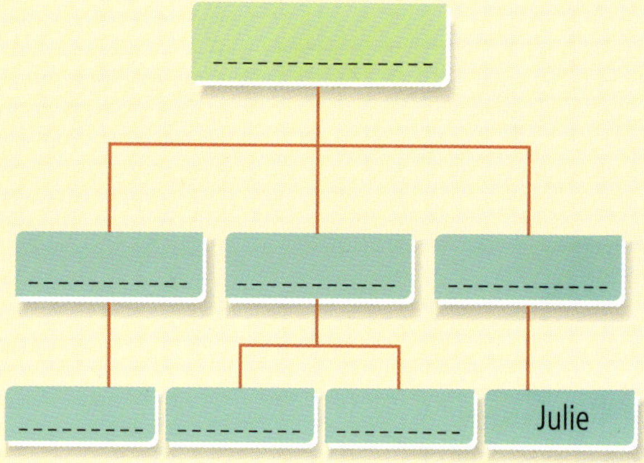

1. À partir des affirmations suivantes, replacez les noms de chaque membre de la famille de Julie. Une fois l'arbre complété, mémorisez-le et masquez-le pour poursuivre l'exercice.

- Julie est la petite-fille de Eugène.
- Eugène a eu trois enfants, Marc, Maria, Maurice.
- Julie a deux cousines, Kate et Jane, et un cousin, Raoul.
- Maria a eu 2 filles et Maurice 1 garçon.

2. À présent que vous avez masqué l'arbre, pouvez-vous répondre aux questions suivantes ?

a. Qui est le père de Julie ?

b. Qui sont les petits-enfants d'Eugène ?

c. Qui sont les oncles de Kate et Jane ?

Solution p. 285

45 RETROUVEZ LES BONS CHIFFRES

Objectif : *cet exercice fait travailler la mémoire épisodique.*

1. Lisez attentivement le texte suivant en mémorisant les nombres, puis masquez-le pour poursuivre l'exercice.

Médaille d'or du concours Tchaïkovski en 1986, récompense rarement accordée à des musiciens non russes, Barry Douglas mène une carrière discrète mais efficace. Pour ce concert parisien, il interprétera la *Sonate n°29 Hammerklavier* de Beethoven et les *Tableaux d'une exposition* de Moussorgski. Le troisième et le quatrième mouvement sont les morceaux les plus difficiles et les plus attendus.

2. À présent, retrouvez les mots qui ont disparu.

Médaille d'or du concours Tchaïkovski en ...., récompense rarement accordée à des musiciens non russes, Barry Douglas mène une carrière discrète mais efficace. Pour ce concert parisien, il interprétera la *Sonate ... Hammerklavier* de Beethoven et les *Tableaux d'une exposition* de Moussorgski. Le .... et le .... mouvement sont les morceaux les plus difficiles et les plus attendus.

46 TROP, C'EST TROP !

Niveau 2

Objectif : *cet exercice fait travailler la mémoire sémantique et la logique.*

Le terme pléonasme désigne une répétition de mots dont le sens est identique, comme « monter en haut » ! Très courants dans le langage oral familier, ils sont souvent considérés comme une faute de style à l'écrit…

Débusquez les 7 pléonasmes qui se sont cachés dans le texte suivant.

Ses naseaux frémissants humaient l'air. L'aube claire du matin se levait. C'était le grand jour, celui de la grande course où il devait être consacré meilleur étalon. Le palefrenier sortit de la grange d'un pas d'un seul et se dirigea vers les écuries à chevaux. D'humeur et de disposition morale joyeuse, il flanqua une tape de la main sur le flanc latéral de l'animal. « Bonjour Younger ! Non seulement tu es un étalon reproducteur hors pair, mais aujourd'hui tu seras le meilleur cheval de course de l'année ! »

Solution p. 285

47 LE BESTIAIRE – ÉTAPE 1

Objectif : *cet exercice fait travailler la mémoire verbale.*

Observez attentivement les serpents suivants et mémorisez leurs noms puis tournez la page pour poursuivre l'exercice.

Vipère aspic

Couleuvre à collier

Python vert

Crotale ou serpent à sonnette

Serpent corail

47 LE BESTIAIRE – ÉTAPE 2

Retrouvez le nom des serpents mémorisés à la page précédente dans la liste proposée.

- Vipère aspic
- Serpent corail
- Couleuvre à collier
- Python vert
- Crotale ou serpent à sonnette

48 LA MÉMOIRE EN MIROIR

Objectif : *cet exercice fait travailler la mémoire visuo-spatiale et les capacités de rotation mentale.*

Observez attentivement la figure de gauche en mémorisant sa forme et sa surface au carreau près. Puis masquez la figure et, à droite, tentez de reproduire son image « en miroir » en respectant l'axe de symétrie.

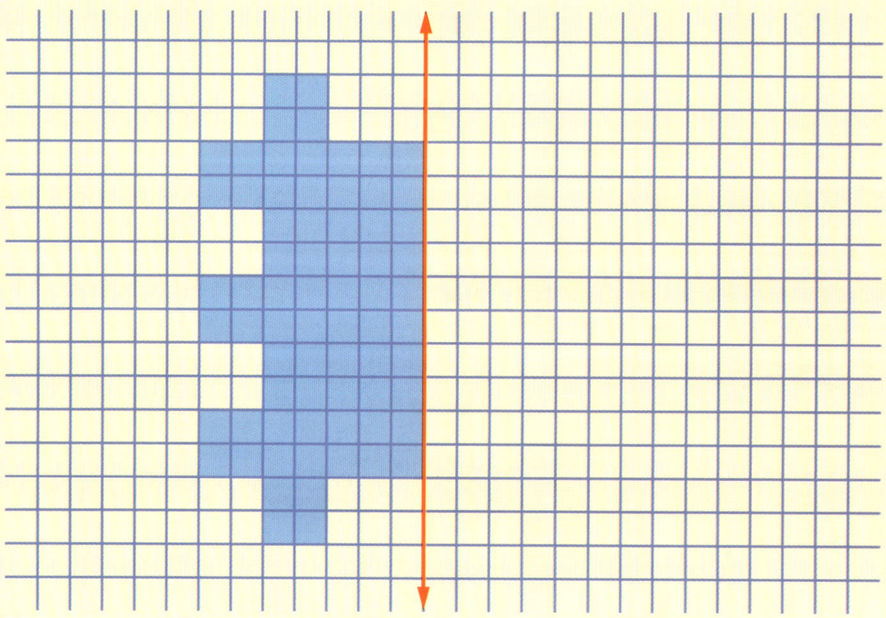

49 FIN DE SÉRIE

Niveau 2

Objectif : *cet exercice fait appel au raisonnement, à la mémoire épisodique (puisqu'il faut retenir les étapes précédentes du raisonnement) et à la mémoire sémantique.*

Regardez attentivement les séries de mots suivantes. Vous devez ensuite préciser si le dernier mot proposé s'y intègre bien.

1.	Avenue	vue	cohue	tortue	*pendue ?*
2.	Fil	bonnet	fromage	pain	*nuit ?*
3.	Sang	yeux	ciel	cordon	*vin ?*
4.	Bus	minus	campus	lapsus	*refus ?*
5.	Jamais	plumaison	semaison	maisonnette	*marionnette ?*

Solution p. 285

50 BIENVENUE À LILLE – ÉTAPE 1

Objectif : *cet exercice de mémorisation d'un itinéraire fait travailler la visualisation des informations verbales (lire les noms de rues) et la verbalisation des informations visuelles (l'orientation et la succession des rues qui constituent le parcours).*

Observez attentivement le plan ci-contre et mémorisez le parcours qui vous mènera du point A au point B. Puis tournez la page pour passer à l'étape suivante.

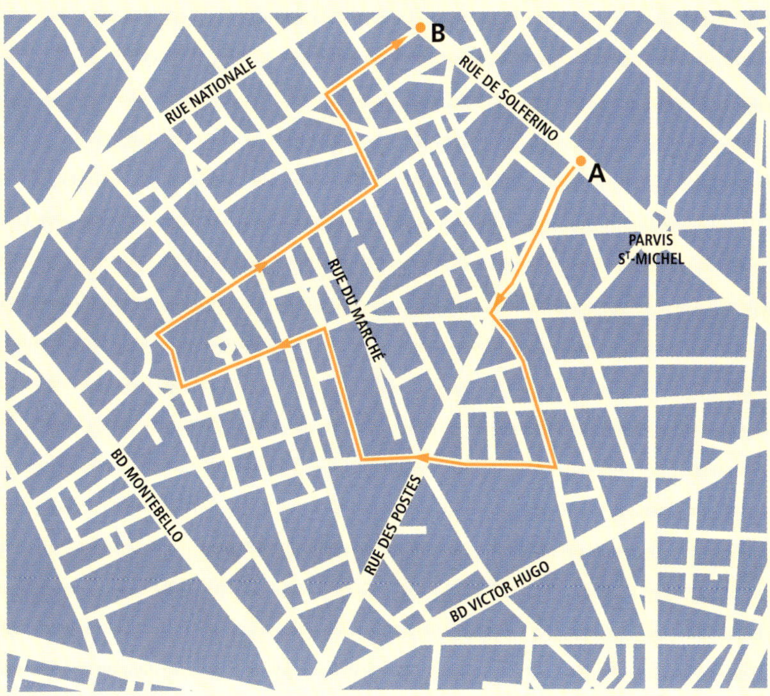

50 BIENVENUE À LILLE – ÉTAPE 2

Retracez le parcours mémorisé à l'étape 1 en vous aidant des noms et de l'orientation des rues.

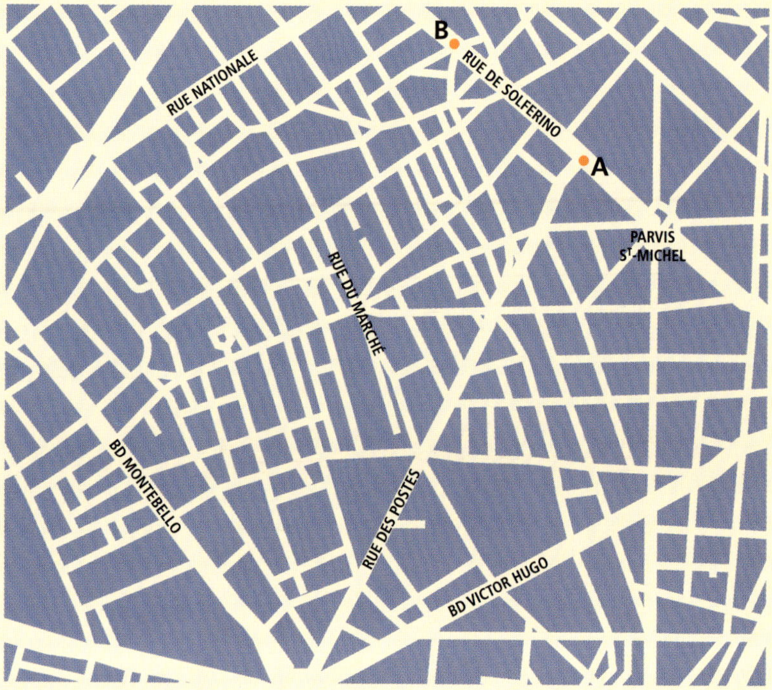

51 LE BON MOTIF

Objectif : *cet exercice fait travailler votre mémoire visuelle et votre attention.*

1. Mémorisez attentivement la figure suivante, puis masquez-la pour poursuivre l'exercice

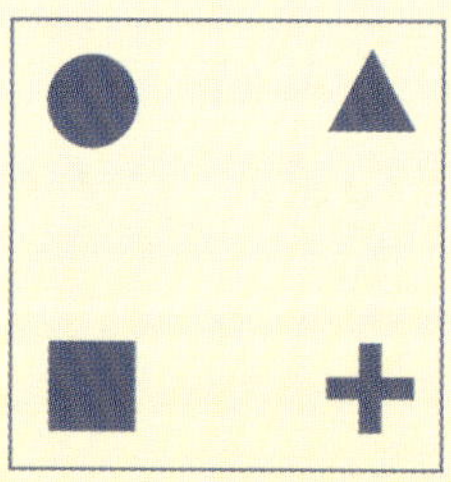

2. Parmi les quatre figures ci-dessous, quelle est celle que vous venez de mémoriser ?
Attention ! la figure a été tournée.

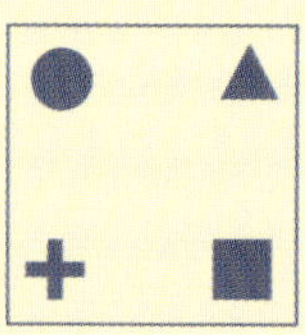

A

B

C

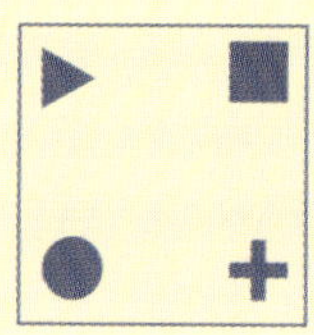

D

Solution p. 285

À vous de jouer

3 niveau

52 EXERCICES

pages 246 à 277

1 TESTEZ VOTRE VOCABULAIRE

Objectif : *faire travailler la mémoire sémantique du langage dans un cadre catégoriel.*

Trouvez 8 noms (au minimum) commençant par la lettre **A** pour chacune des 4 catégories indiquées.

Pays	Plantes alimentaires	Prénoms	Matériaux
A..........	A..........	A..........	A..........
A..........	A..........	A..........	A..........
A..........	A..........	A..........	A..........
A..........	A..........	A..........	A..........
A..........	A..........	A..........	A..........
A..........	A..........	A..........	A..........
A..........	A..........	A..........	A..........
A..........	A..........	A..........	A..........

Conseil : si vous connaissez mal un thème, ne vous formalisez pas ! Découvrez les propositions de réponse page 285 et refaites l'exercice dans une semaine pour évaluer vos progrès.

2 LECTURE APPLIQUÉE

Objectif : *faire travailler la mémoire, l'attention et la compréhension de texte.*

1. Lisez attentivement le texte suivant puis masquez-le pour poursuivre l'exercice.

L'art de la pose

Le peintre fit asseoir la jeune femme sur un petit sofa tendu de velours rouge sombre. Elle était vêtue d'une longue robe en taffetas blanc, qui ondulait à chacun de ses gracieux mouvements. Dans ses cheveux, qui tombaient en boucles généreuses sur ses frêles épaules couvertes d'une étole légère, elle avait disposé quelques perles nacrées, qui offraient un contraste saisissant avec ses mèches brunes. L'artiste lui tendit un petit livre relié et lui demanda de le tenir ouvert sur ses genoux pendant tout le temps de la pose. Puis il commença à esquisser la silhouette de son modèle sur une grande toile blanche. La jeune femme n'osait bouger, de peur de nuire au travail du peintre et c'est à peine si l'on percevait sa respiration.

2. À présent que vous avez masqué le texte, répondez aux 6 questions suivantes :

- Où le peintre fit-il asseoir la jeune femme ?
- En quel tissu était faite sa robe ?
- Qu'avait-elle mis dans ses cheveux ?
- Quelle était la couleur de ses cheveux ?
- Quel objet le peintre lui tendit-il ?
- Pourquoi la jeune femme n'osait-elle pas bouger ?

Niveau 3

3 LES DÉS SONT JETÉS

Objectif : *l'intérêt de cet exercice réside dans le fait qu'il sollicite à la fois la mémoire et les capacités d'imagerie mentale (rotation mentale).*

1. Observez attentivement les différentes faces de ce cube étalé. Mémorisez les lettres et leurs positions. Ensuite, masquez l'image pour poursuivre l'exercice.

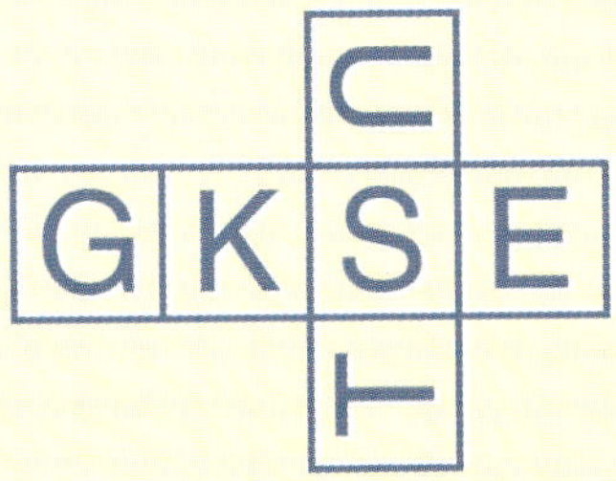

2. À présent, replacez les éléments dont vous disposez sur les faces du cube. Vous devez respecter le sens d'écriture des lettres. Pour vous aider, une lettre a déjà été placée. Attention, le cube a été tourné !

Solution p. 285

4 TROUVEZ LES FAUTES

Objectif : *détecter des fautes orthographiques ou grammaticales dans un texte en mobilisant ses connaissances du langage et son attention.*

Trouvez les 10 fautes que comporte ce texte.

L'apprentie médecin

Plongée dans un manuel abscond d'anatomie pathologique, Laure tente vainement d'appréhender les mystérieuses arcanes du corps humain. Quelque spécialité qu'elle choisisse en définitive, othologie ou larynguologie, il lui faut pour l'heure retenir moulte définitions sibylines d'affections inérentes à l'homme. Demain, lorsqu'elle s'assiera parmi les membres du simposium sur la symptomathologie, elle voudrait pouvoir comprendre la teneur de chaque intervention scientifique.

Solution p. 285

5 L'IMAGE MANQUANTE

***Objectif :** cet exercice fait appel aux capacités d'analyse et de mémorisation visuelles.*

1. Observez attentivement et mémorisez cette série d'images.
Ensuite, masquez-la pour poursuivre l'exercice.

À présent, pouvez-vous retrouver l'élément qui complète la série précédemment mémorisée parmi les 4 propositions ci-contre ?

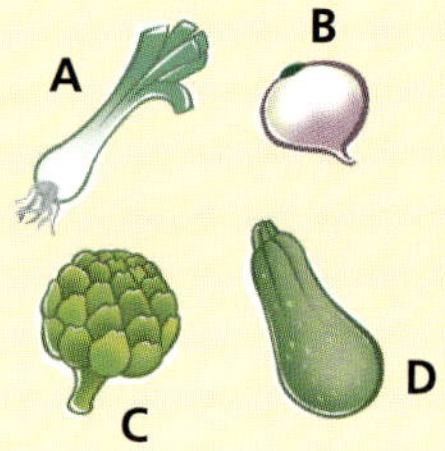

2. Observez attentivement et mémorisez cette série d'images.
Ensuite, masquez-la pour poursuivre l'exercice.

À présent, pouvez-vous retrouver l'élément qui complète la série précédemment mémorisée parmi les 4 propositions ci-contre ?

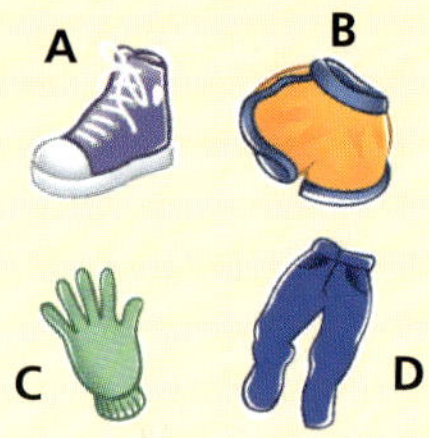

3. Observez attentivement et mémorisez cette série d'images.
Ensuite, masquez-la pour poursuivre l'exercice.

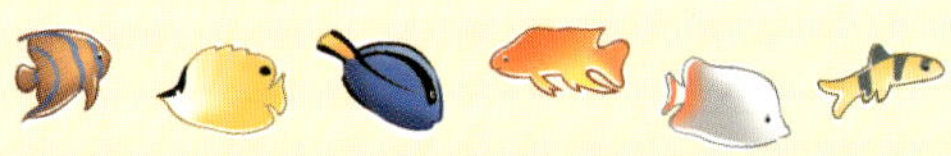

À présent, pouvez-vous retrouver l'élément qui complète la série précédemment mémorisée parmi les 4 propositions ci-contre ?

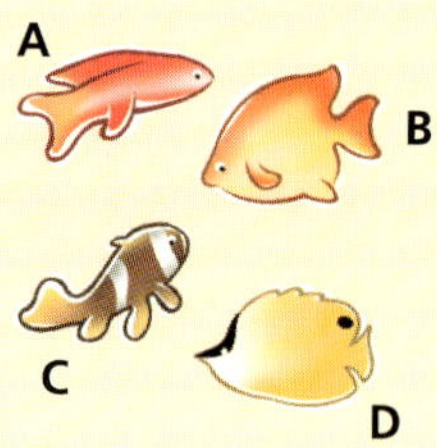

6 GARÇON, S'IL VOUS PLAÎT

Niveau 3

Objectif : *faire travailler les aspects verbaux et visuels de la mémoire de travail. Il s'agit en effet d'apprendre une certaine quantité d'informations nouvelles puis de les restituer immédiatement.*

1. Mémorisez les menus des quatre convives. Ensuite, masquez l'image pour poursuivre l'exercice.

2. À présent que vous avez masqué l'image, pouvez-vous reconstituer les menus des quatre convives grâce aux plats dont vous disposez ?

Café au lait
Chocolat chaud
Jus d'orange
Thé
Brioche
Croissant
Gaufre
Jambon grillé
Œufs au plat
Tartines
Toasts
Tranche de cake
Fromage blanc
Kiwi
Pamplemousse
Yaourt aux fruits

7 LE MOT CACHÉ

Objectif : *travailler l'association de paires consonne-voyelle, l'exploration visuelle rapide et la mémoire sémantique.*

Trouvez le mot de 7 lettres qui se cache dans chaque grille. Les lettres du mot sont contiguës mais ne peuvent se suivre en diagonale.

Q	U	A	H
A	N	S	E
T	T	P	R
F	C	E	M

1. ....

L	B	R	E
S	A	G	N
D	N	V	L
A	G	E	T

2. ....

B	P	E	U
E	J	L	L
S	Q	C	E
F	U	A	N

3. ....

Solution p. 285

8 TROUVEZ LES DIFFÉRENCES

Objectif : *cet exercice sollicite les capacités d'attention, d'analyse, de mémoire visuo-spatiale et de mémoire verbale. En effet, il convient de mémoriser les formes, les couleurs et l'emplacement des objets, ce qui est plus facile si l'on peut donner un nom à chacun..*

1. Observez attentivement la scène qui vous est présentée. Mémorisez bien la forme, la place et la couleur des différents objets qui la constituent.
Ensuite, masquez l'image pour poursuivre l'exercice.

2. À présent, trouvez les 10 différences entre cette scène et celle que vous avez mémorisée.
Les éléments ont pu être modifiés, déplacés, enlevés...

Solution p. 285

9 L'ANAGRAMME INTRUS

Niveau 3

Objectif : *entraîner les capacités de raisonnement, travailler la mémoire sémantique et faire appel aux capacités de catégorisation.*

Résolvez chaque série d'anagrammes puis déterminez quel est l'intrus qui se cache dans chacune d'elles. Justifiez votre réponse.

frumé — pebsci — baiti — polamote

1. Les anagrammes : ....
L'intrus est : ....

pains — pantale — drèce — apiécé

2. Les anagrammes : ....
L'intrus est : ....

zapiz — sanagle — voilaire — closautes

3. Les anagrammes : ....
L'intrus est : ....

frapimait — prémaitif — tenprés — frutu

4. Les anagrammes : ....
L'intrus est : ....

napacé — soaf — davin — ufateilu

5. Les anagrammes : ....
L'intrus est : ....

Solution p. 285

10 SUITE LOGIQUE

Objectif : *dans cet exercice, de bonnes capacités de raisonnement sont nécessaires afin de comprendre les opérations à effectuer pour passer d'une suite de nombres à la suivante. Interviennent également la mémoire de travail visuelle et le souvenir des règles de logique.*

1. Observez cette suite de nombres.

12 8 10 3 5 22 28 1 1 14 7 → ?

2. Trouvez le nombre qui complète logiquement la suite parmi ces 6 propositions. Justifiez votre choix.

12 20 15 9 8 4

Solution p. 286

11 QUI EST-CE ?

Objectif : *mettre à l'épreuve la mémoire sémantique et les capacités de raisonnement par déduction.*

Trouvez à quelle personnalité se rapporte chaque affirmation parmi les trois choix qui vous sont proposés.

1. Joueur de tennis né à Las Vegas en 1970, j'ai remporté les plus grands tournois, dont Roland Garros en 1999, et j'ai gagné le cœur d'une joueuse bien connue après avoir été marié à l'actrice Brooke Shields.
Qui suis-je ? **A.** Pete Sampras **B.** André Agassi **C.** Jim Courrier

2. Homme politique américain du parti démocrate, élu président des États-Unis en 1976, je suis l'artisan des accords de Camp David mais cela ne suffit pas à assurer la reconduction de mon mandat et je perds les élections face à Ronald Reagan en 1980
Qui suis-je ? **A.** John Fitzgerald Kennedy **B.** Richard Nixon **C.** Jimmy Carter

3. Femme de lettres britannique du XIXe siècle, épouse d'un poète romantique anglais, je suis surtout connue pour mon célèbre roman fantastique *Frankenstein ou le Prométhée moderne*, devenu un classique du genre.
Qui suis-je ? **A.** Emily Brontë **B.** Jane Austen **C.** Mary Shelley

Conseil : si vous connaissez mal un thème, ne vous formalisez pas !
Découvrez la réponse page 286 et refaites l'exercice dans une semaine pour évaluer vos progrès.

12 HISTOIRE EN VRAC

Objectif : *cet exercice, qui nécessite de l'attention, sollicite les capacités de raisonnement, de planification, de stratégie et d'imagerie mentale.*

Remettez dans l'ordre les 8 vignettes afin de construire une petite histoire cohérente.

1

2

3

4

5

6

7

8

Solution p. 286

13 RANGEZ VOS LIVRES

Niveau 3

Objectif : *cet exercice de résolution de problème fait appel à la mémoire épisodique, car il oblige à retenir les étapes du jeu, et à la mémoire procédurale stratégique (on procède par analogies avec des stratégies comparables déjà utilisées)*

Trouvez le nombre minimal de déplacements de livres nécessaires pour passer de la configuration **A** à la configuration **B**, sachant que :
- vous ne pouvez pas placer un livre sur un livre plus petit ;
- vous ne pouvez déplacer qu'un seul livre à la fois.

A

B

Solution p. 286

14 CHERCHEZ L'INTRUS

Objectif : *faire travailler*
- *la mémoire de travail visuelle et spatiale ;*
- *l'attention ;*
- *la capacité à résister aux éléments interférents ;*
- *la reconnaissance de formes.*

Trouvez l'intrus  qui se cache au sein de cette série de figures.

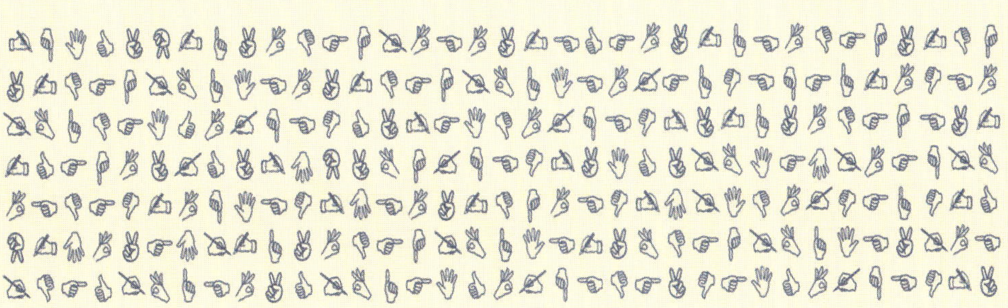

Solution p. 286

15 RETROUVEZ LES DRAPEAUX

Objectif : *solliciter*
- *la mémoire visuelle ;*
- *l'exploration spatiale ;*
- *la concentration visuelle.*

Observez attentivement les couleurs et les motifs du drapeau ci-contre. Ensuite, masquez-le pour poursuivre l'exercice.

À présent que vous avez masqué le drapeau, reconstituez-le avec les éléments proposés :

1. Choisissez les couleurs.

2. Choisissez le motif.

16 LE MOT CACHÉ

Objectif : *travailler l'association de paires consonne-voyelle, l'exploration visuelle rapide et la mémoire sémantique.*

Trouvez le mot de 7 lettres qui se cache dans chaque grille. Les lettres du mot sont contiguës mais ne peuvent se suivre en diagonale.

S	L	P	H
E	L	A	M
U	C	H	N
R	T	O	Y

1. ....

F	B	E	A
O	U	M	U
P	L	A	K
I	E	R	L

2. ....

M	T	J	A
O	P	E	V
T	C	L	O
I	S	R	U

3. ....

Solution p. 286

Niveau 3

17 L'ANAGRAMME INTRUS

Objectif : *entraîner les capacités de raisonnement, faire travailler la mémoire sémantique et faire appel aux capacités de catégorisation.*

Résolvez chaque série d'anagrammes puis déterminez quel est l'intrus qui se cache dans chacune d'elles. Justifiez votre réponse.

miplaitilucton — divinois — nodaditi — franciot

1. Les anagrammes : ....
L'intrus est : ....

illècure — aratemu — botra — voitursen

2. Les anagrammes : ....
L'intrus est : ....

craveille — dais — georoule — roillonse

3. Les anagrammes : ....
L'intrus est : ....

quomées — gosayngue — plachele — palisa

4. Les anagrammes : ....
L'intrus est : ....

clumusu — strimal — beis — laizé

5. Les anagrammes : ....
L'intrus est : ....

Solution p. 286

18 CHERCHEZ L'INTRUS

Objectif : *faire travailler*

- *la mémoire de travail visuelle et spatiale ;*
- *l'attention ;*
- *la capacité à résister aux éléments interférents ;*
- *la reconnaissance de formes.*

Trouvez l'intrus ❺ qui se cache au sein de cette série de figures.

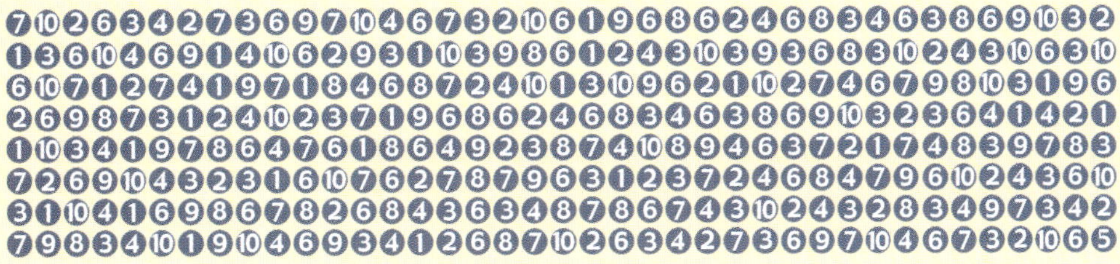

Solution p. 286

19 LES BONNES ASSOCIATIONS

Objectif : *cet exercice fait appel à vos connaissances culturelles. Il s'agit non seulement de tester vos souvenirs sur des sujets que vous connaissez bien mais aussi d'enrichir vos connaissances dans des thèmes moins familiers pour vous. Cet exercice sollicite également la mémoire de travail visuo-spatiale en jouant avec l'emplacement des mots.*

1. Associez chaque état des États-Unis à sa capitale.

Arizona	Denver
Colorado	Indianapolis
Indiana	Californie
Phoenix	Honolulu
Hawaï	Sacramento

2. Associez chaque peintre à un mouvement artistique.

Andy Warhol	Jan Van Eyck
cubisme	romantisme
Camille Pissarro	Eugène Delacroix
pop art	impressionnisme
peinture flamande	Pablo Picasso

3. Associez chaque appellation à une région viticole.

Pays de Loire	Roussillon
arbois	banyuls
Bordeaux	mâcon
chinon	Bourgogne
Jura	médoc

4. Associez chaque gemme à une couleur.

lapis-lazuli	violet
bleu	améthyste
jade	rouge
jaune	rubis
topaze	vert

Conseil : si vous connaissez mal un thème, ne vous formalisez pas ! Découvrez la réponse page 286 et refaites l'exercice dans une semaine pour évaluer vos progrès.

20 GARÇON, S'IL VOUS PLAÎT

Niveau 3

Objectif : *cet exercice fait travailler les aspects verbaux et visuels de la mémoire de travail. Il s'agit en effet d'apprendre une certaine quantité d'informations nouvelles puis de les restituer immédiatement.*

1. Mémorisez les menus des quatre convives. Ensuite, masquez l'image pour poursuivre l'exercice.

2. À présent que vous avez masqué l'image, pouvez-vous reconstituer les menus des quatre convives grâce aux plats dont vous disposez ?

Menu

Avocat farci
Foie gras
Œufs mimosa
Salade du chef

Cassoulet
Lapin forestier
Poulet au curry
Thon grillé

Beaufort
Coulommiers
Port-Salut
Reblochon

Banana split
Coupe Colonnel
Crème caramel
Flan

21 TROUVEZ LES FAUTES

Objectif : *détecter des fautes orthographiques ou grammaticales dans un texte en mobilisant ses connaissances du langage et son attention.*

Trouvez les 10 fautes que comporte ce texte.

Trésors sous verre

Il est facheux que la mairie surseoie à l'agrandissement des serres du jardin botanique, qui s'ennorgueillissent déjà de renfermer des plantes de toute beauté. De chatoyants amarillys accueillent tout d'abord le visiteur, invariablement impressionné par l'entretien impeccable des forsithias, gueules-de-loups et autres jacinthes, qui exalhent des senteurs exquises. Dans la serre tropicale, son regard se perd dans les entrelats de branchages verts et marrons qui courent sur la verrière.

Solution p. 286

22 RANGEZ VOS LIVRES

Objectif : *cet exercice de résolution de problème fait appel à la mémoire épisodique, car il oblige à retenir les étapes du jeu, et à la mémoire procédurale stratégique (on procède par analogies avec des stratégies comparables déjà utilisées)*

Trouvez le nombre minimal de déplacements de livres nécessaires pour passer de la configuration **A** à la configuration **B**, sachant que :
- vous ne pouvez pas placer un livre sur un livre plus petit ;
- vous ne pouvez déplacer qu'un seul livre à la fois.

A

B

Solution p. 286

23 LE MOT CACHÉ

Objectif : *travailler l'association de paires consonne-voyelle, l'exploration visuelle rapide et la mémoire sémantique.*

Trouvez le mot de 7 lettres qui se cache dans chaque grille. Les lettres du mot sont contiguës mais ne peuvent se suivre en diagonale.

A	M	P	O
N	E	T	U
I	U	R	L
C	F	T	E

1. ....

E	D	U	A
T	S	T	L
M	E	I	B
U	G	O	N

2. ....

N	Q	U	O
M	L	I	N
L	L	V	J
E	A	G	E

3. ....

Solution p. 286

24 MÉLI-MÉLO POÉTIQUE

Niveau 3

Objectif : *s'exercer sur la compréhension, la logique de l'organisation du poème, le sens poétique et mettre à contribution la mémoire de travail verbale.*

1. Voici un extrait de poésie dont les vers ont été mélangés à l'intérieur de chaque strophe. Remettez les vers dans le bon ordre pour rendre le texte cohérent. Aidez-vous des rimes et de la ponctuation.
Indice : la structure des rimes est la suivante : A B A B / C D C D

Texte extrait de : *Le dormeur du val* d'Arthur Rimbaud

- Accrochant follement aux herbes des haillons
- Luit : c'est un petit val qui mousse de rayons.
- C'est un trou de verdure où chante une rivière,
- D'argent ; où le soleil, de la montagne fière,

- Pâle dans son lit vert où la lumière pleut.
- Et la nuque baignant dans le frais cresson bleu,
- Dort ; il est étendu dans l'herbe, sous la nue,
- Un soldat jeune, bouche ouverte, tête nue,

2. Même consigne que précédemment.
Indice : la structure des rimes est la suivante : A B B A/ A B B A

Texte extrait de : *L'angoisse* de Paul Verlaine

- Nourriciers, ni l'écho vermeil des pastorales
- Siciliennes, ni les pompes aurorales,
- Ni la solennité dolente des couchants.
- Nature, rien de toi ne m'émeut, ni les champs

- Je ris de l'Art, je ris de l'Homme aussi, [des chants,
- Et je vois du même oeil les bons [et les méchants.
- Qu'étirent dans le ciel vide les cathédrales,
- Des vers, des temples grecs et des tours [en spirales

Solution p. 287

25 TESTEZ VOTRE VOCABULAIRE

Objectif : *faire travailler la mémoire sémantique du langage dans un cadre catégoriel.*

Trouvez 7 noms (au minimum) commençant par la lettre **M** pour chacune des 4 catégories indiquées. Pour la catégorie Femmes célèbres, ne citez que des noms de famille ou des pseudonymes.

Capitales du monde	Mammifères	Types de bâtiments	Femmes célèbres
M........	M........	M........	M........
M........	M........	M........	M........
M........	M........	M........	M........
M........	M........	M........	M........
M........	M........	M........	M........
M........	M........	M........	M........
M........	M........	M........	M........

Conseil : si vous connaissez mal un thème, ne vous formalisez pas ! Découvrez les propositions de réponse page 287 et refaites l'exercice dans une semaine pour évaluer vos progrès.

26 RETROUVEZ LES DRAPEAUX

Objectif : *cet exercice sollicite*
- *la mémoire visuelle ;*
- *l'exploration spatiale ;*
- *la concentration visuelle.*

Observez attentivement les couleurs
et les motifs du drapeau ci-contre.
Ensuite, masquez-le pour poursuivre l'exercice.

À présent que vous avez masqué le drapeau, reconstituez-le avec les éléments proposés :

1. Choisissez les couleurs.

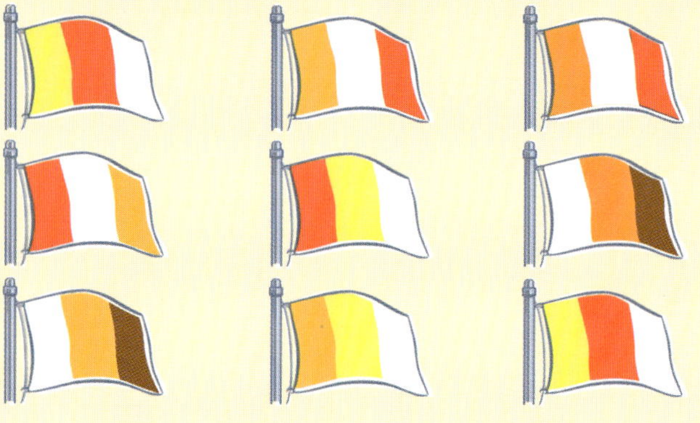

2. Choisissez le motif.

27 SUITE LOGIQUE

Objectif : *dans cet exercice, de bonnes capacités de raisonnement sont nécessaires afin de comprendre les opérations à effectuer pour passer d'une suite de nombres à la suivante. Interviennent également la mémoire de travail visuelle et le souvenir des règles de logique.*

1. Observez cette suite de lettres.

Y N U J Q F M → ?

2. Trouvez la lettre qui complète logiquement la suite parmi ces 6 propositions. Justifiez votre choix.

B N A D K G

Solution p. 287

28 L'IMAGE MANQUANTE

Niveau 3

Objectif : *cet exercice fait appel aux capacités d'analyse et de mémorisation visuelles.*

1. Observez attentivement et mémorisez cette série d'images. Ensuite, masquez-la pour poursuivre l'exercice.

À présent, pouvez-vous retrouver l'élément qui complète la série précédemment mémorisée parmi les 4 propositions ci-contre ?

2. Observez attentivement et mémorisez cette série d'images. Ensuite, masquez-la pour poursuivre l'exercice.

À présent, pouvez-vous retrouver l'élément qui complète la série précédemment mémorisée parmi les 4 propositions ci-contre ?

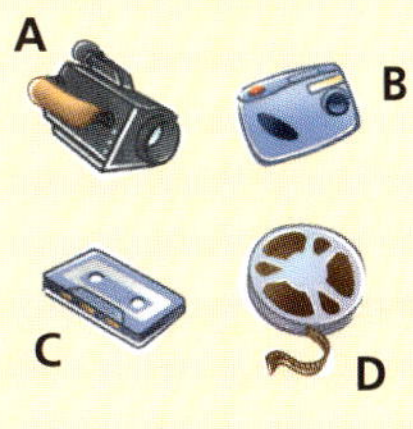

3. Observez attentivement et mémorisez cette série d'images. Ensuite, masquez-la pour poursuivre l'exercice.

À présent, pouvez-vous retrouver l'élément qui complète la série précédemment mémorisée parmi les 4 propositions ci-contre ?

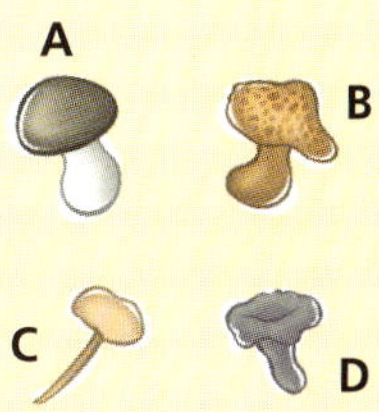

29 LES DÉS SONT JETÉS

Objectif : *l'intérêt de cet exercice réside dans le fait qu'il sollicite à la fois la mémoire et les capacités d'imagerie mentale (rotation mentale).*

1. Observez attentivement les différentes faces de ce cube étalé. Mémorisez les lettres et leurs positions. Ensuite, masquez l'image pour poursuivre l'exercice.

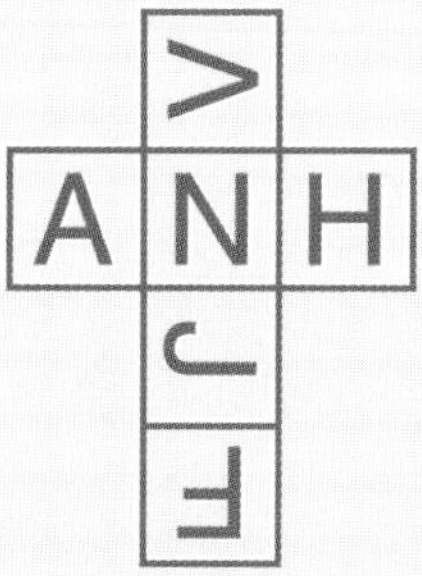

2. À présent, replacez les éléments dont vous disposez sur les faces du cube. Vous devez respecter le sens d'écriture des lettres. Pour vous aider, une lettre a déjà été placée. Attention, le cube a été tourné !

Solution p. 287

30 LE MOT CACHÉ

Objectif : *travailler l'association de paires consonne-voyelle, l'exploration visuelle rapide et la mémoire sémantique.*

Trouvez le mot de 7 lettres qui se cache dans chaque grille. Les lettres du mot sont contiguës mais ne peuvent se suivre en diagonale.

M	E	T	L
M	E	C	O
A	R	S	H
B	J	I	C

1. ....

H	C	C	A
U	B	K	E
G	A	N	M
R	F	T	O

2. ....

L	F	E	P
A	L	O	T
E	E	T	U
I	R	A	Q

3. ....

Solution p. 287

31 TROUVEZ LES DIFFÉRENCES

Niveau 3

Objectif : *cet exercice sollicite les capacités d'attention, d'analyse, de mémoire visuo-spatiale et de mémoire verbale. En effet, il convient de mémoriser les formes, les couleurs et l'emplacement des objets, ce qui est plus facile si l'on peut donner un nom à chacun.*

1. Observez attentivement la scène qui vous est présentée. Mémorisez bien la forme, la place et la couleur des différents objets qui la constituent.
Ensuite, masquez l'image pour poursuivre l'exercice.

2. À présent, trouvez les 8 différences entre cette scène et celle que vous avez mémorisée.
Les éléments ont pu être modifiés, déplacés, enlevés...

Solution p. 287

32 QUI EST-CE ?

Objectif : *mettre à l'épreuve la mémoire sémantique et les capacités de raisonnement par déduction.*

Trouvez à quelle personnalité se rapporte chaque affirmation parmi les trois choix qui vous sont proposés.

1. Prélat et homme politique français du XVIIe siècle, Italien d'origine, je suis nommé cardinal par Richelieu, qui me recommande auprès de Louis XIII, à la mort duquel j'assure la régence auprès d'Anne d'Autriche, mère du futur Roi Soleil.
Qui suis-je ? **A.** Jules Mazarin **B.** Jean-Baptiste Colbert **C.** Alessandro Farnèse

2. Compositeur français du début du XXe siècle, à qui l'on doit notamment *Pelléas et Mélisande* et *Prélude à l'après-midi d'un faune,* mon visage a longtemps orné les billets de vingt francs.
Qui suis-je ? **A.** Gustave Charpentier **B.** Hector Berlioz **C.** Claude Debussy

3. Industriel américain de la première moitié du XXe siècle, j'ai instauré la construction de voiture en série, ce qui fait de moi un pionnier de l'industrie automobile.
Qui suis-je ? **A.** Henry Ford **B.** Elihu Thomson **C.** Rudolf Diesel

4. Peintre français contemporain de la révolution, chef de l'école néoclassique, Napoléon, dont j'ai peint le Sacre, fit de moi le peintre officiel de l'Empire.
Qui suis-je ? **A.** Eugène Delacroix **B.** Théodore Géricault **C.** Louis David

Conseil : si vous connaissez mal un thème, ne vous formalisez pas !
Découvrez la réponse page 287 et refaites l'exercice dans une semaine pour évaluer vos progrès.

33 HISTOIRE EN VRAC

Objectif : *cet exercice, qui nécessite de l'attention, sollicite les capacités de raisonnement, de planification, de stratégie et d'imagerie mentale.*

Remettez dans l'ordre les 8 vignettes afin de construire une petite histoire cohérente.

1

2

3

4

5

6

7

8

Solution p. 287

34 CHERCHEZ L'INTRUS

Niveau 3

***Objectif** : faire travailler*
- *la mémoire de travail visuelle et spatiale ;*
- *l'attention ;*
- *la capacité à résister aux éléments interférents ;*
- *la reconnaissance de formes.*

Trouvez l'intrus qui se cache au sein de chaque série de figures.

1. L'intrus est : ⑥

③⑤⓪②④③⑧⑤⓪③⑧④⑧①③⑤⑧③④⑧⑤⓪②⑨③⑧①②⑧⓪③④⑤②⓪②①③④
⑨③⑧⓪②③⑤⑨④⓪①⓪⑨⑤⑧④⑧③⓪①⑧④⑧⑤①④⓪③②⑧⓪③⑧⑤⑨④②③⓪
⓪②①③④⓪②⑧①③⑤②⑧③①⓪②④③⑤⑨⓪⑨③⑨②⑧⓪③⓪④⑤②①⓪⑤⑧⑨①
①⑧⑦⑤⑧①③⑤⓪⑧⑨①⓪④⑨⑧⑤⑨②⑥④⑤①②⑧⓪⑤④②①⑧③⓪④⑧⑨③⓪⑧
⑤⑧③②④⑤③⑨④②⓪③⑤⓪②④③⑧⑤⓪③⑧④⑤⑨②③⑧⓪⑤⑨②⑧③②⓪④②⑤
②④⓪①⑨⑧⓪③⑧⑤⑧④①③①⑤⓪②④⑧①⑨⓪③⑨①③⑤④①④⓪④⑨⑤①⑧⑨⓪
⑨⓪⑦⑤②①⑤④⓪③①②⓪④②⑨④⑧①③⑤⑧③④⑧⑤⓪②⑨③⑧①②⑧⓪③④⑤②
②①④③⑧⓪⑦①⑤④③⑨⑤①④③⑤⓪⑨④②③①⑤②④⑨⑤①⑧⓪⑤⑨③④②①⑧③

2. L'intrus est : η

ρ π α κ ϖ θ χ τ ψ ω β φ ι τ κ ϕ χ σ π λ ϕ ζ δ κ ϕ α ψ ϖ τ ω τ κ α ρ σ β φ α γ
ζ ε τ ψ υ ο θ ε ϖ κ μ ε ϕ ξ χ α ρ ι τ π ϕ φ ζ κ ε ϖ κ ϕ υ ρ π χ τ ϖ ϕ ι π θ ε
π α ρ ι τ π α δ σ φ κ ψ α ε ω β ψ υ ϕ ζ ι ϖ α ϕ υ σ ρ ζ θ χ μ ϕ α ξ χ ρ ψ α ζ
δ ε κ χ ρ υ ϕ φ γ ε λ ζ χ θ ε ν ι τ κ α ρ σ β φ θ γ π δ ε ϕ ψ ρ δ κ ω θ κ ϕ τ
α θ σ ε ψ ζ σ θ ι υ π τ ε ϕ κ ζ δ ϖ ζ υ τ δ ι χ κ ρ ϕ α π ι τ π ε ζ ψ ε α χ ρ
ψ υ δ κ φ ϖ ε τ ψ υ ο θ ι ρ ϕ μ κ σ θ ε π ρ ϕ ε α ϖ ζ κ μ τ ψ υ ο θ ρ τ δ κ ζ
ι τ π ω β σ α κ χ α ρ ι τ π φ λ α γ ζ α β ψ υ ρ κ λ ϖ φ υ ε θ ω ζ β μ π ε ξ ι
ϕ ε χ θ σ ψ δ ζ η ρ π α κ ϖ θ χ τ ψ ω β φ ι τ κ ϕ χ σ π λ ϕ ζ δ κ ϕ α ψ ϖ τ ω

3. L'intrus est : ↖

↙↑↘↓→↗←↓↙←↘→↓↘↓←↘↑↘→↘↗→↘←↗↓↗↙→↘←↘↓↘←↙↑↖
→↘↙↑←→↑↙↑←↓→↙↗←↑←↑→↗←↘↑↙↑←↘→↗←↙↑↘↗→↗↑↘↓
→↗←↙↘↑↓→↑↙↑↘↑→↗→↓←↓↙↑↘↓↙↑↓↙↑↘↓→↗←↙↑↗←↘↓
↓↙↑↗←↗↙↑↘→↗←↙→↑↘↑↙→↗←↑→↑→↗↘←↓→↑↘↑↗→↑↘↙←
↓→↓↘↑→↑←↓↙↑↘←↘↙↑←↘↑↓↘↙↗↘↓↙↓→↙←↗←↙↘↓→↙→↘
←↘←↙←↓↙→↘↓↙→↙↑↘↓→↗←↘←↘↓↗←↙↘↗←↘→↑→↑↙↗↘↑↗
↙↗→↑↓←↑↘↗→↘↑←↗→↙↑↓↙←↘↑←↘→↗↓←↘↓→↗↓↘←↘←↘↙
→↘↓←↙↗↘→↗↙↓↗→↘↓↗↘→↗→↑←↓↙↑↘←↑↙→↓↘←↗↙↑↓→↓

4. L'intrus est : !

{,}(‘:), ? {;)‘: {,’}“:(,,}): .? {;)‘: {, …}?):“,? .(,;)?}: (“,?,”}{‘:}.(,;)
{,‘},;(?;’):?,;{,?,‘:},. {’?};{‘?},…{,‘},;(?;’):?,;{,?,‘:}{,‘},;(?;’):?,;{,?
(:,;{,;?’}(…“{…?”?(,,}): .?:;?(:,;{,;?’}(…(.)“? (:,;{,;?’}(…“.}
,{:}’{;):?}:(?;’?)(.):”?,…?,‘:}(,{:}’{;):?”,(?;’,); ,{:}’{;):?}:(?;’
.(,;)?}:(’?(.){,:(“?{!…}?):“,?.(,;)?}:(“,?,”}{‘:}.(,;)?}:(’,?“?)
,:(,)…(,?:;{?’:.?{;)‘:{,’}(,{:},:(“){;):?};{…)}.{,:(,)…(,?:;{:’
{’?};{‘,?,‘:},,(…”)?; ?(,{:}?),.(?…;{:.?{;)‘:{,’}{’?};{‘)(.)”; …
(,,}):.?{;)‘:{,’}:, ?”{“:})?(“…{,}(‘:),?{;)‘:{,’}“:(,,}):.?{;)‘:{,

Solution p. 287

35 LECTURE APPLIQUÉE

Objectif : *faire travailler la mémoire, l'attention et la compréhension de texte.*

1. Lisez attentivement le texte suivant puis masquez-le pour poursuivre l'exercice.

Entretien d'embauche
Le jeune homme, mal à l'aise dans son costume gris sombre acheté pour l'occasion, se présenta à l'accueil à 10h00 pile. Au bout de dix minutes, le directeur des relations humaines le fit entrer dans son bureau. Il l'interrogea longuement sur ses études universitaires en physique nucléaire. Le candidat exposa en détail son sujet de thèse, en insistant sur son travail de recherche au sein d'une équipe de chercheurs confirmés. Ensuite, son interlocuteur lui présenta la petite entreprise, spécialisée dans le matériel médical de précision, et ses douze salariés. Enfin, il lui décrivit les différentes tâches qui lui incomberaient s'il était retenu. À l'issue de l'entretien, il l'assura d'une réponse définitive dans de brefs délais.

2. À présent que vous avez masqué le texte, répondez aux 6 questions suivantes :

- Quelle était la couleur du costume du candidat ?
- À quelle heure se présenta-t-il à l'accueil ?
- Au bout de combien de temps fut-il reçu ?
- Quelle matière le jeune homme avait-il étudié à l'université ?
- Quelle était la spécialité de l'entreprise ?
- Combien l'entreprise employait-elle de salariés ?

36 MÉLI-MÉLO POÉTIQUE

Objectif : *travailler la compréhension, la logique de l'organisation du poème, le sens poétique et mettre à contribution la mémoire de travail verbale.*

1. Voici un extrait de poésie dont les vers ont été mélangés à l'intérieur de chaque strophe. Remettez les vers dans le bon ordre pour rendre le texte cohérent. Aidez-vous des rimes et de la ponctuation.
Indice : la structure des rimes est la suivante :
A B A B / C D C D

Texte extrait de : *Le voyage* de Charles Baudelaire

- Faut-il le mettre aux fers, le jeter à la mer,
- Dont le mirage rend le gouffre plus amer ?
- Ô le Pauvre amoureux des pays chimériques !
- Ce matelot ivrogne, inventeur d'Amériques

- Rêve, le nez en l'air, de brillants paradis ;
- Son œil ensorcelé découvre une Capoue
- Tel le vieux vagabond, piétinant dans la boue,
- Partout où la chandelle illumine un taudis.

2. Même consigne que précédemment.
Indice : la structure des rimes est la suivante :
A A B B / C C D D

Texte extrait de : *Aquarelle* de Charles Cros

- Suivant du regard le beau cavalier
- Fille de seize ans, rose, en robe rose.
- Au bord du chemin, contre un églantier,
- Qui vient de partir, Elle se repose,

- Brillent les éclairs d'un rêve orgueilleux...
- Et l'Autre est debout, fringante. En ses yeux
- Corps souple, front blanc, noire chevelure.
- Diane mondaine à la fière allure,

Solution p. 287

37 LES BONNES ASSOCIATIONS

Niveau 3

Objectif : *cet exercice fait appel à vos connaissances culturelles. Il s'agit non seulement de tester vos souvenirs sur des sujets que vous connaissez bien mais aussi d'enrichir vos connaissances dans des thèmes moins familiers pour vous. Il demande aussi une bonne mémoire de travail visuo-spatiale.*

1. Associez chaque personnage à une œuvre littéraire.

Les Trois Mousquetaires

La Maheude

chevalier Danceny

Germinal

Cunégonde

duc de Buckingham

Candide

Les Liaisons dangereuses

Cyrano de Bergerac

comte de Guiche

2. Associez chaque nom de culture à une production.

champignons

huîtres

sériciculture

viticulture

abeilles

ostréiculture

apiculture

myciculture

vers à soie

vigne

3. Associez chaque ville côtière à une mer.

mer Baltique

mer Rouge

Stockholm

Tunis

mer Noire

mer des Antilles

Suez

mer Méditerranée

Kingston

Odessa

4. Associez chaque souverain français à une souveraine.

Napoléon Ier

Marie Leszczynska

Charlemagne

Hildegarde

Louis XV

Joséphine de Beauharnais

Anne d'Autriche

Louis XIII

Henri II

Catherine de Médicis

Conseil : si vous connaissez mal un thème, ne vous formalisez pas ! Découvrez la réponse page 288 et refaites l'exercice dans une semaine pour évaluer vos progrès.

38 CHERCHEZ L'INTRUS

Objectif : *cet exercice fait travailler la mémoire de travail visuelle et spatiale, l'attention, la capacité à résister aux éléments interférents et la reconnaissance de formes.*

Trouvez l'intrus qui se cache au sein de chaque série de figures.

1. L'intrus est : ✼

2. L'intrus est : и

Solution p. 288

39 GARÇON, S'IL VOUS PLAÎT

Objectif : *cet exercice fait travailler les aspects verbaux et visuels de la mémoire de travail. Il s'agit en effet d'apprendre une certaine quantité d'informations nouvelles puis de les restituer immédiatement.*

1. Mémorisez les menus des deux convives. Il s'agit, cette fois, de retenir des spécialités libanaises. Ensuite, masquez l'image pour poursuivre l'exercice.

2. À présent que vous avez masqué l'image, pouvez-vous reconstituer les menus des deux convives grâce aux plats dont vous disposez ?

40 BIENVENUE À MONTMARTRE – ÉTAPE 1

Niveau 3

Objectif : *cet exercice de mémorisation d'un itinéraire fait travailler la visualisation des informations verbales (lire les noms de rues) et la verbalisation des informations visuelles (l'orientation et la succession des rues qui constituent le parcours).*

Observez attentivement le plan ci-dessous et mémorisez le parcours qui vous mènera du point A au point B. Puis tournez la page pour passer à l'étape suivante.

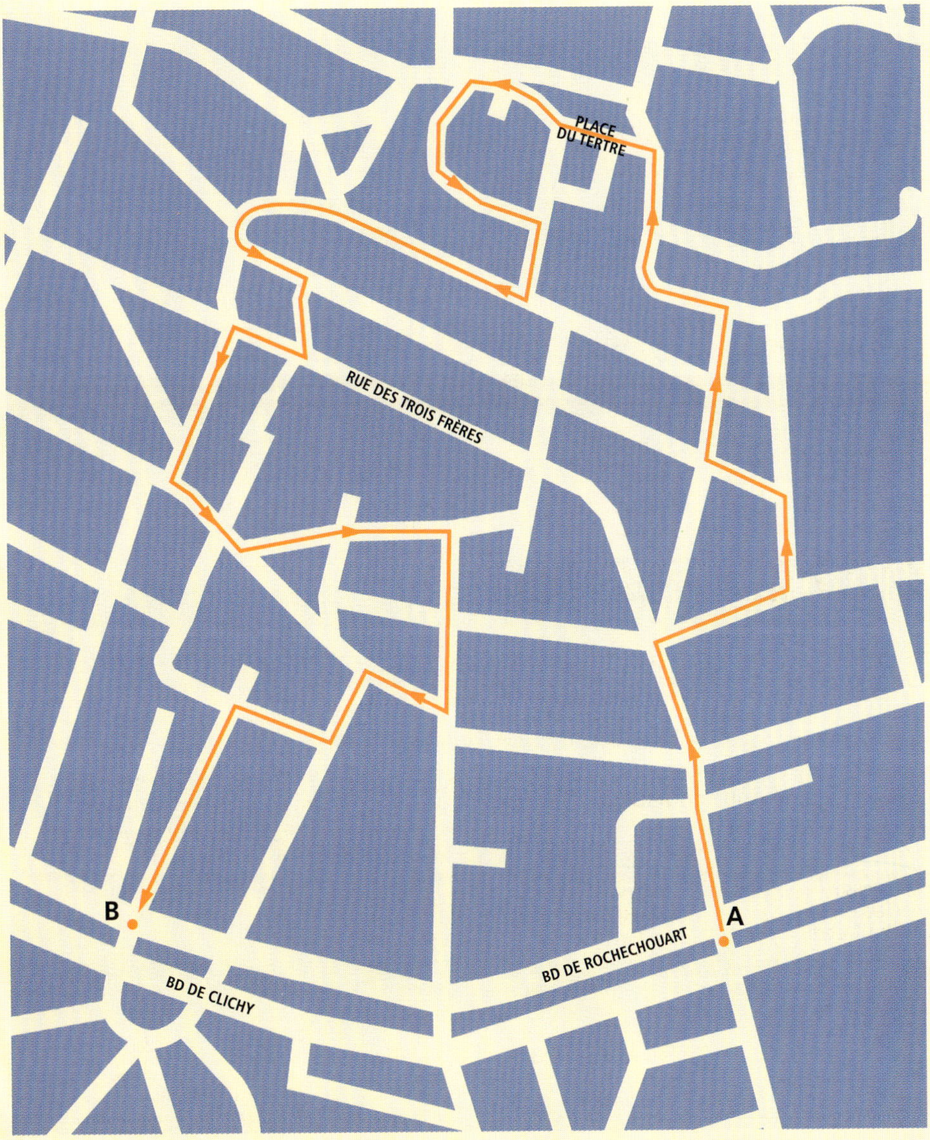

40 BIENVENUE À MONTMARTRE – ÉTAPE 2

Retracez le parcours mémorisé à l'étape 1 en vous aidant des noms et de l'orientation des rues.

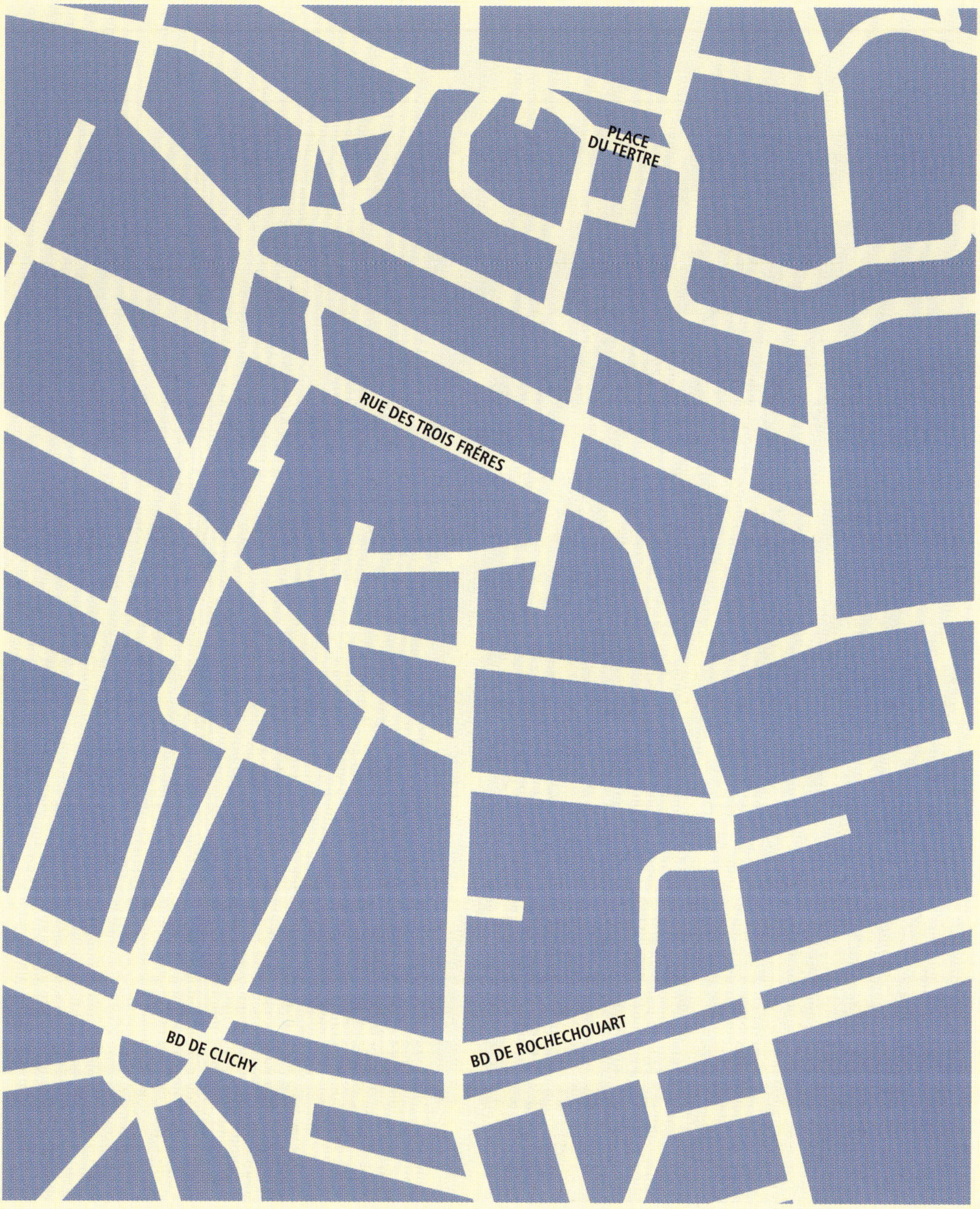

Niveau 3

41 FIN DE SÉRIE

Objectif : *cet exercice fait appel à la mémoire sémantique et à la mémoire lexicale.*

La fin de ces proverbes bien connus a été effacée. Retrouvez le mot qui les complète.

1. Il ne faut jamais jeter la manche après la …

2. Il n'est pire d'aveugle que celui qui ne veut pas …

3. La caque sent toujours le …

4. Il y a loin de la coupe aux …

5. À vieille mule, frein …

6. À père avare, fils …

Solution p. 288

42 LA MÉMOIRE EN MIROIR

Objectif : *cet exercice fait travailler la mémoire visuo-spatiale et les capacités de rotation mentale.*

Observez attentivement la figure de gauche en mémorisant sa forme et sa surface au carreau près. Puis masquez la figure et, à droite, tentez de reproduire son image « en miroir » en respectant l'axe de symétrie.

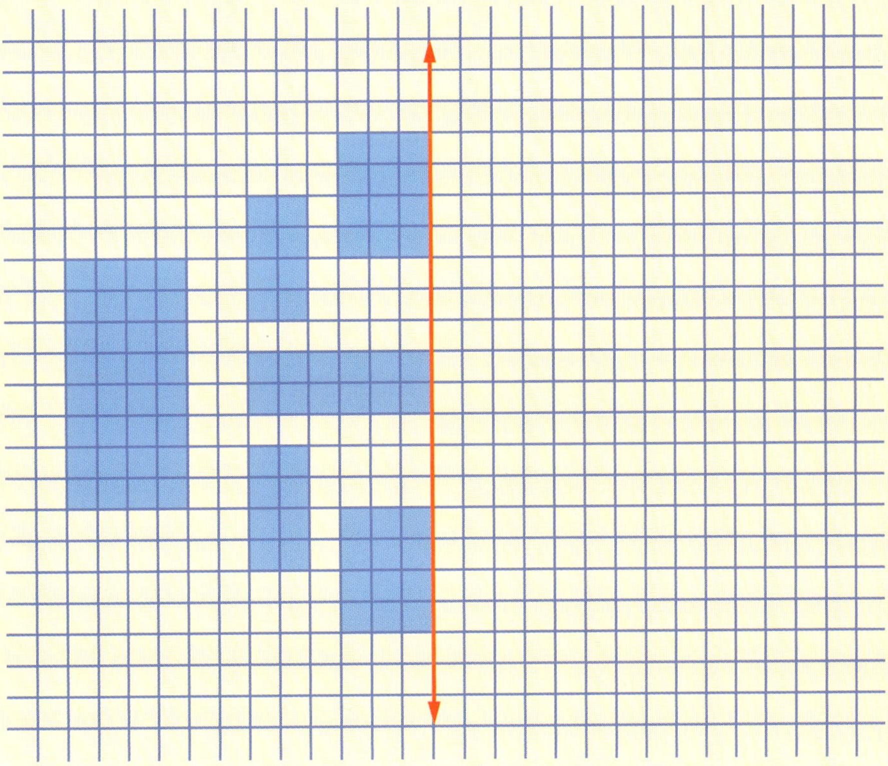

43 LE LABYRINTHE

Objectif : *le jeu du labyrinthe fait travailler la mémoire visuo-spatiale et l'attention, particulièrement lorsque les motifs qui le constituent sont répétitifs.*

Lancez-vous dans les méandres de ce labyrinthe et sortez-en le plus rapidement possible.

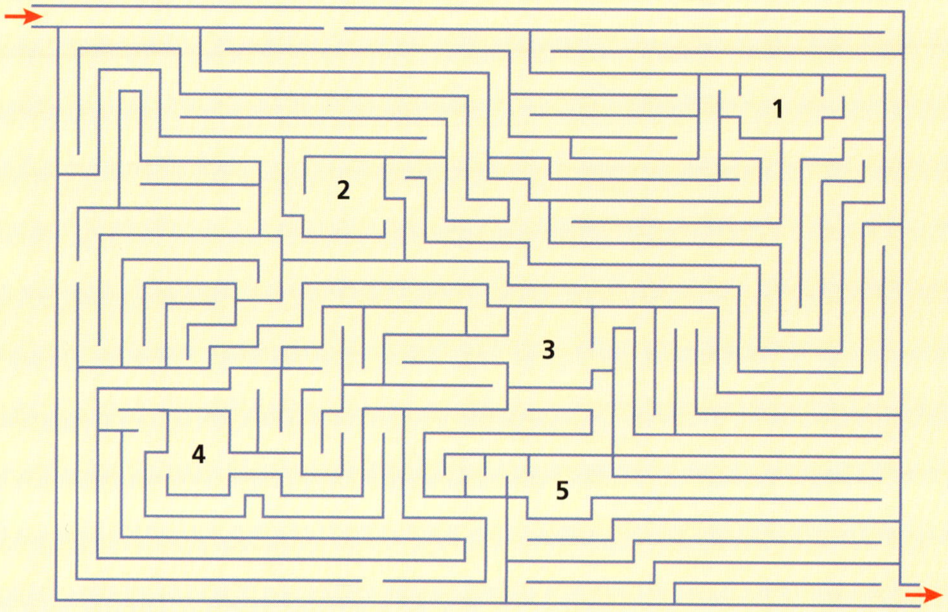

Solution p. 288

44 RETROUVEZ LES MOTS JUSTES

Objectif : *cet exercice fait travailler la mémoire épisodique.*

1. Lisez attentivement le texte suivant, puis masquez-le pour poursuivre l'exercice.

Il se trouve dans certaines villes de province des maisons dont la vue inspire une mélancolie égale à celle que provoquent les cloîtres les plus sombres, les landes les plus ternes ou les ruines les plus tristes. Peut-être y a-t-il à la fois dans ces maisons et le silence du cloître, et l'aridité des landes, et les ossements des ruines : la vie et le mouvement y sont si tranquilles qu'un étranger les croirait inhabitées, s'il ne rencontrait tout à coup le regard pâle et froid d'une personne immobile dont la figure à demi monastique dépasse l'appui de la croisée, au bruit d'un pas inconnu.
Extrait d'*Eugénie Grandet* de Balzac

2. À présent, retrouvez les mots qui ont disparu.

Il se trouve dans certaines .... dont la vue inspire une mélancolie égale à celle que provoquent les .... les plus sombres, les landes les plus ternes ou les ruines les plus tristes. Peut-être y a-t-il à la fois dans ces maisons .... du cloître, et l'aridité des landes, et les ossements des ruines : la vie et le mouvement y sont si tranquilles qu'.............. les croirait inhabitées, s'il ne rencontrait tout à coup le regard .... d'une personne immobile dont la figure à demi monastique dépasse l'appui de la ..., au bruit d'un pas inconnu.
Extrait d'*Eugénie Grandet* de Balzac

45 GÉNÉALOGIE EN HERBE

Niveau 3

Objectif : *cet exercice fait travailler la mémoire des prénoms et la logique des liens familiaux.*

Les arbres généalogiques permettent de figurer de façon simple les liens de parenté d'une famille.

Sur le type d'arbre présenté ci-dessous, seuls figurent les descendants directs. Mémorisez-le, puis masquez-le avant de répondre aux questions.

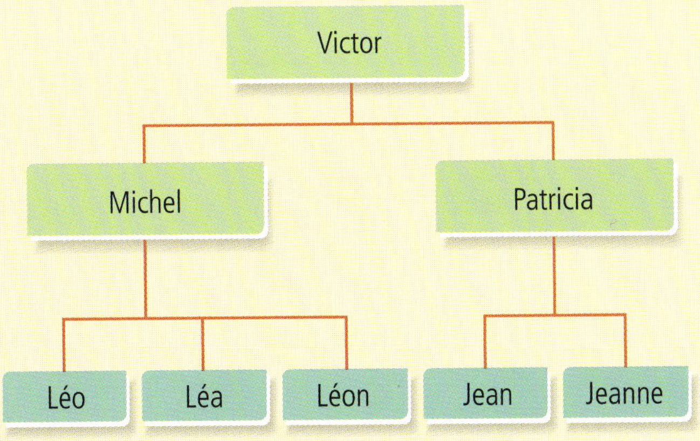

1. Qui est le grand-père de Léon ?
2. Qui est le frère de Patricia ?
3. Qui est l'oncle de Jean ?
4. Qui est la cousine de Léa ?
5. Qui est la tante de Léo ?

Solution p. 288

46 EN TOUTE LOGIQUE

Objectif : *cet exercice fait appel au raisonnement et à la mémoire épisodique (puisqu'il faut retenir les étapes précédentes du raisonnement).*

Lisez attentivement le texte suivant, puis, sans le masquer et en vous aidant du tableau, retrouvez les couples formés ainsi que leurs activités respectives.

Aude, Barbara, Cécile et Delphine rencontrent Edmond, Frédéric, Guillaume et Hervé, mais ne peuvent se mettre d'accord sur ce qu'ils vont faire. Finalement, les couples se forment (une fille et un garçon) selon les goûts de chacun. Aude veut aller danser en discothèque ; Barbara s'en va avec Guillaume ; Cécile ne veut en aucun cas faire quelque chose avec Frédéric ; Hervé ira au cinéma, Frédéric écoutera un concert d'orgue et l'un des couples se promènera dans un parc.

	Edmond	Frédéric	Guillaume	Hervé
Aude				
Barbara				
Cécile				
Delphine				

Solution p. 288

47 LE BON MOTIF

Objectif : *cet exercice fait travailler votre mémoire visuelle et votre attention.*

1. Observez attentivement la figure suivante, puis masquez-la pour poursuivre l'exercice.

2. Parmi les quatre figures ci-dessous, quelle est celle que vous venez de mémoriser ?
Attention, la figure a été tournée.

A

B

C

D

Solution p. 288

48 TROP, C'EST TROP !

Objectif : *cet exercice fait travailler la mémoire sémantique et la logique.*

Le terme pléonasme désigne une répétition de mots dont le sens est identique, comme « monter en haut » ! Très courants dans le langage oral familier, les pléonasmes sont souvent considérés comme une faute de style à l'écrit…

Débusquez les 9 pléonasmes qui se sont cachés dans le texte suivant.

Il se levait tous les matins à quatre heures et accomplissait les mêmes tâches. Ainsi chaque jour, quotidiennement, on le voyait traverser ses champs avant que le coq chante. Labeur et labour rythmaient sa vie. Retourner la terre en l'ameublissant était certes un travail physique très difficile impliquant le corps mais, à sa connaissance, il savait qu'il ne pourrait rien accomplir d'autre. Alors il faisait répétitivement les mêmes gestes, laissant les doutes et les hésitations de côté… Un jour pourtant, un nouvel instituteur, récemment installé dans le village, allait transformer sa vie en modifiant bien des choses, celles-là même qui constituaient depuis toujours et ad vitam eternam, pensait-il, son existence.

Solution p. 288

49 EN TOUTE LOGIQUE

Niveau 3

Objectif : *cet exercice fait appel au raisonnement et à la mémoire épisodique (puisqu'il faut retenir les étapes précédentes du raisonnement).*

Lisez attentivement le texte suivant, puis, sans le masquer, répondez à la question.

Trois hommes d'affaires, Pierre, Michel et Jacques, de la SA Machin à Paris doivent visiter une fois par semaine leurs filiales à Lyon, Toulouse et Rennes. Puisqu'il faut que deux responsables restent au siège à tout moment, ils se mettent d'accord pour que chacun d'eux voyage le lundi, le mardi ou le mercredi pour visiter une filiale. Aucun ne voulant faire deux voyages par semaine, chacun voyage donc une fois par semaine. Mais chacun d'eux souhaite faire respecter certaines contraintes.
- Aucun ne veut aller à Lyon le lundi.
- Pierre ne veut pas voyager le mardi et ne veut aller à Toulouse.
- Michel ne veut pas voyager le lundi et ne veut pas aller à Rennes ;
en outre, il ne veut pas aller à Lyon le mercredi.
- Jacques ne souhaite pas voyager le mercredi et ne veut pas aller à Lyon.

Est-ce possible de respecter les souhaits de Pierre, Michel et Jacques ? Il existe deux combinaisons de voyages possibles à ce problème. Pour vous aider, vous pouvez utiliser le tableau ci-dessous.

	Lundi	Mardi	Mercredi
Lyon			
Toulouse			
Rennes			

Solution p. 288

50 EXPERT EN BOTANIQUE – ÉTAPE 1

Objectif : *cet exercice fait travailler la mémoire visuelle et verbale.*

Observez attentivement les conifères suivants et mémorisez leurs noms, puis tournez la page pour poursuivre l'exercice.

Mélèze

Sapin

Épicéa

Pin sylvestre

If

50 EXPERT EN BOTANIQUE – ÉTAPE 2

Retrouvez le nom des arbres mémorisés à la page précédente.

51 TROUVEZ LES BONNES INFORMATIONS

Objectif : *cet exercice fait travailler la mémoire sémantique et épisodique.*

1. Lisez attentivement le texte suivant en mémorisant les informations suivantes puis masquez-le pour poursuivre l'exercice.

Kazakhstan ou Kazakstan
État d'Asie centrale
entre la Caspienne et la Chine.

Superficie :	2 717 000 km^2
Population :	16 095 000 habitants
Capitale :	Astana
Langue :	kazakh
Monnaie :	tenge

2. À présent, retrouvez les mots qui ont disparu.

Kazakhstan ou ....
État d'Asie centrale
entre ....et ....

Superficie :	.... km^2
Population :	..........................habitants
Capitale :	....
Langue :	....
Monnaie :	....

52 BIENVENUE À AMSTERDAM

Niveau 3

Objectif : *cet exercice fait travailler la concentration, le repérage visuo-spatial et l'imagerie mentale.*

Vous avez rendez-vous à un café situé au bout de l'avenue Vijzegracht.
Comme vous n'arrivez pas à retenir les noms hollandais, le réceptionniste de l'hôtel vous a donné les indications de direction suivantes :

Prenez à gauche en sortant de l'hôtel. Puis tournez à droite à la 4e rue. Tournez à gauche à la 2e rue, traversez une avenue et continuez jusqu'au bout de la rue. Arrivé au bout de la rue tournez à gauche. Traversez 2 canaux. Arrivé à un troisième canal, tournez à droite et longez-le jusqu'à une grande avenue. Prendre à droite sur l'avenue jusqu'à un grand rond-point.

À l'aide des indications, essayez de tracer votre parcours sur le plan ci-contre.

Solution p. 289

SOLUTIONS DES TESTS « EXPLORER VOTRE MÉMOIRE »

P. 95 Testez votre mémoire sémantique

• LE VOCABULAIRE

Poissons : truite, saumon, brochet...
Oiseaux : rossignol, pie, moineau...
Mammifères : lion, vache, souris...
Insectes : coccinelle, abeille, fourmi...
Mollusques et crustacés : moule, crabe, escargot...
Animaux commençant par C : Caïman, Chameau, Cacatoès...
Animaux de genre féminin : salamandre, loutre, otarie...
Animaux de genre masculin : castor, koala, python...
Animaux de la ferme : coq, cochon, lapin...
Animaux d'Afrique : girafe, éléphant, gnou...
Femelles : hase, jument, truie...
Petits : poulain, lionceau, agneau...

• LES CONNAISSANCES

Capitale de l'Australie : Canberra
Bataille de Marignan : 1515
O.N.U. : Organisation des Nations unies
10 mai 1981 : François Mitterrand élu président de la République
Alfred Nobel : inventeur de la dynamite et du prix Nobel
Habitants de Béziers : Biterrois
Les Sept Merveilles du monde : les pyramides d'Égypte, les jardins suspendus de Sémiramis à Babylone, la statue en or et ivoire de Zeus Olympien par Phidias, le temple d'Artémis à Éphèse, le mausolée d'Halicarnasse, le colosse de Rhodes, le phare d'Alexandrie.

P. 118 Testez votre attention

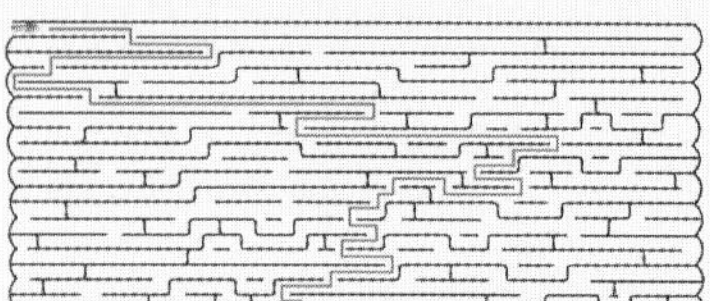

P. 129 Testez l'efficacité de vos encodages

• Couples de mots ayant la même présentation : 1, 3, 5, 7
• Couples de mots avec rime : 1, 2, 4, 9
• Catégories des couples de mots : **1.** Insectes volants ; **2.** Singes ; **3.** Mammifères marins ; **4.** Volailles ; **5.** Félins ; **6.** Oiseaux ; **7.** Serpents ; **8.** Poissons.

Il est fort probable que vous vous souveniez bien mieux de la dernière série de mots. En effet, en recherchant une catégorie commune, l'analyse est plus profonde que lorsque l'on examine des lettres ou des rimes qui sont des caractéristiques plus superficielles.

P. 159 Testez votre mémoire à travers l'imagerie mentale

1. L'éléphant d'Afrique est plus gros que l'éléphant d'Asie et a de plus grandes oreilles.
2. Le pin a des aiguilles longues et souples insérées par deux. Ses cônes sont dirigés vers le bas.
Le sapin a des aiguilles qui s'insèrent régulièrement sur les tiges. Ses cônes sont dirigés vers le haut.
3. La lettre **E** comporte 4 angles droits.

P. 164 Organisez vos prochaines vacances

Avec les contraintes imposées dans cet exercice, vous pouvez par exemple :

• Partir 15 jours à 4 personnes en appartement (2 x 500 = 1 000 €), vous voyagerez en voiture pour atteindre le sud de la France (2 x 100 = 200 € l'aller-retour) et pourrez dépenser en moyenne chacun 5 euros par jour et par personne (5 x 4 x 15 = 300 €).
Pour cette option votre budget ne dépasse pas 375 € par personne.

• Partir 7 jours à 2 personnes à l'étranger en avion (2 x 400 = 800 €). Vous logerez à l'hôtel demi-pension (2 x 70 x 7 = 980 €) et dépenserez près de 15 € par jour et par personne. Pour cette option, votre budget ne dépasse pas 1 000 € par personne.

• Partir 30 jours à 4 personnes en train sur une courte distance (4 x 50 = 200 €) et loger en camping (4 x 30 x 10 = 1 200 €).
Vous dépenserez 5 euros par jour et par personne (5 x 4 x 30 = 600 €) et pourrez vous offrir une semaine d'activité sportive à bas prix (50 x 4 = 200 €). Pour cette option, votre budget ne dépasse pas 550 € par personne.

P. 169 Testez vos méthodes de mémorisation pour les nombres

Pour le 21/07/1969, vous pouvez retenir, par exemple, qu'il s'agit du jour situé un mois après le jour de l'été, le 21 juin (donc le 21 juillet). Pour l'année 1969, c'est facile : il s'agit de l'année de votre mariage. Mais vous pouvez également vous appuyez sur une logique mathématique à l'aide de multiplications par 3 (3 x 7 = 21 ; 2 x 3 = 6 ; 3 x 3 = 9)

P. 178 Exercez vos talents de généalogiste

1. Marcel Proust est l'oncle d'Adrienne Proust.
2. Marcel Proust est le grand-oncle par alliance de Claude Mauriac.
3. François Mauriac est le père du petit-neveu par alliance de Marcel Proust.

SOLUTIONS DES EXERCICES « À VOUS DE JOUER »

Niveau 1

3 Histoire en vrac
Ordre des vignettes :
6 – 4 – 7 – 8 – 2 – 1 – 5 – 3

6 Cherchez l'intrus
1.

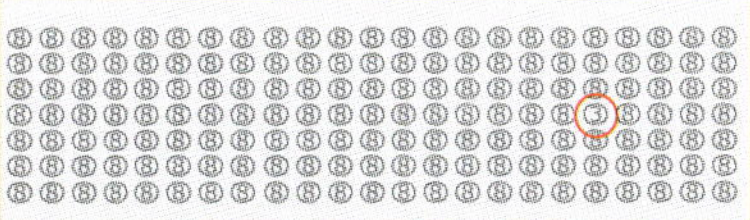

2.

7 Suite logique
Le domino qui complète logiquement la suite est le domino **B**.
En effet, les points augmentent de 1 dans la partie supérieure à chaque nouveau domino tandis que, dans la partie inférieure, on a affaire à une simple alternance de 1 à 6 points.

8 Les bonnes associations
1. CAPITALE → PAYS
Bagdad → Irak
Bangkok → Thaïlande
Buenos Aires → Argentine
Dakar → Sénégal
Oslo → Norvège
2. ANIMAL → CLASSE
anchois → poissons
marmotte → mammifères
perdrix → oiseaux
termite → insectes
tortue → reptiles
3. MÉDECIN → SPÉCIALITÉ
cardiologue → cœur
dermatologue → peau
ophtalmologiste → yeux
pédiatre → enfants
pneumologue → poumons

9 Testez votre vocabulaire
Il existe une quantité de réponses pour chaque catégorie. Nous ne vous en indiquons ici que quelques-unes. Si vos réponses ne figurent pas parmi celles-ci, nous vous invitons à vérifier leur exactitude à l'aide du dictionnaire.
FRUITS : pamplemousse, papaye, pastèque, pêche, pistache, pomme, poire, prune…
SENTIMENTS : passion, peine, peur, piété, pitié, plaisir…
VILLES DE FRANCE : Paimpol, Paris, Pau, Périgueux, Perpignan, Pierrelatte, Pontoise, Poitiers, Pornic…
MÉTIERS : parfumeur, pâtissier, peintre, pharmacien, pompiste, portier, porteur, postier, potier, professeur, psychiatre, psychologue…

10 Trouvez les fautes
Les mots comportant des fautes sont écrits en gras.
L'ANNÉE DU BAC
La longue **absence** du **professeur** de français a fortement **perturbé** le bon déroulement de l'année scolaire pour les élèves du lycée. Le rectorat n'a pu **envoyer** de remplaçante qu'au bout de trois **semaines**, ce qui **a** fait perdre un temps précieux aux élèves, en pleine préparation du **baccalauréat**. Heureusement, la jeune femme, pourtant peu expérimentée, s'est **montrée** très efficace et a pratiquement **rattrapé** le retard que la classe avait pris par rapport au programme **officiel**.

12 Trouvez les différences
Les 6 différences sont :
1. Les accoudoirs du canapé sont carrés
2. Il manque des CD dans le présentoir
3. Les coussins sont posés à droite du canapé
4. Dans la bibliothèque, des livres ont été redressés
5. Il n'y a plus rien sur la table basse
6. Il n'y a pas d'antenne sur la télé.

13 Méli-mélo poétique
1. *Sonnet d'été* de Germain Nouveau
– Une blonde frêle en mignon peignoir
– Tirera des sons d'une mandoline,
– Et les blancs rideaux tout en mousseline
– Seront réfléchis par un grand miroir.
2. *Automne* de Jules Breton
– La rivière s'écoule avec lenteur. Ses [eaux
– Murmurent, près du bord, aux souches [des vieux aulnes
– Qui se teignent de sang ; de hauts [peupliers jaunes
– Sèment leurs feuilles d'or parmi les [blonds roseaux.

14 Rangez vos livres
Il faut déplacer 5 livres au minimum pour passer de la configuration **A** à la configuration **B** :
– livre rouge sur la pile 1
– livre orange sur la pile 3
– livre rouge sur la pile 2
– livre jaune sur la pile 3
– livre rouge sur la pile 3

16 Le mot caché
1. PAYSAGE ; **2.** SOMMIER ; **3.** VOLTIGE.

17 Cherchez l'intrus
1.

2.

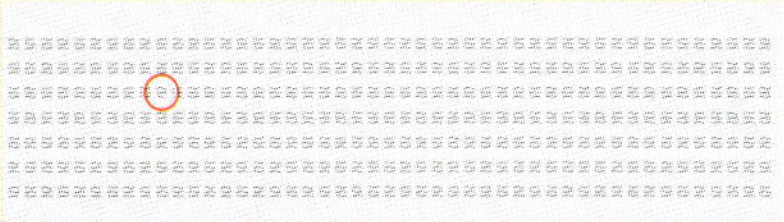

18 Qui est-ce ?
1. Sigourney Weaver
2. Alfred Nobel
3. Cupidon

19 Trouvez les fautes

Les mots comportant des fautes sont écrits en caractères gras.

LA DISEUSE DE BONNE AVENTURE

Ses deux mains noueuses **plaquées** sur une grosse boule de **cristal**, la vieille bohémienne semblait **extrêmement** concentrée.
Elle resta ainsi, silencieuse, le regard baissé, pendant plus d'un quart d'heure, laissant seulement parfois **échapper** un grommellement **indéfinissable**, **accompagné** d'un **hochement** de tête et du tintement cuivré de ses bracelets qui s'**entrechoquaient**.
Julie, qui perdait patience, finit par lui **demander ce** qu'elle voyait...

21 L'anagramme intrus

1. Les 4 mots sont : grenouille ; mouche ; guêpe ; fourmi.
L'intrus est : grenouille
(seul amphibien parmi 3 insectes).
2. Les 4 mots sont : printemps ; hiver ; mercredi ; automne.
L'intrus est : mercredi
(seul jour de la semaine parmi 3 saisons).
3. Les 4 mots sont : paquebot ; voilier ; cargo ; berline.
L'intrus est : berline
(seule automobile parmi 3 bateaux).
4. Les 4 mots sont : bottine ; escarpin ; mocassin ; béret.
L'intrus est : béret
(seule coiffure parmi 3 chaussures).
5. Les 4 mots sont : théâtre ; collège ; lycée ; école.
L'intrus est : théâtre
(seul lieu de spectacle parmi 3 établissements scolaires).

22 Suite logique

Le domino qui complète logiquement la suite est le domino **D**.
En effet, les points augmentent de 1 alternativement dans les parties supérieure et inférieure du domino tandis que l'autre partie comporte invariablement 4 points.

23 Les bonnes associations

1. TECHNIQUE → MÉTIER
amputation → chirurgien
assaisonnement → cuisinier
labourage → agriculteur
retouche → couturier
vidange → mécanicien
2. VÉGÉTAL → FAMILLE
cannelle → épice
melon → fruit
pleurote → champignon
sarrasin → céréale
sureau → arbre
3. DÉPARTEMENT → RÉGION
Finistère → Bretagne
Gironde → Aquitaine
Jura → Franche-Comté
Moselle → Lorraine
Yvelines → Ile-de-France

24 Méli-mélo poétique

1. *L'ancêtre* de José-Maria de Heredia
– La gloire a sillonné de ses illustres rides
– Le visage hardi de ce grand Cavalier
– Qui porte sur son front que nul n'a fait [plier
– Le hâle de la guerre et des soleils [torrides.
2. *Espoir timide* de François Coppée
– Chère âme, si l'on voit que vous [plaignez tout bas
– Le chagrin du poète exilé qui vous [aime,
– On raillera ma peine, et l'on vous dira [même
– Que l'amour fait souffrir, mais que l'on [n'en meurt pas.

25 Trouvez les différences

Les 6 différences sont :
1. La femme se trouve sous le casque de gauche
2. La pile de magazines a disparu
3. La brosse à cheveux a été remplacée par un peigne
4. Le coiffeur tient le sèche-cheveux dans la main droite
5. La femme porte des bigoudis verts
6. Un chapeau a été ajouté sur le porte-manteaux.

27 Histoire en vrac

Ordre des vignettes :
7 – 2 – 8 – 4 – 1 – 5 – 3 – 6

30 Le mot caché

1. CULTURE ; **2.** PARESSE ; **3.** SACOCHE

31 Qui est-ce ?

1. Marie-Antoinette
2. Salvador Dalí
3. Louis Pasteur

32 Rangez vos livres

Il faut déplacer 4 livres au minimum pour passer de la configuration **A** à la configuration **B** :
– livre orange sur la pile 2
– livre rouge sur la pile 3
– livre jaune sur la pile 2
– livre rouge sur la pile 2

33 Testez votre vocabulaire

Il existe une quantité de réponses pour chaque catégorie. Nous ne vous en indiquons ici que quelques-unes. Si vos réponses ne figurent pas parmi celles-ci, nous vous invitons à vérifier leur exactitude à l'aide du dictionnaire.
OISEAUX : caille, canari, chouette, cigogne, colibri, colombe, corbeau, corneille, coucou, cygne...
OBJETS : cadre, cahier, carnet, casque, chaîne, clochette, clou, collier, coupelle, crayon...
PARTIES DU CORPS : cerveau, cheville, clavicule, coccyx, cœur, colonne, côte, cou, coude, crâne, cuisse...
ARBRES : cacaoyer, caféier, cèdre, cerisier, charme, châtaignier, chêne, citronnier, cocotier, cyprès...

34 L'anagramme intrus

1. Les 4 mots sont : annulaire ; orteil ; index ; majeur.
L'intrus est : orteil
(seul doigt de pied parmi 3 doigts de la main).
2. Les 4 mots sont : lampe ; lustre ; applique ; rideau.
L'intrus est : rideau

(seule pièce d'étoffe parmi 3 luminaires).
3. Les 4 mots sont : montagne ; colline, océan ; dune.
L'intrus est : océan
(seule étendue d'eau parmi 3 éléments de relief).
4. Les 4 mots sont : haricot ; bolet ; girolle ; cèpe.
L'intrus est : haricot
(seul légume vert parmi 3 champignons).
5. Les 4 mots sont : cymbale ; tambour ; violon ; timbale
L'intrus est : violon
(seul instrument à cordes parmi 3 instruments à percussion).

35 En toute logique

1. Aphrodite
2. Pâris
3. Hélène est l'épouse du roi Ménélas

37 Fin de série

1. … qu'un.
2. … rois.
3. … jamais.
4. … chaud.
5. … dormant.
6. … nature.
7. … pique.
8. … remèdes.
9. … impossible.
10. … dansent.
11. … due.
12. … odeur.
13. … conseil.
14. … bœufs.
15. … fils.
16. … tenu.

38 Le bon motif

Le bon motif est le C.

39 Trop, c'est trop !

Les pléonasmes sont signalés **en gras** :
Adèle et Agathe sont deux sœurs. C'est sans doute la raison pour laquelle elles *partagent* de nombreux traits **communs.** Ainsi, elles n'aiment pas les décisions *spontanées* prises à **l'improviste**, mais *prévoient* toujours bien **à l'avance** ce qu'elles vont faire dans trois semaines. Comme ça, il n'y a jamais de *hasard* **imprévu.** Ce dimanche *matin,* **vers 10 heures** Adèle se *lève* **debout** et *descend* **en bas** dans la cuisine préparer le petit déjeuner, puis elle remonte avec le café et les croissants. « *Dépêche-toi* **vite** de manger, il faut qu'on passe encore au marché avant d'aller chez tante Eulalie », rappelle Adèle à Agathe. À midi, les deux sœurs doivent en effet se rendre à un grand repas pour **commémorer** *l'anniversaire* de leur tante Eulalie.

40 Le labyrinthe

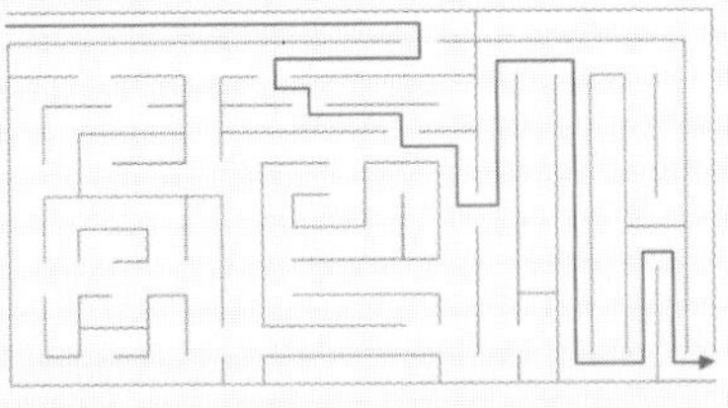

43 En toute logique

Les affirmations 2 et 4 sont correctes.

44 Généalogie en herbe

A. Faux ; **B.** Faux ; **C.** Vrai ; **D.** Vrai

46 Trop, c'est trop !

Les pléonasmes sont signalés **en gras** :
Cette nouvelle *bibliothèque* **livresque,** ouverte depuis peu près de chez elle ravit Élise. Elle allait enfin pouvoir achever le déchiffrement lent et laborieux de ce manuscrit grec sans être obligée de *traverser* Paris **d'un côté à l'autre**… Elle *vit* **d'un coup d'œil** à sa droite une *rangée* de dictionnaires **bien alignée**, en choisit un et s'assit sur une chaise.
Après avoir *rapidement* **parcouru des yeux** plusieurs lignes, elle comprit les diverses *erreurs* qui avaient **faussé** sa traduction. Elle *s'appliquait* **méticuleusement** à écrire bien chaque nouvelle définition, *penchée* **en avant** sur le livre.

49 Fin de série

1. Oui car sacrifice possède le groupe de lettres cri comme les autres mots.
2. Non car saphir ne désigne pas un objet de couleur verte.
3. Non car réfrigérateur compte 13 lettres et non pas 9 comme les autres mots.
4. Oui car tableau peut être associé à l'adjectif noir comme les autres mots.

51 Le bon motif

Le bon motif est le **D.**

Niveau 2

1 Les différences

Les 8 différences sont :
1. Il n'y a plus qu'un seul drapeau au-dessus de la porte de la mairie
2. L'horloge indique 9 heures
3. Les volets des deux fenêtres de la maison sont ouverts
4. Il n'y a plus que 4 platanes
5. Il y a un chat à la place du chien errant
6. La femme portant des provisions a changé de place
7. Le banc est vert
8. Il y a une grosse brioche en plus dans la vitrine de la boulangerie.

3 Testez votre vocabulaire

Il existe une quantité de réponses pour chaque catégorie. Nous ne vous en indiquons ici que quelques-unes. Si vos réponses ne figurent pas parmi celles-ci, nous vous invitons à vérifier leur exactitude à l'aide du dictionnaire.
VILLES D'EUROPE : Bâle, Barcelone, Belfast, Berlin, Berne, Bilbao, Birmingham, Bologne, Bonn, Brême, Bruxelles, Bucarest, Budapest…
VÊTEMENTS : bas, bermuda, blazer, bleu, blouse, blouson, boléro, bonnet, boubou, bustier…
SPORTS ET LOISIRS : baccara, badminton, base-ball, basket-ball,

belote, billard, billes, bingo, bobsleigh, boule lyonnaise, bowling, bridge...
HOMMES POLITIQUES : Badinter (Robert), Balladur (Édouard), Barre (Raymond), Ben Gourion (David), Bérégovoy (Pierre), Berlusconi (Silvio), Bismarck (Otto), Blair (Tony), Blum (Léon), Bolívar (Simon), Brandt (Willy)...

6 Cherchez l'intrus

Les intrus sont indiqués en rouge.

1.

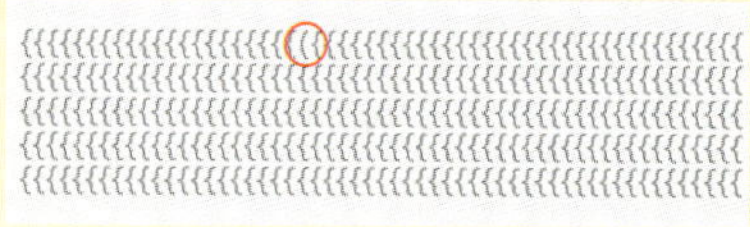

2.

3.

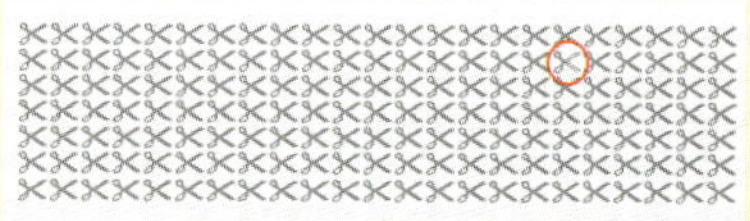

4.

7 Le mot caché

1. PELUCHE ; **2.** MAGENTA ; **3.** VERGLAS

8 Histoire en vrac

Ordre des vignettes :
3 – 8 – 2 – 5 – 6 – 1 – 7 – 4

10 Trouvez les fautes

Les mots comportant des fautes sont écrits en gras.

REPAS DE NOCES

Le service fourni par le traiteur a été **irréprochable**. Avec les **amuse-gueule** traditionnels, il proposait des **cassolettes** de fruits de mer de son **cru**, que les convives ont fort **appréciées**. Un somptueux buffet de **hors-d'œuvre** s'en est suivi, composé de mets **raffinés** aussi attrayants à l'œil qu'au palais. Le **cuissot** de chevreuil flambé à l'armagnac, qui constituait le plat principal du dîner, a remporté un franc succès, à **l'instar** des profiteroles au chocolat qui **clôturaient** harmonieusement le repas de noces.

11 Les bonnes associations

1. MONNAIE → PAYS
peso → Argentine
dinar → Algérie
leu → Roumanie
shekel → Israël
baht → Thaïlande

2. ÉCRIVAIN → PSEUDONYME
Aurore Dupin → George Sand
François Marie Arouet → Voltaire
Frédéric Dard → San Antonio
Henri Beyle → Stendhal
Jean-Baptiste Poquelin → Molière

3. VÊTEMENT → PAYS
djellaba → Maroc
paréo → Tahiti
poncho → Pérou
sari → Inde
sarong → Thaïlande

4. CRI → ANIMAL
barrissement → éléphant
brame → cerf
coassement → grenouille
croassement → corbeau
mugissement → bœuf

12 Rangez vos livres

Il faut déplacer 7 livres au minimum pour passer de la configuration **A** à la configuration **B** :
– livre rouge sur la pile 1
– livre jaune sur la pile 2
– livre rouge sur la pile 2
– livre orange sur la pile 1
– livre rouge sur la pile 3
– livre jaune sur la pile 1
– livre rouge sur la pile 1

13 Méli-mélo poétique

1. *Les cerfs* d'Anatole France
– Aux vapeurs du matin, sous les fauves [ramures
– Que le vent automnal emplit de longs [murmures,
– Les rivaux, les deux cerfs luttent dans [les halliers :
– Depuis l'heure du soir où leur fureur [errante
– Les entraîna tous deux vers la biche [odorante,
– Ils se frappent l'un l'autre à grands [coups d'andouillers.

2. *À ma fille Adèle* de Victor Hugo
– Tout enfant, tu dormais près de moi, [rose et fraîche,
– Comme un petit Jésus assoupi dans sa [crèche ;
– Ton pur sommeil était si calme et si [charmant
– Que tu n'entendais pas l'oiseau [chanter dans l'ombre ;
– Moi, pensif, j'aspirais toute la douceur [sombre
– Du mystérieux firmament.

15 Qui est-ce ?

1. Florence Arthaud ;
2. Bernard Kouchner ;
3. Roland Petit ;
4. Simone de Beauvoir

19 Histoire en vrac

Ordre des vignettes :
8 – 3 – 2 – 7 – 6 – 5 – 1 – 4

20 Suite logique

La figure qui complète logiquement la suite est la figure **E.**

Pour trouver la solution, il faut suivre l'évolution de chaque élément isolément :
• *la case bleue se déplace à chaque fois d'une case dans le sens des aiguilles d'une montre ;*
• *la figure géométrique orange possède à chaque fois un côté supplémentaire ;*
• *le cercle jaune passe alternativement de la case centrale à la case située juste en dessous.*

21 L'anagramme intrus

1. Les 4 mots sont : Zeus ; Osiris ; Poséidon ; Hermès

L'intrus est : Osiris
(seul dieu égyptien parmi 3 dieux grecs).
2. Les 4 mots sont : Everest ; Pyrénées ; Appalaches ; Carpates.
L'intrus est : Everest
(seul sommet parmi 3 chaînes de montagnes).
3. Les 4 mots sont : Debussy ; Monet ; Mozart ; Vivaldi.
L'intrus est : Monet
(seul peintre parmi 3 musiciens).
4. Les 4 mots sont : Tintin ; Milou ; Dupond ; Rantanplan
L'intrus est : Rantanplan
(seul personnage de Lucky Luke parmi 3 personnages de Tintin).
5. Les 4 mots sont : Inde ; Pérou ; Chine ; Népal
L'intrus est : Pérou
(seul pays d'Amérique parmi 3 pays d'Asie).

22 Le petit bac

Il existe une quantité de réponses pour chaque catégorie. Nous ne vous en indiquons ici que quelques-unes. Si vos réponses ne figurent pas parmi celles indiquées, nous vous invitons à vérifier leur exactitude à l'aide du dictionnaire.

AUTEURS FRANCAIS : Rabelais (François), Racine (Jean), Radiguet (Raymond), Renard (Jules), Rimbaud (Arthur), Romains (Jules), Ronsard (Pierre de), Rostand (Edmond), Rutebeuf…

MALADIES : rachitisme, rage, rhinite, rhinopharyngite, rhume, rougeole, rubéole…

PLATS : raclette, ragoût, ratatouille, ravioli, rillons, risotto, riz, rôti…

PLANTES : raifort, raphia, réglisse, renoncule, réséda, rhododendron, rhubarbe, romarin, ronce, roseau, rosier, rutabaga…

23 Les différences

Les 8 différences sont :
1. La bougie d'une des tables est éteinte
2. Le chef a une tache sur le côté droit de sa veste
3. Le serveur porte une assiette contenant un poisson
4. Les verres sont vides
5. La table porte le numéro 4
6. La bouteille de vin a disparu
7. La corbeille de pain a été déplacée
8. Le convive vêtu d'un pull porte également une écharpe.

25 Trouvez les fautes

Les mots comportant des fautes sont écrits en gras.

DE L'UTILITÉ DE LA MÉTRIQUE

Qui **eût** cru que la métrique permettait de décortiquer parfaitement tout texte en vers, afin d'en extraire la substantifique **moelle** ? **D'aucuns** pourraient penser que l'étude des **hiatus** ou des enjambements est superflue, pourtant, le **recours** à une figure stylistique n'est jamais anodin : il ne s'agit pas d'une fantaisie d'auteur **loufoque** mais bien d'un procédé littéraire destiné à servir le sens du texte. **Tâchez** de vous le rappeler lors d'une prochaine lecture **d'une épigramme** ou d'une **ballade** !

26 Rangez vos livres

Il faut déplacer 8 livres au minimum pour passer de la configuration **A** à la configuration **B** :
– livre vert sur la pile 2
– livre rouge sur la pile 2
– livre jaune sur la pile 1
– livre rouge sur la pile 1
– livre orange sur la pile 2
– livre rouge sur la pile 3
– livre jaune sur la pile 2
– livre rouge sur la pile 2

27 Qui est-ce ?

1. Jacques Villeneuve – **2.** Nestor
3. Pythagore

28 Cherchez l'intrus

Les intrus sont indiqués en rouge.

1.

2.

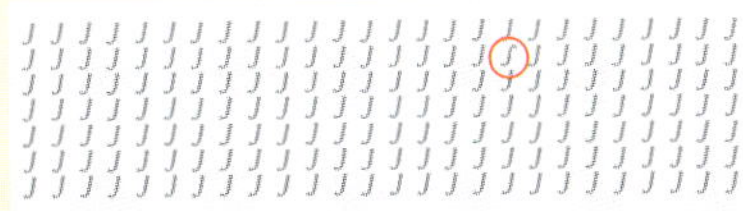

3.

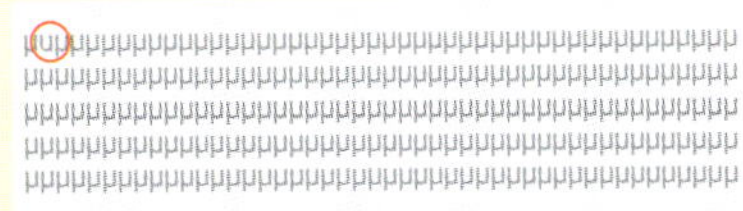

4.

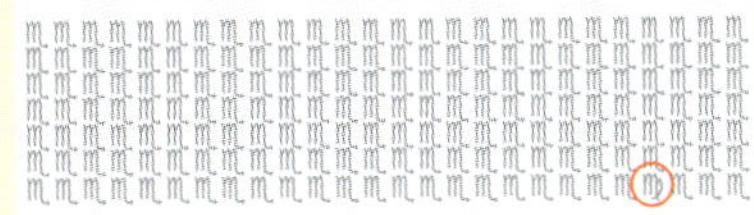

29 Le mot caché

1. LUNETTE ; **2.** MANTEAU ;
3. TABOULÉ

30 Suite logique

La figure qui complète logiquement la suite est la figure **C**.
Pour trouver la solution, il faut suivre l'évolution de chaque élément isolément :
1. La taille du cercle rouge varie du simple au double d'une fois sur l'autre.
2. Le cercle bleu se trouve alternativement en bas, au centre puis en haut du cercle rouge avant de redescendre.
3. Le cercle jaune effectue une rotation d'un quart de cercle dans le sens inverse des aiguilles d'une montre à chaque fois.
4. Le cercle jaune passe en arrière-plan du cercle rouge une fois sur deux.

31 Les bonnes associations

1. ACTEUR → FILM
James Dean → *La Fureur de vivre*
Humphrey Bogart → *Casablanca*
John Wayne → *Rio Bravo*
James Stewart → *Fenêtre sur cour*

Robert Mitchum → *Les Nerfs à vif*

2. SPORT → PAYS

badminton → Angleterre
handball → Allemagne
hockey sur glace → Canada
ski → Norvège
volley-ball → États-Unis

3. PERSONNALITÉ → ACTIVITÉ

Carole Merle → skieuse
Louise Labé → poétesse
Marie Laurencin → peintre
Maryse Bastié → aviatrice
Mila Jovovich → mannequin

4. DIVINITÉ → DOMAINE

Bacchus → vin
Cupidon → amour
Mars → guerre
Neptune → mer
Vesta → foyer

32 L'anagramme intrus

1. Les 4 mots sont : Plaute ; Sénèque ; Virgile ; Homère.
L'intrus est : Homère
(seul auteur grec parmi 3 auteurs latins).

2. Les 4 mots sont : Rennes ; Quimper ; Tours ; Brest.
L'intrus est : Tours *(seule ville de la région Centre parmi 3 villes de Bretagne).*

3. Les 4 mots sont : Nikita ; Fantômas ; Terminator ; Fanny.
L'intrus est : Terminator
(seul film américain parmi 3 films français).

4. Les 4 mots sont : Moïse ; Abraham ; Samson ; Clovis.
L'intrus est : Clovis
(seul personnage historique parmi 3 personnages bibliques).

5. Les 4 mots sont : Blois ; Louvre ; Amboise ; Chambord
L'intrus est : Louvre
(seul palais parisien parmi 3 châteaux de la Loire).

33 Méli-mélo poétique

1. *Jane* de Leconte de Lisle
– Je pâlis et tombe en langueur :
– Deux beaux yeux m'ont blessé le cœur.
– Hélas ! la chose est bien certaine :
– Si Jane repousse mon vœu,
– Dans ses deux yeux d'un si beau bleu
– J'aurai puisé ma mort prochaine.

2. *À George Sand* d'Alfred de Musset
– Te voilà revenu, dans mes nuits [étoilées,
– Bel ange aux yeux d'azur, aux [paupières voilées,
– Amour, mon bien suprême, et que [j'avais perdu !
– J'ai cru, pendant trois ans, te vaincre [et te maudire,
– Et toi, les yeux en pleurs, avec ton [doux sourire,
– Au chevet de mon lit, te voilà revenu.

35 En toute logique

1. Seule Kriemhild aime Siegfried.
2. Seul Gunther aime Brunhild.
3. Brunhild aime tous ceux qui haïssent Siegfried. Comme Alberich déteste tout le monde, Brunhild aime forcément Alberich.

37 Fin de série

1. … moine.
2. … passe.
3. … chandelle.
4. … intentions.
5. … merles.
6. … bien.
7. … bouteille.
8. … chaussés.
9. … eau froide.
10. … soi-même.
11. … amis.
12. … chaud.
13. … loi.
14. … dire.
15. … métier.
16. … cœur.

38 Le bon motif

Le bon motif est le **D**.

39 Trop, c'est trop !

Les pléonasmes sont indiqués **en gras** :
« Je veux un *camion de pompier* **rouge** ! » *hurlait* **avec force** le petit enfant devant la vitrine illuminée par une ribambelle de guirlandes aux *ampoules* **lumineuses** en cette *joyeuse* période **festive** de Noël.
Mais quel **affreux** *supplice* cette *sortie* **hors** de notre appartement douillet *maugréait* la mère **à mi-voix** entre ses dents. Et pas une année sans Noël ! Toujours contraint de se *réunir,* **ensemble**, autour d'une dinde ou d'un autre volatile sacrifié pour l'occasion d'un **commun** *accord* par l'assemblée en liesse qui, ce jour-là, peut même se laisser aller à *applaudir* **en battant des mains**…

40 Le labyrinthe

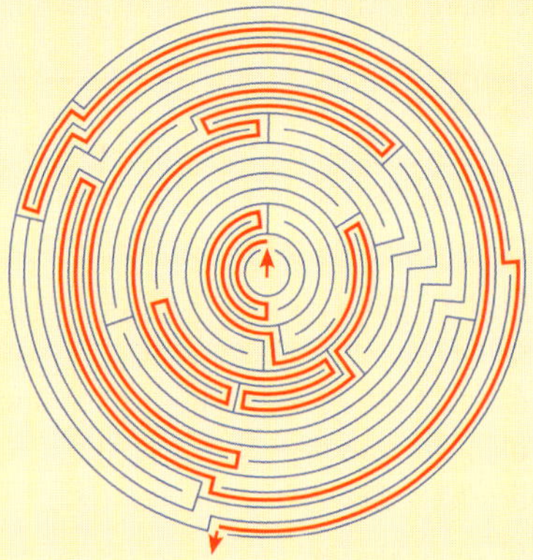

43 En toute logique

En vous aidant du tableau :

Dans le bateau vert :
– ce n'est pas Jean ;
– ce n'est pas Frédéric puisque celui-ci ne peut pas se disputer avec lui-même ;
– donc c'est Charles.

Dans le bateau rouge :
– cela ne peut être Frédéric, puisque c'est son frère qui occupe ce bateau ;
– ce n'est pas Charles qui est assis dans le bateau vert ;
– donc c'est Jean.

Dans le bateau bleu :
– Frédéric est assis dans ce bateau car c'est le seul garçon qui reste.

44 Généalogie en herbe

1.

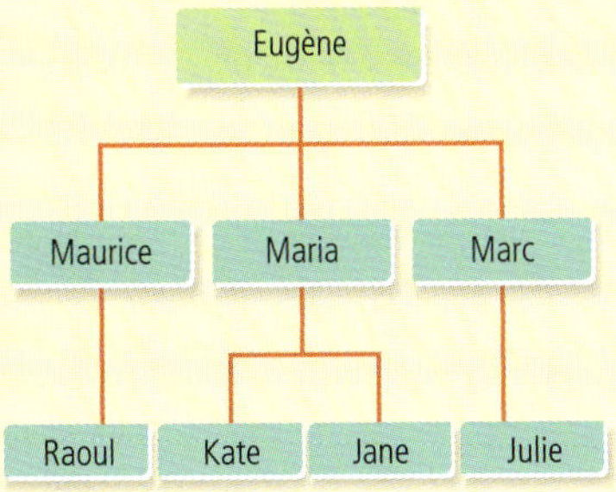

2.

a. Marc

b. Raoul, Kate, Jane et Julie

c. Marc et Maurice

46 Trop, c'est trop !

Les pléonasmes sont indiqués **en gras :**
Ses naseaux frémissants humaient l'air. L'*aube* claire **du matin** se levait. C'était le grand jour, celui de la grande course où il devait être consacré meilleur étalon. Le palefrenier sortit de la grange d'*un pas* d'**un seul** et se dirigea vers les *écuries* **à chevaux**. D'*humeur* et de **disposition morale** joyeuse, il flanqua *une tape* **de la main** sur le *flanc* **latéral** de l'animal.
« Bonjour Younger ! Non seulement tu es un *étalon* **reproducteur** hors pair, mais aujourd'hui tu seras le meilleur cheval de course de l'année ! »

49 Fin de série

1. Non car pendue est un participe passé alors que les autres mots sont des substantifs.
2. Oui car nuit peut être associé à l'adjectif blanc comme les autres mots.
3. Non car vin ne peut être associé à l'adjectif bleu comme les autres mots.
4. Non car le s à la fin de refus ne se prononce pas, contrairement aux autres mots.
5. Non car marionnette ne comporte pas le groupe de lettres mais comme les autres mots.

51 Le bon motif

Le bon motif est le **C**.

Niveau 3

1 Testez votre vocabulaire

Il existe une quantité de réponses pour chaque catégorie. Nous ne vous en indiquons ici que quelques-unes. Si vos réponses ne figurent pas parmi celles-ci, nous vous invitons à vérifier leur exactitude à l'aide du dictionnaire.

PAYS : Afghanistan, Albanie, Algérie, Allemagne, Andorre, Angola, Argentine, Arménie, Autriche, Australie, Azerbaïdjan…

PLANTES ALIMENTAIRES : abricot, ail, airelle, amande, ananas, aneth, anis, arachide, arbouse, artichaut, asperge, aubergine, avocat…

PRÉNOMS : Adeline, Adrien, Agathe, Agnès, Alban, Albert, Alexandre, Alfred, Alice, Amélie, André, Angèle, Annie, Antoine, Aristide, Armelle, Aude, Audrey, Aurélie, Axel…

MATÉRIAUX : acier, aggloméré, albâtre, aluminium, amiante, antimoine, ardoise, argent, argile, asphalte…

3 Les dés sont jetés

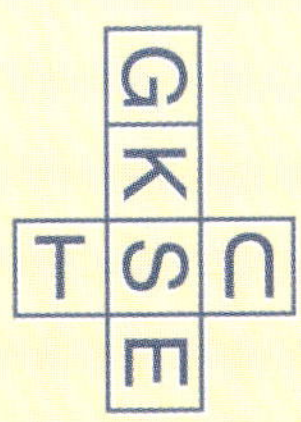

4 Trouvez les fautes

Les mots comportant des fautes sont écrits **en gras.**

L'APPRENTIE MÉDECIN

Plongée dans un manuel **abscons** d'anatomie pathologique, Laure tente vainement d'appréhender les **mystérieux** arcanes du corps humain. Quelque spécialité qu'elle choisisse en définitive, **otologie** ou **laryngologie**, il lui faut pour l'heure retenir **moult** définitions **sibyllines** d'affections **inhérentes** à l'homme. Demain, lorsqu'elle **s'assiéra** parmi les membres du **symposium** sur la **symptomatologie**, elle voudrait pouvoir comprendre la teneur de chaque intervention scientifique.

7 Le mot caché

1. RESPECT ; **2.** BANDAGE ;
3. NACELLE

8 Les différences

Les 10 différences sont :
1. Les rayures de l'un des tigres sont différentes
2. Il y a des feuilles sur une branche de l'arbre dans le parc aux tigres
3. Un des visiteurs porte un tee-shirt à manches courtes
4. La glace de la fillette comporte une boule blanche
5. La volière compte à présent 8 perroquets
6. Les couleurs de l'un des perroquets ont changé
7. La queue de l'un des singes est plus courte
8. L'un des singes a changé de place
9. La forme de la flaque n'est pas la même
10. La paille dépassant du gobelet dans la poubelle est tournée dans l'autre sens.

9 L'anagramme intrus

1. Les 4 mots sont : fémur ; biceps ; tibia ; omoplate.
L'intrus est : biceps
(seul muscle parmi 3 os).
2. Les 4 mots sont : sapin ; platane ; cèdre ; épicéa.
L'intrus est : platane
(seul feuillu parmi 3 conifères).
3. Les 4 mots sont : pizza ; lasagne ; ravioli ; cassoulet.
L'intrus est : cassoulet
(seul spécialité française parmi 3 spécialités italiennes).

4. Les 4 mots sont : imparfait ; impératif ; présent ; futur.
L'intrus est : impératif
(seul mode verbal parmi 3 temps).
5. Les 4 mots sont : canapé ; sofa ; divan ; fauteuil.
L'intrus est : fauteuil
(seul siège à une place parmi 3 sièges à plusieurs places).

10 Suite logique

Le nombre qui complète logiquement la suite est **9**. En effet, il faut procéder par groupe de trois nombres. La somme des trois nombres qui se suivent est toujours égale à **30** :
12 + 8 + 10 = 30
3 + 5 + 22 = 30
28 + 1 + 1 = 30
14 + 7 + 9 = 30

11 Qui est-ce ?

1. André Agassi
2. Jimmy Carter
3. Mary Shelley

12 Histoire en vrac

Ordre des vignettes :
5 – 3 – 2 – 4 – 7 – 6 – 1 – 8

13 Rangez vos livres

Il faut déplacer 9 livres au minimum pour passer de la configuration **A** à la configuration **B** :
– livre rouge sur la pile 2
– livre vert sur la pile 3
– livre rouge sur la pile 3
– livre jaune sur la pile 1
– livre rouge sur la pile 1
– livre orange sur la pile 3
– livre rouge sur la pile 2
– livre jaune sur la pile 3
– livre rouge sur la pile 3

14 Cherchez l'intrus

L' intrus est indiqué en rouge.

16 Le mot caché

1. CHALEUR ; **2.** PLUMEAU ;
3. VELOURS

17 L'anagramme intrus

1. Les 4 mots sont : multiplication ; division ; addition ; fraction.
L'intrus est : fraction
(seule expression mathématique parmi 3 opérations).
2. Les 4 mots sont : cuillère ; marteau ; rabot ; tournevis.
L'intrus est : cuillère
(seul ustensile de cuisine parmi 3 outils).
3. Les 4 mots sont : varicelle ; sida ; rougeole ; oreillons.
L'intrus est : sida
(seule MST parmi 3 maladies infantiles).
4. Les 4 mots sont : mosquée ; synagogue ; chapelle ; palais.
L'intrus est : palais
(seul édifice civil parmi 3 édifices religieux).
5. Les 4 mots sont : cumulus ; mistral ; bise ; alizé.
L'intrus est : cumulus
(seul nuage parmi 3 vents).

18 Cherchez l'intrus

L'intrus est indiqué en rouge.

19 Les bonnes associations

1. ÉTAT → CAPITALE
Arizona → Phoenix
Californie → Sacramento
Colorado → Denver
Honolulu → Hawaï
Indiana → Indianapolis
2. PEINTRE → MOUVEMENT
Andy Warhol → pop art
Camille Pissarro → impressionnisme
Eugène Delacroix → romantisme
Jan Van Eyck → peinture flamande
Pablo Picasso → cubisme
3. APPELLATION → RÉGION
mâcon → Bourgogne
médoc → Bordeaux
arbois → Jura
chinon → Pays de Loire
banyuls → Roussillon
4. GEMME → COULEUR
améthyste → violet
jade → vert
lapis-lazuli → bleu
rubis → rouge
topaze → jaune

21 Trouvez les fautes

Les mots comportant des fautes sont écrits **en gras**.

TRÉSORS SOUS VERRE

Il est **fâcheux** que la mairie **sursoie** à l'agrandissement des serres du jardin botanique, qui s'**enorgueillissent** déjà de renfermer des plantes de toute beauté. De **chatoyantes amaryllis** accueillent tout d'abord le visiteur, invariablement impressionné par l'entretien impeccable des **forsythias, gueules-de-loup** et autres jacinthes, qui **exhalent** des senteurs exquises. Dans la serre tropicale, son regard se perd dans les **entrelacs** de branchages verts et **marron** qui courent sur la verrière.

22 Rangez vos livres

Il faut déplacer 11 livres au minimum pour passer de la configuration **A** à la configuration **B** :
– livre rouge sur la pile 3
– livre jaune sur la pile 1
– livre rouge sur la pile 1
– livre vert sur la pile 3
– livre rouge sur la pile 3
– livre jaune sur la pile 2
– livre rouge sur la pile 2
– livre orange sur la pile 3
– livre rouge sur la pile 1
– livre jaune sur la pile 3
– livre rouge sur la pile 3

23 Le mot caché

1. AMPOULE ;
2. GESTION ;
3. VILLAGE.

24 Méli-mélo poétique

1. *Le dormeur du val* d'Arthur Rimbaud

– C'est un trou de verdure où chante
[une rivière,
– Accrochant follement aux herbes des
[haillons
– D'argent ; où le soleil, de la montagne
[fière,
– Luit : c'est un petit val qui mousse de
[rayons.
– Un soldat jeune, bouche ouverte, tête
[nue,
– Et la nuque baignant dans le frais
[cresson bleu,
– Dort ; il est étendu dans l'herbe, sous
[la nue,
– Pâle dans son lit vert où la lumière
[pleut.

2. *L'angoisse* de Paul Verlaine

– Nature, rien de toi ne m'émeut, ni les
[champs
– Nourriciers, ni l'écho vermeil des
[pastorales
– Siciliennes, ni les pompes aurorales,
– Ni la solennité dolente des couchants.
– Je ris de l'Art, je ris de l'Homme aussi,
[des chants,
– Des vers, des temples grecs et des
[tours en spirales
– Qu'étirent dans le ciel vide les
[cathédrales,
– Et je vois du même oeil les bons et les
[méchants.

25 Testez votre vocabulaire

Il existe une quantité de réponses pour chaque catégorie. Nous ne vous en indiquons ici que quelques-unes possibles. Si vos réponses ne figurent pas parmi celles-ci, nous vous invitons à vérifier leur exactitude à l'aide du dictionnaire.

CAPITALES DU MONDE : Madrid, Malabo, Managua, Manille, Maputo, Mexico, Minsk, Monaco, Monrovia, Montevideo, Moscou, Muqdisho...

MAMMIFÈRES : macaque, mangouste, marmotte, morse, mouffette, mouflon, mouton, mule, mulot, musaraigne...

TYPES DE BÂTIMENTS : magasin, maison, manoir, mas, mausolée, monastère, monument, mosquée, motel, musée...

FEMMES CÉLÈBRES : Madonna, Marceau (Sophie), Mata Hari, Mathieu (Mireille), Maurane, May (Mathilda), Médicis (Marie de), Merle (Carole), Monroe (Marilyn), Mouton (Michèle), Muti (Ornella)...

27 Suite logique

La lettre qui complète logiquement la suite est **B**. En effet, il y a deux progressions simultanées, l'une à partir du **Y**, l'autre à partir du **N**. Pour trouver la bonne lettre, il faut remonter de **4 lettres** dans l'ordre alphabétique par rapport à l'avant-dernière lettre :

Y (X W V) – **N** (M L K) – **U** (T S R) – **J** (I H G) – **Q** (P O N) – **F** (E D C) – **M** (L K J) – **B**

29 Les dés sont jetés

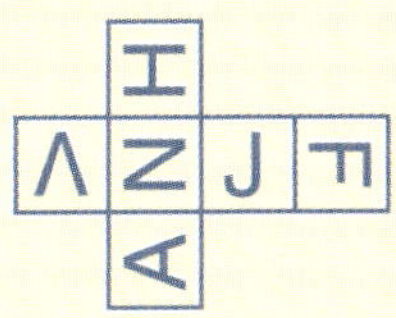

30 Le mot caché

1. RÉCOLTE ; **2.** FANTÔME ; **3.** LOTERIE

31 Les différences

Les 10 différences sont :

1. L'homme sur le rameur a les jambes pliées

2. La femme courant sur un tapis roulant porte un survêtement mauve

3. L'homme porte un tatouage différent

4. La pile de serviettes pliées comporte moins de serviettes

5. Le poids porte l'inscription : « 20 kg »

6. La femme faisant du step porte un bandeau sur la tête

7. La serviette usagée a disparu

8. Les lacets d'une des baskets de l'homme aux haltères sont dénoués

9. Les bras de ce même homme sont davantage musclés

10. L'une des 4 photos de sportifs accrochées au mur penche un peu.

32 Qui est-ce ?

1. Jules Mazarin – **2.** Claude Debussy

3. Henry Ford – **4.** Louis David

33 Histoire en vrac

Ordre des vignettes :

8 – 3 – 4 – 1 – 2 – 6 – 5 – 7

34 Cherchez l'intrus

Les intrus sont indiqués en rouge.

1.

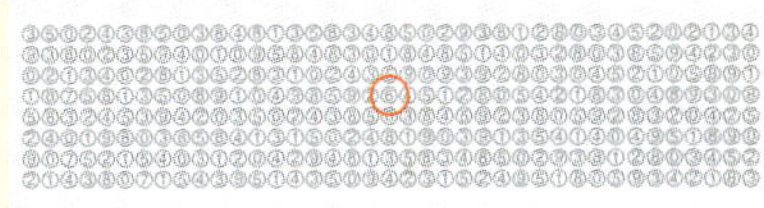

2.

3.

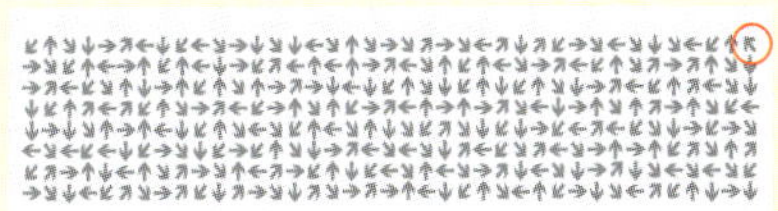

4.

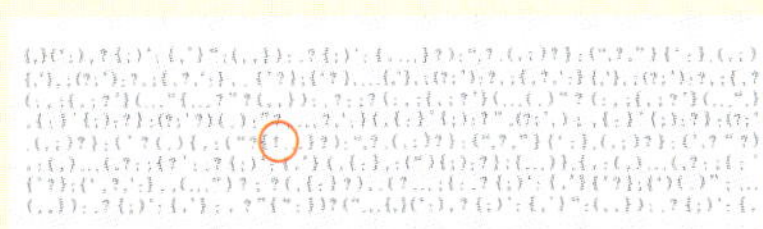

36 Méli-mélo poétique

1. *Le voyage* de Charles Baudelaire

– Ô le Pauvre amoureux des pays
[chimériques !
– Faut-il le mettre aux fers, le jeter à la
[mer,
– Ce matelot ivrogne, inventeur
[d'Amériques
– Dont le mirage rend le gouffre plus
[amer ?
– Tel le vieux vagabond, piétinant dans
[la boue,

– Rêve, le nez en l'air, de brillants [paradis ;
– Son oeil ensorcelé découvre une [Capoue
– Partout où la chandelle illumine un [taudis.

2. *Aquarelle* de Charles Cros
– Au bord du chemin, contre un [églantier,
– Suivant du regard le beau cavalier
– Qui vient de partir, Elle se repose,
– Fille de seize ans, rose, en robe rose.
– Et l'Autre est debout, fringante. En ses [yeux
– Brillent les éclairs d'un rêve [orgueilleux...
– Diane mondaine à la fière allure,
– Corps souple, front blanc, noire [chevelure.

37 Les bonnes associations

1. PERSONNAGE → ŒUVRE
chevalier Danceny → *Les liaisons dangereuses*
Comte de Guiche → *Cyrano de Bergerac*
Cunégonde → *Candide*
duc de Buckingham → *Les trois mousquetaires*
La Maheude → *Germinal*

2. CULTURE → PRODUCTION
apiculture → abeilles
myciculture → champignons
ostréiculture → huîtres
séricīculture → vers à soie
viticulture → vigne

3. VILLE → MER
Kingston → mer des Antilles
Odessa → mer Noire
Stockholm → mer Baltique
Suez → mer Rouge
Tunis → mer Méditerranée

4. SOUVERAIN → SOUVERAINE
Charlemagne → Hildegarde
Henri II → Catherine de Médicis
Louis XIII → Anne d'Autriche
Louis XV → Marie Leszczynska
Napoléon Ier → Joséphine de Beauharnais

38 Cherchez l'intrus

Les intrus sont indiqués en rouge.

1.

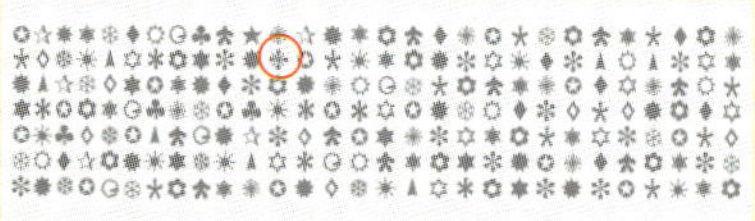

2.

41 Fin de série

1. ... cognée.
2. ... voir.
3. ... hareng.
4. ... lèvres.
5. ... doré.
6. ... prodigue.

43 Le labyrinthe

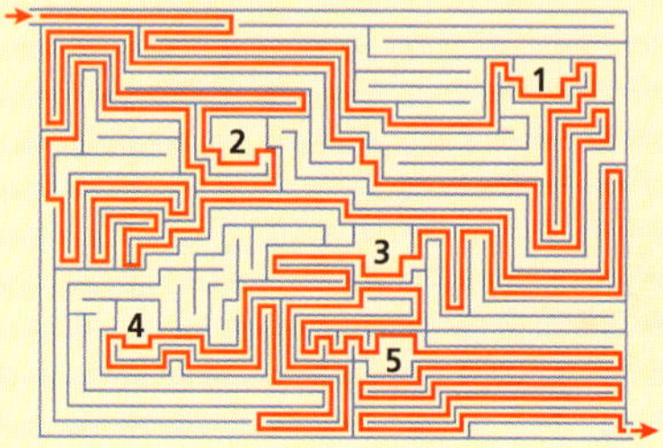

45 Généalogie en herbe

1. Victor ; **2.** Michel ; **3.** Michel ;
4. Jeanne ; **5.** Patricia.

46 En toute logique

Il faut procéder par élimination et par étapes en vous aidant du tableau.
Étape 1 : Barbara s'en va avec Guillaume. Donc Barbara ne peut pas être avec Edmond, ni avec Frédéric, ni avec Hervé. Et Guillaume ne peut pas être avec Aude, ni avec Cécile, ni avec Delphine.
Étape 2 : Cécile ne peut pas être avec Frédéric.
Étape 3 : Frédéric ne peut pas être avec Aude car il veut écouter un concert d'orgue et elle, aller en discothèque. Comme Frédéric n'est ni avec Aude, ni avec Barbara, ni avec Cécile, il est forcément avec Delphine. Et, par conséquent, Delphine ne peut être Edmond, Guillaume ou Hervé.
Étape 4 : Hervé ne peut pas être avec Aude car il veut aller au cinéma et elle, en discothèque. Comme Hervé n'est ni avec Aude, ni avec Barbara, ni avec Delphine, il est forcément avec Cécile. De même, Aude est forcément avec Edmond car elle n'est ni avec Frédéric, ni avec Guillaume, ni avec Hervé.
Conclusion : Edmond est avec Aude, Frédéric avec Delphine, Guillaume avec Barbara et Hervé avec Cécile.

47 Le bon motif

Le bon motif est **B**.

48 Trop, c'est trop !

Les pléonasmes sont indiqués **en gras**.
Il se levait tous les matins à quatre heures et accomplissait les mêmes tâches. Ainsi *chaque jour*, **quotidiennement**, on le voyait traverser ses champs avant que le coq chante. Labeur et labour rythmaient sa vie. *Retourner la terre* en **l'ameublissant** était certes un travail *physique* très difficile **impliquant le corps** mais, **à sa connaissance**, il *savait* qu'il ne pourrait rien accomplir d'autre. Alors il faisait **répétitivement** les *mêmes gestes* laissant les doutes et les hésitations de côté...Un jour pourtant, un **nouvel** instituteur, *récemment* installé dans le village, allait *transformer* sa vie en **modifiant** bien des choses , celles-là même qui constituaient *depuis toujours* et **ad vitam eternam**, pensait-il, son existence.

49 En toute logique

Il faut procéder par élimination en vous aidant du tableau.
Le lundi : personne n'ira à Lyon. Jacques pourra aller à Toulouse. Pierre ou Jacques pourront aller à Rennes.

Le mardi : Michel pourra aller à Lyon. Michel ou Jacques pourront aller à Toulouse. Jacques pourra aussi aller à Rennes.

Le mercredi : Pierre pourra aller à Lyon ou à Rennes. Michel pourra aller à Toulouse.

Trois accords sont envisageables :

Accord 1 : Si Jacques voyage à Toulouse le lundi, c'est Michel qui doit voyager le mardi à Lyon, puisque Pierre ne veut pas voyager et Jacques aura déjà voyagé le lundi. Il ne reste alors que Lyon le mercredi pour Pierre.

Accord 2 : Si Pierre voyage à Rennes le lundi, Jacques doit voyager à Toulouse le mardi, puisqu'il ne souhaite voyager le mercredi et qu'il sera déjà allé à Rennes. Mais Michel ne souhaite pas aller à Lyon le mercredi. Cette solution ne permet donc pas de satisfaire tous les souhaits.

Accord 3 : Si Jacques voyage à Rennes le lundi, Michel doit voyager à Toulouse le mardi, puisque Pierre ne veut pas aller à Toulouse et ne souhaite pas voyager le mardi. Pierre ira donc à Lyon le mercredi.

Il existe donc deux solutions : l'accord 1 et l'accord 3.

52 Bienvenue à Amsterdam

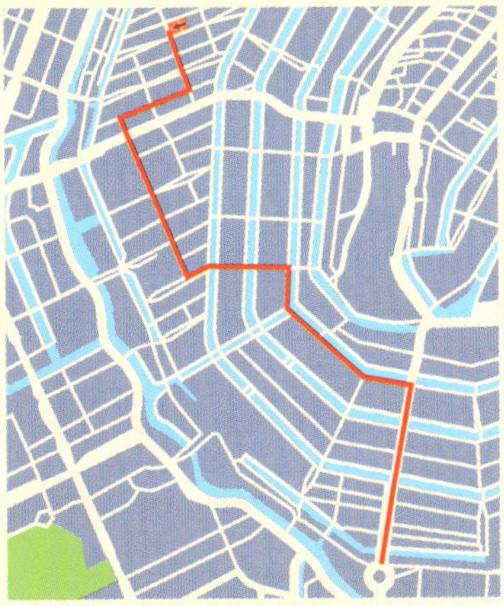

CLASSEMENT DES JEUX PAR OBJECTIFS			
Objectifs	**Niveau 1**	**Niveau 2**	**Niveau 3**
Catégorisation	21, 9, 33, 34	3, 21, 22, 32	1, 9, 17, 25
Compréhension	5, 13, 24, 28, 35, 43	5, 13, 18, 33, 35, 43	2, 24, 35, 36, 46, 49
Culture générale	8, 9, 18, 23, 31, 33	3, 11, 15, 22, 27, 31	1, 11, 19, 25, 32, 37
Imagerie mentale	3, 11, 20, 27, 38, 47, 48, 51	4, 8, 14, 19, 38, 48, 51	3, 12, 29, 33, 47
Mémoire à court terme	4, 5, 14, 15, 28, 32, 41, 45	5, 9, 12, 18, 24, 26, 41, 45	2, 6, 13, 17, 22, 35, 39, 44
Mémoire procédurale	13, 14, 24, 32	12, 13, 26, 33	13, 22, 24, 36
Mémoire sémantique	9, 16, 18, 21, 30, 31, 33, 34, 37, 39, 44, 46, 47, 49	3, 7, 15, 21, 22, 27, 29, 32, 37, 39, 44, 46, 47, 49	1, 7, 9, 11, 16, 17, 23, 25, 30, 32, 41, 45, 48
Mémoire visuospatiale	1, 2, 4, 6, 7, 9, 11,12, 15, 16, 17, 25, 26, 29, 30, 36, 38, 40, 42, 47, 48, 50, 51	1, 2, 6, 7, 9, 16, 17, 20, 23, 24, 28, 29, 30, 34, 36, 38, 40, 42, 47, 48, 50, 51	5, 7, 8, 10, 14, 15, 16, 18, 23, 26, 27, 28, 30, 31, 34, 38, 39, 40, 42, 43, 47, 50, 52
Mémoire verbale	12, 13, 24, 25	1, 9, 13, 23, 24, 33	8, 24, 31, 36
Orthographe, grammaire	10, 19	10, 25	4, 21
Raisonnement logique et stratégie	3, 7, 13, 14, 19, 24, 27, 32, 35, 43, 44	8, 12, 13, 19, 20, 26, 30, 33, 35, 43, 44	10, 12, 13, 22, 24, 27, 33, 36, 45, 46, 49

Maladies et troubles de la mémoire

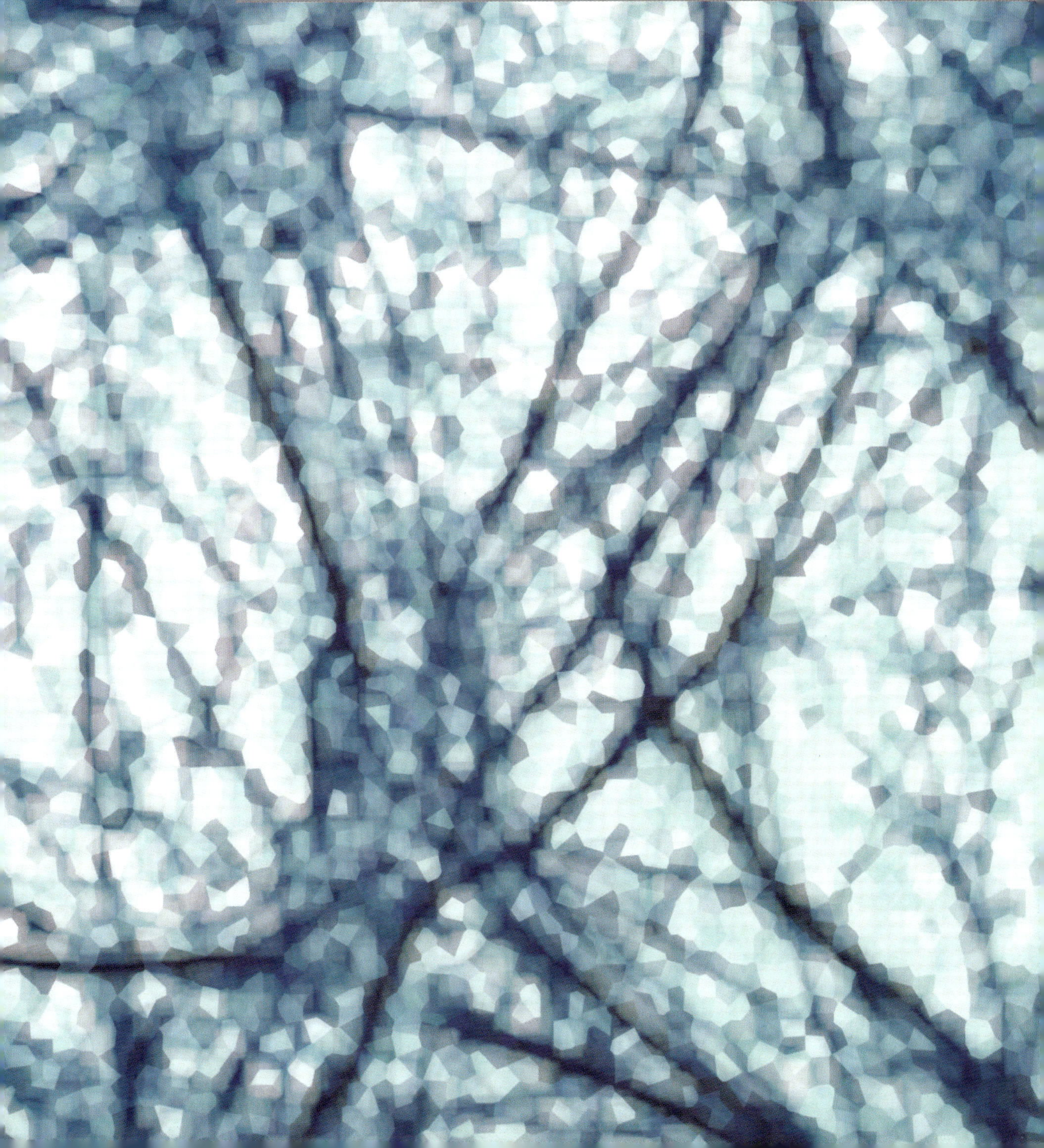

Les amnésies organiques

Définition

Pertes de mémoire consécutives à des lésions des régions cérébrales liées aux fonctions mnésiques. Différentes pathologies peuvent entraîner des amnésies (accidents vasculaires cérébraux, tumeurs, maladie d'Alzheimer...). Dans certaines situations, des troubles de l'attention sont à l'origine de difficultés de mémorisation (maladie de Parkinson, syndrome confuso-amnésique...).

Avec l'avancée en âge, un déclin de la mémoire se manifeste de façon naturelle chez beaucoup de personnes. Mais dans certains cas, les troubles de mémoire sont liés à des maladies neurologiques ou psychiatriques.

S'il s'agit d'un problème neurologique, ces troubles apparaissent lorsque les lésions dues à une maladie ou à un accident affectent des régions anatomiques qui jouent un rôle-clé dans la mémoire.

On désigne l'ensemble de ces troubles invalidants par le terme « amnésie ». Il en existe deux types.

- **L'amnésie antérograde** se caractérise par l'incapacité à mémoriser des informations nouvelles à partir du moment où la maladie est survenue.
- **L'amnésie rétrograde** correspond à la difficulté à retrouver des informations stockées avant la survenue de l'affection : cette difficulté est souvent liée à une mauvaise consolidation des souvenirs qui ont précédé l'accident ou la maladie. Bien souvent, les patients conservent néanmoins leurs souvenirs personnels les plus anciens ainsi que les connaissances culturelles de base (langage, concepts...).

Contrairement à une opinion répandue, les amnésies d'origine neurologique sont plus fréquemment antérogrades que rétrogrades. Les amnésiques ne perdent pas leurs capacités de mémoire procédurale. Enfin, de nombreux patients amnésiques mémorisent souvent de façon inconsciente des informations qui influencent leur conduite à leur insu.

Des symptômes différents

Il est évident que les troubles mnésiques diffèrent selon la cause de l'affection ou la localisation des lésions qui en sont à l'origine. Par exemple, une lésion bilatérale du circuit de Papez (impliqué dans la consolidation des souvenirs, voir p. 54) entraînera des troubles sévères, intenses et définitifs. Avec une lésion du circuit de Papez gauche, le patient éprouvera davantage de difficultés pour mémoriser des informations liées au langage tandis qu'une lésion du circuit droit perturbera beaucoup plus l'apprentissage des informations visuelles et d'orientation (visuospatiales).

Selon la cause du trouble, l'amnésie peut être transitoire ou définitive. Elle peut aussi s'installer progressivement ou brutalement. En règle générale, une **amnésie brutale** survient après un accident vasculaire cérébral, une infection cérébrale comme l'encéphalite herpétique, un traumatisme crânien, la prise d'un médicament. L'ictus amnésique (chapitre suivant) est le cas typique d'une amnésie antérograde d'installation brutale mais d'une durée limitée à quelques heures. Une **amnésie progressive** relève, elle, d'une tumeur cérébrale, de certaines maladies vasculaires ou d'une maladie comme la maladie d'Alzheimer.
De nombreuses causes, maladies ou accidents, provoquent ces amnésies. En voici les principales :

Le syndrome de Korsakoff

Il s'agit du premier syndrome amnésique à avoir été décrit – par le médecin russe Sergei Korsakoff en 1888. Bien que rare actuellement, c'est un exemple caractéristique des syndromes amnésiques.

Ce syndrome survient habituellement chez des alcooliques chroniques ou des personnes dénutries. Les patients oublient instantanément tout ce qu'ils vivent et tout ce qu'on leur dit. Ils n'ont toutefois pas perdu leur intelligence puisqu'ils ont un comportement adapté qui leur permet par exemple de jouer aux échecs, mais, une fois la partie terminée et gagnée, ils oublieront et le jeu et leur victoire.

Cette amnésie antérograde s'accompagne d'une amnésie rétrograde des cinq à vingt années précédentes ainsi que de fausses reconnaissances (ils sont persuadés avoir déjà rencontré le personnel de l'hôpital) et de fabulations. Ces dernières correspondent souvent à des souvenirs véridiques mais télescopés, déplacés de leur situation chronologique pour être disposés à un autre endroit de leur passé, qui en devient chaotique.

Presque toujours définitive, cette amnésie est la conséquence d'une carence en une vitamine essentielle du corps humain, la thiamine ou vitamine B1. Cette carence entraîne la destruction des deux corps mamillaires du cerveau (voir p. 54), structures impliquées dans la mémoire.

Malgré la sévérité de leur amnésie, les patients peuvent apprendre de manière implicite, sans en être conscient, des informations de leur quotidien qu'ils exprimeront par leur comportement (voir encadré « La poignée de main de Claparède », page suivante). Indépendamment du syndrome de Korsakoff, il ne faut pas oublier qu'une consommation chronique excessive d'alcool augmente aussi le risque d'endommager certaines régions cérébrales et de conduire à une démence éthylique.

À ne pas confondre : *les plaintes et les troubles de mémoire*

Il est important de bien différencier une plainte de mémoire d'un trouble de mémoire.

Une plainte de mémoire est toujours subjective : il s'agit de l'estimation personnelle de difficultés rapportées à ses propres performances d'autrefois ou à celles de son entourage.

Ces plaintes deviennent plus prononcées lorsqu'on avance en âge sans que cela reflète une maladie de la mémoire.

Bien souvent, un patient réellement amnésique oublie qu'il oublie et il est donc exceptionnel que des plaintes de mémoire soient corrélées à des performances mnésiques anormales.

Un trouble de mémoire correspond à un déficit réel des capacités d'apprentissage, de stockage ou de rappel des informations, déficit objectivé lors de la réalisation de tests de mémoire. Ceux-ci sont toujours étalonnés par rapport aux performances de sujets comparables de mêmes âge, sexe et niveau socio-éducatif.

Le syndrome amnésique bi-hippocampique

L'hippocampe est en quelque sorte la porte d'entrée des circuits de mémorisation des informations nouvelles. Il est naturel que des lésions des deux hippocampes provoquent une amnésie sévère. L'exemple le plus caractéristique est celui d'un patient toujours vivant et connu sous ses initiales : H.M. En 1953, H.M. est devenu amnésique à la suite d'une opération réalisée pour le guérir d'une épilepsie sévère résistante aux traitements. Le chirurgien a pratiqué l'ablation des deux régions temporales internes (amygdales et hippocampes). Depuis, les capacités de mémorisation d'H.M. ne dépassent pas quelques minutes : sa mémoire à court terme (ou mémoire de travail) est correcte, mais il lui est impossible de transférer une information dans le système de mémoire à long terme pour constituer des souvenirs durables. Cette amnésie antérograde totale s'accompagne d'une amnésie rétrograde partielle concernant les onze années ayant précédé l'opération. H.M. a néanmoins conservé des capacités normales de mémoire procédurale qui lui permettent de lire ou d'écrire.

Des amnésies comparables à celle de H.M. surviennent lorsque des infections (telles que l'encéphalite herpétique, voir ci-dessous), des lésions vasculaires ou traumatiques affectent les deux côtés des régions temporales internes.

L'encéphalite herpétique

Dans de très rares cas, l'infection par le virus de l'herpès peut entraîner une nécrose aiguë résultant de l'agression directe des neurones par les virus. Elle prédomine dans les régions des pôles temporaux et des hippocampes.

L'encéphalite herpétique est donc responsable d'une amnésie antérograde globale majeure à laquelle peuvent s'associer la perte de certaines connaissances acquises ainsi que des troubles comportementaux. Cette amnésie est en générale sévère et définitive.

Les accidents vasculaires cérébraux

Une hémorragie cérébrale (par rupture d'une petite artère) ou un infarctus cérébral (par interruption de la

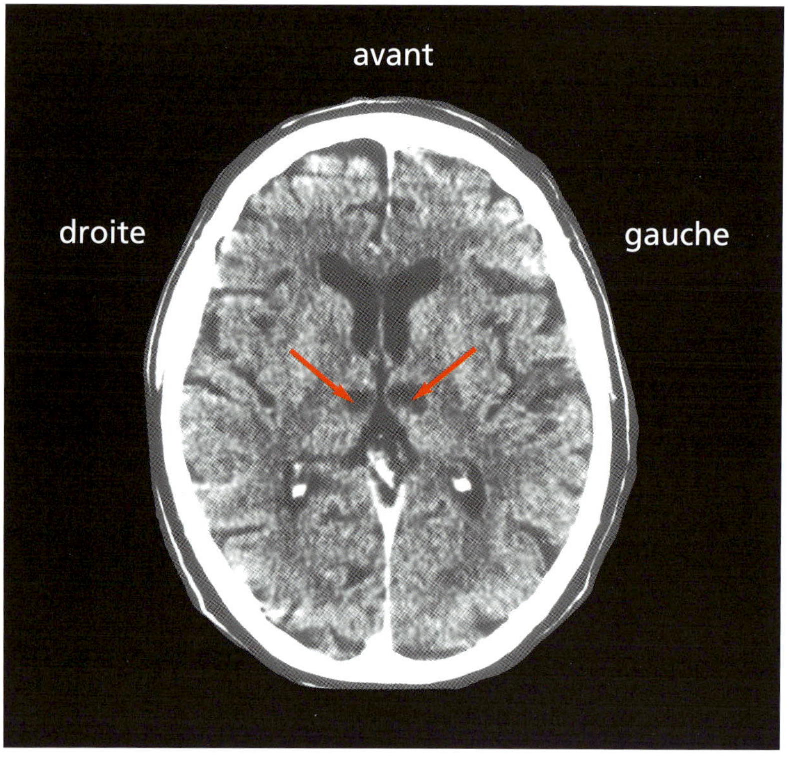

◀ Infarctus thalamique bilatéral responsable d'une amnésie confirmée par les tests de mémoire portant sur des textes, des listes de mots ou des dessins à mémoriser (scanner cérébral).

circulation sanguine d'un vaisseau du cerveau, le plus souvent à cause d'un caillot sanguin) aboutissent à la destruction d'une région cérébrale. Si celle-ci joue un rôle dans la mémoire (voir photo ci-dessus), des difficultés mnésiques peuvent survenir. Les accidents vasculaires cérébraux sont favorisés par le tabagisme, l'hypertension artérielle, le diabète, l'excès de cholestérol.

Un arrêt cardiaque peut également aboutir à une amnésie sévère en interrompant l'apport d'oxygène aux neurones. Ce phénomène s'appelle l'anoxie. Or, une anoxie cérébrale est dangereuse pour la mémoire quand elle dure à peine plus de 3 à 5 minutes. Les régions hippocampiques qui sont des structures anatomiques très importantes pour les fonctions mnésiques sont en effet les premières à souffrir de ce manque d'oxygène. Tout en restant la troisième cause de mortalité dans les pays développés, les accidents vasculaires cérébraux (plus communément appelés congestions cérébrales), ont nettement diminué au cours des 15 à 20 dernières années. Le risque augmente rapidement avec l'âge : 75 % des personnes atteintes ont plus de 65 ans.

Les traumatismes crâniens

Un choc à la tête suffisamment violent pour entraîner un coma peut créer des lésions cérébrales susceptibles d'altérer la mémoire. Les régions le plus souvent touchées par les contusions ou les hémorragies secondaires au traumatisme sont les lobes temporaux ou frontaux. Concernant aussi bien la mémoire antérograde que la mémoire rétrograde, cette amnésie est d'autant plus importante que le coma a été long et profond.

Dès les premiers mois qui suivent l'accident, une partie des difficultés initiales peuvent s'améliorer, mais le patient ne retrouvera jamais le souvenir du traumatisme lui-

Des formes de mémoires préservées : *la poignée de main de Claparède*

En 1911, le médecin suisse Édouard Claparède (1873-1940) saluait tous les matins une patiente qui souffrait d'un syndrome de Korsakoff. Celle-ci était chaque fois persuadée qu'il s'agissait de leur première rencontre. Un jour, le praticien cacha une épingle dans sa main : la patiente se piqua la paume mais l'oublia aussitôt.
Édouard Claparède revint quelques instants plus tard, mais lorsqu'il lui tendit la main, la patiente refusa de la saisir, recula prudemment et mit ses propres mains derrière son dos sans pouvoir expliquer son attitude. Ainsi, bien que persuadée de rencontrer le Dr Claparède pour la première fois, la patiente conservait à l'évidence une trace inconsciente du souvenir douloureux de cette piqûre, qui l'empêchait de saisir la main. Des souvenirs inconscients peuvent ainsi influencer les émotions et le comportement des patients amnésiques.

même ni celui des heures qui l'ont précédé. L'évolution d'une amnésie causée par un traumatisme crânien ne va jamais dans le sens d'une aggravation, sauf pour des raisons psychologiques. Il persiste toutefois chez beaucoup de traumatisés crâniens des difficultés résiduelles de mémorisation qui peuvent perturber la reprise d'une activité professionnelle.

Enfin, certains traumatismes crâniens très légers peuvent entraîner des troubles transitoires de mémoire qui ne laissent fort heureusement aucune séquelle (« dingstate » ou syndrome de Tournesol – voir chapitre suivant).

La principale cause des traumatismes crâniens est représentée par les accidents de la route, responsables de la moitié des traumatismes crâniens sévères, en particulier chez les jeunes. Les autres origines sont les chutes, en particulier avant 15 ans et après 65 ans, puis les accidents du travail et du sport, les accidents domestiques et les agressions.

Memento : *l'amnésie sur grand écran*

Dans le film *Memento* (Christopher Nolan, 2000), Leonard Shelby, le héros, est amnésique à la suite d'un traumatisme crânien. Il ne mémorise plus rien depuis son accident, mais se souvient de ce qui l'a précédé. Leonard a conservé sa mémoire à court terme et retient suffisamment longtemps une situation ou une courte conversation pour agir en conséquence ou noter des indices qui lui permettront de réaliser un plan déterminé. La survenue inévitable d'autres informations ou d'une interférence (le claquement d'une portière) chassent ce qu'il essaie de retenir.

L'histoire policière du film, dont les séquences sont montées en sens inverse de leur déroulement chronologique, repose sur les conséquences de cette amnésie qui permettent à différentes personnes de manipuler Leonard pour le pousser à commettre des actes répréhensibles. Lui-même devient finalement son ultime manipulateur. Les dernières paroles de Leonard montrent combien la mémoire est cruciale dans la définition de l'identité de chacun : « Il faut que je croie que mes actes ont encore un sens même si je les oublie. Je dois croire que lorsque je ferme les yeux, le monde est toujours là. On a tous besoin de souvenirs pour savoir qui on est. »

La maladie de Parkinson

La maladie de Parkinson est l'une des maladies neurologiques les plus fréquentes puisqu'elle touche environ 1 % de la population de plus de 50 ans. Elle est souvent responsable de difficultés de mémoire à court terme en relation avec des troubles de concentration. Cela peut ralentir la mémorisation sans interférer de façon significative avec les activités de la vie quotidienne, en dehors d'oublis banals ou de difficultés à suivre une conversation.

Les lésions provoquées par la maladie siègent dans des régions cérébrales indispensables à la mémoire procédurale. Ainsi, l'acquisition d'habiletés procédurales est également affectée, ce qui peut rendre difficile l'utilisation de nouveaux outils (une télécommande par exemple). 20% des patients présentent – après au moins 10 ans d'évolution – une démence différente de celle de la maladie d'Alzheimer, avec en particulier une amnésie moins sévère.

La maladie commence parfois immédiatement après un stress (intervention chrirurgicale, choc affectif), plus souvent sans raison et d'une manière très progressive et insidueuse. Lorsque la maladie est installée, elle se traduit par un syndrome parkinsonien, qui associe trois types de signes : un tremblement quand le malade est au repos ; une akinésie (raréfaction et lenteur des mouvements) ; une augmentation du tonus musculaire avec raideur des membres et du tronc, ce qui peut entraîner des chutes. D'autres signes peuvent se manifester : micrographie (écriture en lettres très petites), défauts d'élocution, visage inexpressif.

Les syndromes confuso-amnésiques

Les amnésies précédemment évoquées sont liées à des lésions des circuits de mémorisation. Mais il arrive également que des phénomènes globaux tels que des désordres métaboliques (modifications des paramètres sanguins, tels que les taux de calcium, de glucose, de potassium ou de sodium) ou des médicaments (comme les benzodiazépines) perturbent la mémoire à court terme, qui est très dépendante des processus attentionnels. Les personnes atteintes seront au départ plus confuses et inattentives mais ces difficultés retentiront secondairement sur leur capacité de mémorisation à long terme.

L'ictus amnésique

Définition

Amnésie (perte de mémoire) survenant subitement, sans raison particulière.
C'est un trouble bref, transitoire et sans conséquences.

Comment se manifeste un ictus amnésique ?

Simone a 63 ans. En rentrant chez elle un matin, elle découvre qu'elle a été cambriolée. Lorsque sa fille arrive une heure plus tard, Simone lui demande : « Pourquoi la porte était-elle ouverte ? » Sa fille lui rappelle qu'il y a eu un vol. Quelques minutes plus tard, Simone lui repose la même question.

Une amnésie troublante

Sa fille découvre alors avec étonnement que Simone ne retient rien de ses réponses. Elle a aussi oublié avoir deux petits-enfants. En revanche, Simone s'exprime normalement, connaît son nom, sa date de naissance, son adresse et ne se plaint de rien de particulier.

Simone est emmenée aux urgences où elle repose régulièrement la même question : « Pourquoi la porte était-elle ouverte ? », oubliant au fur et à mesure les réponses qu'on lui apporte. Les médecins essaient sans succès de lui faire mémoriser quelques mots : Simone oublie instantanément tout ce qu'on essaie de lui faire apprendre. Cependant, le scanner cérébral ne révèle aucune anomalie.

Un retour rapide à la normale

Le lendemain matin, Simone va bien. Elle ne repose plus de questions incessantes, se souvient maintenant de tout ce qu'on lui dit et reconnaît ses petits-enfants. Cependant elle conserve une amnésie d'une durée de 10 heures durant lesquelles elle n'a rien enregistré.

Simone a présenté un ictus amnésique (IA) typique. Il s'agit d'un trouble de la mémoire de survenue brutale, souvent impressionnant pour l'entourage, mais toujours transitoire et bénin, sans explication définie.

Qui peut être victime d'un ictus ?

L'ictus amnésique survient après 50 ans et 75 % des cas sont observés entre 50 et 70 ans. L'homme et la femme sont touchés de façon équivalente. Les patients ont cependant des points communs : ce sont très souvent des sujets anxieux, perfectionnistes ou surmenés, et ce sont d'anciens migraineux dans 25 % des cas.

Le contexte peut jouer un rôle

On retrouve dans 70 % des cas un contexte déclenchant. Il s'agit une fois sur deux d'une vive émotion : dispute, vol, mauvaise nouvelle, décès inattendu. Les autres facteurs observés au cours d'un ictus sont un effort physique important ou inhabituel, une exposition brutale au froid ou à la chaleur (eaux froides d'un océan, bain ou douche chaudes, neige), un long voyage en voiture, une douleur aiguë, un rapport sexuel (assez souvent avec un partenaire inhabituel). Ce sont ces modifications brutales de l'état physique ou émotionnel qui pourraient induire des changements du système nerveux autonome.

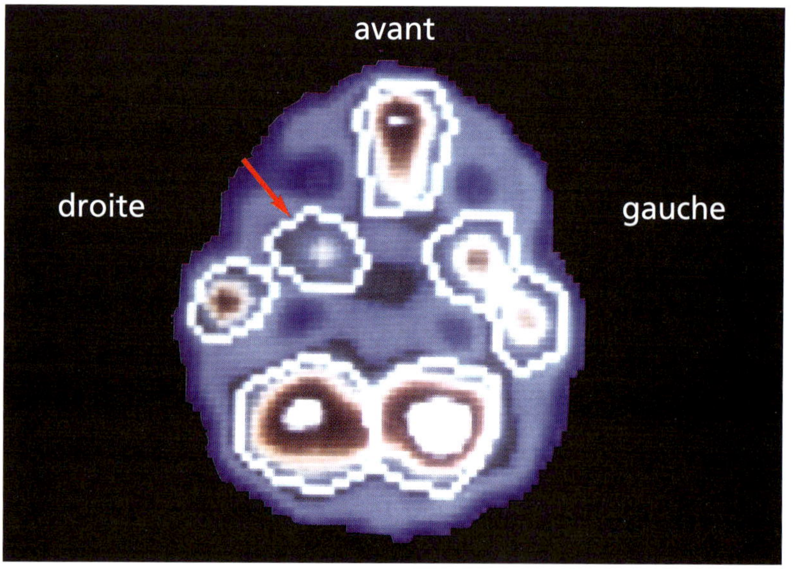

Examen cérébral par la technique du SPECT (analyse qualitative des débits sanguins cérébraux) montrant un moindre fonctionnement transitoire de la région temporale droite chez un patient en cours d'ictus amnésique. ▶

Comment ce trouble affecte-t-il la mémoire ?

L'ictus amnésique est caractérisé par l'installation rapide d'une amnésie sévère s'accompagnant d'une incapacité à fixer toute nouvelle information (amnésie antérograde). En effet, les discussions, activités ou événements sont oubliés au bout de une à deux minutes et il est impossible de les rappeler même en proposant un questionnaire à choix multiple. La personne atteinte pose souvent des questions sur la date, le lieu, une préoccupation actuelle ou un événement récent et les répète régulièrement. Sans être consciente de son amnésie, elle a néanmoins une sorte de perplexité anxieuse. Elle connaît son identité mais ignore la date du jour, et elle peut avoir oublié des passages ponctuels de son passé (amnésie rétrograde), plus souvent pour les faits récents que pour les faits très anciens. Le langage et les connaissances culturelles sont préservés ainsi que la mémoire procédurale. Le patient est parfaitement vigilant et il peut poursuivre sans dommage une activité complexe (conduite automobile, exercice professionnel...), sauf si elle nécessite de retenir une information nouvelle. L'examen neurologique est normal. Aucun traitement ne permet de faire revenir plus rapidement la mémoire.

La fin de l'ictus

L'épisode se termine progressivement, le patient ayant parfois l'impression de se « réveiller ». Celui-ci conserve une amnésie sur une période correspondant à la durée de l'ictus : de 2 à 12 heures environ. Le scanner ou l'IRM (imagerie par résonance magnétique) sont toujours normaux, mais un examen des débits sanguins cérébraux ou du métabolisme cérébral en cours d'ictus montre des anomalies dans les régions temporales ou frontales du cerveau. Ces anomalies disparaissent quelques jours plus tard.

Le risque d'une récidive est très faible (moins de 5 %) et ne survient jamais avant un à deux ans. L'évolution est toujours rassurante : on n'observe aucune séquelle concernant la mémoire et il n'existe aucun risque supplémentaire de faire un accident vasculaire cérébral ou une maladie d'Alzheimer.

Un cas particulier : *l'amnésie transitoire post-traumatique*

Souvenez-vous de l'album de Tintin *Objectif Lune* : après être tombé d'une échelle dans la fusée, le professeur Tournesol présente une amnésie temporaire. Un traumatisme crânien léger, sans perte de connaissance, peut en effet être responsable d'une amnésie transitoire appelée *ding-state* par les Anglo-Saxons.

L'amnésie des sportifs

Ces amnésies surviennent chez des sujets jeunes lors de traumatismes crâniens souvent sportifs (ski, football, rugby...). L'oubli à mesure dure quelques heures et, bien qu'amnésique, la personne poursuit correctement son activité sportive. Une amnésie variable des heures ou des jours précédents est présente, pouvant être à l'origine de situations cocasses : un joueur dont l'équipe perdait pensait désormais que son équipe gagnait, un sportif n'a pas reconnu son épouse, un joueur de football américain ayant oublié les codes de son équipe actuelle utilisait ceux de son équipe précédente...

Un choc, mais pas de séquelles

L'évolution est toujours favorable et sans aucune séquelle : le sujet récupère ses capacités de mémorisation tout en conservant l'oubli de la période d'amnésie. Le facteur déclenchant est une commotion bénigne des régions temporales internes du cerveau.

Quelles sont les causes d'un ictus amnésique ?

La cause exacte d'un ictus amnésique reste encore mystérieuse. Il ne s'agit ni d'une attaque vasculaire cérébrale ni d'une crise d'épilepsie. Les données cliniques ainsi que l'imagerie cérébrale suggèrent un dysfonctionnement transitoire dans les régions du cerveau proches de l'hippocampe.

On pense qu'une forte émotion entraînerait une libération importante d'un neuromédiateur, le glutamate, au niveau de l'hippocampe, ce qui bloquerait le message nerveux pendant quelques heures et interromprait transitoirement l'apprentissage des nouvelles informations. D'autres neuromédiateurs (neurotensine, vasopressine, endorphines) seraient aussi impliqués, particulièrement dans les ictus amnésiques survenant à la suite d'une douleur aiguë.

La maladie d'Alzheimer

Définition

Affection neurologique chronique d'évolution progressive se traduisant par une dégénérescence nerveuse caractérisée par une altération intellectuelle.

La maladie d'Alzheimer est une affection dégénérative du cerveau qui évolue de façon inéluctable pendant des années et entraîne des troubles graves de la mémoire, mais aussi du langage et du comportement. Elle peut débuter dès l'âge de 35 ans dans de très rares cas d'origine génétique. La fréquence de la maladie dans la population augmente avec l'âge (elle est d'environ 1,5 % avant 65 ans, 20 % après 80 ans), ce qui explique que le nombre de malades augmente, parallèlement au nombre croissant de personnes de plus de 65 ans, dans nos sociétés industrialisées. La prévalence exacte de la maladie (c'est-à-dire le nombre absolu de malades, un jour donné) fait toujours l'objet de discussions parmi les spécialistes, mais on estime qu'au moins 700 000 malades en souffrent en France, et on diagnostique environ 135 000 nouveaux cas par an. La maladie évolue pendant au moins dix à quinze ans.

Quelle en est la cause ?

La maladie d'Alzheimer est due à des lésions microscopiques, situées à l'intérieur et à l'extérieur des neurones. Ces lésions se forment autour de dépôts de protéines (protéine amyloïde, protéine « tau ») qui sont des constituants normaux des neurones, mais qui, en l'occurrence, deviennent insolubles et pathogènes. On ignore la cause exacte de ces phénomènes.

Est-ce une maladie héréditaire ?

On a effectivement montré que dans quelques très rares cas (quelques centaines de familles dans le monde), la maladie est liée à une mutation sur des gènes particuliers, situés sur les chromosomes 14, 21 ou 1. Dans ce cas, 50 % des membres de la famille ont cette mutation et souffriront de la maladie, parfois dès la quarantaine.

Dans tous les autres cas, il existe une petite augmentation du risque si un parent du premier degré (père, mère, enfant, frère ou sœur) est atteint. Mais elle est largement inférieure à l'augmentation du risque liée à l'âge.

Du banal au pathologique

Ce qui est banal	Ce qui doit alerter
Difficultés pour se rappeler du nom propre d'une personne peu connue (acteur, relation lointaine)	Difficultés pour se rappeler du nom de personnes proches (petits-enfants, amis)
Ne plus savoir où l'on a posé un objet courant (lunettes, clés, télécommande)	Ne plus savoir où sont rangées les affaires courantes (vêtements, vaisselle)
Avoir du mal à retenir des choses entièrement nouvelles (conférences, visites, voyages)	Oublier des événements familiaux importants (fêtes de famille, mariages, naissances)
Avoir du mal à suivre une activité que l'on n'aime pas (mots croisés, bridge, visite de musée)	Avoir du mal avec ses activités préférées (bricolage, jeux de société)
Partir pour un endroit et, plongé dans ses pensées, se retrouver ailleurs	Se retrouver complètement perdu, alors que l'on allait vers un endroit connu
Diminuer les activités fatigantes physiquement	Abandonner ses activités préférées

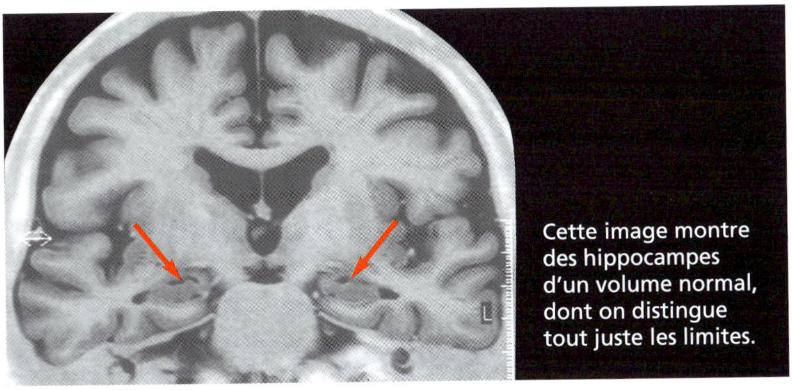

Cette image montre des hippocampes d'un volume normal, dont on distingue tout juste les limites.

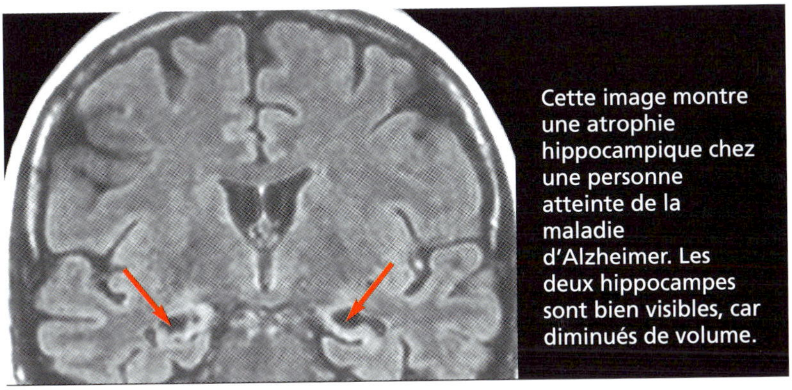

Cette image montre une atrophie hippocampique chez une personne atteinte de la maladie d'Alzheimer. Les deux hippocampes sont bien visibles, car diminués de volume.

◄ Imagerie par résonnance magnétique (IRM) cérébrale. Les espaces noirs entre le cerveau (gris) et le crâne (blanc) sont occupés par le liquide céphalo-rachidien (LCR), autour du cerveau, moulant le cortex cérébral, et dans les ventricules.

Quels sont les signes de la maladie ?

La maladie d'Alzheimer est avant tout une maladie de la mémoire. En effet, les lésions apparaissent initialement dans les structures cérébrales chargées principalement d'enregistrer les nouveaux souvenirs : les hippocampes (voir ci-dessus). Les premiers signes sont donc des oublis. Il s'agit d'oublis vrais qu'il ne faut pas confondre avec les difficultés d'attention banales, qui n'ont aucune valeur pathologique. Le tableau ci-contre présente une liste d'exemples de ce qui est banal et de ce qui l'est moins.

Au début, ces oublis ne se manifestent que de temps en temps. Puis, ils deviennent progressivement plus fréquents. Cette aggravation s'étale sur des années et peut passer longtemps inaperçue.

Au fil des mois, des années, la situation s'aggrave. Les oublis s'accompagnent d'autres difficultés, en particulier de stratégies et de raisonnement : la personne éprouve de plus en plus de difficultés à se livrer à des activités inhabituelles, non routinières, comme préparer un voyage, faire face à des urgences domestiques (fuites d'eau, accident, panne) ou s'occuper de documents administratifs ou de comptabilité un peu complexe (telle la déclaration des revenus par exemple). Il apparaît souvent une apathie, un manque d'intérêt qui lui fait abandonner ses activités de loisirs préférées (collections, couture ou tricot, activités associatives, jardinage, peinture…).

On observe aussi un désintérêt pour la vie sociale. La plupart du temps, des conflits familiaux naissent d'une irritabilité inhabituelle. Le patient devient grincheux et ne supporte plus la moindre observation, même si elle est formulée avec tact et douceur.

Des symptômes de plus en plus graves

Les troubles de la mémoire s'accentuent progressivement jusqu'à concerner les activités de la vie quotidienne. Le patient ne se souvient plus, ou très mal, de ce qu'il a fait d'un jour à l'autre, voire dans la même journée. L'oubli touche progressivement la mémoire des faits anciens, des événements importants de la vie passée, des connaissances ou des savoir-faire pourtant bien ancrés (prénoms des enfants de la famille, dates importantes, techniques de bricolage, recettes de cuisine…). Parallèlement, le patient qui, au départ, se rendait compte et se plaignait de ses oublis, devient inconscient de ses troubles. Il considère que tout va bien alors que son entourage est de plus en plus inquiet.

La dépendance s'installe

D'autres troubles intellectuels apparaissent ou deviennent évidents. Les plus fréquents ou gênants sont l'aphasie et l'apraxie. L'aphasie est un trouble du langage : le patient a du mal à s'exprimer (il ne trouve pas les mots justes, les remplace par « truc » ou « machin ») mais aussi à comprendre ce qu'on lui dit. Ce dernier trouble est très souvent confondu avec une surdité ou une inattention plus ou moins volontaire (« il n'écoute pas ce qu'on lui dit »), alors que le malade écoute, mais ne parvient plus à comprendre les phrases longues et ne sait plus ce que veulent dire certains mots.

L'apraxie est un trouble de la réalisation des gestes élaborés. On la

Examens : *Les tests neuropsychologiques*

L'examen neuropsychologique permet aux médecins de mieux cerner la nature des plaintes de mémoire chez leurs patients. Un examen neuropsychologique peut durer d'une à deux heures. Il est réalisé par un médecin ou un psychologue, dans une pièce calme, le patient ayant apporté ses lunettes ou ses appareils auditifs. La première partie de la séance analyse les difficultés du patient, leur intensité, leur ancienneté, leurs circonstances, leur retentissement sur son quotidien. Son entourage peut éventuellement être interrogé pour bien évaluer sa gêne. La deuxième partie de l'examen est consacrée aux tests : langage, attention, habiletés gestuelles et visuo-spatiales, création et raisonnement sont évalués et toujours comparés à ceux d'un groupe de sujets contrôles de mêmes âge, sexe et niveau socio-éducatif.

La mesure de l'oubli

Les tests de mémoire reposent sur l'apprentissage d'une histoire, d'une liste de 5 à 16 mots, d'une figure complexe… Cet apprentissage est suivi d'un rappel immédiat puis d'un rappel différé à 10 minutes : la différence entre les deux rappels mesure l'oubli. L'examinateur peut faciliter la mémorisation en signalant l'appartenance d'un mot à une catégorie : « le castor est un animal » par exemple. Si, lors d'un rappel, le sujet ne retrouve pas « castor », le psychologue lui indique alors « c'était un animal ». Cette aide est souvent suffisante à un sujet normal, même très âgé, alors qu'un patient ayant une maladie d'Alzheimer aura un rappel spontané plus difficile et la facilitation par la catégorie sera aussi moins efficace.

détecte lors d'un examen neurologique, quand on demande au patient d'imiter des gestes de mains. Elle peut être gênante dans la vie quotidienne, quand le patient ne sait plus comment faire certaines choses : utiliser des appareils ménagers simples, des outils de bricolage, voire des couverts ou des objets de toilette.

Tous ces troubles s'aggravent, entraînant une perte d'autonomie. Le patient est de moins en moins à même de subvenir seul à ses besoins : faire ses courses, son ménage, sa cuisine, sa toilette, prendre ses médicaments. Il peut oublier de manger, confondre les heures du jour et de la nuit. Après plusieurs années, son état requiert une présence permanente.

Des complications peuvent survenir tout au long de cette évolution : une dépression, une anxiété (en particulier le soir), un amaigrissement qui peut devenir grave, plus rarement un délire de persécution (on lui vole ses affaires, quelqu'un entre chez lui, on lui veut du mal, les membres de son entourage sont des imposteurs), voire des hallucinations.

Parfois, tous ces troubles du comportement se conjuguent et le patient, qui ne comprend plus le monde autour de lui, ne voit pas pourquoi on le bouscule et on ne le laisse plus faire ce qu'il veut. Alors, il se fâche (parfois de façon tout à fait inopinée), s'agite et peut même (selon sa personnalité antérieure) devenir agressif.

Sur quoi repose le diagnostic ?

Le diagnostic est porté par le médecin d'après la description des troubles, l'examen clinique et, surtout, l'examen neuropsychologique (voir encadré ci-contre). Ce type d'examen est réalisé au mieux par un psychologue dans le cadre d'une consultation de la mémoire, comme il en existe de plus en plus.

On pratique en général une prise de sang pour vérifier l'absence de carences vitaminiques ou hormonales, car certaines d'entre elles peuvent entraîner des troubles qui ressemblent à ceux de la maladie d'Alzheimer.

On réalise également un scanner cérébral ou un examen d'imagerie par résonance magnétique, qui est plus complexe mais plus précis. Ils visent à rechercher l'existence d'une tumeur cérébrale, d'un accident vasculaire, de séquelles d'un traumatisme crânien susceptibles d'expliquer les troubles.

En cas de maladie d'Alzheimer, ces examens sont normaux ou ne montrent qu'une légère diminution de volume du cerveau et plus particulièrement des structures les plus atteintes dans cette maladie : les hippocampes.

Quels sont les traitements ?

Pendant des dizaines d'années, les médecins n'ont disposé d'aucun produit véritablement efficace contre la maladie. Les choses ont changé depuis 1994, date d'apparition de la tacrine. Depuis, plusieurs autres médicaments ont été commercialisés. Tous s'adressent aux stades légers et modérés de la maladie d'Alzheimer : le donépézil, et la rivastigmine en 1998, puis la galantamine en 2001. Plus récente (2003), la mémantine est réservée aux stades modérément sévères à sévères de la maladie. Il s'agit, dans tous les cas, de médicaments symptomatiques, destinés à améliorer (modérément) ou à stabiliser (transitoirement) les symptômes de la maladie. Leur efficacité varie d'un patient à l'autre sans que l'on sache pourquoi.

Ces médicaments ne guérissent pas la maladie, mais ils ont de nombreux effets positifs sur certains symptômes. Cependant, des molécules de plus en plus efficaces vont être découvertes, et permettent d'espérer obtenir un jour la guérison. De nombreuses voies de recherche sont en effet en cours d'exploration. Mais il faut savoir que le développement d'un nouveau médicament prend une dizaine d'années afin d'en bien prouver l'efficacité et l'absence de toxicité.

Prévention : *Peut-on se protéger de la maladie d'Alzheimer ?*

Plusieurs pistes sont actuellement suivies, mais les recherches s'avèrent difficiles en partie parce qu'il est aujourd'hui impossible de définir les personnes « à risque ».

Les médicaments spécifiques

Il n'existe actuellement aucun médicament qui prévienne la survenue de la maladie d'Alzheimer. La recherche se concentre surtout sur les traitements curatifs. Rien ne permet d'affirmer, dans l'état actuel des connaissances, que les médicaments utilisés aujourd'hui puissent avoir la moindre efficacité préventive. En revanche, il est probable que les effets secondaires, parfois indésirables, seraient plus fréquents et plus intenses si on utilisait ces médicaments dans cette optique.

Les anti-inflammatoires

Quelques études épidémiologiques rétrospectives ont fait évoquer la possibilité, non encore confirmée, qu'un traitement anti-inflammatoire au long cours (comme celui qui est prescrit dans des maladies rhumatologiques graves) pourrait diminuer le risque. Mais ces médicaments pouvant occasionner des effets secondaires digestifs graves (hémorragies), ils ne sont donc certainement pas indiqués sans certitude absolue d'efficacité.

Le traitement hormonal substitutif

D'autres études ont évoqué la possibilité (non prouvée) que le traitement hormonal substitutif de la ménopause puisse diminuer le risque de maladie d'Alzheimer. Ce traitement a ses propres indications, mais aussi ses risques (cancer du sein, de l'utérus, maladies vasculaire), qu'il ne faut pas ignorer.

La consommation modérée d'alcool

De nombreux arguments épidémiologiques tendent à indiquer que la consommation modérée d'alcool pendant les repas (de l'ordre de 1 à 2 verres de vin par jour, pas plus) pourrait diminuer le risque.

Comment s'occuper d'un parent malade ?

Le patient doit être suivi par son médecin généraliste, éventuellement assisté d'un spécialiste, pour prendre en charge les complications, mettre en place des aides médicales et sociales, expliquer la situation à l'entourage.

S'occuper d'un proche ou d'un parent atteint de la maladie d'Alzheimer n'est pas facile. Cela peut être très lourd, culpabilisant et souvent épuisant. À tous les stades de la maladie, le malade doit être soutenu et encouragé dans toutes les activités qu'il peut encore faire (même lentement, même mal, même inutiles). Il ne sert à rien de vouloir faire admettre les oublis ou les erreurs. Cette attitude aboutit à un conflit qui rend malheureux les deux parties. L'aide, en cas de dépendance, doit être mise en place progressivement, en respectant la dignité du patient. Certaines sont mieux tolérées venant de tiers (infirmière, auxiliaire de vie) que venant du conjoint ou des enfants, dont ce n'est pas forcément le rôle. Il est essentiel de pouvoir en parler avec son médecin, pour comprendre l'origine d'un problème et éviter certains comportements, et de donner des médicaments calmants, qui ont souvent tendance à aggraver les choses. La ritualisation des activités (horaires, itinéraires, place des objets) aide à préserver l'autonomie du malade. Il faut être attentif à ses besoins et adapter son propre comportement.

Accompagnement

S'occuper d'une personne atteinte de la maladie d'Alzheimer

Apprendre soudainement qu'un être cher est atteint de la maladie d'Alzheimer est une expérience difficile à vivre. Sa « dégradation », son apparente indifférence provoquent la tentation de le prendre en main plutôt que de le prendre par la main.

Il est important que vous sachiez qu'il existe des moyens de vous aider et des documents pour mieux comprendre cette maladie. Il est également possible d'obtenir de l'aide auprès des services médicaux et sociaux de votre région.

Dans la mesure du possible, il vous faut accepter la maladie et prendre soin de vous pour pouvoir faire face. Voici quelques conseils pratiques de l'association France Alzheimer.

Le besoin de respect

Le respect se voit souvent dans les petites choses de tous les jours : la façon d'aider une personne à s'habiller ou à aller aux toilettes, de parler de la personne malade avec d'autres en sa présence…

Le besoin d'affection, d'un environnement familier

Vous ne pouvez plus exprimer vos sentiments au malade de la même façon qu'auparavant et lui non plus. Le contact de la main, un sourire sont alors de bons moyens.

Le malade reste attaché aux choses qui l'ont rendu heureux. Il a besoin de rester en contact avec sa famille et ses amis.

Le besoin de communiquer

Il faut savoir écouter, parler et parfois utiliser d'autres moyens pour faire passer le message. Voici quelques « trucs » utiles.

- Retenez son attention.
- Regardez-le droit dans les yeux.
- Parlez doucement et clairement.
- Donnez un seul message à la fois.
- Répétez les informations importantes.
- Montrez les choses en parlant.
- Soyez attentif et rassurant.

Le besoin de sécurité

Plus ses possibilités diminuent, plus le malade a besoin d'aide pour effectuer les tâches de la vie quotidienne. Vous devez le laisser agir par lui-même le plus souvent possible tout en veillant à sa sécurité en aménageant votre maison. À partir d'un certain moment, il vous faudra faire en sorte qu'il ne puisse pas conduire.

Le besoin de compréhension

Mieux vaut prévoir plusieurs petites étapes faciles : le malade fait ce qu'il peut par lui-même et est aidé pour le reste.

Des choses répétées

Il faut beaucoup d'imagination pour stimuler un malade démotivé. Pensez aux choses qu'il aimait faire par le passé ; dites-vous que leur répétition ne l'ennuie pas.

Le sommeil

Le malade a souvent du mal à dormir toute la nuit. Il faut donc maintenir pour lui une activité physique dans la journée afin qu'il soit fatigué le soir venu.

La déambulation

Le malade marche souvent et peut s'égarer. Avertissez les voisins et les commerçants du quartier et demandez-leur de vous appeler s'ils le voient. Vous pouvez aussi lui faire porter un bracelet d'identité ou une étiquette avec votre numéro de téléphone et votre adresse.

L'incontinence

Il peut arriver que le malade salisse ou mouille ses vêtements. Limitez ces accidents en lui rappelant régulièrement d'aller aux toilettes, à l'aide d'une pancarte.

La méfiance

Le malade peut penser que vous ou d'autres personnes essaient de lui faire du mal. S'il a perdu quelque chose, il peut soupçonner son entourage de le voler.

Dites-lui que l'on comprend qu'il soit contrarié. Rassurez-le, expliquez-lui que personne n'essaie de lui faire du mal ou de le voler. Puis faites-le penser à autre chose.

Les explosions de colère

Le malade peut se mettre en colère pour des choses qui ne l'auraient pas dérangé par le passé.

- Soyez calme et rassurant.
- Laissez-le tranquille et donnez-lui l'occasion de se calmer.
- Distrayez-le ou éloignez-le de la situation difficile.
- Si vous vous sentez en danger, quittez les lieux.

Les précautions indispensables

Plus la maladie évolue, plus la personne dont vous avez la charge dépend de vous. Plusieurs aspects sont à considérer.

La situation juridique du malade

Le malade a de plus en plus de mal à prendre des décisions. Vous devez donc veiller à ce que quelqu'un puisse les prendre à sa place.

En ce qui concerne la protection des biens, trois types de solution sont possibles.

La sauvegarde de justice : la personne conserve ses droits civiques et administre ses biens. Un tiers peut gérer son patrimoine. La sauvegarde permet aussi d'aménager ou de réclamer l'annulation *a posteriori* des actes.

La curatelle : le malade agit seul pour les actes de la vie courante, mais doit être assisté de son curateur pour disposer de son patrimoine.

La tutelle : le tuteur représente le malade dans tous les actes de la vie civile. Avec son accord, on peut établir une procuration générale devant notaire. Le juge des tutelles et le juge aux affaires familiales (loi du 09.01.93) du tribunal d'instance de votre domicile vous conseilleront sur les mesures à prendre.

La situation financière du malade

N'hésitez pas à faire établir rapidement des procurations et à voir votre banquier pour prendre toutes les précautions (mise à l'abri des chéquiers, changement d'intitulé en cas de compte joint...).

Les urgences

Ayez toujours les numéros d'urgence à côté du téléphone.

L'aide pour vous et votre malade

Les professionnels médicaux et sociaux sont là pour vous aider :

- le médecin généraliste (pris en charge par la sécurité sociale) ;
- le médecin spécialiste – neurologue, psychiatre – (pris en charge par la sécurité sociale) ;
- les soins infirmiers à domicile (S.I.A.D.) et les infirmiers diplômés d'État (I.D.E.) libéraux (pris en charge par la sécurité sociale) ;
- le kinésithérapeute et l'orthophoniste (pris en charge par la sécurité sociale) ;
- l'hôpital de jour (pris en charge par la sécurité sociale).

Mais aussi :

- les aides ménagères (à la charge des familles) ;
- les gardes à domicile (à la charge des familles) ;
- les centres d'accueil de jour (à la charge des familles) ;
- les services d'hébergement temporaire (à la charge des familles).

Et aussi prendre soin de vous

Prendre soin d'une personne atteinte de la maladie d'Alzheimer demande beaucoup de temps, d'énergie morale et physique.

Soyez réaliste pour ce qui est de la maladie

L'état du malade va se détériorer. Une fois que vous aurez accepté ce fait, vous serez plus réaliste dans vos attentes.

Ne surestimez pas vos possibilités

Il y a des limites à ce que vous pouvez faire. Il faut donc décider des choses qui, à votre avis, sont les plus importantes.

Acceptez ce que vous ressentez

Vous pouvez dans la même journée, vous sentir satisfait, en colère, frustré, coupable, heureux, triste, affectueux, embarrassé, effrayé, amer, rempli d'espoir ou complètement désespéré... Ces émotions sont normales. Mais n'hésitez pas à vous faire aider.

Prenez soin de vous

Ne négligez pas votre santé. Alimentez-vous correctement et faites de l'exercice. Cherchez des moyens de vous détendre et prenez tout le repos dont vous avez besoin. Accordez-vous du temps pour faire d'autres choses et vous sortir de la maladie.

L'anxiété, la dépression

Définitions

Anxiété : *trouble émotionnel qui entraîne un sentiment de danger difficile à préciser mais toujours imminent.*
Dépression : *état pathologique qui entraîne une tristesse, une douleur morale, une représentation négative de soi-même qui s'associe à un ralentissement des activités psychomotrices.*

L'anxiété et la dépression ne constituent pas à proprement parler des troubles mnésiques. Mais ces deux affections retentissent souvent de façon négative sur la mémoire.

L'anxiété

L'anxiété est proche, au plan émotionnel, de la peur ; elle s'en distingue toutefois parce que la source de ce danger – qu'il soit externe ou interne – peut être imaginaire ou réelle mais dans tous les cas largement surestimée.

De l'inattention...

L'anxiété peut influer sur la mémoire à plusieurs niveaux. En mobilisant une partie de notre attention, elle peut contrarier la qualité de l'apprentissage : c'est par exemple ce qui se passe quand on écoute quelqu'un en ayant l'esprit préoccupé par autre chose. Nous n'enregistrons pas la totalité du message et risquons d'en oublier une partie.

... au trou noir

L'anxiété peut aussi bloquer les processus de rappel des souvenirs. Le cas de figure le plus classique est celui de l'écolier incapable de déclamer sa récitation au tableau ou de l'étudiant devant sa feuille d'examen. L'anxiété les empêche de mettre en œuvre la stratégie efficace pour retrouver les données dont ils ont besoin, c'est le trou noir. Tout n'est cependant pas perdu puisque, généralement, le seul fait de fournir un indice, par exemple le début du texte, permet de tout retrouver. Les personnes handicapées par une telle anxiété peuvent bénéficier de techniques de relaxation ou de certains médicaments (bêta-bloquants).

Enfin, plusieurs chercheurs ont montré que les sujets anxieux traitaient, de façon inconsciente, plus rapidement et préférentiellement des mots en rapport avec leurs préoccupations anxieuses (par exemple : araignée, patte, poil chez un sujet ayant la phobie des araignées). Il n'est cependant pas sûr que cela ait un effet sur la qualité de la mémorisation de tels mots « menaçants ».

La dépression

La dépression peut apparaître à la suite d'un événement pénible (décès, licenciement...) ou de tout autre événement qui nécessite de s'adapter à une nouvelle situation. Ce sont des dépressions « réactionnelles ». D'autres sont en rapport avec une maladie physique.

D'un point de vue quantitatif, les performances mnésiques des personnes déprimées sont déficitaires dans des tâches de mémoire explicite. Ces personnes éprouvent par exemple des difficultés à mémoriser une liste de mots neutres. La dégradation des performances est proportionnelle à la sévérité de la dépression et à l'effort que demande la tâche. Le manque d'effort pour retrouver les souvenirs se traduit par une absence de toute réponse ou des réponses du type « je ne sais pas ». En revanche, tout ce qui facilite le rappel (fourniture d'indices, répétition des apprentissages et automatisation de la tâche) améliore le processus de remémoration.

Plus c'est triste, mieux on s'en souvient !

Il convient toutefois de moduler cette donnée par deux considérations qualitatives.

D'une part, on a remarqué chez les déprimés un phénomène qualifié de « dépendance d'état » : le rappel d'informations apprises dans un état émotionnel donné (ici, une humeur dépressive) est meilleur s'il s'effectue à un moment où le sujet se trouve dans le même état.

D'autre part, on a mis en évidence un phénomène dit de « congruence d'humeur » : il est plus facile de mémoriser des informations s'il existe une adéquation entre la charge affective des données à apprendre (par exemple des mots tristes) et l'état affectif du sujet (en l'occurrence une humeur dépressive).

Ainsi, chez le déprimé, les souvenirs pénibles sont plus accessibles à la conscience, plus vite rappelés et ce d'autant plus que la dépression est sévère. Au cours de tests, le sujet déprimé mémorise mieux les mots désagréables (par exemple : guerre, mort, cancer...) que les mots agréables (par exemple : joie, paix, soleil...).

L'amnésie psychogène

Définition

Amnésie qui se caractérise par une incapacité du sujet à évoquer des souvenirs personnels importants, habituellement traumatiques ou stressants. Cette situation a des répercussions dans sa vie sociale, familiale et professionnelle. Il n'existe aucune explication neurologique à ces troubles de la mémoire.

L'amnésie psychogène n'est pas d'origine neurologique et débute presque toujours de façon brutale. Elle porte parfois sur les événements nouveaux, mais elle touche surtout les faits et les informations anciens, et particulièrement les souvenirs autobiographiques.

Qui suis-je, où vais-je ?

Dans les cas extrêmes, le sujet ne se rappelle même plus de son identité, de sa date de naissance, de son adresse… Ce tableau caricatural a souvent été popularisé dans la littérature par le thème du « voyageur sans bagage », ne sachant ni qui il est, ni d'où il vient et où il va. De tels patients sont recueillis sans aucune affaire personnelle, après une fugue plus ou moins longue.

Jusqu'à plusieurs années

Dans des tableaux moins spectaculaires, l'oubli des informations autobiographiques est moins global et présente la singularité d'être parcellaire, mais massif pour des événements en rapport avec un traumatisme psychique (par exemple tout ce qui a trait à la vie professionnelle après un licenciement), alors que des événements anciens concomitants mais non chargés au plan émotionnel sont correctement remémorés. La durée de telles amnésies est très variable : de quelques heures ou jours à quelques années ! Leur guérison a souvent lieu de façon brutale, « en coup d'éclair », parfois lorsque le patient est confronté à un souvenir significatif, jusqu'ici oublié.

Des phénomènes intriqués

Le découpage en apparence séduisant entre amnésie neurologique et amnésie psychogène est en fait souvent problématique en pratique, car ces deux types d'amnésie peuvent être intriqués. Ainsi, un traumatisme crânien peut-il constituer autant une agression physique que psychique. On a d'ailleurs décrit des cas d'amnésie rétrograde isolée après un traumatisme crânien mineur, en l'absence d'une quelconque lésion cérébrale visible sur les examens radiologiques. Le mécanisme de ce type d'amnésie reste encore débattu. À l'opposé, le tableau d'ictus amnésique (voir p. 296), dont les mécanismes neurologiques commencent à être précisés, peut survenir dans un contexte d'émotion…

Des cas troublants : *trouble dissociatif d'identité*

Un tableau très singulier, mais rare, d'amnésie psychogène est celui de la personnalité multiple, aussi appelé « trouble dissociatif de l'identité ». Le patient n'a pas une seule personnalité mais oscille entre deux personnalités, souvent très différentes, avec pour chacune d'entre elles des modalités constantes et particulières de perception, de pensée et de relation à autrui et envers soi-même.

Dr Jekyll and Mr Hyde

Lorsqu'il a la personnalité A, le patient adopte donc un comportement propre à cette personnalité et oublie les événements qu'il a vécus alors qu'il avait la personnalité B et vice versa. Au milieu des années 1980, une psychologue américaine a même publié le cas d'une femme qui semblait avoir 22 personnalités !

Un tel trouble, où le fantastique côtoie le réel, a surtout été décrit dans des pays anglo-saxons et a été popularisé dans la littérature par des livres comme *Dr Jekyll et Mr Hyde* de Stevenson ou *Les Trois Faces d'Ève* de Thigpen et Checkley. Certains psychiatres interprètent ce dédoublement de personnalité comme la conséquence d'efforts faits par l'organisme pour vivre, à des moments différents, des systèmes de valeurs différents.

Les médicaments

Définition

Les médicaments peuvent agir sur la fonction mnésique soit en l'améliorant soit, au contraire, en la perturbant.

Les performances de notre mémoire sont modulables par les médicaments et par diverses substances. Tout consommateur et tout prescripteur doivent en être informés. De manière concrète, la question posée aujourd'hui au sujet des médicaments « facilitateurs » de mémoire, est celle de leur indication, soit plus prosaïquement : à qui et quand les prescrire ?

Bien au-delà du traitement de la seule maladie d'Alzheimer, la mise au point de produits susceptibles d'améliorer l'efficacité de la mémoire constitue un espoir très réel pour toutes les affections du cerveau qui s'accompagnent d'une perturbation de l'apprentissage, du stockage et du rappel conscient. Mais les mécanismes sur lesquels repose la pharmacologie de la mémoire sont complexes et font encore l'objet de controverses.

Comment agissent ces médicaments ?

Les cibles des médicaments agissant sur la mémoire sont essentiellement de nature biologique et moléculaire.

Les neurotransmetteurs (acétylcholine, glutamate, dopamine, GABA..., voir p. 56) et les récepteurs auxquels ils s'associent pour véhiculer le message nerveux constituent des cibles de choix pour les chercheurs. En effet, toute substance agissant sur ces éléments est susceptible de modifier la mémoire.

Les scientifiques ont découvert à ce jour des molécules agissant sur les étapes de la mémoire à court terme, la consolidation des souvenirs et donc sur la mémoire à long terme. Enfin, la neurogenèse cérébrale, responsable de la synthèse de nouvelles cellules neuronales, est dépendante d'agents tels que les hormones et se trouve donc potentiellement accessible, elle aussi, aux médicaments.

En revanche, un processus tel que le rappel conscient d'une information stockée, sur lequel précisément se fonde l'appréciation de la performance mnésique, n'est pas connu et supposerait que l'on connaisse les mécanismes neurobiologiques de la conscience.

Quels sont les médicaments aujourd'hui disponibles ?

Les médicaments de la maladie d'Alzheimer

Les anticholinestérasiques (donépézil, rivastigmine, galantamine) sont aujourd'hui les principaux médicaments prescrits dans le traitement des symptômes de la maladie d'Alzheimer. Ils augmentent la concentration dans le cerveau d'un neurotransmetteur, l'acétylcholine, et sont indiqués aux stades légers à modérés de la maladie.

La mémantine est un modulateur de la transmission du glutamate (un autre neurotransmetteur), officiellement reconnu comme bénéfique dans le traitement de la maladie d'Alzheimer. Elle est actuellement réservée aux stades modérément sévères à sévères.

Le piribédil, une substance qui mime les effets de la dopamine (encore un neurotransmetteur), pourrait s'avérer bénéfique dans les cas de troubles mnésiques isolés, probablement annonciateurs d'une maladie d'Alzheimer.

Les antioxydants

Ces produits n'agissent pas directement sur les mécanismes de la mémoire. Leur rôle principal est de protéger les neurones. En effet, ces « neuroprotecteurs » agissent contre les radicaux libres, des substances chimiques qui, à cause de leurs effets oxydants, s'avèrent très toxiques pour les cellules.

Par exemple, la vitamine E (tocophérol), à très fortes doses, semble retarder de 7 à 8 mois la progression de la maladie d'Alzheimer et pourrait, chez des personnes en bonne santé, prévenir d'autres formes de démences. Des résultats similaires ont été obtenus avec la sélégiline, prescrite dans le traitement de la maladie de Parkinson.

Les médicaments « anti-âge »

Dans certains pays sont commercialisés une variété de médicaments proposés dans l'indication des troubles cognitifs liés à l'âge. Ces produits (DHEA, vasodilatateurs et oxygénateurs cérébraux, facilitateurs cognitifs...), souvent anciens, souffrent surtout d'une absence de preuve formelle d'efficacité dans la maladie d'Alzheimer ainsi que d'indications claires – le vieillissement n'étant pas une maladie. Ces médicaments possèdent pourtant des propriétés en accord avec le caractère disséminé des mécanismes de la mémoire : action fluidifiante membranaire, activation du métabolisme énergétique neuronal, action éveillante…, ils mériteraient donc d'être évalués selon des méthodes d'actualité.

Les œstrogènes

Des travaux de plus en plus nombreux montrent que, chez les femmes, les œstrogènes agissent sur les capacités de mémorisation. Diverses études ont montré que les femmes ménopausées qui prennent des œstrogènes dans le cadre d'un traitement hormonal substitutif (THS) ont de meilleurs résultats aux tests de mémoire que celles qui n'en prennent pas. En revanche, une étude récente conclut que le traitement chronique par les œstrogènes et, conjointement, la progestérone accroît le risque de démence probable.

Amis ou ennemis ?

Certains médicaments peuvent s'avérer être de véritables ennemis de la mémoire (voir p. 75). Mais les grands progrès de la neuropsychopharmacologie aboutissent aujourd'hui à la mise au point de produits respectant les performances cognitives et mnésiques, qu'il s'agisse des hypnotiques (composés Z), des antidépresseurs sérotoninergiques (paroxétine, fluoxétine…), des antipsychotiques ou des anticonvulsivants.

Gare à l'automédication

Il importe d'évoquer la grande quantité de substances de tous ordres réputées actives pour « renforcer la mémoire » obtenues sans prescription et source d'automédication. La méfiance est de règle, car le plus souvent aucune preuve réelle d'action n'a été démontrée, et qui plus est la dangerosité potentielle non plus ! Beaucoup sont de simples stimulants, mais ceux qui agissent sur le système nerveux orthosympathique (qui augmente le rythme cardiaque) élèvent le risque d'hypertension artérielle et d'atteintes coronariennes.

Plantes et produits courants : *vers de futurs médicaments ?*

Avant son autorisation de mise sur le marché (AMM), tout nouveau médicament doit subir une série de tests pour évaluer son efficacité et ses effets secondaires. Quand les chercheurs soupçonnent une molécule d'avoir un impact, les premiers essais (phases I et II) sont menés chez le sujet sain. Des essais cliniques plus poussés (phase III) sont ensuite réalisés dans le cadre d'une pathologie où la molécule « risque » d'apporter une amélioration. C'est ainsi que l'on a découvert le potentiel de l'EGb 761, un extrait du *Ginkgo biloba*, arbre originaire de Chine. Cet extrait facilite en effet le double codage visuel et verbal chez les personnes saines. Or, dans certains cas de démence, ce même extrait améliore globalement l'état cognitif des malades. C'est donc bien là une voie de recherche prometteuse… D'ailleurs, il existe déjà sur le marché des médicaments issus de plantes (exemple de la galantamine, contenue dans le perce-neige, et indiquée dans la maladie d'Alzheimer).
Les plantes ne sont pas les seules concernées : le tableau ci-dessous rappelle succinctement que des produits, souvent alimentaires, bien connus facilitent la performance de mémoire et de rappel : glucose, nicotine, caféine… Ces données ne doivent pas conduire à préconiser ces produits aveuglément, mais elles sont utiles à la recherche en pointant de possibles impacts pour de futurs médicaments.

COMPOSÉ	ACTION PROUVÉE SUR LA MÉMOIRE
Glucose	- Synthèse d'acétylcholine - Métabolisme neuronal - Plasticité cérébrale *(réf. : Hoyer 2003)*
Nicotine	- Effets proches du donépézil (voir maladie d'Alzheimer, p. 301) sur des performances de pilotage - Effets indirects sur le glutamate, le GABA, et la dopamine - Problème de désensibilisation des récepteurs *(réf. : Picciotto 2003 ; Mumenthaler et al 2003)*
Caféine	- Facilite cognition et éveil - Rôle dans l'homéostasie de la neurotransmission cérébrale *(réf. : Ribeiro et al 2002)*
Plantes	- De nombreuses plantes utilisées en médecine traditionnelle pourraient être utiles dans les troubles cognitifs *(réf. : Ernst 2002 ; Howes et al 2003)*

La rééducation

Définition

Ensemble des moyens mis en œuvre pour rétablir chez un individu l'usage de la fonction mnésique.

La rééducation de mémoire a pour but d'aider un patient ayant des difficultés mnésiques à la suite d'une lésion cérébrale. Elle s'adresse donc en particulier aux victimes d'un traumatisme crânien, d'accidents vasculaires cérébraux, du syndrome de Korsakoff... (voir p. 292). L'objectif est d'améliorer le comportement du patient dans ses activités quotidiennes. À cette fin, la rééducation ne repose pas sur une stimulation répétitive et mécanique de la mémoire mais sur une réorganisation interne de la mémorisation, sur l'exploitation des capacités préservées et sur l'utilisation d'aides externes.

Quels sont les modes d'intervention ?

Les stratégies sont choisies en fonction des capacités résiduelles du patient, c'est-à-dire celles qui subsistent après l'accident ou la maladie, ainsi que de ses difficultés et de ses besoins au quotidien. Trois types d'intervention sont possibles.

Développer des aides internes

L'objectif est de faciliter ou réorganiser le fonctionnement mnésique du malade. Il s'agit de lui redonner des stratégies en lui apprenant à analyser l'information à mémoriser (associations, imagerie mentale, classements logiques). Structuré et facilité par des aides, un tel apprentissage améliore ensuite le rappel et permet au patient d'utiliser plus efficacement ses habiletés résiduelles.

Pour traiter des difficultés de mémoire prospective, un travail d'imagerie mentale peut être proposé afin d'aider à la mémorisation du déroulement de tout ou partie de la journée. En premier lieu, le patient devra repérer le nombre d'actions à réaliser sur la période étudiée et compléter cette analyse par d'autres questions : où ? comment ? avec qui ? etc. Ensuite, il est invité à « se visualiser » dans chaque action successive.

La méthode permet de s'appuyer sur des capacités préservées de raisonnement verbal et d'imagerie visuelle et de compenser un défaut de mise en œuvre spontanée des stratégies d'encodage, fréquent chez les victimes d'un traumatisme crânien.

Exploiter les capacités résiduelles préservées

En utilisant la mémoire implicite souvent préservée, il est possible de réapprendre au patient un stock limité de connaissances spécifiques. Les techniques employées demandent des séances quotidiennes de rééducation. Par exemple, un amnésique pourra apprendre la saisie de données sur ordinateur (mémoire implicite procédurale), alors même qu'il est incapable de se rappeler dans quel contexte il l'a apprise (mémoire épisodique).

Utiliser des aides externes

Ces supports suppléent au déficit et réduisent la charge qui pèse sur la mémoire du patient : tenir un carnet de mémoire (voir encadré), prendre des notes, établir une « check-list », poser des indices visuels, programmer une minuterie, utiliser un dictaphone... :

Par exemple, chez des personnes souffrant de désorientation spatiale massive, la rééducation s'appuiera sur une fiche trajet, des itinéraires filmés et des mises en situation (jeux de rôle, expérience de terrain) et des temps d'analyse, de questions, de critique. Au terme de nombreuses séances, le patient peut devenir autonome sur son trajet, mais tout autre itinéraire doit faire l'objet d'un nouvel apprentissage.

Quelle rééducation et pour qui ?

Trois facteurs sont à prendre en compte : la gravité des déficits, les troubles associés, le caractère évolutif ou non de l'amnésie.

Les aides internes requièrent une utilisation volontaire et consciente de la part du patient. Celui-ci doit donc pouvoir comprendre la méthode et disposer d'une initiative et d'une motivation suffisantes. Cette rééducation sera proposée à des traumatisés crâniens légers et modérés, lors d'amnésies partielles après un accident vasculaire cérébral, ou dans le cadre du vieillissement naturel.

Les aides externes sont utilisées pour des syndromes amnésiques modérés à sévères (traumatismes crâniens graves, anoxie cérébrale, encéphalite virale, accident vasculaire cérébral, intervention chirurgicale). Le carnet de mémoire sera efficace si la mémoire à court terme est préservée et si les troubles cognitifs et comportementaux associés ne sont pas trop sévères.

L'apprentissage de connaissances spécifiques sera retenu en cas d'amnésie majeure (traumatismes crâniens sévères, syndrome de Korsakoff, lésions bilatérales, syndrome frontal). L'objectif est de permettre à ces patients très dépendants au quotidien, parfois jeunes et qui vivent d'importantes difficultés d'insertion dans la société, de pouvoir acquérir une autonomie, certes limitée à un domaine spécifique.

Dans le cas des maladies évolutives (syndromes démentiels, maladies vasculaires ou tumorales récidivantes), la démarche n'est pas celle de la rééducation, mais de l'optimisation des capacités résiduelles et d'un accompagnement psychologique du patient et de son entourage dans l'évolution de la maladie.

À quel moment débuter une rééducation ?

La rééducation intervient lorsque le patient est sorti de la phase initiale d'amnésie sévère, qu'il est conscient de ses difficultés, et stabilisé au plan médical et comportemental. Il faut en outre une récupération suffisante du langage et une absence de déficit sensoriel majeur. Il n'est en revanche jamais trop tard pour utiliser des aides externes ou se lancer dans l'apprentissage de connaissances spécifiques.

Où se déroule une rééducation ?

La rééducation de mémoire est assurée par un psychologue spécialisé en neuropsychologie exerçant en libéral ou au sein d'un service médical ou médico-social (service de soins de suite et de réadaptation, service de neurologie, centre d'activités de jour, U.E.R.O.S…).

Le patient doit être pris en charge par une équipe pluridisciplinaire (médecin, neuropsychologue, orthophoniste, ergothérapeute, kinésithérapeute, éducateur…) mettant en œuvre une rééducation coordonnée. Cette complémentarité facilite le transfert, la transposition dans le quotidien des compétences acquises en rééducation.

Un outil contre l'amnésie : *Le carnet de mémoire*

Parmi les aides externes utlisées au cours d'une rééducation de mémoire, le carnet de mémoire s'avère être un support très utile dans les cas d'amnésies modérées à sévères et peut améliorer le quotidien du malade. Les besoins de ce dernier seront préalablement étudiés et les différentes « rubriques » du carnet de mémoire seront définies en concertation avec lui.

L'apprentissage comprend 3 phases :

- phase d'acquisition : connaître les différentes rubriques de son carnet de mémoire ;
- phase d'application : séances de simulation de situations pour apprendre à l'utiliser ;
- phase d'adaptation : utiliser le carnet dans les situations de la vie quotidienne.

Conseils pratiques :

- utiliser un agenda « organiseur » ;
- prendre une recharge agenda de type « journalier » ;
- utiliser des encres de couleurs pour distinguer des informations ;
- si besoin, utiliser des pictogrammes ;
- si nécessaire, pour écrire, utiliser un « dymo ».

(selon Sohlberg et Mateer, 1989)

Carnet de mémoire

Agenda

1. Ce que j'ai fait : je consigne toutes les activités réalisées dans la journée.

2. Ce que j'ai à faire : je consigne les événements programmés à l'avance (rendez-vous…).

3. Mes projets : je consigne ce que j'ai à faire et qui n'est pas déterminé dans le temps.

Biographie : repères datés d'événements de ma vie que j'ai oubliés.
Itinéraires : plans des itinéraires habituels.
Comptes : tenue à jour de mes achats quotidiens.
Petit carnet personnel : je note toutes mes impressions personnelles.
Répertoire téléphonique : mes numéros personnels.

ADRESSES UTILES

CONSULTATIONS MÉMOIRE

L'objectif de ces consultations est le dépistage et le suivi des troubles de la mémoire et des troubles associés. Avant d'engager toute démarche personnelle, nous vous conseillons de consulter votre médecin traitant.

Ain
Centre hospitalier
Rue Georges Girerd
01300 Belley
Tél. : 04 79 42 58 84

Aisne
Centre hospitalier
Avenue Michel de l'Hospital
02100 Saint-Quentin
Tél. : 03 23 06 72 16

Aveyron
Centre hospitalier Combarel
Service neurologique
1, rue Combarel
12027 Rodez Cedex
Tél. : 05 65 75 16 40

Bouches-du-Rhône
CHU Timone
Service du professeur Poncet
264, rue Saint-Pierre
13005 Marseille
Tél. : 04 91 38 59 27

Calvados
CHU
Avenue de la côte de Nacre
14000 Caen
Tél. : 02 31 06 46 17

Côte d'Or
CHU
1, boulevard Jeanne d'Arc
BP 77908
21079 Dijon
Tél. : 03 80 29 53 00

Deux-Sèvres
Hôpital de Niort
Service de psycho-gériatrie
40, avenue Charles de Gaulle
79021 Niort Cedex
Tél. : 05 49 78 37 96

Doubs
CHU Jean Minjoz
3, boulevard Alexandre Fleming
25030 Besançon
Tél. : 03 81 66 81 66

Essonne
• Hôpital Dupuytren
1, rue Eugène Delacroix
91210 Draveil
Tél. : 01 69 83 64 57

• Hôpital Georges Clemenceau
Service du docteur Maugourd
Bâtiment Michel de Montaigne
91750 Champcueil
Tél. : 01 69 23 20 76

Gard
CHU Carémeau
Service Ruffi
Place du professeur Robert Debré
30029 Nîmes
Tél. : 04 66 68 34 85

Gironde
CHU Pellegrin
Place Amélie Raba-Léon
Bordeaux 33000
Tél. : 05 56 79 56 79

Haute-Garonne
Hôpital Purpan (CHU)
Place Docteur Baylac
31059 Toulouse Cedex 9
Tél. : 05 61 77 20 63

Haute-Savoie
Centre hospitalier
région annecienne
Laboratoire d'exploration
fonctionnelle
1, rue des Trésuns
74011 Annecy
Tél. : 04 50 88 33 37

Haute-Vienne
CHU de Limoges
2, avenue Martin Luther King
87082 Limoges
Tél. : 05 55 05 61 23

Haut-Rhin
Centre pour personnes âgées
des hôpitaux de Colmar
122, rue du Logelbash
68024 Colmar Cedex
Tél. : 03 89 12 40 00

Hauts-de-Seine
• Hôpital américain
Service de neurologie
63, Boulevard Victor Hugo
92100 Neuilly-sur-Seine
Tél. : 01 46 41 28 21

• Hôpital de Courbevoie
Docteur Pancrazi
30, rue Kilford
92400 Courbevoie
Tél. : 01 49 04 31 54

Hérault
CHU de Montpellier Balmès
39, avenue Charles Flahault
34295 Montpellier
Tél. : 04 67 33 67 44

Indre-et-Loire
IRSC - Centre de consultation
2, boulevard Tonnellé
37000 Tours
Tél. : 02 47 66 12 70

Isère
• CHU nord Albert Michalon
Boîte postale 217
38043 Grenoble Cedex 9
Tél. : 04 76 76 75 75

• Centre de prévention
des Alpes
3, place de Metz
38000 Grenoble
Tél. : 04 76 03 24 95

Loire
CHU Saint-Étienne
42055 St-Étienne cedex 02
Tél. : 04 77 82 80 00

Loire-Atlantique
Hôpital de jour de gériatrie
Docteur Leroux
Rue Michel-Ange - Heinlex
44000 St-Nazaire
Tél. : 02 40 90 64 25

Maine-et-Loire
Centre Mémoire
de ressources et de recherches
des pays de Loire
Neurologie Charcot CHU
4, rue de Larrey
49933 Angers Cedex 09
Tél. : 02 41 35 46 14

Meurthe-et-Moselle
Centre mémoire
Hôpital central
Service de neurologie
Avenue de Lattre de Tassigny
54035 Nancy
Tél. : 03 83 85 16 14

Moselle
Centre Félix Maréchal
1, rue Xavier Roussel
57050 Metz
Tél. : 0387557951

Nord
• CHU de Lille
Service du professeur Pasquier
Hôpital Roger Salengro
59037 Lille
Tél. : 03 20 44 60 21

• Centre hospitalier d'Arras
Service de neurologie
Avenue Winston Churchill
62022 Arras Cedex
Tél. : 03 21 24 46 47

• Centre hospitalier de Dunkerque
Service de neurologie
BP6-367
59385 Dunkerque Cedex
Tél. : 03 28 28 56 82

• Centre hospitalier de Seclin
Service de gériatrie / La source
BP 109
59471 Seclin Cedex
Tél. : 03 20 62 70 76

• Centre hospitalier de Lens
99, route de la Bassée
62307 Lens Cedex
Tél. : 03 21 69 10 91

Oise
Centre hospitalier de Beauvais
Service de gériatrie du professeur Cnockaert
41, avenue Léon Blum
60000 Beauvais
Tél. : 03 44 11 24 62

Paris
• Hôpital Fernand Widal
200, rue du faubourg Saint-Denis
75010 Paris
Tél. : 01 40 05 43 91

• Hôpital Rothschild
33, boulevard de Picpus
75012 Paris
Tél. : 01 40 19 30 31

• Hôpital Broca
54-56, rue Pascal
75013 Paris
Tél. : 01 44 08 36 36

• Hôpital Saint-Joseph
185, rue Raymond Losserand
75014 Paris
Tél. : 01 44 12 37 69

• Hôpital Henri Dunant
95, rue Michel Ange
75016 Paris
Tél. : 01 40 71 24 24

• Hôpital Sainte-Perrine
Service de gérontologie
49, rue Mirabeau
75016 Paris
Tél. : 01 44 96 32 17

• Hôpital Bretonneau
23, rue Joseph de Maistre
75018 Paris
Tél : 0153111700

Puy-de-Dôme
Hôpital nord
Département de gérontologie
Route de Châteauguay
BP 56
63118 Cébazat
Tél. : 04 73 75 07 50

Pyrénées-Atlantiques
Centre Jean Vignalou
145, avenue de Buros
BP1256
64011 Pau Cedex
Tél. : 05 59 92 47 52

Rhône
• Centre hospitalier Saint-Jean
290, route de Vienne
Lyon 69008
Tél. : 04 37 90 12 01

• Hôpital gériatrique des Charpennes
27, rue Gabriel Péri
69100 Villeurbanne
Tél. : 04 72 43 20 79

Seine-et-Marne
Centre hospitalier de Montereau
1, bis rue Victor Hugo
77875 Montereau
Tél. : 01 64 31 64 62

Seine Saint-Denis
• Hôpital de Gonesse
25, rue de Pierre Theilley
BP300 71
95500 Gonesse
Tél. : 01 34 53 20 94

• Hôpital de gérontologie
Service neurologie
Avenue Schaffner
93270 Sevran
Tél. : 01 41 52 59 99

• Hôpital Avicenne
125 route de Stalingrad
93009 Bobigny
Tél. : 01 48 95 54 01

Somme
CHU Amiens Nord
Service de neurologie
Place Victor Pochet
80054 Amiens Cedex 01
Tél. : 03 22 66 82 40

Val-de-Marne
• Hôpital Charles Foix
CEGAT
7, avenue de la République
94205 Ivry-sur-Seine
Tél. : 01 49 59 46 55

• Hôpital Émile Roux
1, Avenue de Verdun
94450 Limeil-Brévannes
Tél. : 01 45 95 83 16

Val d'Oise
• Hôpital Simone Veil
Service Gériatrique
28, rue du docteur Roux
95602 Eaubonne
Tél. : 01 34 06 63 20

• Hôpital d'Argenteuil
Bâtiment Roger Viguier
79, rue Lieutenant Colonel Prudent
95100 Argenteuil
Tél. : 01 34 23 25 29

Vaucluse
Centre hospitalier de Montfavet
Secteur 4 -Service du docteur Bourgeois
2, avenue Pinède
84143 Montfavet Cedex
Tél. : 04 90 03 91 49

Vienne
Unité de neuropsychologie du professeur Gil
Hôpital Jean Bernard
2, rue de la Milétrie
86021 Poitiers
Tél. : 05 49 44 43 05

Yvelines
Hôpital de Houdan
Docteur Tuzet
42, rue de Paris
78550 Houdan
Tél. : 01 30 46 18 71

AUTRES

Association France Alzheimer
21, boulevard Montmartre
75002 Paris
Tél. : 01 42 91 52 41
www.francealzheimer.com

Aide par tous les moyens les familles des malades, agit auprès des pouvoirs publics, soutient la recherche et sensibilise l'opinion publique.

Mémoire et vie
29, rue Diderot
92170 Vanves
Tél. : 01 46 44 46 03
http://memoireetvie.com

Organise des conférences, des ateliers mémoire et des semaines de préparation à la retraite. Sensibilise les professionnels aux problèmes liés à la mémoire.

Fédération pour la recherche sur le cerveau (FRC)
48, rue Bargue
75015 PARIS
Tél. : 01 47 83 65 36
www.frc.asso.fr

Réunion de cinq associations et fondations (Alzheimer, épilepsie, Parkinson, sclérose en plaques, sclérose latérale amyotrophique) pour créer une nouvelle dynamique autour de la recherche sur le cerveau. Organise chaque année le Neurodon.

GLOSSAIRE ET ÉLÉMENTS BIBLIOGRAPHIQUES

Acides gras essentiels : les acides gras constituent, avec les glucides, une source d'énergie primordiale pour l'organisme. Une alimentation équilibrée doit en comporter deux types : les acides gras saturés, contenus surtout dans la viande et les produits laitiers, et les acides gras insaturés, ou acides gras dits essentiels, que l'on trouve principalement dans les huiles végétales et le poisson (voir aussi oméga-3).

Administrateur central : cette composante de la mémoire de travail sélectionne les informations sensorielles, les oriente vers la boucle phonologique ou le calepin visuo-spatial, et leur attribue les ressources attentionnelles.

Aire cérébrale : région cérébrale impliquée dans des fonctions spécifiques motrices, sensorielles ou cognitives.

Amnésie antérograde : perte totale ou partielle de la capacité de mémoriser des faits nouveaux.

Amnésie rétrograde : perte totale ou partielle de souvenirs enregistrés avant le début des troubles (par exemple, avant la survenue d'un accident) ou d'une maladie.

Amorçage (effet d') : effet de l'enregistrement inconscient d'une information, dont le rappel sera facilité.

Amygdales cérébrales : partie située dans chaque hémisphère du cerveau qui influence le comportement et les activités de façon à les rendre compatibles avec les besoins de l'organisme (appétit, désir sexuel, etc.). Elle agit aussi sur des réactions émotives comme la colère.

Anticholinergique : se dit d'une substance inhibant l'action de l'acétylcholine, un neurotransmetteur intervenant dans la partie du système nerveux qui met l'organisme au repos (ralentissement du cœur, stimulation de la digestion).

Apprentissage : processus d'acquisition, par un animal ou un être humain, de connaissances ou de comportements nouveaux sous l'effet des interactions avec l'environnement.

Axone : prolongement du neurone qui conduit le message nerveux vers d'autres cellules.

Benzodiazépine : médicament utilisé contre l'anxiété, l'insomnie, l'épilepsie et les convulsions.

Boucle phonologique : composante de la mémoire de travail permettant de maintenir temporairement les informations du langage à manipuler ou à mémoriser.

Calepin visuo-spatial : composante de la mémoire de travail permettant de maintenir temporairement les informations visuelles ou spatiales à manipuler ou à mémoriser.

Cerveau : partie supérieure de l'encéphale, formée des deux hémisphères cérébraux et du diencéphale.

Cervelet : structure nerveuse située en arrière du tronc cérébral et sous le cerveau. Le cervelet participe au contrôle de la motricité, au tonus musculaire et à l'équilibre.

Circuit de Papez : circuit anatomique permettant la mémorisation des informations nouvelles. Le circuit de l'hémisphère cérébral gauche mémorise les informations reposant sur le langage, et le circuit de l'hémisphère droit, les informations visuo-spatiales.

Cognition : ensemble des activités mentales permettant d'acquérir, de conserver et de réutiliser des connaissances. Mémoire, langage, résolution de problèmes, raisonnement en font partie.

Consolidation : processus par lequel on rend plus solide, plus résistant ou plus fort.

Corps mamillaire : structure paire située dans la profondeur du cerveau et servant de relais au circuit de Papez entre l'hippocampe et le thalamus. Cette structure est lésée lors du syndrome amnésique de Korsakoff.

Dendrite : prolongement d'un neurone qui reçoit les messages en provenance d'autres neurones.

Encodage (ou codage) : action d'appliquer un code pour transformer un message ou des données en vue de leur transmission ou de leur traitement.

Encéphale : ensemble des centres nerveux, constitués du cerveau, du cervelet et du tronc cérébral, et contenu dans la boîte crânienne.

Gène : segment d'ADN transmis héréditairement et participant à la synthèse d'une protéine correspondant à un caractère déterminé.

Gyrus cingulaire : structure située à la partie interne du lobe frontal et à laquelle aboutit le circuit de Papez, permettant de mémoriser les nouvelles informations.

Habituation : réduction progressive et disparition d'une réponse à la suite de la répétition régulière et sans changement du stimulus (par exemple, une nouvelle sonnerie fait d'abord sursauter, puis ensuite on « s'y habitue »).

Hippocampe : structure située à la partie interne du lobe temporal, sur laquelle convergent les nouvelles informations à mémoriser. L'hippocampe est la porte d'entrée du circuit de Papez.

Image mentale : représentation psychique d'un objet absent.

Imagerie fonctionnelle : techniques d'imagerie médicale (SPECT, TEP et IRM fonctionnelle) permettant de visualiser et d'analyser certaines fonctions sensorielles ou motrices.

Imagerie morphologique : techniques d'imagerie médicale (scanner, IRM) consistant à produire des images « statiques » d'organes, utilisées pour le diagnostic de certaines maladies neurologiques (tumeur, accident vasculaire cérébral, etc.).

Imagerie par résonance magnétique (IRM) : technique utilisant les propriétés de résonance magnétique des tissus du corps humain. L'IRM fonctionnelle permet de mesurer en temps réel d'infimes variations de l'irrigation sanguine de tout ou partie d'un organe. En comparant différentes zones du cerveau au repos et en activité, il est possible d'en identifier les fonctions mentales.

Lobe (cérébral) : désigne l'une des cinq principales régions (occipitale, pariétale, temporale, frontale et insula) de chaque hémisphère du cerveau, ayant chacune une fonction spécialisée.

Mémoire à court terme ou mémoire de travail : la mémoire à court terme autorise la rétention temporaire d'un nombre limité d'informations (entre 5 et 9) pendant un temps très court (20 à 90 secondes). Son rôle est de permettre la répétition immédiate de ces informations (un numéro de téléphone, une adresse) ou leur analyse (les comprendre, les comparer à d'autres informations déjà connues) pour un stockage définitif dans la mémoire à long terme. Dans certains cas, ces informations peuvent être manipulées, comme lors d'un calcul mental, ce qui justifie le nom actuel de mémoire de travail.

Mémoire à long terme : la mémoire à long terme permet de conserver les informations de façon permanente, pour des durées qui se comptent en jours, en mois, en années. Elle correspond à différents stocks d'informations : mémoires épisodique, sémantique et procédurale. La capacité de stockage semble illimitée, mais la récupération des informations est parfois malaisée car il faut les retrouver parmi des millions d'autres.

Mémoire déclarative : la mémoire déclarative correspond à la mémoire des informations qui sont décrites et évoquées par le langage. Elle est organisée en mémoire épisodique et en mémoire sémantique. On peut l'assimiler à la mémoire explicite qui permet d'apprendre et de rappeler consciemment les faits.

Mémoire épisodique : la mémoire épisodique conserve les événements, les épisodes, personnellement vécus par une personne à un moment précis et en un lieu donné. La mémoire épisodique constitue une partie importante de la mémoire autobiographique. Les souvenirs les plus anciens sont habituellement les mieux retrouvés, mais avec le temps certains souvenirs peuvent être déformés. Les événements personnels sont d'autant mieux retenus et retrouvés qu'ils ne peuvent être confondus avec d'autres et qu'ils ont été vécus dans un contexte émotionnel marqué.

Mémoire non déclarative : la mémoire non déclarative est celle des informations qui se démontrent ou s'utilisent sans les mots mais au moyen de réponses ou de comportements moteurs automatiques inconscients.

Mémoire procédurale : la mémoire procédurale acquiert et conserve les habiletés, surtout manuelles, apprises de manière répétées et dont l'utilisation devient automatique, inconsciente. Cette mémoire des habitudes nous permet de conduire, de faire du vélo, d'attacher ses lacets... Certaines stratégies peuvent également être utilisées de façon automatique (règles de jeu...).

Mémoire prospective : capacité de nous rappeler une action à réaliser à un moment déterminé du futur.

Mémoire sémantique : la mémoire sémantique stocke les connaissances, aussi bien celles du langage (noms, sens des mots, orthographe) que les faits culturels (historiques, géographiques...), ou des informations personnelles (le nom de son école). Ces faits sont conservés indépendamment de la date et du lieu de leur acquisition. Ils ont été également appris plusieurs fois.

Mémoires sensorielles : les mémoires sensorielles maintiennent très brièvement les informations apportées par les organes des sens. Leurs durées sont très courtes : quelques centaines de millisecondes pour la mémoire sensorielle visuelle, une à dix secondes pour la mémoire sensorielle auditive. Intégrées au processus de perception, ces étapes sont préalables au stockage transitoire de la mémoire à court terme.

Métamémoire : désigne l'ensemble des possibilités dont nous disposons pour contrôler nos activités de mémorisation, évaluer l'étendue de nos propres connaissances et estimer nos capacités de rappel.

Mnémotechnique : se dit d'un procédé capable d'aider à la mémorisation par des associations mentales.

Mnésique : ce qui est relatif à la mémoire

Molécule : assemblage d'atomes de composition fixe, de taille et de géométrie bien définies.

Neurogenèse : mécanisme permettant de produire de nouveaux neurones tout au long de la vie de l'individu à partir de neurones souches. Cette possibilité est principalement assignée à l'hippocampe.

Neuroimagerie : techniques d'imagerie médicale appliquées aux tissus du système nerveux, et en particulier du cerveau.

Neurone : cellule de base du tissu nerveux capable de recevoir, d'analyser et de produire des informations sous la forme de signaux électriques. La partie principale, ou corps cellulaire du neurone, est munie de prolongements, les dendrites et l'axone.

Neurotransmetteur : médiateur chimique synthétisé et libéré par un neurone, permettant à celui-ci de transmettre des messages en se fixant sur d'autres cellules.

Noyau cellulaire : élément central et vital de toute cellule vivante, limité par une double membrane perforée de nombreux pores, contenant les chromosomes et l'ensemble du matériel génétique.

Oméga-3 : acides gras dits essentiels, dont en particulier l'acide alpha-linolénique (ALA), que doivent apporter les aliments (notamment l'huile de colza ou de noix, les poisson gras), l'organisme humain ne pouvant les fabriquer lui-même. Ces acides gras jouent un rôle essentiel, entre autres, dans le fonctionnement du cerveau.

Permastock : terme introduit par le psychologue américain Harry Bahrick pour désigner des souvenirs extrêmement résistants à l'oubli (par exemple, le vocabulaire d'une langue étrangère apprise dans la jeune. -, dont un pourcentage élevé de mots peut encore être rappelé plusieurs décennies plus tard).

PET : voir TEP.

Physiologie : science qui étudie le fonctionnement normal d'un organisme ou de ses parties.

Plasticité (du cerveau) : aptitude du cerveau à modifier des souvenirs ou à compenser une lésion cérébrale qui a entraîné la perte de certaines facultés.

Potentiel d'action : bref phénomène électrique se propageant sur la membrane d'une cellule nerveuse ou musculaire, correspondant respectivement à un message nerveux (l'influx nerveux) ou au déclenchement d'une contraction.

Prosopagnosie : perte de la capacité à reconnaître les visages familiers, que ce soient ceux de l'entourage ou les visages célèbres (acteurs, politiques…). Les personnes sont toutefois reconnues à leur voix.

Protéines : macromolécules constituées de très longues chaînes d'acides aminés. Composantes principales des organismes vivants, elles forment des tissus (os, peau, muscle, etc.), ont de nombreuses fonctions dans le métabolisme du corps et contribuent entre autres à la croissance et à la maintenance des cellules.

Psychisme : structure mentale ou ensemble des caractères psychiques d'un individu.

Rappel : action par laquelle on rappelle (une information).

Récepteur : molécule, cellule ou organe au niveau desquels une substance se fixe et agit spécifiquement.

Scanner : appareil radiologique composé d'un système de tomographie par rayons X et d'un ordinateur qui effectue des analyses de densité radiologique pour reconstituer une image.

Sensibilisation : réduction progressive du temps de réponse à la suite de la répétition régulière d'un stimulus accompagnant une réaction obtenue par habituation (voir ce mot).

Sommeil lent : l'une des deux phases du sommeil qui se succèdent cinq à huit fois durant la nuit et qui est caractérisée par la prédominance d'ondes cérébrales lentes.

Sommeil paradoxal : l'une des deux phases du sommeil caractérisée par une intense activité cérébrale (ondes rapides, comme dans l'état de veille). On pense que la plupart des rêves ont lieu pendant le sommeil paradoxal.

SPECT (Single Photon Emission Computed Tomography ou tomoscintigraphie) : technique d'imagerie médicale consistant à introduire une substance radioactive inoffensive dans l'organisme et à constituer des images en coupe des tissus étudiés en mesurant et en retraitant les radiations émises. Appliquée au cerveau, elle fait apparaître des anomalies localisées du fonctionnement cérébral, comme les démences ou les accidents vasculaires.

Synapse : rapprochement entre deux neurones, assurant la transmission des messages de l'un à l'autre.

Système nerveux central : ensemble constitué de la moelle épinière (situé dans un canal de la colonne vertébrale) et de l'encéphale enfermé dans la boîte crânienne (et comportant le cervelet, le tronc cérébral et le cerveau).

Système nerveux périphérique : ensemble des nerfs qui arrivent à la moelle épinière ou qui en partent. Ils innervent les membres, le thorax et l'abdomen (peau, muscles, articulations) mais aussi les organes, les glandes et les vaisseaux.

Thalamus : ensemble de groupes neuronaux situés dans la profondeur des deux hémisphères cérébraux. Ils servent de relais à de nombreuses informations, en particulier celles à mémoriser dans le cadre du circuit de Papez.

TEP (tomographie par émission de positons) : technique d'imagerie médicale reposant sur l'enregistrement, à l'aide d'une caméra, de la répartition de positons (particules élémentaires à forte charge électrique positive) et sur un traitement par ordinateur de ces données pour obtenir des images en coupe des tissus étudiés. Elle est utilisée, entre autres, pour l'observation de certains phénomènes physiologiques (débit et volume sanguins, répartition de l'eau et de l'oxygène, etc.) et pour le diagnostic, en particulier de la maladie de Parkinson et de la maladie d'Alzheimer.

Tronc cérébral : partie de l'encéphale, formée du bulbe rachidien, de la protubérance annulaire et du mésencéphale, ayant pour fonction de garder en alerte le cerveau, mais aussi de contrôler le sommeil, de maintenir la respiration et le rythme cardiaque, etc.

Pour en savoir plus...

Alan Baddeley, *La mémoire humaine : théorie et pratique*, Presses Universitaires de Grenoble, 1999.

Jean-Marie Bourre, *Diététique du cerveau*, Éd. Odile Jacob, 2003.

Michel Billiard, *Le sommeil*, Éd. Le cavalier bleu, coll. Idées reçues, 2002.

Jean Cambier, *La mémoire*, Éd. Le cavalier bleu, coll. Idées reçues, 2001.

Joël Candau, *Mémoire et identité*, Presses Universitaires de France, 1998.

Dirigé par Joël Candau, *Fragrances : du désir au plaisir*, Éd. J. Laffitte, 2002.

Christian Desrouesné et Antoine Spire, *La mémoire*, Éd. EDP Sciences, 2002.

Francis Eustache, *Pourquoi notre mémoire est-elle si fragile ?*, Éd. Le Pommier, 2003.

Dirigé par Olivier Houdé, Olivier Koenig, *Vocabulaire de sciences cognitives*, Presses Universitaires de France, 2003.

Marc Jeannerod, *Le cerveau intime*, Éd. Odile Jacob, 2002.

Bernard Lechevalier, *Le cerveau de Mozart*, Éd. Odile Jacob, 2003.

Bernard Lechevalier et Hervé Platel, *La musique* in J. Cambier et P. Verstichel : *Le cerveau réconcilié*, Éd. Masson, 1998.

Alain Lieury, *Mémoire et réussite scolaire*, Éd. Dunod, 1997.

Alain Lieury, *Méthodes pour la mémoire : historique et évaluation*, Éd. Dunod, 2003.

Pascale Piolino, Béatrice Desgrange, Francis Eustache, *La mémoire autobiographique : théorie et pratique*, Éd. Solal, 2000.

François Sellal et Elizabeth Kruczek, *Maladie d'Alzheimer*, Éd. Doin, 2001.

Daniel L. Schacter, *À la recherche de la mémoire : le passé, l'esprit et le cerveau*, Éd. de Boeck, 1999.

Jean-Yves et Marc Tadié, *Le sens de la mémoire*, Éd. Gallimard, 1999.

Dirigé par Marc Trillet, Bernard Laurent, *Mémoire et amnésies*, Éd. Masson, 1998.

Gilbert Aimard et Alain Vighetto, *Neurologie de poche : 100 messages, 100 fiches, 100 commentaires*, Éd. Eska médecine 1997.

INDEX

Les folios en gras renvoient à des encadrés, les folios en italique aux schémas et aux dessins.

CRÉDITS PHOTOGRAPHIQUES

P. 6 : © Fabre/Urba images – P. 7 : Droits réservés – P. 8 et 9 : Odilon Redon, *Le Regard*, musée des Beaux-Arts, Lille. © C. Jean / RMN – P. 10 : © John Craig /CORBIS – P. 13 : Juan Gris, *Le Livre*, musée d'Art Moderne de la Ville de Paris, Archives Larbor – P. 14 : Jiri Kolar, *Mademoiselle Rivière* © Galerie Lelong, Archives Larbor/DR – P. 17 : Archives Larbor – P. 20 : © Corbis – P. 22 : © Charon P.E./Urba images – P. 25 : © Anne Van Der Stegen/Editing – P. 26 : © P. Gripe/Editing – P. 29 : © P.H. Schuller/Editing – P. 30 : Archives Larbor – P. 31 : Gustave Moreau, *Ulysse et les Sirènes*, musée Gustave Moreau, Paris, Archives Larbor – P. 33 : © MAX PPP – P. 34 : © Castrom/Urba images – P. 37 : © Fabre/Urba images – P. 39 : © Royalty-free/Corbis – P. 40 : © G. Tompkinson/SPL/Cosmos – P. 43 : © P. Dolémieux/Metis/Editing – P. 44 : © P. Dolémieux/Editing – P. 46 : © Editing – P. 47 : Archives Larbor – P. 49 : © Corbis – P. 59 : © BSIP – P. 61 : © Harvey Martin/Bios – P. 62 : Droits réservés – P. 64 : © BSIP – P. 66 : © Corbis – P. 69 : © Rapho – P. 71 : Archives Larbor – P. 72 ht : Archives Larbor – P. 72 bas : Archives Larbor – P. 73 : Archives Larbor – P. 74 : Archives Larbor – P. 78 et 79 : Arnaud Böcklin, *L'île des morts*, Museum der bildenden Künste Leipzig, Archives Larbor. – P. 80 : © J. Hawkes/Corbis – P. 88 : © R. Gaillarde/Gamma – P. 98 : © Kai Pfaffenbach/Max PPP/Reuters – P. 99 : © F. Dugit /Photopqr/le Parisien/MAX PPP – P. 103 : © J. Craigmyle/Corbis – P. 105 : Archives Larbor – P. 107 : Louis Carmontelle : *Mozart et ses deux enfants*, musée Condé, Chantilly, Archives Larbor – P. 114 : © Bridgeman - Giraudon – P. 120 : Droits réservés – P. 123 : © L. Sihoyos/Cosmos – P. 138 : © Christophe L – P. 139 : © Christophe L – P. 144 : © Dagli Orti G. – P. 149 : Archives Larbor – P. 180 et 181 : Georges de La Tour, *Le tricheur à l'as de carreau*, musée du Louvre, Paris, © RMN-G.Blot – P. 290 et 291 : © BSIP – P. 294 : Droits réservés – P. 296 : Droits réservés – P. 298 : Droits réservés

ILLUSTRATIONS

Sylvie Rochart : conception graphique et réalisation des illustrations et des schémas (sauf pages indiquées)
Laurent Blondel : réalisation des schémas des pages 235 à 244 et des pages 269 à 277.

CONCEPTION DES EXERCICES

Scientific Brain Training : p. 184 à p. 202, p. 214 à p. 234, p. 246 à p. 268.
Larousse (droits réservés) : p. 82 à p. 178, p. 203 à p. 212, p. 235 à p. 244, p. 269 à p. 277.

Impression IME, Baume-les-Dames
Dépôt légal : septembre 2004
Imprimé en France
560345/01 - 10104496 août 2004